KANT ET LA SCIENCE

LA THÉORIE CRITIQUE ET TRANSCENDANTALE DE LA CONNAISSANCE

À LA MÊME LIBRAIRIE

Années 1747-1781. Kant. Avant la Critique de la raison pure, sous la direction de Luc Langlois, 2009.

L'année 1790. Kant. Critique de la faculté de juger. *Beauté, vie, liberté*, sous la direction de Christophe Bouton, Fabienne Brugère et Claudie Lavaud, 2008.

L'année 1793. Kant. Sur la politique et la religion, sous la direction de Jean Ferrari, 1995.

L'année 1795. Kant. Essai sur la paix, sous la direction de Pierre Laberge, Guy Lafrance et Denis Dumas, 1997.

L'année 1796. Kant. Sur la paix perpétuelle. De Leibniz aux héritiers de Kant, sous la direction de Simone Goyard-Fabre et Jean Ferrari, 1998.

L'année 1797. Kant. La métaphysique de mœurs, sous la direction de Simone Goyard-Fabre et Jean Ferrari, 2000.

L'année 1798. Kant. Sur l'anthropologie. Actes du colloque de Dijon, 9-11 mai 1996, publiés sous la direction de Jean Ferrari, 1997.

Années 1796-1803. Kant. Opus postumum, Philosophie, science, éthique et théologie, sous la direction de Ingeborg Schüssler, édité par Christophe Erismann, 2001.

Années 1781-1801. Kant. Critique de la raison pure, *Vingt ans de réception*, sous la direction de Claude Piché, 2002.

Kant. Les sources de la philosophie kantienne aux XVIIe *et* XVIIIe *siècles*, sous la direction de Robert Theis et Lukas K. Sosoe, 2005.

Kant et les Lumières européennes, sous la direction de Lorenzo Bianchi, Jean Ferrari et Alberto Postigliola, 2009.

Kant et Wolff. Héritages et ruptures, sous la direction de Sophie Grapotte et Tinca Prunea-Bretonnet, 2011.

Kant et la science. La théorie critique et transcendantale de la connaissance, sous la direction de Sophie Grapotte, Mai Lequan et Margit Ruffing, 2011.

Kant et les sciences. Un dialogue philosophique avec la pluralité des savoirs, sous la direction de Sophie Grapotte, Mai Lequan et Margit Ruffing, 2011.

KANT ET LA SCIENCE

LA THÉORIE CRITIQUE ET TRANSCENDANTALE DE LA CONNAISSANCE

Sous la direction de

Sophie GRAPOTTE,

Mai LEQUAN et Margit RUFFING

Cet ouvrage a été publié
avec le soutien financier de la Région Rhône-Alpes,
la Société Rhôdanienne de philosophie,
l'Université Lyon 3 et l'Université franco-allemande de Sarrebrück

PARIS
LIBRAIRIE PHILOSOPHIQUE J. VRIN
6, Place de la Sorbonne, V^{e}
—
2011

Imprimé en France

ISSN 0249-7875

ISBN 978-2-7116-2400-3

www.vrin.fr

LISTE DES ABRÉVIATIONS

Les œuvres de Kant (voir ci-dessous la liste des sigles utilisés) sont citées dans l'édition de l'Académie de Berlin, *Kant's gesammelte Schriften*, de la manière suivante : la mention abrégée AK est suivie du numéro du tome en chiffres romains, puis de celui de la page en chiffres arabes. En outre, les références à la *Critique de la raison pure* mentionnent la pagination des éditions A et/ou B. OP renvoie à l'édition des *Œuvres philosophiques* de Kant dans la collection de la « Bibliothèque de la Pléiade » (le tome est indiqué en chiffres romains, la page en chiffres arabes).

APC	*Annonce de la prochaine conclusion d'un traité de paix perpétuelle en philosophie*
APL	*Annonce de M. Emmanuel Kant sur le programme de ses leçons pour le semestre d'hiver 1765-1766*
APP	*Anthropologie du point de vue pragmatique*
CF	*Le conflit des Facultés*
CFJ	*Critique de la faculté de juger*
CO	*Essai de quelques considérations sur l'optimisme*
CDH	*Conjectures sur le commencement de l'histoire humaine*
CRP	*Critique de la raison pure*
CRPr	*Critique de la raison pratique*
DCR	*Définition du concept de race humaine*
DSI	*La dissertation de 1770 : De la forme et des principes du monde sensible et intelligible*
DM	*Sur un prétendu droit de mentir par humanité*
DRH	*Des différentes races humaines*

EET	*Sur l'insuccès de toutes les tentatives philosophiques en matière de théodicée*
EGN	*Essai pour introduire en philosophie le concept de grandeurs négatives*
EMT	*Essai sur les maladies de la tête*
FMM	*Fondements de la métaphysique des mœurs*
FS	*La fausse subtilité des quatre figures du syllogisme*
FV	*Pensées sur la véritable évaluation des forces vives*
GP	*Géographie physique*
HDN	*Histoire et description naturelles du tremblement de terre qui ébranla une partie de la Terre en 1755*
HGN	*Histoire générale de la nature et théorie du ciel*
IHU	*Idée d'une histoire universelle au point de vue cosmopolitique*
ILT	*Considérations sur l'influence de la Lune sur le temps*
LEP	*Leçons sur l'encyclopédie philosophique*
LOG	*Logique*
MF	*Esquisse sommaire de quelques méditations sur le feu*
MM	*Métaphysique des mœurs* (DD = « Doctrine du droit » ; DV = « Doctrine de la vertu »)
MP	*Monadologie physique*
ND	*Nouvelle définition du mouvement et du repos et les conséquences qui y sont liées dans les premiers fondements des sciences de la nature*
NE	*Nouvelle explication des premiers principes de la connaissance métaphysique*
NRV	*Nouvelles remarques pour l'explicitation de la théorie des vents*
OBS	*Observations sur le sentiment du beau et du sublime*
OP	*Opus postumum*
PF	*Du premier fondement de la différence des régions dans l'espace*
PI	*Première introduction à la critique de la faculté de juger*
PMA	*Quels sont les progrès de la métaphysique en Allemagne depuis le temps de Leibniz et de Wolff ?*

PMF	*Prolégomènes à toute métaphysique future qui pourra se présenter comme science*
PPM	*Premiers principes métaphysiques de la science de la nature*
PP	*Propos de pédagogie*
PPP	*Projet de paix perpétuelle*
QL	*Réponse à la question : Qu'est-ce que les Lumières ?*
QOP	*Qu'est-ce que s'orienter dans la pensée ?*
RE	*Sur une découverte selon laquelle toute nouvelle critique de la raison pure serait rendue superflue par une plus ancienne*
Réfl.	*Reflexionen* (*Handschriftlicher Nachlaß*)
REP	*Recherche sur l'évidence des principes de la théologie naturelle et de la morale*
ROBS	*Remarques touchant les Observations sur le sentiment du beau et du sublime*
RS	*Recension de l'écrit de Silberschlag : Théorie de la boule de feu*
RSR	*La religion dans les limites de la simple raison*
RT	*Recherches sur la question : la Terre a-t-elle subi quelques modifications dans son mouvement de rotation depuis son origine ?*
RV	*Rêves d'un visionnaire expliqués par des rêves métaphysiques*
SCT	*Suite de la considération des tremblements de terre*
TP	*Sur le lieu commun : il se peut que ce soit juste en théorie mais, en pratique, cela ne vaut point*
TSP	*Sur un ton supérieur nouvellement pris en philosophie*
TV	*Nouvelles remarques en vue de l'explication de la théorie des vents*
TVP	*La question de savoir si la Terre vieillit, considérée d'un point de vue physique*
UF	*L'unique fondement possible d'une démonstration de l'existence de Dieu*
UPT	*Sur l'usage des principes téléologiques en philosophie*

AVANT-PROPOS GÉNÉRAL

Le 9e Congrès international de la Société d'Études Kantiennes de Langue Française (SEKLF), qui s'est tenu du 8 au 12 septembre 2009 à l'Université Lyon III - Jean Moulin, a été consacré à l'examen du statut de *la* science et *des* sciences dans la philosophie de Kant. Il s'agissait d'étudier principalement les trois axes suivants. Les deux premiers axes sont abordés dans le premier volume d'Actes, *Kant et la science*, tandis que le troisième et dernier axe fait l'objet du second volume, *Kant et les sciences*.

1) *La théorie critique et transcendantale kantienne de la connaissance en général*, et comment s'articulent (se suivent ou se recoupent partiellement) à ce niveau, d'une part, la *critique* de la raison pure (tantôt « science spéciale », tantôt simple « traité de la méthode » ou « propédeutique du système de la raison pure », préparant l'avènement de la science proprement dite, selon l'« Introduction » et la seconde « Préface » à la *Critique de la raison pure*), et, d'autre part, le *transcendantalisme*, entendu comme science métaphysique réformée, comme système complet des connaissances rationnelles pures par concepts, totalité achevée de nos savoirs synthétiques *a priori*, système d'Idées accomplissant l'idéalisme pur, voire science des sciences ou « science de philosopher sur la philosophie », selon l'*Opus postumum*.

2) La façon dont cette *théorie de la connaissance* (telle qu'elle s'exprime notamment dans la première *Critique* et les *Prolégomènes à toute métaphysique future*) *s'articule à la pluralité des sciences particulières*. Il s'agit alors de penser la synthèse du singulier et du pluriel, comme l'indique le titre du Congrès « Kant, *la* science et *les* sciences ». Dans cette perspective, on s'interroge ici sur le statut scientifique ou non, proprement ou improprement scientifique aux yeux de Kant de certaines disciplines. Par exemple, la psychologie, la chimie ou la géographie sont-elles des sciences au moins au sens large, faute de l'être au sens étroit où une science n'est dite telle que pour autant qu'il s'y trouve de mathématique (c'est-à-dire de concepts susceptibles d'être construits *a priori* dans l'intuition) ? Quels sont les objets, méthodes et limites des différentes sciences qu'examine Kant ? Le problème central est de savoir si, pour Kant, la science (à l'instar de la raison ou de la philosophie) est une, unique, homogène, et / ou plurielle, diverse, hétérogène. Existe-t-il *une*

seule science qui, à l'image du système encyclopédique des savoirs de d'Alembert et Diderot ou de l'arbre des sciences de Descartes, dont Kant a pu s'inspirer ici ou là, engloberait *à la fois* la science des sciences qu'est la philosophie critico-transcendantale (avec ses prolongements logico-métaphysiques) *et* les sciences particulières, limitées chacune à un domaine d'objets, à une région ontique, et définies par une méthode et une histoire propres ? Cette question de l'articulation du pluriel et du singulier au sein du savoir kantien conduit à examiner : a) les rapports (conceptuels, logiques, sémantiques) entre savoir (*Wissen*), connaissance (*Erkenntnis*) et science-s (*Wissenschaft-en*) ; b) les liens entre la « métaphysique de la nature » et les sciences naturelles empiriques (expérimentales, positives) qu'elle fonde, ainsi que le « passage » (*Übergang*) transcendantal que l'*Opus postumum* trace entre la première et les secondes ; c) la construction de chaque science particulière dans l'horizon d'une unique Idée qui, à la fois, assure l'unité, la cohérence de la science en question (le lien organique entre ses diverses théories) et régule son progrès historique, tel un *telos* parfait ; d) enfin le rang, la place et le statut de chaque science déterminée dans l'édifice kantien du savoir : comment les sciences s'ordonnent-elles les unes aux autres ? Constituent-elles une rhapsodie ou un système ? Et dans ce dernier cas, toujours privilégié par Kant, une science est-elle un système physico-mécanique s'accroissant de l'extérieur par addition, juxtaposition de connaissances nouvelles, ou bien un système organico-architectonique s'accroissant de l'intérieur par intussusception, selon la distinction établie par la *Critique de la raison pure* ? Les sciences sont-elles *coordonnées horizontalement*, extérieures les unes aux autres, cloisonnées, suivant le modèle *géographique* et *cartographique* d'une *encyclopédie universelle*, de la « mappemonde des sciences » (selon la métaphore que Kant, dans sa *Logique*, « Introduction », § VI, applique à l'entreprise des encylopédistes français) ? Et, dans ce cas, les sciences, étant indépendantes les unes des autres, sont-elles capables d'interactions réciproques (dans quelle mesure par exemple la mathématique doit-elle influencer la physique ?) ? Ou bien les sciences sont-elles *subordonnées verticalement* les unes aux autres, formant une hiérarchie scalaire plus ou moins explicite, selon le modèle arborescent cartésien, comme Kant semble le suggérer quand il qualifie la logique de « vestibule des sciences » ou la métaphysique de « reine des sciences » ?

3) Enfin, les *savoirs scientifiques que Kant mobilise* et parfois contribue à faire progresser, en en opérant soit une *fondation*, soit une *critique* : les études présentes consacrées aux diverses sciences dont traite Kant visent, non à l'exhaustivité, mais à la plus grande complétude possible, embrassant métaphysique, logique, mathématique, théologie, sciences de la nature (physique, chimie, biologie, géographie physique, histoire naturelle, cosmologie, astronomie) et sciences de l'homme ou de l'esprit (anthropologie, psychologie, morale, droit). Comment les sciences se forgent-elles historiquement ? Comment naissent-elles ? Toute science progresse-t-elle (la logique formelle d'Aristote constitue-t-elle, sur ce point, une exception ?) ? Comment une

discipline qui n'était qu'un art empirique et tâtonnant (comme la technique d'arpentage des géomètres de l'ancienne Egypte) peut-elle, par une révolution méthodologique de sa manière de penser, entrer dans « la voie sûre la science » (selon la seconde « Préface » à la *Critique de la raison pure*) et se transmuer en science, comme par exemple la géométrie pure initiée par Thalès ? Quelle différence Kant fait-il, quant au devenir qualitatif des sciences, entre *réforme* et *révolution* des théories et concepts, le paradigme de la révolution restant chez lui celui de l'astronomie copernicienne qu'il entend appliquer à la métaphysique, afin de faire de celle-ci une véritable science ? Kant décrit-il les sciences de la même façon selon qu'il s'exprime en *philosophe* ou en *scientifique* (comme dans les nombreux opuscules qu'il consacre, de 1754 à 1794, à diverses questions de physique) ? De fait, Kant n'est pas seulement un *philosophe* ou un *métaphysicien* de la nature, mais aussi un praticien des sciences naturelles, étudiant par exemple séismes, volcans, marées, climats, vents, météores, comètes, astres (influence de la Lune sur la Terre, axe et vitesse de rotation du globe terrestre), etc. Son traitement des sciences varie également selon qu'il rédige un texte *systématique* (comme les trois *Critiques*) ou un texte portant sur telle *partie* du système (comme les *Premiers principes métaphysiques de la science de la nature*), selon qu'il vise un texte *publié*, des *réflexions* (*Nachlaß*) ou encore des leçons (*Vorlesungen*) à but pédagogique. Kant module son style épistémologique en fonction du point de vue adopté. Plusieurs études ici présentées esquissent la figure d'un Kant, non simple théoricien du savoir, ni même des sciences, mais *scientifique* lui-même, savant (*Gelehrter*), physicien (*Physiker*), naturaliste (*Naturalist*), chercheur en sciences de la nature (*Naturforscher*). À la fois métaphysicien de la nature et savant physicien, Kant inaugure une tradition allemande (dans laquelle Schelling et Hegel s'inscriront) consistant à rapprocher, voire à confondre, *Naturforschung* et *Naturphilosophie*. Il s'agit ici de réhabiliter le visage de « *Kant als Naturforscher* » (selon le titre de l'ouvrage d'Adickes), souvent éclipsé par la figure dominante de Kant philosophe du savoir, de la nature et des sciences de la nature. Kant lit attentivement les revues, manuels de science et ouvrages de vulgarisation scientifique de son temps et, en amateur éclairé, prend part active au débat des savants antérieurs comme des scientifiques contemporains. Il mobilise une importante quantité de sources scientifiques, qu'il interprète, voire réinterprète librement, instaurant un dialogue permanent entre sa propre philosophie et les savoirs passés et présents.

C'est à ces questions que tentent de répondre les deux volumes d'Actes de ce Congrès. Le premier volume, *Kant et la science. La théorie critique et transcendantale de la connaissance*, coordonné par Sophie Grapotte, Mai Lequan et Margit Ruffing, aborde six thèmes directeurs : 1) la théorie critico-transcendantale de la connaissance ; 2) l'articulation de la science et des sciences ; 3) la méthodologie et l'épistémologie de Kant ; 4) la métaphysique comme science ; 5) la logique ou le « vestibule des sciences » et 6) le lien entre esthétique, téléologie du savoir et téléologie de la nature. Le second volume,

Kant et les sciences. Un dialogue philosophique avec la pluralité des savoirs, coordonné par Sophie Grapotte, Mai Lequan et Margit Ruffing, propose une reconstruction des savoirs kantiens en quatre grands groupes : 1) mathématiques ; 2) sciences de la nature (cosmologie, astronomie, physique, chimie, géographie physique) ; 3) sciences du vivant (naissance de la biologie moderne que Kant contribue à fonder) et 4) sciences de l'homme (anthropologie, psychologie, morale, droit). Les deux volumes illustrent ainsi, non pas tant une mappemonde encyclopédique exhaustive des savoirs, que l'effort de Kant pour appliquer l'esprit architectonique du criticisme à la pluralité des sciences de son temps. L'organisation kantienne des savoirs reflète de fait l'exigence criticiste constante de bâtir un système des sciences à l'instar des systèmes de connaissances que constituent les diverses sciences particulières.

Que soient ici vivement remerciés les auteurs qui ont contribué à cette entreprise.

Sophie GRAPOTTE, Mai LEQUAN et Margit RUFFING, juin 2011

DISCOURS D'OUVERTURE DE JEAN FERRARI PRÉSIDENT DE LA SOCIÉTÉ D'ÉTUDES KANTIENNES DE LANGUE FRANÇAISE

Monsieur le Doyen, chers collègues et amis,

Depuis son premier congrès à Dijon, en 1993, c'est la première fois que nous nous retrouvons dans une ville française pour un congrès de notre société. Nous le devons à l'initiative de notre secrétaire générale, Mai Lequan, vice-doyen et présidente de la Société rhodanienne de philosophie, et nous nous réjouissons d'être accueillis par une prestigieuse université où la philosophie a toujours tenu une place importante au point que, lors d'un récent colloque, s'est même imposée l'idée qu'il existait depuis le début du XXe siècle une école lyonnaise de philosophie dont les plus illustres représentants ont joué un rôle de premier plan dans la pensée française. Tradition aujourd'hui reprise par la Faculté de philosophie, son doyen et ses professeurs.

Si, depuis plus de quinze ans, nos congrès se sont déroulés hors de France, c'est que le règlement intérieur de notre société stipule que le président et les vices-présidents doivent être de nationalités différentes. Et les premiers congrès, après celui de Dijon, ont eu lieu à l'initiative des vice-présidents : Pierre Laberge en 1995 à Ottawa, Evanghélos Moutsopoulos à Athènes en 1997, Claude Piché à Montréal en 2001, Robert Theis à Luxembourg en 2003. Puis d'autres ont pris la relève, Lorenzo Bianchi et Albert Postigliola à Naples en 2005, Luc Langlois à Québec en 2007. Et il est probable qu'après Lyon, nous repartirons pour quelques destinations hors de l'Hexagone. Ainsi, d'emblée, une dimension internationale s'est imposée à notre société dans sa constitution même. Ce congrès en est encore la preuve, avec douze nationalités représentées appartenant à quatre continents.

Notre Société, modeste en ses débuts, s'est ainsi donné une extension géographique considérable et, fait plus remarquable encore, en langue française, sur un philosophe qui n'écrivait qu'en allemand. Aussi la présence, au sein de notre société, de nombreux amis allemands nous réjouit beaucoup. Il faut en effet parler d'amis, car notre Société ne donne pas seulement l'occasion, dans ses congrès, de présenter les recherches menées par ceux qui le souhaitent, dans le champ kantien, mais elle est aussi un exemple assez rare du « philosopher ensemble », cher à Aristote, qui contraste avec la froideur impersonnelle de certaines réunions de spécialistes. Ce congrès lyonnais en sera, à l'évidence, une nouvelle fois la preuve, et ceux d'entre vous dont c'est la première participation à un congrès de notre Société souhaiteront sans doute nous rejoindre, pour la qualité des travaux présentés, mais aussi pour la convivialité de nos rencontres.

Si l'on évoque maintenant le sillon que nous avons creusé, les intérêts de notre société, depuis une quinzaine d'années, ont oscillé entre des analyses attachées à des ouvrages de Kant parues dans un court laps de temps : l'année 1793, l'année 1795, l'année 1796, l'année 1797, l'année 1798, ou concernant des périodes plus longues : 1781-1801, la période précritique, ou encore la recherche des sources de la pensée kantienne au XVIIe et au XVIIIe siècles, Kant et les Lumières européennes. Avec le sujet : Kant, la science et les sciences, commence une recherche thématique qui ne recouvre en aucune façon les sujets précédents. C'est sans doute cette originalité qui explique, avec le charme de la ville de Lyon et la personnalité rayonnante de notre secrétaire générale, le nombre de propositions de communications dont les dernières n'ont pu être acceptées.

De quelque manière qu'on le conçoive, le sujet concerne le kantisme en son ensemble. Dans la philosophie moderne, Kant est sans doute le dernier philosophe à avoir eu un rapport fort et permanent avec toutes les sciences de son époque, non pas seulement par une curiosité raisonnée, à partir des nombreuses lectures dont on trouve maints échos dans son œuvre, mais par des contributions plus ou moins importantes, pour certaines, nées de cours imposés, par exemple en mathématiques, en physique et en chimie, mais surtout, pour quelques-unes d'entre elles, par des réflexions profondes et même des hypothèses et des développements originaux qui ont donné lieu à un renouvellement et à des découvertes attestées dans l'histoire des sciences. Qu'il s'agisse d'astronomie, de géographie physique ou d'anthropologie, l'apport de Kant est considérable et parfois décisif. L'ensemble des *Réflexions* et des *Leçons* recueillies dans les volumes de l'édition de l'Académie, scrutées avec soin à l'occasion de ce congrès, témoignent de ces contributions d'Emmanuel Kant à la science de son temps. Mais c'est l'entreprise kantienne, en sa motivation la plus profonde et dans l'ampleur de sa partie théorique, qui répond à l'exigence de fonder une fois pour toutes la connaissance scientifique, en déterminant ses conditions de possibilité. On ne saurait alors s'étonner de la richesse du programme de ce congrès. Il est impressionnant, et certaines communications traitent de sujets difficiles et rarement abordés. Leur publication dans les Actes du congrès constituera, une fois encore, un apport original à la recherche kantienne en langue française.

Il me reste à exprimer ma reconnaissance et celle de tous les membres de notre Société, de tous les participants de ce congrès, à notre secrétaire générale qui a pris l'initiative de nous réunir à Lyon et a su mener à bien son organisation malgré des difficultés qui n'ont pas manqué ces dernières semaines. Mais chacun connaît son efficacité, sa gentillesse et son dévouement à la cause kantienne.

Je m'associe par avance aux remerciements qu'elle exprimera dans un instant à l'égard des personnalités et des institutions sans le concours desquelles n'aurait pu avoir lieu cette rencontre internationale de spécialistes francophones de la philosophie kantienne, et je déclare ouvert le 9e Congrès de la Société d'études kantiennes de langue française.

Jean FERRARI

PRÉFACE

Ce premier volume d'Actes, *Kant et la science. La théorie critique et transcendantale de la connaissance*, analyse, en amont, la fondation kantienne du savoir objectif et la manière dont Kant en prépare l'application à la pluralité des sciences particulières, en mettant l'accent plus précisément sur deux d'entre elles : la *logique* (« vestibule » des sciences, indispensable voie d'accès et socle minimal commun à toutes les autres sciences) et la *métaphysique*, qui, considérée depuis l'Antiquité grecque comme la « reine des sciences », comme la science architectonique suprême, la science des sciences, aujourd'hui déchue de son rang, exige une réforme, voire une révolution qui lui rende ses titres de noblesse. Les études ici rassemblées montrent comment Kant lie, au sein du savoir, singulier et pluriel, *la* science et *les* sciences. Ce premier volume se demande si pour Kant la science, à l'instar de la raison ou de la philosophie, est une ou plurielle, unique ou diverse, homogène ou hétérogène. Kant appelle-t-il de ses vœux la constitution d'*une seule science*, qui comprendrait *à la fois* la nouvelle science des sciences qu'est la philosophie critico-transcendantale *et* les sciences particulières, délimitées chacune par un domaine d'objets et définies par une méthode propre et une histoire singulière ? De cette question centrale dérivent plusieurs questions secondaires, des plus générales et abstraites aux plus particulières et concrètes.

Tout d'abord, qu'est-ce qui distingue *en général* le savoir (*Wissen*) du non-savoir, la connaissance (*Erkenntnis*) de la non-connaissance, la science de la non-science, notamment de l'opinion et de la croyance ? Si l'opinion est un jugement problématique subjectivement et objectivement contingent et la croyance un jugement assertorique subjectivement nécessaire mais objectivement contingent, en revanche la science au sens de connaissance ou de savoir (*Erkennen*) est un jugement apodictique, universellement certain, objectivement et subjectivement nécessaire (selon la *Logique*, « Introduction », § IX ou selon le « Canon de la raison pure » de la première *Critique*). Kant distingue en outre, quant à l'espèce, à la nature, et non simplement quant au mode de présentation de nos connaissances, la méthode *scientifique*, qui « part de propositions *fondamentales* et *élémentaires* » et aboutit à la constitution d'un savoir objectif nécessaire et universel, voire à la consitution d'une science

(*Wissenschaft*), en tant que discipline unifiée et cohérente, et la méthode *populaire*, qui part « de propositions *familières* et *intéressantes* », mais ne produit jamais aucune discipline scientifique (*Logique*, § 115). Les sciences diffèrent ensuite entre elles par leur méthode. Certaines recourent à une méthode *analytique régressive* (qui « part du conditionné et du fondé et remonte aux principes »), d'autres, à une méthode *synthétique progressive* (qui « va des principes aux conséquences ou du simple au composé », § 117). Certaines utilisent la méthode *syllogistique* (qui se présente « sous forme d'une chaîne de raisonnements »), d'autres, la méthode *tabulaire* (qui présente un édifice de connaissances « déjà constitué dans toute sa construction d'ensemble », § 118). Enfin, certaines préfèrent la méthode *acroamatique* fondée sur l'enseignement, d'autres, la méthode *érotématique* fondée sur le questionnement, laquelle est soit *dialogique*, socratique, quand elle sollicite l'entendement, soit *catéchétique*, quand elle sollicite la mémoire (§ 119).

Puis, au sein du savoir, du connaître, comment Kant définit-il la *science* (*Wissenschaft*) entendue comme telle science, comme un ensemble de connaissances déterminées formant l'unité cohérente d'une discipline ? Car toute collection de savoirs dans un domaine donné ne fait pas encore, selon lui, une science au sens propre. L'idée de scientificité exige que les connaissances d'un domaine déterminé ne forment pas simplement un agrégat, une rhapsodie de théories éparses et sans ordre selon une unité seulement technique, se constituant de façon empirique, en tâtonnant, sans plan prétracé. Seule une « théorie censée être un système, c'est-à-dire un tout de connaissance ordonné par des principes, se nomme science » (*Premiers principes métaphysiques de la science de la nature*, « Préface »). Une science est un système total de connaissances, organiquement liées entre elles, fondées sur des principes *a priori* de la raison et obéissant à une Idée finale interne, à laquelle elle s'efforce de correspondre. Toute discipline scientifique (*Wissenschaft*) s'élabore et progresse en cherchant à se rapprocher asymptotiquement d'une Idée qui oriente téléologiquement ses progrès historiques. Sans cette Idée finale, la science ne saurait ni exister ni progresser. « Personne ne tente de constituer une science sans avoir une Idée pour fondement » (*Critique de la raison pure*, « Architectonique de la raison pure »).

Nouveau pas vers la concrétude des sciences particulières en leur lien avec l'idée d'un système des sciences : dans l'édifice kantien du savoir, quels rang, place, statut chaque science déterminée a-t-elle ? Comment les sciences s'ordonnent-elles les unes aux autres ? Selon Kant, les sciences doivent intérieurement comme extérieurement former, non une rhapsodie, mais un système. Kant distingue, voire oppose (dans la *Logique*, § 116 et dans l' « Architectonique de la raison pure ») la *méthode systématique*, architectonique (organique ou intussusceptive au sens chimique), qui, dans sa présentation des connaissances, indique comment l'on passe d'une proposition à l'autre, et la méthode *rhapsodique* ou *fragmentaire*, qui présente les connaissances et propositions sans ordre particulier, de façon chaotique ou aphoristique. Si les sciences doivent former un système – hypothèse qui sert de fil directeur (*Leitfaden*) constant à la réflexion kantienne sur la et les science(s) –, est-ce un système *physico-mécanique*, qui croît de l'extérieur par addition progressive de connaissances nouvelles indépendantes les unes des autres, extérieures les unes aux autres (*partes extra partes*), en une juxtaposition géographique, ou bien est-ce un système *organico-architectonique* (comme l'est la philosophie), qui croît de l'intérieur par intussusception (comme les substances chimiques qui, se combinant intimement entre elles, engendrent un produit de synthèse nouveau) ? Dans l'un et l'autre cas (système physico-mécanique ou organico-architectonique), jamais les sciences particulières ne doivent perdre leur identité singulière propre. Car, pour Kant, une science se définit avant tout par ses limites, lesquelles doivent être fixées une fois pour toutes. Selon la seconde « Préface » à la première *Critique*, « ce n'est pas étendre les sciences, mais les dénaturer, que d'étendre leurs limites ». De même, selon les *Prolégomènes à toute métaphysique future* (§ 1),

> si l'on veut présenter une connaissance comme *science*, on doit d'abord pouvoir déterminer avec précision son trait distinctif, ce qu'elle n'a de commun avec aucune autre, et donc ce qui lui est *propre* ; faute de quoi, les limites de toutes les sciences s'entremêlent et aucune d'entre elles ne peut être traitée à fond, selon sa nature.

Ensuite, au sein du système qu'elles sont censées constituer, les sciences doivent-elles être pensées en *coordination horizontale*, topographiquement extérieures les unes aux autres, d'égale dignité, préservant à la fois leur cloisonnement et la possibilité d'interagir réciproquement en un commerce dynamique (par exemple, la mathématique doit-elle influencer la physique en lui servant de principe-fondement, comme dans la physique mathématique évoquée par les *Prolégomènes*, ou de simple outil-instrument, comme le veut l'*Opus postumum* ?) ? Les sciences formeraient alors un système calqué sur le modèle *encyclopédiste*, c'est-à-dire *géographique*, cartographique, et totalisant, holistique, de la « mappemonde des sciences » (*Logique*, « Introduction », § VI). Selon la *Critique de la faculté de juger* (§ 79), en effet, « chaque science doit avoir sa place déterminée dans l'encyclopédie de toutes les sciences », au sein de laquelle Kant distingue une partie pratique et une partie théorique, et au sein de celle-ci à son tour une doctrine de Dieu et une doctrine de la nature (des corps et des âmes). Ou bien les sciences forment-elles un système de *subordination verticale*, une hiérarchie de degrés, selon le modèle arborescent proposé par Descartes dans sa « Lettre-préface » aux *Principes de la philosophie*, l'arbre cartésien des sciences allant de la racine métaphysique aux branches basses (mécanique, médecine) et haute (science morale), en passant par le tronc (mathématique, physique), comme Kant semble le suggérer en faisant de la logique le « vestibule des sciences » ou de la métaphysique la « reine des sciences » ? Il importe en tout cas à ses yeux, d'une part, que chaque science prise en particulier forme un système de connaissances – « la science est un tout de connaissance sous forme de système, et non simplement sous forme d'agrégat » (*Logique*, § 95) – et, d'autre part, que l'ensemble des sciences forme un système rationnel d'après un plan prétracé *a priori*, comme l'exigent la pluralité et la diversité mêmes des sciences.

> Étant donné qu'il y a tant de connaissances diverses, on fera bien de se faire un plan d'après lequel on ordonnera les sciences [...]. Toutes les connaissances se soutiennent mutuellement selon un enchaînement naturel. Or si dans l'effort pour étendre les connaissances on perd de vue cette cohérence d'ensemble, il ne résultera de la multiplicité de nos savoirs qu'une simple rhapsodie (*Logique*, « Introduction », § VI).

Seul un plan ordonné *a priori* peut conférer le statut de discipline scientifique (c'est-à-dire systématique) aux connaissances d'un domaine ontique, et, corrélativement, conférer le statut de système (quelle qu'en soit la forme) à l'ensemble des sciences. Seuls ces deux niveaux intégrés de systématicité garantissent une cohésion affine, voire organique à l'ensemble de nos savoirs. Aussi la constitution intérieure de chaque science et la constitution extérieure du système des sciences entre elles exigent-elles une architectonique, c'est-à-dire un art de bâtir des systèmes de connaissances organiquement articulées les unes aux autres (c'est-à-dire un art de bâtir des sciences) et une affinité chimique intussusceptive entre les diverses sciences (au niveau cette fois d'un système universel des sciences). Selon l' « Architectonique de la raison pure », le modèle systématique, intussusceptif, architectonique (organique ou chimique) doit l'emporter sur le modèle concurrent, mécanique ou technique ; le modèle géographique des encyclopédistes français pouvant être lu comme un modèle intermédiaire, voire comme une synthèse entre les deux précédents.

> L'architectonique des sciences [...] est un système selon les Idées dans lequel les sciences sont considérées du point de vue de leur affinité et de leur liaison systématique en un tout de la connaissance intéressant l'humanité (*Logique*, « Introduction », § VI).

Puis, comment Kant pense-t-il le *rapport* de sa propre *philosophie critique* (en sa partie théorique et spéculative), comme entreprise d'auto-fondation et d'auto-légitimation du savoir et comme « tribunal de la raison pure » (*Critique de la raison pure*), *aux diverses sciences* tant pures (ou du moins en partie *a priori*) qu'empiriques (*a posteriori*) ? Comment relie-t-il sa propre métaphysique, au sein de laquelle il distingue une branche pratique (métaphysique des mœurs ou de la liberté) et une branche théorique (métaphysique de la nature et des sciences de la nature), d'une part, aux trois sciences rectrices évoquées par la « Préface à la seconde édition » de la *Critique de la raison pure*, à savoir la logique, la mathématique et la physique, et, d'autre part, aux trois spécialités constitutives de la métaphysique dogmatique classique prise comme ontologie que sont la théologie, la cosmologie et la psychologie transcendantales ? Enfin, comment Kant articule-t-il les trois questions : comment la métaphysique est-elle possible comme science ?, comment la mathématique est-elle possible comme science ? et comment la physique est-elle possible comme science ? à la première des trois interrogations fondamentales de la raison pure : « Que puis-je savoir ? » (*Critique de la raison pure*, « Canon de la raison pure ») ?

Ce premier volume étudie donc dans un premier temps, la *théorie critico-transcendantale de la connaissance en général* et comment, au sein de la raison pure, *s'articulent criticisme* et *transcendantalisme*. Dans un second temps, il analyse comment Kant distingue, au sein de la multiplicité des disciplines, des sciences *au sens propre* (dont la méthode mathématique consiste à construire les concepts des objets dans l'intuition pure de l'espace ou du temps), sciences pures reposant sur des principes et des lois apodictiques (absolument nécessaires), et des sciences *au sens impropre* (telles que psychologie ou chimie), qui sont, au mieux, des théories expérimentales, au pire, de simples arts empiriques. Kant esquisse ainsi une hiérarchie axiologique des sciences. Toutes les sciences n'ont pas même valeur, même degré de scientificité. « Seule peut être nommée science à proprement parler celle dont la certitude est apodictique. Une connaissance qui peut contenir une certitude simplement empirique n'est un savoir qu'en un sens impropre » (*Premiers principes métaphysiques de la science de la nature*, « Préface »). Enfin, dans un troisième temps, ce volume montre comment, plus encore que la logique, simple « vestibule des sciences », la *philosophie transcendantale* – en tant qu'idéalisme pur, que métaphysique revisitée, elle-même préparée par la propédeutique méthodologique qu'est le criticisme dont elle forme l'aboutissement, le couronnement – se définit aussi comme *la science des sciences*, venant supplanter l'ancienne métaphysique dogmatique. En sa dimension critique, la philosophie de Kant serait la science (ou la simple Idée de cette science) qui fonde en légitimité toutes les autres sciences et leur assigne leurs limites, tant internes (organisation) qu'externes (entre elles), en mettant au jour les conditions sous lesquelles elles valent comme sciences. Et en sa dimension transcendantale, elle serait la science des principes *a priori* de toutes les sciences.

Sophie GRAPOTTE, Mai LEQUAN et Margit RUFFING

I

L’ARTICULATION DE *LA* SCIENCE ET *DES* SCIENCES

KANT, LA SCIENCE ET LES SCIENCES : LA SITUATION ARCHITECTONIQUE DES SCIENCES DANS L'ACCOMPLISSEMENT CRITIQUE

Je me propose d'apporter quelques éléments d'élucidation des termes qui figurent dans le titre même de ce Congrès : « Kant, la science et les sciences ». Je le ferai en formulant un problème plus limité, celui de ce que j'appelle la situation architectonique des sciences dans l'accomplissement critique. Je limiterai encore davantage le champ de mon propos en n'examinant cet accomplissement que tel qu'il a été réalisé dans la première *Critique*. Un examen plus complet supposerait évidemment que l'on aille jusqu'à la seconde partie de la troisième *Critique*, dont Kant observe d'ailleurs que, *stricto sensu*, elle relève du domaine de la critique de la raison spéculative [1]. Des textes empruntés aux *Prolégomènes* et aux *Premiers principes métaphysiques de la science de la nature* seront traités comme des explicitations et des compléments de la première *Critique*.

Quelque parti que l'on prenne – ou que l'on préfère ne pas prendre – dans le conflit majeur des interprétations concurrentes de l'accomplissement critique et de la part qu'y tiendrait une théorie de la connaissance scientifique, il reste littéralement indiscutable que l'objet même de la première *Critique*, à un moment où Kant n'envisageait pas encore qu'il dût y en avoir une seconde, et encore moins une troisième, était bien d'instaurer la *métaphysique comme science*. Et cela impliquait d'emblée deux choses : 1) que ce qui sera ainsi instauré soit effectivement conforme à la signification que porte le nom de métaphysique, et 2) que la réalisation en soit conforme à ce que l'on sait que doit être une science pour en mériter le titre. Sous ce second point de vue, le seul dont j'aurai ici à m'occuper directement, la *Critique* inclut de façon essentielle une prise de position sur ce qu'est la science, *Wissenschaft*, dans le sens le plus exact de son concept, pour mesurer en quoi et comment la métaphysique instaurée, quand elle le sera, s'égalera à ce concept.

Ce qui derechef renvoie à deux déterminations préalables : 1) de ce qu'est la métaphysique, non selon une réalisation déjà disponible dans le champ du

1. CFJ, « Préface », AK V, 169-170; OP II, 920. Toutes les traductions suivantes sont de Michel Fichant.

savoir, puisque le projet se justifie du constat qu'il n'en existe encore aucune [1], mais selon son sens, sa destination ou son idée ; 2) de ce qu'est la science. Or il y a ici pour Kant un point de fait soustrait à toute discussion : il y a effectivement du savoir constitué et transmissible, qu'un consensus invariable reconnaît comme formé de sciences qui en méritent certainement le nom. On se souvient évidemment de la mise en perspective historique de la « Préface » de la seconde édition de la *Critique de la raison pure* : les sciences dont il s'agit sont la logique, les mathématiques et la science de la nature ou physique. Dans la première *Critique*, cette dernière apparaît d'abord sous la forme classique de la *mathematische Naturwissenschaft* galiléo-newtonienne, et ne prend pas en compte la connaissance des vivants et des organismes, sur laquelle la seconde partie de la *Critique de la faculté de juger* ouvrira de nouvelles voies.

D'où l'on viendra à se poser la question : quel rapport y a-t-il entre les sciences telles qu'elles sont et la science telle que, présomptivement, se présentera la métaphysique future ? Mais si la *Critique* a précisément pour objectif d'établir cette science à venir, elle ne le peut qu'en étant elle-même déjà une science, et en assignant aux sciences la place qui est la leur dans un tableau d'ensemble de la raison.

I. Les critères d'une science en général

Quels sont les critères de ce qu'est une science, donc en général la science en tant que telle, selon son idée et en deçà de toute condition de réalisation ? On peut en identifier trois : système, exigence de séparation, procès historique.

1) Le système

Une science est une espèce du genre connaissance dont le trait distinctif est que les connaissances y font système. Ainsi que l'annoncent assez solennellement les premières lignes du chapitre de l' « Architectonique de la raison pure » : « l'unité systématique est ce qui transforme la connaissance commune en science, c'est-à-dire ce qui d'un simple agrégat de connaissances fait un système » [2]. L'ensemble du chapitre s'ordonne à partir de l'opposition première de la connaissance historique, qui part des données, *ex datis*, et de la connaissance rationnelle, qui procède par principes, *ex principiis*. Une nouvelle dichotomie sépare la connaissance rationnelle en connaissance mathématique (par construction de concepts) et connaissance philosophique (par concepts), pour identifier, au titre de cette dernière, la place qui reviendrait désormais à une métaphysique entendue comme « système de la raison pure ». La « Préface » des *Premiers principes métaphysiques de la science de la*

1. « Il n'existe encore jusqu'aujourd'hui absolument aucune métaphysique » (PMF, « Préface », AK IV, 257 ; OP II, 19).

2. CRP, A 832 / B 860, AK III, 538 ; OP I, 1384.

nature, suivant le fil conducteur de l'élaboration du concept restreint de science de la nature, apporte une contribution complémentaire à l'établissement des critères de scientificité ; elle réitère sous forme de définition nominale : « Toute théorie, si elle doit être un système, c'est-à-dire un tout de connaissance ordonné suivant des principes, s'appelle science » [1].

Si donc, provisoirement, l'on détache l'élaboration donnée du concept de science de sa référence déterminante à la nature comme ce dont traite la science dont il est ici question, on relèvera une précision complémentaire qui vient se composer avec l'exigence de systématicité pour en marquer l'insuffisance, en une sorte d'écho cartésien. Il faut en effet quelque chose de plus pour parler de science proprement dite :

> Ne peut être appelée science proprement dite que celle dont la certitude est apodictique ; une connaissance qui peut comporter une certitude simplement empirique est un savoir qui n'est ainsi dénommé qu'improprement [2].

C'est sous cette réserve que la connaissance historique de la nature devra être qualifiée, plutôt que de science, de doctrine de la nature (*Naturlehre*) sous la double forme de la description de la nature et de l'histoire de la nature, l'une et l'autre cependant systématiques, la première dans la classification des choses, la seconde dans leur représentation selon les temps et les lieux. Mais plus encore, si une connaissance rationnelle de la nature procède à partir de principes, la relation logique fondamentale de la consécution de la raison (*Grund*) à la conséquence (*Folge*) ne suffit pas encore à lui conférer le nom de science : car si les antécédents relèvent eux-mêmes d'une source empirique, on parlera, plutôt que de science, d'un « art systématique », tel est le cas de la chimie [3]. D'où l'on reconnaît que l'unité systématique ne suffit pas encore à caractériser comme telle la science : une science est un ensemble de connaissances ordonnées en système et de plus possédant une certitude apodictique fondée sur des principes ayant leur siège dans la raison, donc fondés *a priori*.

2) L'exigence de séparation

Pour traiter au fond ou à fond une science conformément à sa nature, il faut empêcher que les limites des sciences ne se confondent les unes avec les autres (*Prolégomènes*, § 1). C'est pourquoi :

> Si l'on veut exposer une connaissance comme science, on doit d'abord pouvoir déterminer exactement le trait distinctif qu'elle n'a en commun avec aucune autre et ce qui lui est ainsi propre. [...] Mais que ce caractère propre puisse consister dans la différence des objets ou des sources de connaissance ou encore du mode de connaissance, ou de quelques-uns sinon de tous ces

1. PPM, « Préface », AK IV, 467 ; OP II, 364.
2. PPM, AK IV, 468 ; OP II, 364.
3. Voir *ibid*.

> éléments ensemble, c'est là-dessus que repose d'abord l'idée de la science possible et de son territoire [1].

C'est pourquoi, à propos de la logique, la « Préface » à la seconde édition de la *Critique de la raison pure* pourra observer que « ce n'est pas accroissement mais défiguration des sciences lorsqu'on laisse leurs limites se confondre » [2].

3) Le procès historique

À ces critères formels de reconnaissance de ce qui fait une science, la même « Préface » de la seconde édition de la *Critique* ajoute des signes d'identification par l'observation du résultat ou du succès : une science se présente historiquement, dans sa donnée de fait, par l'emprunt d'une voie sûre de la science (*sicheren Gang einer Wissenschaft*) qui présente les caractéristiques suivantes : l'absence de retour en arrière et le progrès cumulatif d'acquisition de connaissances ; le consensus des collaborateurs instruits quant à la manière appropriée d'obtenir les résultats.

Plus importante cependant est l'observation selon laquelle l'accès à ce statut advient dans un moment inaugural de la révélation de l'*a priori* dans une initiative qui est elle-même l'exercice d'un pouvoir encore indéterminé. Inutile de citer ici des textes que chacun a en mémoire, sinon pour souligner que dans cette capacité d'initiative c'est la raison pure en acte qui se dévoile.

Dès lors que ces trois ordres de critères sont satisfaits, ce qui est proprement science doit s'inscrire dans le champ de ce que la raison produit d'elle-même à partir de principes qu'elle prescrit. C'est en ce sens qu'on peut dire encore que « toute science doit avoir sa place déterminée dans l'encyclopédie de toutes les sciences » [3].

Au titre XI de la *Première Introduction à la Critique de la faculté de juger*, Kant présente le concept de l' « introduction encyclopédique » d'une doctrine : une telle introduction montre la place de la doctrine dans un ensemble d'autres doctrines auxquelles elle est corrélée selon des principes communs [4]. Si, en cet endroit, l'emploi de ce concept est réservé à la seule *Introduction* de la *Critique de la faculté de juger* elle-même dans le système complet de la critique de la raison pure dans son ensemble, désormais formé de la réunion de ses trois moments, il est possible, pour les besoins de l'interprétation, d'en faire un usage par transposition [5]. À cet effet, on relèvera qu'une introduction encyclopédique présuppose l'idée d'un système, qui lui-même n'est possible

1. PMF, AK IV, 265 ; OP II, 29.
2. CRP, B VIII, AK III, 7 ; OP I, 734.
3. CFJ, § 79, AK V, 416 ; OP II, 1216.
4. Voir PI, AK XX, 242 ; OP II, 900.
5. En un sens analogue à celui dans lequel Louis Guillermit a fait usage de la notion d' « élucidation critique » dans son *Élucidation critique du jugement de goût selon Kant*, Paris, Éditions du CNRS, 1986.

que si l'on est en état d'indiquer complètement les sources subjectives ou objectives d'une certaine espèce de connaissances, au travers du concept formel d'un tout qui contient simultanément en lui le principe d'une division complète *a priori* [1].

C'est dans la mesure où la raison pure, telle que la première *Critique* en exhibe la structure, forme en elle-même un tel système, que sera posée la question de l'insertion architectonique ou, ce qui revient au même, de l'introduction encyclopédique des sciences dans ce système.

II. ARCHITECTONIQUE ET LIEU D'INSCRIPTION ORIGINAIRE DES SCIENCES

Cette question peut être encore formulée autrement : où précisément se situe, dans le dispositif lui-même architectonique de la *Critique de la raison pure*, le lieu d'inscription originaire des sciences ? Il ne s'agit pas ici de lire la *Critique* comme une théorie de la science, ni d'y recenser les propositions que nous pourrions qualifier d'épistémologiques relativement à telle ou telle science, même s'il s'en trouve de fait. La question est plutôt de savoir d'où chaque science tire son ancrage dans la structure du pouvoir de connaître tel qu'il s'exerce en tant que raison pure, seule capable de science proprement dite.

Il convient alors, de façon préjudicielle, de faire justice d'une tentation à laquelle les commentaires ont souvent cédé. La structure des *Prolégomènes* semble en effet offrir ici une solution aisée en apportant une réponse claire, quoiqu'indirecte, mais ayant le mérite de sa simplicité apparente.

Comme on sait, les *Prolégomènes* récapitulent le résultat de la *Critique* selon un plan distribuant en trois parties la solution de la question transcendantale fondamentale "*Comment les jugements synthétiques* a priori *sont-ils possibles* ?", qui confère sa formulation précise à la question générale "*Comment une connaissance par raison pure est-elle possible* ?", traduction kantienne de la question de la possibilité de la métaphysique. Ces trois parties sont donc : comment la mathématique pure est-elle possible ? ; comment la science pure de la nature est-elle possible ? ; comment la métaphysique en général est-elle possible ?

La réponse à ces trois questions fournit enfin la solution du problème général : *comment la métaphysique est-elle possible comme science* ?

La réponse à la première question partielle permet de retrouver le résultat de l' « Esthétique transcendantale ». Le traitement de la seconde restitue l' « Analytique transcendantale », tant des concepts que des principes. Enfin la troisième partie reconduit à la « Dialectique transcendantale ». Quoi de plus simple alors que d'appliquer rétrospectivement au plan de la *Critique* ce que délivrerait celui des *Prolégomènes* : le lieu transcendantal de la mathématique

1. PI, AK XX, 242 ; OP II, 900.

se trouverait alors dans l'« Esthétique », celui de la physique rationnelle dans l'« Analytique », celui de la métaphysique dans la « Dialectique ».

Pour classique qu'elle soit, cette lecture n'est pas satisfaisante pour plusieurs raisons. En laissant de côté la métaphysique pour ne s'en tenir qu'aux sciences dont le caractère de scientificité est incontestable, l'éclaircissement supposé entretient une complète incertitude sur la place de la logique, dans la mesure où Kant ne pose pas la question de sa possibilité. Le motif en serait sans doute que les propositions de la logique étant des jugements analytiques, cette science n'a pas à figurer dans le traitement ordonné des trois parties de la question transcendantale. Mais précisément, cela marque assez que ce traitement ne recouvre pas adéquatement le champ des sciences et n'offre pas un bon fil conducteur à leur introduction encyclopédique.

D'où l'on peut présumer que c'est là un effet de la méthode selon laquelle les *Prolégomènes* procèdent, qui est la méthode analytique, procédure indirecte qui remonte du conditionné admis comme un fait à la condition transcendantale de sa possibilité [1].

III. MATHÉMATIQUE, ESTHÉTIQUE ET PROBLÈME GÉNÉRAL DE LA PHILOSOPHIE TRANSCENDANTALE

La pierre de touche de l'impropriété qui résulte de cette lecture de la *Critique* au travers du prisme des *Prolégomènes* est apportée par la corrélation exclusive et réciproque par laquelle elle associe la mathématique à l'« Esthétique transcendantale », comme si cette dernière, telle qu'elle est exposée dans la *Critique de la raison pure*, donnait le dernier mot de la philosophie des mathématiques de Kant. Ce fut là, par exemple, le point de vue d'un ouvrage aujourd'hui vieilli, même si on peut encore y apprendre des choses, celui de Charles Serrus intitulé *L'Esthétique transcendantale et la science moderne* [2]. Je ne reviendrai pas ici sur les arguments que j'ai pu développer ailleurs pour attester que l'intelligence de l'esthétique transcendantale comme une évaluation équitable de la conception kantienne des mathématiques impose que l'on commence par dissocier l'une de l'autre [3]. Au demeurant, dans la deuxième édition de la *Critique*, Kant, tenant compte de l'apport intermédiaire des *Prolégomènes*, n'a pas manqué d'apporter à l'« Esthétique transcendantale » une conclusion qui en souligne nettement l'insuffisance à rendre

1. On remarquera que l'intégration de la formulation analytique du problème dans l'« Introduction » de la *Critique de la raison pure* relève d'une refonte du texte de la seconde édition (B 14-24), par transposition de l'acquis des *Prolégomènes*, au risque de brouiller le caractère synthétique du texte fondateur.

2. Charles Serrus, *L'Esthétique transcendantale et la science moderne*, Paris, Alcan, 1930.

3. Voir Michel Fichant, « L'espace *grandeur infinie donnée* et la radicalité de l'Esthétique transcendantale », *Philosophie*, n° 56, 1997 et « Espace esthétique et espace géométrique chez Kant », *Revue de métaphysique et de morale*, n°4, 2004.

compte intégralement par elle-même, en général, de tous les jugements synthétiques *a priori* des sciences, et donc des jugements mathématiques :

> Nous détenons ici maintenant un des morceaux requis pour la résolution du problème général de la philosophie transcendantale : comment sont possibles des propositions synthétiques *a priori* ?, à savoir des intuitions pures *a priori*, espace et temps, en lesquels, quand nous voulons aller *a priori*, dans un jugement, au-delà du concept donné, nous trouvons ce qui peut être découvert *a priori* non dans la concept, mais bien dans l'intuition qui lui correspond et qui peut être uni synthétiquement à ce concept [1].

« Nous possédons un des morceaux requis », mais un morceau *seulement*. Il n'est évidemment pas question de nier que la caractérisation kantienne de la connaissance mathématique, comme connaissance par construction d'un concept dans une intuition qui réponde au concept, a une répercussion sur l'interprétation par Kant de ce que sont les mathématiques : la conception même de l'intuition, son caractère de réceptivité et le statut non-conceptuel de ses formes entraînent, pour des raisons de droit et non de fait, une détermination limitative de ce qui a un sens mathématique. Il n'en reste pas moins que, pour qu'il y ait construction de concepts, encore faut-il qu'il y ait des concepts à construire : ces concepts comme tels relèvent des fonctions de l'entendement. Plus encore, pour que des jugements synthétiques, quels qu'ils soient, constituent bien des connaissances (et donc possèdent une validité objective),

> ils ne consistent jamais en de simples intuitions, qui seraient seulement unies par comparaison dans un jugement, comme on le soutient communément à ce sujet [2].

En effet, la liaison énoncée dans le jugement doit elle-même toujours relever d'une fonction catégoriale. Au même § 21 des *Prolégomènes*, Kant ajoute pour éviter toute équivoque :

> Même les jugements de la mathématique pure, dans ses axiomes les plus simples, ne font pas exception à cette condition. Le principe : la ligne droite est la ligne la plus courte entre deux points, présuppose que la ligne soit subsumée sous le concept de la grandeur, qui n'est certainement pas une simple intuition, mais a son siège uniquement dans l'entendement, et sert à déterminer l'intuition (de la ligne) en vue des jugements qui peuvent être portés sur elle, relativement à leur quantité, c'est-à-dire à la pluralité (au titre de *iudicia plurativa*) [3].

C'est à cette condition seulement, qui est celle de la *détermination intellectuelle des mathématiques*, qu'il est possible de trouver dans les mathématiques la forme objective d'un ordre de la nature :

> Ce qui détermine l'espace à la forme du cercle, à la figure du cône et de la sphère, c'est l'entendement, pour autant qu'il contient le fondement de l'unité

1. CRP, « Esthétique transcendantale », « Conclusion », B 73, AK III, 73 ; OP I, 811.
2. PMF, § 20, AK IV, 301 ; OP II, 74.
3. *Ibid.*

> de la construction. La seule forme universelle de l'intuition, qui s'appelle espace, est donc bien le *substratum* de toutes les intuitions déterminables pour des objets déterminés, et en lui réside bien la condition de la possibilité et de la multiplicité des figures ; mais l'unité des objets est assurément déterminée par l'entendement, et selon des conditions qui résident dans sa propre nature ; et ainsi l'entendement est l'origine de l'ordre universel de la nature [1].

On reviendra sur la portée de cette dernière formulation. Pour le moment, on en conclura que la proposition d'une corrélation exclusive entre esthétique transcendantale et mathématique, suggérée par la projection de l'ordre de composition des *Prolégomènes* sur la *Critique de la raison pure*, doit être écartée. C'est à la *Critique* elle-même qu'il faut revenir pour autant que seule son exposition synthétique permet que la science « mette sous les yeux dans sa liaison naturelle toutes ses articulations, comme la structure d'un pouvoir de connaître tout à fait particulier » [2].

Mais, avant d'y venir, on relèvera que les considérations précédentes contribuent aussi à faire comprendre l'articulation nécessaire que la « Préface » des *Premiers principes métaphysiques de la science de la nature* établit entre mathématique et science de la nature, dans la précision déjà mentionnée qu'elle apporte au concept de science.

Rappelons en effet la progression du texte : il s'ouvre par la présentation du concept de nature dont la science est à déterminer. Est nature, dans le sens unitaire requis, qui constitue la signification matérielle (*natura materialiter spectata*), « l'ensemble de toutes choses pour autant qu'elles peuvent être objets de nos sens, et par conséquent aussi de l'expérience ». Suivent les étapes déjà mentionnées qui délimitent strictement ce qui peut être dit science : un système de la connaissance, de caractère rationnel, fondé sur des principes *a priori*, et dont la certitude est apodictique. Par suite :

> Une théorie rationnelle de la nature mérite donc le nom de science de la nature seulement dès lors que les lois de la nature qui se trouvent en elles au fondement sont connues *a priori* et ne sont pas de simples lois d'expérience [3].

D'où résultent deux conséquences : 1) « Toute science de la nature proprement dite requiert ainsi une partie pure, sur laquelle puisse se fonder la certitude apodictique que la raison recherche en elle » [4]. 2) « Une science de la nature à nommer proprement ainsi présuppose d'abord une métaphysique de la nature » [5].

Mais pourquoi appeler métaphysique cette doctrine préalable ? Précisément parce qu'elle est un système de principes rationnels *a priori*, ce que signifie désormais proprement métaphysique après la *Critique*. Mais aussi parce que, sous le point de vue du mode de connaissance, « métaphysique » désigne une

1. PMF, § 38, AK IV, 321-322 ; OP II, 99.
2. PMF, AK IV, 263 ; OP II, 27.
3. PPM, « Préface », AK IV, 468 ; OP II, 365.
4. PPM, AK IV, 469 ; OP II, 365.
5. PPM, AK IV, 469 ; OP II, 366.

espèce de la connaissance philosophique, qui procède par simples concepts et non par construction de concepts. Irréductiblement, il n'y a pas, il ne peut pas y avoir de métaphysique mathématique,

> [c]ar des lois, c'est-à-dire des principes de la nécessité de ce qui appartient à l'existence d'une chose, s'occupent d'un concept qui ne se laisse pas construire, parce que l'existence ne peut être exposée *a priori* dans aucune intuition [1].

Rien donc de plus étranger à Kant que les tentatives qui se proposeraient de reprendre à leur compte la formule que Leibniz a laissée un jour échapper : « Ma métaphysique est toute mathématique pour dire ainsi ou la pourrait devenir » [2].

Mais tout autre que celle de la métaphysique est la situation à cet égard de la doctrine elle-même de la nature. En sus des déterminations déjà acquises, il vient s'en ajouter une nouvelle :

> j'affirme qu'en toute théorie particulière de la nature il ne peut être trouvé de science proprement dite qu'autant qu'il s'y trouve de mathématique [3].

En effet, la science proprement dite repose sur sa partie pure, où les choses de la nature sont connues *a priori*. Mais connaître *a priori*, selon une détermination ici nouvelle au moins dans sa formulation, c'est connaître une chose par sa seule possibilité, et non à partir de son effectivité empiriquement donnée. Or la seule possibilité de la pensée, la non-contradiction du concept d'une chose en général, ne suffit pas à reconnaître la possibilité de choses déterminées de la nature. Pour cela, il faut que soit fournie *a priori* au concept l'intuition correspondante, et par conséquent que le concept soit construit. Si donc la philosophie de la nature est possible sans mathématique, une doctrine pure de la nature, authentiquement scientifique, n'est possible que par les mathématiques. Kant le reformule : « La théorie de la nature ne contient de science proprement dite qu'autant que la mathématique peut y être appliquée » [4].

C'est pourquoi, dans la disposition que nous recherchons ici des sciences incontestables dans le tout architectonique de la raison, la mathématique ne pourra pas se trouver assignée à une autre place que celle où se trouvera aussi la science de la nature elle-même.

1. PPM, AK IV, 470 ; OP II, 366.

2. Formule qui figure dans un projet de lettre au Marquis de l'Hôpital du 27 novembre (ou décembre ?) 1694, qui ne semble pas avoir été adressée dans cette version au destinataire, *Mathematische Schriften*, éd. C.I. Gerhardt, II (1849), p. 258. Par chance, les textes métaphysiques *réels* de Leibniz sont écrits dans une langue qui est celle de la pensée par concepts, élargie à l'usage des analogies et des métaphores.

3. PPM, AK IV, 470 ; OP II, 367.

4. PPM, AK IV, 470 ; OP II, 368.

IV. L'ASSIGNATION ARCHITECTONIQUE DES SCIENCES DANS LA STRUCTURE DE LA RAISON

L'assignation architectonique des sciences dans la structure de la raison se trouve dans l'agencement des actes transcendantaux constitutifs de la connaissance, tels que la *Critique* les expose suivant sa démarche synthétique.

Il est vrai que Kant ne traite pas cette question directement et *ex professo*. C'est en regroupant des remarques intégrées à d'autres arguments que l'on peut reconstituer les éléments d'une interprétation plausible. On se bornera là-dessus à quelques remarques :

1) Concernant la logique

La logique répond indiscutablement aux trois critères relevés plus haut de la scientificité, quoique d'une manière particulière dans le cas du troisième : s'il n'y a pas en logique de retour en arrière, il n'y a pas non plus – on a assez reproché à Kant ce que les commentaires paresseux présentent comme une regrettable ignorance de l'histoire – de progrès par apport cumulatif de connaissances nouvelles [1]. On en connaît la raison : elle tient à la vacuité objective de la logique, une science qui n'a aucun référent dans la seule objectivité reconnue qui est celle de l'expérience.

C'est aussi ce qui indique l'ancrage transcendantal de la logique et le point originel d'où elle tire sa possibilité : l'opération originelle qui constitue le domaine logique proprement dit est celle qui fait d'une représentation un *conceptus communis* [2] ; cette opération est ancrée dans l'unité analytique de la conscience, qui elle-même présuppose toujours l'unité synthétique de l'aperception :

> L'unité synthétique de l'aperception est ainsi le point le plus élevé auquel on doit suspendre tout usage de l'entendement, même la logique tout entière et à sa suite la philosophie transcendantale ; bien plus, ce pouvoir est l'entendement lui-même [3].

Par sa clôture formelle, la logique est l'instrument qui permet à toute science de se réaliser en système. Cela vaut éminemment pour cette science qu'est aussi la Critique : la logique offre à la Critique le moyen de sa systéma-

1. Si la logique doit son achèvement originaire à son caractère formel, la métaphysique instituée par la Critique aura, quant à elle, le privilège semblable de pouvoir être achevée dès le moment de son entrée dans la « voie sûre de la science ». C'est d'elle qu'on pourra dire : « *Nil actum reputans, si quid superesset agendum* » (CRP, B XXIV, AK III, 16 ; OP I, 744).

2. Kant, à la suite de Port-Royal et des logiques wolffienne et post-wolffienne, reste fidèle à la doctrine des trois opérations fondamentales de l'entendement au sens large et de leur suite ordonnée : d'abord concevoir (entendement *stricto sensu*), puis juger (faculté de juger), enfin raisonner (raison). Voir CRP, A 130 / B 169, AK III, 130 ; OP I, 879. Que, d'un point de vue transcendantal, « toutes les opérations de l'entendement se ramènent au jugement » et que « l'entendement puisse en général être représenté comme un pouvoir de juger » (A 69 / B 94) ne change rien au fait que ce pouvoir s'exerce d'abord à partir de la formation de concepts.

3. CRP, « Déduction transcendantale des concepts purs de l'entendement », § 16, note, B 134, AK III, 110 ; OP I, 854.

ticité [1]. C'est en ce sens que le fil conducteur de la table des moments formels du jugement assure l'unité exhaustive de la table des concepts purs. C'est ainsi encore que le recensement des principes de l'expérience possible, qui sont aussi les lois universelles de la nature connues *a priori*, répond à la question de la possibilité de la science pure de la nature :

> Car le caractère systématique qui est exigé pour la forme d'une science se retrouve ici parfaitement, puisque, en sus des conditions formelles de tous les jugements en général, par suite de toutes les règles en général que propose la logique, il n'en est aucune autre possible [2].

Ces règles permettent donc de fonder l'un à partir de l'autre d'abord un système logique, puis un système transcendantal des concepts et ensuite des principes ; ces derniers constituent enfin un système physiologique ou *Natursystem*,

> lequel précède toute connaissance empirique de la nature, rend d'abord celle-ci possible, et peut par conséquent être nommé la science proprement dite, universelle et pure de la nature [3].

2) Sur la mathématique

La mathématique est connaissance par construction de concepts. La construction n'appartient ni à l'intuition (qu'elle fournit comme ce qui répond au concept), ni à l'entendement (qui pourtant dans le concept lui prescrit sa règle). Elle est une opération de l'imagination productrice, précisément cette sorte de mouvement qui n'est pas le déplacement d'un mobile dans l'espace, mais un « acte pur » commun à la philosophie transcendantale et à la géométrie :

> Le mouvement comme description d'un espace est un pur *actus* de la synthèse successive du multiple dans l'intuition externe en général par l'imagination productive, et il n'appartient pas seulement à la géométrie, mais aussi bien à la philosophie transcendantale [4].

L'intervention du mouvement comme production pure de la figure apporte aussi la raison la plus profonde pour laquelle la mathématique est un constituant essentiel pour faire d'une théorie de la nature une science véritable.

Du côté du temps, l'origine de l'arithmétique est de même nature, puisque, comme schème de la grandeur, le nombre est un produit de l'imagination pour donner à la catégorie un corrélat intuitif pur :

> Le nombre est une représentation qui rassemble l'addition successive de un à un (homogène). Le nombre n'est donc rien d'autre que l'unité de la synthèse

1. C'est avec ce surcroît que la *Critique* doit et peut être achevée entièrement une fois pour toutes, comme la logique elle-même (voir PMF, « Préface », AK IV, 263 ; OP II, 26-27).

2. PMF, § 23, AK IV, 306 ; OP II, 79.

3. *Ibid.*

4. CRP, « Déduction transcendantale », § 24, note, B 154-155, AK III, 122 ; OP I, 869.

> du multiple d'une intuition homogène en général, du fait que je produis le temps même dans l'appréhension de l'intuition [1].

Mais l'imagination est toujours « le pouvoir de se représenter dans l'intuition un objet même sans sa présence » [2]. Dans le cas d'une imagination productive qui opère *a priori*, toute atteinte d'objet lui est essentiellement exclue. Il résulte de là que, considérés pour eux-mêmes, les produits de cette imagination ne peuvent être tenus pour des connaissances, si des connaissances consistent toujours « dans le rapport déterminé de représentations données à un objet » [3]. De là la radicale insuffisance cognitive de la mathématique pure par défaut de référence à l'objet, tant que celui-ci n'est pas donné, et il ne peut l'être que dans l'horizon de la perception sensible :

> Par conséquent, bien que nous connaissions *a priori* dans des jugements synthétiques tant de choses au sujet de l'espace en général ou des figures que l'imagination productive trace en lui, si bien que nous n'avons pour cela besoin d'absolument aucune expérience, cette connaissance ne serait vraiment rien, mais une occupation avec une simple chimère, si l'espace ne devait pas être tenu pour la condition des phénomènes qui constituent le matériau de l'expérience externe [4].

Il résulte de là que la signification transcendantale de la mathématique pure réside dans l'application de ses concepts à la possibilité de l'expérience. C'est à ce titre que les deux premiers titres des principes transcendantaux, qui fournissent la structure de la métaphysique de la nature, peuvent aussi être qualifiés de principes mathématiques [5]. Comme tels, ces principes portent sur la possibilité et sur l'essence des choses, non sur leur existence comme nature [6].

Du point de vue du tableau systématique des principes de l'entendement, géométrie et arithmétique correspondent aux axiomes de l'intuition, ou principe des grandeurs extensives. L'opération élémentaire de la production d'un *quantum* par adjonction de parties, sur laquelle repose toute métrique, et dont

1. CRP, A 142 / B 182, AK III, 137 ; OP I, 888.
2. CRP, B 151, AK III, 120 ; OP I, 867.
3. CRP, B 137, AK III, 111 ; OP I, 856.
4. CRP, A 157 / B 196, AK III, 145 ; OP I, 898. Et aussi : « Par suite, les concepts mathématiques, tous pris pour eux-mêmes, ne sont pas des connaissances, sinon autant que l'on présuppose qu'il y a des choses qui ne se laissent représenter à nous que suivant la forme de cette intuition pure sensible. Mais des choses dans l'espace et dans le temps ne sont données qu'autant qu'elles sont des perceptions (des représentations accompagnées de sensation), par conséquent au moyen d'une représentation empirique » (CRP, § 22, B 147, AK III, 117 ; OP I, 863).
5. Dans les principes mathématiques, la liaison est une « composition (*Zusammensetzung, compositio*) » dont la synthèse réunit des éléments qui ne s'appartiennent pas nécessairement les uns aux autres, par suite de la liberté des constructions. Dans les principes dynamiques, la liaison est une connexion (*Verknüpfung, nexus*) qui établit une corrélation nécessaire (voir CRP, B 201, note, AK III, 148 ; OP I, 901).
6. « L'essence est le premier principe interne de tout ce qui appartient à la possibilité d'une chose. C'est pourquoi on ne peut attribuer aux figures géométriques (puisque rien n'est pensé dans leur concept qui exprimerait une existence) qu'une essence, mais non une nature » (PPM, « Préface », AK IV, 467, note ; OP II, 363).

le simple geste de prolongement d'une ligne est la figure élémentaire, est aussi l'acte transcendantal qui fournit à toute théorie particulière de la nature le moyen de l'application en elle des mathématiques. En dépendent et le caractère axiomatique de la géométrie et la possibilité de son application au monde physique.

> Sur cette synthèse successive de l'imagination productive dans la formation des figures se fonde la mathématique de l'étendue (géométrie) avec ses axiomes, [...] par exemple qu'entre deux points une seule ligne droite est possible ; que deux lignes droites n'enferment pas un espace ; etc. [1].
>
> Ce principe transcendantal de la mathématique des phénomènes [et non plus seulement de la mathématique de l'étendue] donne une grande extension à notre connaissance *a priori*. Car c'est lui seul qui rend la mathématique pure applicable dans toute sa précision aux objets de l'expérience [2].

On remarquera que la condition ainsi obtenue d'application de la mathématique aux objets de l'expérience vaut essentiellement et même exclusivement pour la géométrie, à l'exclusion de l'arithmétique : car si la production du nombre réalise, comme celle des figures, la formation d'un agrégat par adjonction d'éléments homogènes, dans ce cas cependant, la synthèse n'est effective qu'en adhérant à la singularité des formules numériques telles que 7 + 5 = 12, de sorte qu'il n'y a pas proprement d'axiomes de l'arithmétique ni de théorie générale des opérations et des structures [3].

Le second principe transcendantal de caractère mathématique, celui des anticipations de la perception (grandeurs intensives en tant qu'elles comportent un degré susceptible de variation), ne correspond pas explicitement à une discipline mathématique qui lui serait associée de façon privilégiée [4]. Son apport mathématique principal est de dégager la notion de continuité, qui vaut à la fois pour les grandeurs extensives comme pour les grandeurs intensives. À l'arrière-plan, mais seulement à l'arrière-plan, on peut reconnaître ici les traces des tentatives d'une *Mathesis intensorum*, de la géométrie des *continua* (traités comme des fluxions au sens newtonien), voire du calcul infinitésimal, en attente du traitement dynamique de la vitesse, à la manière galiléenne, comme une intensité.

1. CRP, A 163 / B 204, AK III, 150 ; OP I, 903. On ne manquera pas de se souvenir que le principe transcendantal correspondant au principe des axiomes de l'intuition n'est pas lui-même un axiome, « mais ne servait qu'à offrir le *principium* de la possibilité des axiomes en général [...]. Car la possibilité de la mathématique doit également être montrée dans la philosophie transcendantale » (CRP, A 733 / B 761, AK III, 481 ; OP I, 1313).

2. *Ibid.*

3. La construction symbolique (c'est-à-dire, au sens leibnizien, opérant par caractères) des expressions algébriques en fait les formes vides de formules numériques à obtenir indirectement.

4. Contrairement à ce que supposent, depuis Hermann Cohen, les interprétations qui y projettent un principe par excellence de l'application de la méthode infinitésimale.

3) La physique ou plus précisément « science de la nature »

« Plus précisément », puisque, plus profondément que par le seul recours à l'étymologie du mot, c'est ici le sens originel du concept de nature qui doit établir à quel titre et comment une science en est possible, à partir de la source, en allant de la condition au conditionné.

Or qui dit nature dit *existence*, et, plus encore, existence pour autant qu'elle est déterminée par la nécessité de lois : « la *nature* est l'existence des choses autant qu'elle est déterminée selon des lois universelles » [1].

Il résulte de là que les principes transcendantaux qui énoncent les conditions d'une telle existence sont nommés *dynamiques* ; plus précisément, ceux qui concernent la liaison nécessaire des phénomènes les uns avec les autres sont proprement *physiques* [2] : ce sont ceux que Kant nomme « Analogies de l'expérience », qui établissent les invariances fondamentales qui ordonnent une nature (conservation de la matière, liaison causale, égalité de l'action et de la réaction).

Le texte déjà cité des *Prolégomènes* nous en a avertis : l'entendement est l'origine de ces lois universelles de la nature. Mais ces lois ne se surimposent pas à la nature comme à un donné qui les précèderait. Littéralement ce sont elles qui s'identifient à tout ce que nous pouvons appeler en général et dans son sens propre la nature. C'est ainsi que Kant désigne « l'ordre et la régularité [...] dans les phénomènes, que nous nommons nature » [3].

De ce point de vue, c'est dès la fin de la « Déduction transcendantale des catégories » qu'est mise en place la proposition fondamentale qui révèle le sens de ce que l'on est en droit de désigner comme nature. La nature comme ordre et régularité dans les phénomènes, c'est « nous » qui la constituons, car ordre et régularité sont inscrits d'abord dans la « nature de notre esprit ». Cette proposition est qualifiée d'insensée (*widersinnig*), déroutante (*befremdlich*) [4], exorbitante (*übertrieben*) [5], puisqu'elle revient à prescrire à la nature de se régler sur notre fondement subjectif de l'aperception.

> Que la nature se règle d'après notre fondement subjectif de l'aperception, et même qu'elle doive en dépendre relativement à sa légalité, s'exprime tout à fait comme insensé et déroutant [6].
>
> Si exorbitant, si insensé que cela puisse aussi s'exprimer que de dire : l'entendement est lui-même la source de la loi de la nature et par suite de l'unité formelle de la nature, une telle affirmation est également tout aussi exacte et conforme à l'objet, c'est-à-dire à l'expérience [7].

1. PMF, § 14, AK IV, 294 ; OP II, 65.
2. Voir CRP, B 201-202, note, AK III, 148 ; OP I, 901-902.
3. CRP, A 125, AK IV, 92 ; OP I, 1424-1425.
4. CRP, A 114, AK IV, 85 ; OP I, 1417.
5. CRP, A 127, AK IV, 98 ; OP I, 1426.
6. CRP, A 114, AK IV, 85 ; OP I, 1417.
7. CRP, A 127, AK IV, 98 ; OP I, 1426.

Si la seconde édition adopte sur ce même point un langage plus mesuré, Kant continue d'y présenter la nature comme donnant lieu à une énigme (*Rätsel*).

Les catégories sont des concepts qui prescrivent des lois *a priori* aux phénomènes, par suite à la nature comme ensemble de tous les phénomènes (*natura materialiter spectata*) ; et la question se pose alors, puisque ces lois ne sont pas dérivées de la nature et ne se règlent pas d'après elle comme sur leur modèle (car sinon elles deviendraient simplement empiriques) : comment faut-il concevoir que la nature doive se régler d'après elles, c'est-à-dire comment elles peuvent déterminer *a priori* la liaison du multiple de la nature, sans l'en extraire ? Voici la solution de cette énigme [1].

La solution consiste à établir une équivalence entre la dépendance des lois des phénomènes à l'égard de la forme de l'entendement et la dépendance déjà prouvée des phénomènes comme tels (comme objets d'une intuition sensible) à l'égard de la forme de la sensibilité. C'est au nom de cette équivalence transcendantale des formes des deux sources de connaissance que l'on pourra dire que « des lois n'existent [...] que relativement au sujet auquel les phénomènes sont inhérents, autant qu'il possède un entendement » [2].

La nature (considérée comme nature en général) dépend donc des catégories comme du fondement originaire de sa légalité nécessaire. Du point de vue de leur liaison, ce sont ainsi tous les contenus de la conscience empirique même, les perceptions, qui sont soumises à ce principe formel :

> Ainsi, toutes les perceptions possibles, par suite aussi tout ce qui peut jamais parvenir à la conscience empirique, c'est-à-dire tous les phénomènes de la nature, sont, quant à leur liaison, subordonnés aux catégories, dont la nature (simplement comme nature en général) dépend comme du fondement originaire de sa légalité nécessaire (comme *natura formaliter spectata*) [3].

Selon l'enchaînement indiqué par le passage déjà cité du § 23 des *Prolégomènes*, la table systématique des principes transcendantaux pourra alors déployer la structure catégoriale de la métaphysique de la nature, qui constituera à son tour la première partie, du côté de l'usage spéculatif, de la métaphysique nouvelle à promouvoir comme science.

Ainsi, sur l'unité originairement synthétique de l'aperception ou de la pure conscience de soi, dans son identité vide à soi, repose la possibilité de la logique, comme de tout usage de l'entendement. Sur les catégories, qui distribuent la fonction logique de l'entendement en pensées d'objet, se fonde la possibilité de la nature comme telle, et l'application des catégories aux formes pures de l'intuition fournit le tableau systématique des principes transcendantaux qui déterminent le cadre apriorique de toute doctrine scientifique de la nature, donc d'une physique rationnelle. De l'acte pur, où l'entendement détermine l'imagination et d'où procèdent à la fois le mouvement sans mobile de la

1. CRP, B 163-164, AK III, 126 ; OP I, 875.
2. *Ibid.*
3. CRP, B 165, AK III, 127 ; OP I, 876.

description d'un espace figuré et la production du temps dans la numération, résulte la partie pure et élémentaire de la mathématique. Celle-ci toutefois n'a de valeur cognitive, c'est-à-dire objective, donc ne constitue une connaissance proprement dite, que pour autant que cet acte apporte la médiation par laquelle la partie elle aussi pure d'une doctrine de la nature établit *a priori* la possibilité des choses dont elle traite. Telle serait, dans le dessein épuré de son abstraction originelle que commande la méthode synthétique de la *Critique* la situation architectonique des sciences à la première étape de l'accomplissement critique.

Michel FICHANT
(Université Paris-Sorbonne)

SCIENCE ET SYSTÈME

Notre réflexion portera sur la signification de la question de la possibilité de la métaphysique comme science dans ce que Kant appelle sa « deuxième partie ». Nous tenterons de montrer que, dans la *Critique de la raison pure*, la réponse à cette question est double, et cela en raison de *deux* notions de science qui y sont à l'œuvre :

— l'une sera celle qui est basée sur la signification de la notion de connaissance synthétique *a priori* ;
— l'autre s'articule en fonction d'un concept normatif de système.

Nous entendons montrer que, si en fonction de la première conception de la science, la métaphysique dans sa deuxième partie ne saurait être (devenir) une science, il en va autrement du moment que l'on entend la science au sens de la systématicité. Or, c'est en fin de compte cette seconde notion de la science qui permet de *repenser* la réponse à la question de la métaphysique comme science. Notre thèse est donc de dire que la métaphysique – dans sa deuxième partie – *est possible comme science* dans la mesure où c'est sur la base de la réinterprétation de ses concepts en termes d'idées transcendantales que les connaissances peuvent être organisées en *système*, en d'autres termes, que le *système* réalisé des connaissances synthétiques *a priori est* la forme de la métaphysique comme science.

Il convient d'abord de clarifier le terme même de « métaphysique dans sa deuxième partie » qui apparaît dans la « Préface » de la seconde édition de la *Critique de la raison pure*. Il s'agit d'un *hapax* dans l'œuvre publiée de Kant. Parlant de l'essai qui consiste à imiter, pour autant que l'analogie avec les mathématiques et la physique le permet, le changement de méthode ayant amené ces disciplines sur la « voie sûre de la science » en métaphysique, Kant constate que cet essai promet à celle-ci *dans sa première partie* le résultat escompté, alors qu'il « conduit à un résultat étrange et en apparence très préjudiciable à sa fin complète, dont s'occupe la seconde partie » [1]. La distinction ici présente renvoie bien évidemment à une autre, plus fréquente chez Kant,

1. CRP, B XIX, AK III, 13 ; OP I, 741.

entre métaphysique générale et métaphysique spéciale. La *Réflexion* 4851 (datée par E. Adickes entre 1776-1778) [1] esquisse un schéma de la métaphysique qui repose précisément sur cette dernière distinction : la métaphysique *générale* porte sur la raison et ses concepts (critique de la raison pure et ontologie), la métaphysique *spéciale* en revanche sur l'application à des objets distincts qui sont soit immanents (physiologie rationnelle), soit transcendants (cosmologie et théologie)

Cette distinction préfigure celle de la *Critique de la raison pure* [2] qui distingue dans le « système de la métaphysique » quatre parties principales : l'ontologie, la physiologie rationnelle (physique rationnelle et psychologie rationnelle), la cosmologie rationnelle et la théologie rationnelle.

Il appert, sur la base de ces quelques indications, que l'expression « métaphysique dans sa deuxième partie » renvoie à ce que la *Réflexion* 4851 appelle la métaphysique spéciale qui correspond précisément à ce que la tradition wolffienne a défini comme constituant « les parties premières de la philosophie » [3].

Que signifie, dans cette optique, le projet kantien d'une réforme de la métaphysique dans le but de faire accéder celle-ci à la « voie sûre de la science » ?

L' « Analytique transcendantale » conduit au résultat que les concepts de l'entendement – qu'il s'agisse des catégories et des prédicables ou des principes synthétiques de l'entendement pur – ne sauraient être d'un usage transcendant – Kant écrit parfois « transcendantal » [4] – mais seulement immanent, c'est-à-dire applicable à des objets d'expérience. À une ontologie, qualifiée de dogmatique, une ontologie de l'*ens*, qui a la prétention de « donner des choses en général (*überhaupt*) des connaissances synthétiques *a priori* dans une doctrine systématique » [5], se substitue ainsi, sous la forme d'une analytique de l'entendement, une ontologie « faible », nominaliste en fin de compte, du *Gegenstand* dont le but est de définir les conditions de scientificité, entendons d'objectivité de l'objet. Dans l' « Introduction » aux *Progrès*, nous lisons :

> L'ontologie est cette science (formant une partie de la métaphysique) qui constitue un système de tous les concepts et principes de l'entendement, mais seulement dans la mesure où ils portent sur des objets qui peuvent être donnés aux sens et donc être justifiés par l'expérience [6].

Tout ceci est bien connu.

L' « Analytique » est un méta-discours et, dans ce sens, un discours portant sur du non-empirique, à savoir les conditions d'objectivité [7]. Or, en les déterminant, elle en montre également les *limites*. À propos de la question de l'exis-

1. *Cf.* Réfl. 4851, AK XVIII, 8 *sq.*

2. *Cf.* CRP, B 873 *sq.*, AK III, 546 *sq.* ; OP I, 1394 *sq.*

3. Christian Wolff, *Discours préliminaire sur la philosophie en général,* introduction, traduction et notes sous la direction de Th. Arnaud e.a., Paris, Vrin, 2006, § 56, p. 112.

4. CRP, B 303, AK III, 207 ; OP I, 977.

5. *Ibid.*

6. PMA, AK XX, 260.

7. *Cf.* Gerold Prauss, *Kant und das Problem der Dinge an sich*, Bonn, Bouvier, 1977, p. 62 *sq.*

tence de Dieu et de celle de l'immortalité de l'âme, Kant écrira : « Si [...] c'est du savoir qu'il s'agit, il est du moins sûr et décidé que, sur ces deux problèmes, nous ne pourrons jamais l'avoir en notre partage » [1]. Mais c'est aussi en fonction des *conséquences* de cette limitation de l'objectivité, qui conteste la légitimité de la prétention de la métaphysique dans sa deuxième partie à la scientificité, que va avoir lieu une *relecture* de ses thèmes qui va conduire à conférer au discours qui porte sur eux un *nouveau type de scientificité, à savoir celui de la systématicité*. Or, cette dernière se présentera comme le véritable achèvement du projet de la réforme de la métaphysique comme science.

Nous voudrions aborder cet aspect de la systématicité à partir des remarques de Kant dans l' « Introduction » et au premier livre de la « Dialectique transcendantale ». Depuis la première réception de la *Critique de la raison pure*, ce fut la *pars destruens* exposée au second livre de la « Dialectique transcendantale » relative à la critique de la métaphysique dans sa deuxième partie, donc les paralogismes, l'antinomie et la critique des preuves de l'existence de Dieu qui avait retenu l'attention des premiers lecteurs – Moses Mendelssohn parlant dans la « Préface » de ses *Heures matinales* à ce propos du « *alleszermalmenden Kant* ».

Mais le second livre – vérité de La Palice – est précédé de deux « Introductions » et, bien évidemment, du premier livre. Or, dans ces parties, Kant développe une théorie de la raison comprise au sens étroit de « pouvoir des principes » [2], et cela sous les prémisses des acquis de l' « Analytique ». Cette théorie constitue, à vrai dire, le *soubassement systématique* du deuxième Livre ; elle trouve son développement dans l' « Appendice » par lequel se clôt la « Dialectique transcendantale ».

Tournons-nous dès lors vers la théorie de la raison (au sens étroit du terme) telle que la développent les « Introductions » et le premier livre. Nous allons partir, à cet effet, de la remarque suivante de Kant :

> Toute notre connaissance commence par les sens, passe de là à l'entendement et finit par la raison. Il n'est pas en nous de faculté au-dessus de cette dernière pour élaborer la matière de l'intuition et pour la ramener sous la plus haute unité de la pensée [3].

La raison est comprise ici comme un *achèvement* – l'achèvement de l'entendement. La conception kantienne de la raison comme achèvement de l'entendement constitue, d'un point de vue historique, le point d'arrivée d'une longue réflexion sur le lieu de la raison, laquelle traverse, comme l'a montré Werner Schneiders, tout le XVIIIe siècle [4]. Cet achèvement, réalisé par la raison, est pensé en termes d'unité, voire d'unité *suprême* de la pensée. Celle-ci est nécessairement, comme c'est le cas pour toute pensée de l'unité, une

1. CRP, B 833, AK III, 523 ; OP I, 1365.
2. CRP, B 356, AK III, 238 ; OP I, 1017.
3. CRP, B 355, AK III, 237 ; OP I, 1016.
4. *Cf.* Werner Schneiders, « Vernunft im Zeitalter der Vernunft » (1994), dans *Philosophie der der Aufklärung – Aufklärung der Philosophie*, Berlin, Duncker & Humblot, 2005, p. 271 *sq.*

unité sous des principes suprêmes. Ces principes se dégagent sur la base du fil conducteur de ce qui constitue l'opération singulière de la raison, à savoir le raisonnement sous ses formes codifiées que sont les syllogismes. Conformément aux trois types de raisonnements logiquement possibles d'après Kant (catégorique, hypothétique, disjonctif) se dégagent, d'un point de vue *logique*, trois directions de la recherche de l'unité suprême, dans la mesure où le postulat logique *enjoint* de rechercher pour chaque connaissance la condition supérieure à partir de laquelle elle se laisse déduire et ce jusqu'à une condition qui, elle-même, n'est plus conditionnée. D'un point de vue *transcendantal* correspondent à ces trois types de raisonnement trois concepts *a priori* de la raison, concepts de la *synthèse inconditionnée* [1] que Kant fait correspondre aux concepts centraux de la psychologie rationnelle (l'âme), de la cosmologie générale (monde) et de la théologie naturelle (Dieu).

Rappelons que du point de vue de la *genèse* de la pensée kantienne, cette correspondance entre les différents types de raisonnements et les concepts de la métaphysique dite spéciale est relativement tardive ; on ne la rencontre que dans la seconde moitié des années 70.

S'il est permis de formuler des hésitations à propos de la correspondance qui existe entre la formulation des conditions inconditionnées et les concepts de la métaphysique traditionnelle, il faut, nous semble-t-il, y voir une affirmation *systématique* de la plus haute importance, à savoir celle que la raison humaine est par nature une raison métaphysicienne. Même si la métaphysique traditionnelle va être démasquée, sur la base des acquis de l' « Analytique », comme non scientifique, il n'en reste pas moins que le « besoin » métaphysique, le « *Bedürfnis* », ne disparaît pas pour autant. Il est vrai que la métaphysique qui sera possible sur la base de l' « Analytique » aura, comme « métaphysique des idées », précisément un autre statut et une autre signification.

Les concepts exprimant les conditions inconditionnées – les *synthèses* ultimes – sont des « concepts conclus » et sont qualifiés par Kant d'*idées*. L'idée, nous dit-il, est un concept nécessaire de la raison auquel aucun objet qui lui corresponde ne peut être donné dans les sens [2]. L'idée ou le concept de la raison sert à *comprendre* (*begreifen*) [3]. Kant avait déjà formulé une thèse analogue dans des *Réflexions* des années 70 où, au moment de différencier entre sensibilité, entendement et raison, il dit de l'entendement qu'il pense et de la raison qu'elle doit « *einsehen* » [4]. « *Einsehen* » signifie déduire quelque chose à partir de principes ou le ramener à des principes.

Or, les idées de la raison forment d'après Kant un *système* – le titre de la troisième section du premier livre de la « Dialectique » s'intitule « Le système des idées transcendantales ». La notion de système dans ce contexte doit se lire d'abord comme affirmation qu'il existe un « fil conducteur » et, dans ce sens

1. *Cf.* CRP, B 380, AK III, 251 ; OP I, 1033.
2. *Cf.* CRP, B 383, AK III, 254 ; OP I, 1036.
3. *Cf.* CRP, B 368, AK III, 245 ; OP I, 1025.
4. *Cf.* Réfl. 4677, AK XVII, 658.

par opposition à un simple agrégat, à ce qui est découvert « par occasion » [1], à ce qui est simplement rhapsodique. De même qu'il existe un « système de tous les principes de l'entendement pur » [2] ou une « unité systématique complète de tous les concepts de l'entendement » [3], il y aura un système des idées transcendantales.

Si la raison est l'instance de la plus haute unité de la pensée, le système des idées transcendantales constitue le principe suprême d'unité. Comment faut-il en concevoir la structure ? Nous avons déjà vu que les idées transcendantales sont découvertes sur la base du fil conducteur des opérations logiques de la raison – ce qu'on peut qualifier de *déduction métaphysique des idées*. Mais ce fil conducteur est *inapproprié* pour servir de fondement à *l'unité* des idées et donc à leur systématicité. Or, c'est ce dernier point qui importe et Kant l'a bien remarqué lorsqu'il écrit :

> Enfin, on remarquera aussi qu'entre les idées transcendantales elles-mêmes éclate [trad. Renaut : transparaît] une certaine cohérence et une certaine unité, et que la raison pure, par le moyen de ces idées, réduit toutes ces connaissances à un système [4].

Il est vrai que Kant n'esquisse que succinctement cette cohérence et unité entre les idées. Dans un ajout de la seconde édition de la *Critique*, il note à ce sujet :

> La métaphysique n'a pour fin propre de ses recherches que trois idées : *Dieu*, la *liberté* et l'*immortalité*, en sorte que le second concept, lié au premier, doit conduire au troisième comme à une conclusion nécessaire [5].

Toutefois, dans une présentation *synthétique*, c'est l'ordre qui commence avec Dieu et se termine avec l'immortalité qui est le plus approprié. Dans l'*Annonce de la prochaine conclusion d'un traité de paix perpétuelle en philosophie* de 1796, il revient sur la question : Dieu, la liberté et l'immortalité, ces trois objets ensemble se situent en quelque sorte dans l'enchaînement des trois propositions d'un « syllogisme attributif » [6].

Après avoir mis en place le *principe de l'unité*, à savoir les idées, il s'agit maintenant de voir plus exactement comment se pense l'unité *sous* des idées. Pour cela, nous nous tournerons vers l' « Appendice à la "Dialectique transcendantale" » qui constitue d'une certaine manière la suite et le pendant des développements exposés au Premier Livre. Or, s'il y a un concept qui y domine, c'est celui d'*unité systématique*.

Partant de la thèse que les idées transcendantales sont tout aussi naturelles à la raison que le sont les catégories à l'entendement, Kant soutient que « tout ce

1. CRP, B 91, AK III, 84 ; OP I, 824.
2. CRP, B 187, AK III, 140 ; OP I, 891.
3. CRP, B 693, AK III, 440 ; OP I, 1263.
4. CRP, B 394, AK III, 260 ; OP I, 1043.
5. CRP, B 395, AK III, 260 note ; OP I, 1044 note.
6. APC, AK VIII, 418.

qui est fondé dans la nature de nos facultés doit être approprié à une fin et s'accorder avec leur légitime usage » [1]. De cela il s'ensuit que les idées transcendantales ont – selon toute vraisemblance – « leur bon usage », c'est-à-dire : leur usage *immanent* [2]. Entendons correctement cette remarque. Elle signifie précisément que les idées doivent être pensées, non pas en direction *d'objets* transcendants (déclarés inconnaissables sur la base du verdict de l' « Analytique »), mais en direction de ce que l'ontologie, comprise comme métaphysique de l'expérience, aura permis de constituer *en tant qu'objet*. Or, cette fonction sera d'unifier et de « relier » – et sur ce point, on rejoint exactement la remarque de Kant du début de la « Dialectique » – « le divers des concepts en fixant une certaine unité collective pour but aux actes de l'entendement, qui sans cela se borneraient à l'unité distributive » [3]. C'est cette unité qui sera qualifiée de *systématique*, par où Kant entend « sa liaison tirée d'un principe » [4]. Même si Kant, par ailleurs si soucieux de définitions, ne va pas introduire *ici* celle de « système », mais attendra pour ce faire jusqu'aux développements de l'architectonique de la raison dans la « Doctrine transcendantale de la méthode » [5], l'explication qu'il donne dans l' « Appendice » rejoint cette définition :

> Cette unité de la raison présuppose toujours une idée, je veux dire celle de la forme d'un tout de la connaissance qui précède la connaissance déterminée des parties et contient les conditions nécessaires pour déterminer *a priori* à chaque partie sa place et son rapport avec les autres [6].

Si les idées transcendantales doivent être de quelque utilité et avoir une « destination bonne et finale » [7] – et qu'il en soit ainsi découle du fait qu'elles sont fondées dans la constitution *naturelle* de la raison – il doit également être possible d'en donner une *déduction transcendantale*. Il est vrai, dit Kant, que les idées transcendantales ne sauraient donner lieu à une déduction du type de celle qu'il est possible de donner des catégories, mais dans la mesure où elles ne sont pas des êtres de raison vides, une « quasi-déduction » établissant leur validité *indéterminée* doit en être possible. Et Kant tout de même de conclure : « C'est là ce qui achève complètement l'œuvre critique de la raison pure » [8].

La déduction transcendantale des idées consiste dans l'établissement de la nécessité de la raison à réaliser d'après le *schéma* des idées une unité qualifiée de systématique des connaissances. Qu'est-ce à dire ? L'idée de Kant semble être la suivante : nous pouvons construire ou esquisser, en considérant, non des objets existants qui correspondent aux idées, mais leur simple *réalité*, c'est-à-

1. CRP, B 670, AK III, 427 ; OP I, 1247.
2. *Cf.* CRP, B 671, AK III, 427 ; OP I, 1247.
3. CRP, B 672, AK III, 427 ; OP I, 1248.
4. CRP, B 673, AK III, 428 ; OP I, 1249.
5. *Cf.* CRP, B 860, AK III, 538 *sq.* ; OP I, 1384 *sq.*
6. CRP, B 673, AK III, 428 ; OP I, 1249.
7. CRP, B 697, AK III, 442 ; OP I, 1266.
8. CRP, B 698, AK III, 442 ; OP I, 1267.

dire les contenus que nous pensons lorsque nous pensons ces idées, des *contextes de dépendance* (soit sous forme de liaisons, par exemple pour ce qui est de l'idée de l'âme, soit sous forme de connexions causales pour ce qui est des idées de monde et de Dieu), auxquels ne correspond d'abord pas (encore) de réalité objective, c'est-à-dire qui ne peuvent être instanciés dans une expérience, mais d'après le fil conducteur desquels nous pouvons rechercher des liaisons et connexions objectives et donc synthétiques entre les objets. On dira alors que les idées n'ont pas de fonction constitutive, mais une simple fonction régulatrice. Si celle-ci est à entendre comme une *maxime* de la raison, c'est-à-dire comme un principe de son usage, il ne faut pas se méprendre sur sa finalité. La fonction régulatrice comporte bel et bien *aussi* une fonction quasi-constitutive. Il ne faut pas perdre de vue ce que Kant a dit au sujet des idées au premier livre de la « Dialectique », à savoir qu'elles sont des conditions inconditionnées *de la synthèse*. Cette fonction quasi-constitutive des idées est même à préciser d'une double façon : non seulement, dit Kant, la recherche d'après le schéma des idées « [étend] toujours la connaissance d'expérience » [1], donc est *synthétique*, mais elle est également constitutive dans ce sens que c'est d'après le fil conducteur des idées que se *constitue* l'unité systématique des connaissances elles-mêmes. Il s'agit ici, il est vrai, d'une constitution de second degré dans la mesure où il y a constitution de la forme systématique d'un tout, mais cette constitution est *vérifiée* à travers la synthèse progressive des connaissances d'entendement. Il faut bien voir que le devenir de la forme systématique n'est pas à entendre au sens d'une simple construction idéale, purement subjective, même si une nécessité l'habite, mais précisément au sens où l'extension des connaissances objectives d'après le fil conducteur des idées sous une forme systématique *approche asymptotiquement l'unité systématique des choses mêmes*. L'idée de l'unité systématique *commande* donc en quelque sorte la démarche synthétique en lui prescrivant la direction.

C'est dans l'idée *théologique* que la raison trouve « le plus parfait contentement, non pas par rapport à cette supposition même, mais par rapport à la plus grande unité qu'elle puisse chercher dans son usage empirique » [2]. Pourquoi en est-il ainsi ? Le recours à cette idée ouvre, en plus de la simple unité systématique (unité formelle) sur ce que Kant appelle *l'unité finale des choses*. Or, de celle-ci, il dit : « L'unité finale complète est la perfection considérée absolument » [3].

En quel sens, l'idée – fort inattendue – d'une *finalité* vient-elle enrichir l'idée de l'unité systématique ? Il y a à ce sujet une thèse que Kant formule de différentes manières et qui est de dire qu'il existe une force fondamentale dans la nature et cela comme une « loi inhérente aux objets mêmes » et qu'il y a donc une unité de la nature comme résultat de l'essence même des choses [4],

1. CRP, B 699, AK III, 443 ; OP I, 1268.
2. CRP, B 704, AK III, 446 ; OP I, 1271.
3. CRP, B 722, AK III, 456 ; OP I, 1284.
4. *Cf.* CRP, B 721, AK III, 455 ; OP I, 1283.

unité que tout l'usage de l'entendement et, en conséquence aussi, tout l'usage de la raison, *présuppose* – Kant dit même *a priori*, *i.e.* nécessairement. En d'autres termes, il faut présupposer dans la nature elle-même une « harmonie » (*Einhelligkeit*) [1], ou encore : « la nature des choses mêmes offre une matière à l'unité de la raison » [2]. Il y a ici, en dépit de tout idéalisme transcendantal, un reste de « réalisme » qui subsiste chez Kant.

L'inscription de l'idée d'une « harmonie » dans l'idée théologique est précisée par Kant de la manière suivante : « L'intérêt spéculatif de la raison nous oblige à regarder toute ordonnance dans le monde comme si elle était issue du dessein d'une raison suprême » [3]. Mais il ne faudra pas se méprendre sur le sens de cette thèse. Elle ne doit pas être comprise comme si elle se substituait à l'investigation de la nature (*Naturuntersuchung*) [4], « qui suit la chaîne des causes naturelles ». Mais cette dernière est, conformément à l'intérêt de la raison, investie d'une ultime signification voire d'une signification nouvelle qui doit cependant être comprise comme une *tâche* dans la mesure où cela même qui devrait en donner la vérification ne saura jamais dépasser les limites de l'empirique [5].

Après avoir esquissé les contours de l'idée d'un discours systématique, il importe maintenant de s'interroger sur le *statut de scientificité d'un tel discours*. Nous l'avons déjà dit : le discours de la raison échappe par nature même aux conditions de la scientificité telles qu'elles ont été fixées dans l' « Analytique ». C'est sur la base de ces résultats que Kant entreprend une réinterprétation des concepts métaphysiques. Or, cette réinterprétation en termes d'idées transcendantales ou de conditions inconditionnées *de la synthèse* permet en même temps de redéfinir le statut de la métaphysique dans sa deuxième partie. Dans la « Préface » à la seconde édition de la *Critique*, nous lisons que « la déduction de notre pouvoir de connaître *a priori* dans la première partie de la métaphysique » qui promet à celle-ci le « chemin sûr d'une science » conduit, en ce qui concerne la seconde partie, à un « résultat étrange et en apparence très préjudiciable à sa fin complète », à savoir qu'avec notre pouvoir de connaître, nous ne pouvons jamais aller au-delà des limites de l'expérience possible [6]. S'il demeure acquis qu'une connaissance synthétique *a priori* à propos d'objets transcendants est impossible et que, relativement au concept de la science impliqué, la métaphysique est impossible comme science, il appert

1. CRP, B 680, AK III, 432 ; OP I, 1254.
2. *Ibid.*
3. CRP, B 714, AK III, 452 ; OP I, 1279.
4. CRP, B 717, AK III, 454 ; OP I, 1281.
5. L'argument n'est pas sans rappeler ce que Leibniz écrit dans l'*Essay Anagogique dans la recherche des causes* où il distingue deux règnes qui se pénètrent « sans se confondre et sans s'empecher », le règne de la puissance, suivant lequel tout s'explique mécaniquement, et le règne de la sagesse selon lequel tout peut s'expliquer architectoniquement, par des causes finales (*cf.* G.W. Leibniz, dans *Die philosophischen Schriften*, éd. C. I. Gerhardt, Hildesheim, Olms, 1996, T. VII, p. 273).
6. CRP, B XVIII *sq.*, AK III, 13 ; OP I, 741.

cependant que la transformation critique du statut des concepts métaphysiques en idées transcendantales amène précisément la métaphysique dans sa deuxième partie sur le chemin de la science *entendue comme système*.

Au chapitre sur l' « Architectonique de la raison pure », Kant parle de la philosophie *in sensu scolastico* et dit qu'elle est

> un système de la connaissance qui n'est cherché que comme science, sans que l'on ait pour but quelque chose de plus que l'unité systématique de ce savoir, et par conséquent la perfection logique de la connaissance [1].

Le terme de « science » est à entendre ici au sens défini au § 95 de la *Logique* : « la science est un tout de la connaissance comme système et non simplement comme agrégat » [2]. Dans les *Premiers principes métaphysiques de la science de la nature*, nous lisons à ce sujet :

> Un tout de la connaissance, lorsqu'il est systématique, peut déjà s'appeler science, et si de plus la liaison de la connaissance dans ce système est un enchaînement de fondements et de conséquences, on peut alors parler d'une science rationnelle [3].

Au vu de ces remarques, peut-on dire que la métaphysique dans sa deuxième partie *est* une science ? Ce que la *Critique* montre, voire démontre, c'est comment doit *être pensée une métaphysique comme science*, à savoir comme l'articulation systématique des *connaissances* synthétiques à partir de principes ultimes et donc dans leur enchaînement complet. La *Critique de la raison pure* dans les parties de la « Dialectique transcendantale » que nous avons considérées en trace l'idée. Sa réalisation effective demeure cependant un *projet*.

Robert THEIS
(Université du Luxembourg)

1. CRP, B 866, AK III, 542 ; OP I, 1389.
2. LOG, AK IX, 139.
3. PPM, AK IV, 468.

KANT ET LE RASSEMBLEMENT DES SCIENCES CHEZ D'ALEMBERT

Savoir comment rassembler des éléments divers constitue une question primordiale autant pour une encyclopédie que pour un système philosophique. Elle convoque les rapports entre le tout et les parties et a pour objectif de construire un ordre de la connaissance. Kant, comme d'Alembert, traite la question de l'ordre dans les rapports entre mathématique et philosophie selon un processus de déconstruction et de construction neuve avec une structure globale – l'architectonique –, une méthode de construction – le schème [1] – et une forme systématique. On peut même avancer avec François Marty que l'écrit critique de Kant trouve sa cohérence systématique dans l'idée du tout [2].

La construction d'un projet encyclopédique et celle d'un projet philosophique offrent en effet bien des similitudes. Ce propos tentera d'en esquisser succinctement quelques-unes à travers la priorité accordée à la philosophie des rapports. La première affinité est évidemment dans le mot commun de « projet ». Mais il faut dire aussi que le projet appartient à toute construction qu'elle soit artistique, technique ou philosophique. Kant, qui possédait dans sa bibliothèque une traduction du *Discours Préliminaire*, connaissait parfaitement le projet philosophique de l'*Encyclopédie*. Il ne faut jamais perdre de vue que les premières pages de la grande *Encyclopédie* des Lumières consistent dans le *Discours Préliminaire*, présentation de cette totalité qu'est une encyclopédie et totalité résultant des parties que sont les articles généraux des sciences du dictionnaire. En effet, seuls ces articles généraux sont philosophiques puisque leur tâche est d'expliquer la relation entre les sciences. Si la philosophie s'invite dans la relation des sciences, ce n'est pas la relation qui la définit dans l'*Encyclopédie* mais bien la manière de construire un système de relations où émergera la découverte. Cela, le philosophe de Königsberg le savait, lui qui, comme tous les auteurs de son époque, avait lu le *Discours Préliminaire* avant d'utiliser l'*Encyclopédie* en dictionnaire. Il lisait d'ailleurs de nombreux

1. Nous prenons les schèmes comme les méthodes générales de construction des objets.

2. F. Marty, « Quand la logique se fait transcendantale. Recherches sur l'écriture des *Critiques* kantiennes », dans M. Lequan (dir.), *Métaphysique et philosophie transcendantale selon Kant*, Paris, L'Harmattan, 2005, p. 77.

dictionnaires. Des similitudes dans les sources pour enseigner et pour diffuser le savoir constituent des points non négligeables pour mieux saisir les correspondances engagées entre Kant et d'Alembert, au-delà de la question de la causalité.

Sans méconnaître le décalage philosophique, deux des sources communes pratiques me paraissent pertinentes [1]. La première se situe par rapport à l'histoire de la philosophie et la seconde par rapport aux mathématiques. De 1740 à 1744 paraissent les cinq volumes de l'*Historia critica philosophiae* de J. Brucker, et F. Alquié affirme que la connaissance de Kant en ce qui concerne l'histoire de la philosophie vient directement de Brucker. Quant à l'*Encyclopédie*, Diderot dira sans détour que tous ses articles d'histoire de la philosophie sont directement tirés de l'*Histoire critique de la philosophie* de Brucker. Kant et les encyclopédistes communiquaient par l'intermédiaire de Brucker. Sur la seconde source, on retrouve d'Alembert et tous les articles de mathématiques traduits de la *Cyclopaedia* de Chambers. Or, on sait que Chambers a cité sans cesse Newton puisque sa *Cyclopaedia* était écrite pour faire connaître au monde entier le génie du savant anglais. Les articles sont des colonnes entières de citations de Newton. Et ces citations, l'*Encyclopédie* les traduit, mais sans en conserver les guillemets. Il est simplement inséré dans le texte « dit M. Newton », « selon M. Newton » ou « M. Newton observe encore que... » [2]. Les traductions de la *Cyclopaedia* sont fréquemment entrecoupées de paragraphes qui sont des corrections scientifiques et épistémologiques de d'Alembert, ce qui correspond sur bien des aspects à la réduction en système philosophique de la science newtonienne par Kant, selon H. Cohen [3]. Kant a de surcroît pu puiser ses conceptions scientifiques sur Newton et sa compréhension des mathématiques dans les explications très claires fournies par d'Alembert dans l'*Encyclopédie*. Lorsque Cohen affirme que « la méthode transcendantale est née de la réflexion de Kant sur les *Philosophiae naturalis principia mathematica* » [4], il installe une source directe entre la mathématique de Newton et la réflexion philosophique à travers les concepts d'espace, de mouvement, etc. que d'Alembert a circonscrits dans une « métaphysique des corps ou Physique générale ». Même si, comme nous l'avons démontré par ailleurs, Kant a rejeté cet emploi du terme « métaphysique » ou physique générale dans le sens de physique rationnelle et distingue métaphysique de la nature

1. Les rapports avec Bacon, qui ont fait l'objet de plusieurs articles de ma part, sont aussi un axe. Kant situe Bacon à l'origine de la révolution dans la manière de penser, CRP, B 12, AK III, 10 ; OP I, 737.

2. Par exemple « MATIERE » en *Métaphysique & physique*, t. X, 189b et l'article source : « MATTER » de la *Cyclopaedia*. J'ai reproduit ces textes côte à côte dans *Recherches sur Diderot et sur l'Encyclopédie*, N° 34, 2003, p. 129-139. Citons aussi F. Tilkin (éd.), *L'Encyclopédisme au XVIIIe siècle*, Bruxelles - Liège - Genève, Université de Liège - Droz, 2008.

3. E. Meyerson, *La Déduction relativiste*, Paris, Payot, 1925, p. 50.

4. H. Cohen, *La Théorie kantienne de l'expérience* (1871), Paris, Les éditions du Cerf, 2001, p. 113.

et mathématique [1], on peut conclure qu'il partage avec d'Alembert la source mathématique newtonienne qui assujettit la nature à une science [2] pour mieux la structurer dans le renouvellement d'un « même » véhiculé dans les rapports.

D'Alembert établit que le développement de nos facultés sanctionne les rapports entre les corps. La combinaison des sens nous fait sortir de nous-mêmes et la raison se manifeste comme principe actif dans les comparaisons de la perception (art. « CORPS », p. 261b). Les opérations de comparaison trouvent leur meilleure expression dans la quantification des qualités, de telle sorte que, si nous sommes ignorants sur la nature des qualités, nous connaissons cependant les lois qui règlent leur mouvement, c'est-à-dire leur plus ou moins grande intensité qui peut s'exprimer dans le registre de la quantité. Les phénomènes ne vont pas nous révéler pourquoi le feu nous brûle, mais ils vont nous dire que la chaleur propage une qualité des corps ressentie différemment par notre corps. Cette différence, passage possible de la qualité en quantité, est la source de toute compréhension. La quantité établit des rapports. Selon un processus opératoire décomposable, l'esprit a comparé parce qu'il a mécaniquement établi un rapport entre le plus et le moins. En somme, au lieu de spéculer sur l'esprit, il faut réfléchir à partir de l'esprit, c'est-à-dire situer toute question par rapport à notre manière de concevoir. C'est ainsi que d'Alembert résout la correspondance mentionnée au début de l'article « CORPS » de la corrélation entre les idées abstraites et leur corrélat dans les choses. La connaissance des choses et la connaissance des opérations de l'esprit convergent sur la quantification de la qualité et sur la perception comme comparaison de rapports. En termes dalembertiens, phénoménisme et opérations de l'esprit impliquent une métaphysique.

Rappelons également que, pour d'Alembert, la métaphysique est un acte spéculatif ou, pour reprendre l'expression de Jules Vuillemin, elle est « la science des actes intellectuels » par lesquels le savant découvre le système du monde. Kant force le trait puisqu'elle désigne l'idéalisme transcendantal dans lequel la métaphysique de la nature est le système de la raison pure spéculative. Aussi, c'est avec prudence que je me bornerai ici à aborder les actes intellectuels avec lesquels d'Alembert définit la métaphysique des corps. Les rapports entre la philosophie et la science constituent un aspect fondamental dans la philosophie de la grande *Encyclopédie* comme dans la philosophie kantienne. Une hypothèse de travail pourrait être d'enrichir la relation philosophique entre Kant et Newton en lisant comment d'Alembert a critiqué non pas la science de Newton, puisqu'il était scientifiquement newtonien, mais comment il a critiqué philosophiquement Newton. Plus exactement, dans le cadre épistémologique, Cohen n'a pas tort de dire que Kant révise la théorie de

1. CRP, A 846 / B 874, AK III, 547 ; OP I, 1395 note.

2. Voir Jürgen Klein, « Francis Bacon's *Scientia operativa*, the tradition of the workshops and the secrets of nature », dans *Philosophies of Technology. Francis Bacon and his Contemporaries*, Claus Zittel (ed.), Leiden-Boston, Brill, 2008, vol. 1, p. 21-49.

la connaissance de l'*Encyclopédie* en théorie de l'expérience. De la sorte, il reprenait en main la métaphysique.

Pour beaucoup, la science de Newton expose un système philosophique, mais le système newtonien n'est pas une philosophie – chacun sait le sens de « philosophie naturelle », c'est-à-dire sciences de la nature qui avec les arts libéraux englobent le champ de la science, l'autre étant le champ de la technique ou arts mécaniques. Newton n'a d'ailleurs jamais déclaré vouloir être philosophe, bien au contraire [1]. En revanche, après avoir découvert un principe scientifique en 1743, d'Alembert a voulu devenir philosophe. L'*Encyclopédie* a été son lieu d'expérience philosophique. Quand on part de la philosophie de l'*Encyclopédie*, on a la nette impression – et cela dans de nombreux textes kantiens – que Kant répond à la construction proposée par d'Alembert dans le *Discours Préliminaire* pour rassembler les sciences. Il s'y oppose ou il l'utilise, mais il en fait une assise. On pourrait reprendre l'expression de F. Marty à propos de Kant et d'Aristote, pour dire qu'il en fait une « relecture transformante » [2]. Ajoutons que Kant a basé son système sur le point de vue de la révolution copernicienne et que d'Alembert se recommande de Galilée et de Copernic. Enfin, Kant a parfaitement perçu avec l'auteur du *Discours Préliminaire* l'importance de la place des choses et des sciences. Attribuer une place à la métaphysique est son premier souci lorsque, se référant à l'*Encyclopédie*, il écrit dans l' « Introduction » de la *Logique* qu' « il faut chercher à déterminer la place que notre science occupe dans l'horizon de la connaissance totale. C'est à quoi sert l'Encyclopédie universelle, mappemonde des sciences » [3].

Face au passé, la grande *Encyclopédie* prescrivait de « penser d'après soi » [4] et pour mettre en œuvre cette sentence, les éditeurs ont élaboré de multiples réflexions sur l'ordre. Dans celui qui a été choisi, à savoir l'ordre encyclopédique, la logique occupe la première place. La logique est un art qui

> enseigne à ranger les idées dans l'ordre le plus naturel, à en former la chaîne la plus immédiate, à décomposer celles qui en renferment un trop grand nombre de simples, à les envisager par toutes leurs faces, enfin à les présenter aux autres sous une forme qui les leur rende faciles à saisir. C'est en cela que

1. En disant que, lorsque Newton systématise sa science, il n'est ni plus ni moins philosophe (*op. cit.*, p. 114) Cohen oblige Newton à être philosophe. La philosophie naturelle systématique relève de la science. R. Westfall a d'ailleurs montré la préférence de Newton envers l'alchimie. En revanche, d'Alembert a résolu l'examen des principes en problème de méthode philosophique. Il a justement reproché à Newton son comportement non philosophique qui a consisté à ne jamais faire état de sa méthode et il lui a préféré Descartes. Voir *D'Alembert et la mécanique de la vérité dans l'Encyclopédie*, Paris, Champion, 1999.

2. F. Marty, *op. cit.*, p. 77.

3. LOG, AK IX, 43, trad. fr. L. Guillermit, Paris, Vrin, 1979, p. 46.

4. Jean d'Alembert, *Discours préliminaire et articles de l'Encyclopédie* (cité désormais DP), Paris, Champion, 1999 (réédition « Champion Classiques », 2011), 115/xxj.

> consiste cette science du raisonnement qu'on regarde avec raison comme la clé de toutes nos connoissances [1].

L'ordre fait ainsi appel à la logique comme science de l'art du raisonnement pour construire un ordre de compréhension des mots dans la phrase comme des choses dans l'univers.

Reste à ne pas construire sans savoir associer. Si chez Kant, l'application correspond à l'accord entre les principes réels de nos pensées et les phénomènes de connaissance, pour d'Alembert il convient d'abord d'affirmer qu' « il n'est point de science ou d'art qui ne tiennent en partie à quelqu'autre » [2]. Pour expliquer ce que renferme le lien, il fait appel à la raison qui est à différencier de l'entendement. Sur ce point la divergence est intéressante. Pour Kant la logique ne peut être un organon des sciences et c'est une erreur que d'utiliser le principe de raison comme un mécanisme logique. Kant dénonce une illusion métaphysique et insiste sur l'activité humaine. Au lieu de partir de notre représentation des objets, il part du travail de l'entendement, ou plus exactement il commence par déterminer ce que notre entendement peut tenir pour objectif. Alors que l'activité de l'entendement consiste à construire des lois objectives, ces dernières se bornent à être pour d'Alembert les principes directeurs du système du monde. Il n'y a pas de réflexion sur la nature de l'entendement. Seul le travail sous jacent de rapports, d'application et de connexion dans la démarche de la découverte rapproche les deux auteurs. Chez Kant, la logique est plus qu'une clé, elle est un art universel de la raison,

> celui d'accorder des connaissances en général à la forme de l'entendement. Elle ne doit donc être appelée organon que dans la mesure où elle sert non pas assurément à l'*extension*, mais bien à l'*appréciation critique* (*Beurtheilung*) et à la *rectification* (*Berichtigung*) de notre connaissance [3].

En fait, d'Alembert ne dépassait pas la philosophie naturelle, mais il ajoutait au champ de la science, dans une démarche très pascalienne, la logique dont le rôle était d'apporter le *savoir de la différenciation*. La finesse de Kant se situe dans l'*appréciation critique*, celle de d'Alembert dans le fait de *savoir différencier*.

Dans l'*Encyclopédie*, dont le but est de rassembler les sciences, le souci de l'ordre prédomine. Quand le divin n'est plus là, il y a nécessité d'une *clé* pour avoir accès au processus de « l'élaboration des connaissances ». Il n'y a pas le désir d'obtenir un point de vue équivalent à celui d'un *art universel*. C'est parce qu'on ne discute pas la réalité de la connaissance comme un « tout », que le rassemblement se fera dans les rapports entre les parties. La question philosophique que pose le rassemblement des sciences n'est donc pas téléologique, elle est métaphysique et sous-jacente à l'analyse du point de vue. Le

1. DP, 89/ix, et Bacon, *Novum Organum* (1620), introduction M. Malherbe, Paris, Presses Universitaires de France, 1983, p. 11.
2. Article « APPLICATION », DP, 208/550a.
3. LOG, AK IX, 13 ; trad. fr. Guillermit, p. 12.

rassemblement épistémologique des sciences se fait avec les éléments. Il est défini comme suit par d'Alembert au début de l'article « ELEMENS DES SCIENCES » (*Philosophie*) :

> On appelle en général *élémens d'un tout*, les parties primitives & originaires dont on peut supposer que ce tout est formé. Pour transporter cette notion aux Sciences en général, & pour connoître quelle idée nous devons nous former des *élémens* d'une science quelconque, supposons que cette science soit entièrement traitée dans un ouvrage, ensorte que l'on ait de suite & sous les yeux les propositions, tant générales que particulieres, qui forment l'ensemble de la science [1].

Première phrase et première hypothèse, le tout vu comme traitement complet d'une science dans un ouvrage. Ajoutons la seconde supposition, celle de la cohérence de ce tout, c'est-à-dire que chaque proposition dépend de la précédente pour former une chaîne qui permet de comprendre la science puisque chaque principe découlera du précédent. Alors remarque d'Alembert, dans un raisonnement très humien, « chaque proposition, comme nous l'avons remarqué dans le discours préliminaire [2], ne sera que la traduction de la premiere, présentée sous différentes faces ». Chaque proposition interpelle la notion de connexion et par la répétition de la même proposition, celle de causalité. L'antériorité dans le temps et la contiguïté dans l'espace conduisent la relation de cause à effet. Dans la section VII de l'*Enquête sur l'entendement humain*, Hume prenait l'exemple de vibrations semblables suivies de sons semblables (ou la boule de billard) pour montrer comment nous avons l'idée de la relation de cause à effet et il concluait que tout raisonnement abstrait comporte un point de vue. Nous nous efforçons de l'atteindre. Il est, résume d'Alembert à la suite de Hume, ce qui nous est impossible à atteindre :

> L'esprit humain, participant alors de l'intelligence suprême, verroit toutes ses connoissances comme réunies sous un point de vue indivisible ; il y auroit cependant cette différence entre Dieu & l'homme, que Dieu placé à ce point de vue, appercevroit d'un coup d'œil tous les objets, & que l'homme auroit besoin de les parcourir l'un après l'autre, pour en acquérir une connoissance détaillée [3].

L'homme qui pourrait embrasser l'Univers dans sa totalité sous plusieurs points de vue est le philosophe. Or, ce que privilégie l'image de la mappemonde retenue par Kant, c'est l'idée du point de vue sur le vaste océan de la connaissance. L'ordre encyclopédique de nos connaissances fournit justement cette représentation de la mappemonde car il embrasse les sciences autrement que successivement, comme le fait l'ordre historique des progrès de l'esprit. Kant affirme de son côté que « toutes les connaissances se soutiennent mutuellement selon un enchaînement naturel » [4]. L'ordre encyclopédique est une

1. DP, 235/491a.
2. DP, 88/ix .
3. DP, 235/491a.
4. LOG, AK IX, 48 ; trad. citée, p. 53.

forme d'enchainement qui embrasse et lie par connexion et contiguïté les principes du système du monde. Destiné aux « gens éclairés » plus qu'à la multitude, il est l'œuvre des articles généraux des sciences et constitué de trois choses que sont « le nom de la Science à laquelle l'article appartient ; le rang de cette Science dans l'Arbre ; la liaison de l'article avec d'autres dans la même Science ou dans une Science différente » [1].

Voyons de plus près comment d'Alembert explique l'ordre encyclopédique des connaissances.

> [Il] consiste, dit-il, à les rassembler dans le plus petit espace possible, & à placer, pour ainsi dire, le Philosophe au-dessus de ce vaste labyrinthe dans un point de vûe fort élevé d'où il puisse appercevoir à la fois les Sciences & les Arts principaux [2].

Avoir le point de vue le plus vaste revient à se situer dans le plus petit espace possible. C'est supposer la connaissance comme un tout dans lequel l'image de l'arbre est en arrière-fond pour penser le rassemblement des sciences dans la recherche du même point de réunion de certaines parties ou branches. Ici arbre veut dire ordre. Ce sont deux synonymes. La méthode encyclopédique établit la classification du savoir destinée à éclaircir les liens par lesquels les sciences s'enchaînent naturellement, c'est-à-dire à éclaircir pour d'Alembert la liaison des principes directeurs. Une première distinction est à opérer entre les sciences et la réflexion sur les sciences. Concernant les sciences, il y a trois possibilités pour les classer selon un ordre. La première selon un ordre généalogique des idées simples vers les plus complexes, c'est un classement selon l'apparition naturelle des sciences, autrement dit en fonction des besoins humains, et l'agriculture est la première science, suivent la médecine puis les arts nécessaires ; la deuxième selon un ordre historique d'apparition des sciences qui suit la chronologie des découvertes et enfin la troisième selon un système pensé à partir de l'entendement qui réfléchit sur les sciences. Ce dernier ordre encyclopédique trouve sa représentation dans un tableau ou *Système figuré des connaissances humaines*. C'est un tableau arbitraire et qui rapporte nos différentes connaissances aux facultés de l'entendement [3]. Diderot établit la stratégie de l'arbitraire sur cinq ordres pendant que d'Alembert suit Locke et fonde la méthode sur les opérations de l'esprit.

On passe à la réflexion sur la science où d'Alembert distingue deux ordres dans la démarche des opérations effectuées par l'esprit : d'une part un ordre

1. DP, 108-109/xvviij-xjx.

2. DP, 101/xv.

3. Pour terminer les cinq paragraphes qui explicitent l'ordre général, Diderot conclut à l'article « ENCYCLOPEDIE » (p. 640a) : « Voilà ce qui nous a déterminé à chercher dans les facultés principales de l'homme, la division générale à laquelle nous avons subordonné notre travail ». P. 641a. Les 5 ordres sont 1) ordre général arbitraire ou encyclopédique, 2) ordre de l'étendue des parties, 3) ordre de leur distribution, 4) ordre de la génération des idées ou généalogique, 5) ordre des qualités + dans 1) pour les liaisons : ordre des renvois avec 4 sortes de renvois : de choses, de mots, de l'homme de génie et satyriques.

métaphysique des opérations de l'esprit et d'autre part un ordre généalogique des opérations de l'esprit. Ce dernier est écarté par d'Alembert qui prévient que l'ordre encyclopédique qu'il présente est très-différent de l'ordre généalogique des opérations de l'esprit [1]. L'ordre généalogique des opérations de l'esprit permet de rassembler facilement dans une science les objets qui la constituent mais il ne permet pas le rapport des sciences entre elles. Car, dans le système figuré ou ordre encyclopédique, c'est bien de cela qu'il s'agit : de la philosophie des rapports, œuvre de la réflexion de l'esprit humain sur le savoir. Quand on obtient la dépendance mutuelle des propriétés des corps, on peut déterminer les principes métaphysiques et indépendants de l'expérience qui peuvent servir de fondements aux autres [2]. C'est un acte de philosophie métaphysique. La manière dont l'esprit va d'une connaissance à une autre est une opération mécanique de l'esprit pendant qu'il raisonne. D'Alembert explique : « nous avons suivi dans le système encyclopédique l'ordre métaphysique des opérations de l'esprit plutôt que l'ordre historique de ses progrès » [3]. La métaphysique fait toute la différence entre histoire et philosophie. L'ordre métaphysique se distingue pour être très certainement l'origine de ce qui va porter aux XIXe et XXe siècles le nom de « philosophie scientifique ». La métaphysique relève davantage de la méthode et de la cognition que de l'ontologie. Cette méthode propose une nouvelle perspective et renverse au sens copernicien ce qui était en place. M. Cohen-Halimi utilise d'ailleurs le double sens pour désigner cet acte qui intègre à la méthode la propre volonté de l'auteur. À l'origine de cet acte d'Alembert pose la distinction entre esprit de système et esprit systématique. À partir de là, la philosophie naturelle est entrée dans la philosophie. L'ordre encyclopédique choisi est ordonné selon des règles qui ne sont ni celles de la nature (généalogique) ni celles de l'histoire (les événements ou les découvertes) mais celles de la philosophie. Encore un mot pour dire que l'histoire de la pensée scientifique n'est pas l'histoire de la raison. L'intérêt philosophique de d'Alembert concerne l'histoire de la pensée scientifique – ce qui fait de l'histoire des sciences autre chose qu'un historique des découvertes – qui cherche à comprendre les processus des opérations de l'esprit pendant le déroulement d'une découverte mais qui n'est pas l'histoire de la raison, très certainement laissée aux philosophies allemandes.

Il résulte de ce développement que pour bien comprendre l'ordre encyclopédique, il est nécessaire de distinguer ordre des sciences et ordre des opérations de l'esprit. L'ordre métaphysique directeur de la classification qui instaure les rapports des sciences entre elles, est l'ordre de la réflexion de l'esprit sur ses opérations lorsqu'il avance dans la voie des principes. La théorie de

1. DP, 109-110/xjx.

2. J. d'Alembert, *Traité de l'équilibre et du mouvement des fluides pour servir de suite au Traité de dynamique par M. d'Alembert, de l'Académie Royale des Sciences*, à Paris chez David l'aîné, 1744, iv-vj. Ce raisonnement est reporté dans les mêmes termes à l'article « PHYSICO-MATHEMATIQUES » de l'entrée « PHYSICIEN », *Encyclopédie*, t. XII, 1765, 536b-537a.

3. DP, 224/xxv.

l'ordre encyclopédique est d'abord un outil de recherche pour pénétrer dans les routes secrètes de la totalité. Et d'Alembert a nommé cet outil « métaphysique des corps ». Le mathématicien accompagné de son outil philosophique est nettement moins certain que Kant de connaître le tout, ou selon sa propre expression de se flatter de le saisir [1]. Le point de vue suffisamment large offrirait au regard tous les rapports entre les sciences. Or, on ne connaît que ce qu'on peut observer. En revanche, pour pénétrer la totalité, Kant est persuadé de pouvoir donner le système pour la suivre. C'est sur la nécessité et la forme du système dans l'expérience que les deux auteurs communiquent. La systématique logique de la raison ordonne la science selon des parties unifiées sous l'idée du tout. Puis les systèmes sont unis entre eux « dans un système de la connaissance humaine » [2] car la diversité et la classification des parties sont pour Kant comme la fin, un concept de la raison. La déduction encyclopédique la plus proche consiste dans l'affirmation du tout comme un système articulé. Le tout et son articulation en parties constituent une vision spéculative de la grande *Encyclopédie*, que Kant relit avec les lunettes transformantes de la détermination de l'*a priori*, ce qui le conduit à opposer le rationnel à l'empirique. Toutefois, dans l'ordre métaphysique des opérations de l'esprit d'Alembert est plus dans le rationnel que dans l'empirique. Il est dans la puissance de création. Ensuite, l'application de l'ordre à la classification des connaissances se situera dans l'empirique.

Forme *a priori* de la connaissance sensible et rationnelle, la totalité est chez Kant la conjonction de l'unité et de la pluralité comme la mappemonde est le résultat des liens entre les pays et de la diversité des pays. De là à avoir le point de vue de la mappemonde, d'Alembert demeure sceptique. Il ne considère jamais la totalité comme une forme de la sensibilité qui permettrait de percevoir l'unité. Pour d'Alembert, au-delà de l'arbitraire de nos vues et des divisions particulières, quoi qu'on fasse, même selon un arrangement le plus naturel qui soit, là « où les objets se succéderoient par les nuances insensibles qui servent tout à la fois à les séparer & à les unir » et bien nous ne connaîtrons toujours qu'un « petit nombre d'êtres », un nombre si petit que, affirme-t-il, cela « ne nous permet pas de marquer ces nuances. L'Univers n'est qu'un vaste Océan, sur la surface duquel nous appercevons quelques îles plus ou moins grandes, dont la liaison avec le continent nous est cachée ». Notre tâche ne saurait consister à autre chose qu'à découvrir ce que nous pouvons à partir du pays dans lequel nous nous trouvons.

Pour d'Alembert, concentré sur le domaine théorique, la stratégie est de mettre en place une méthode issue de la logique des opérations de l'esprit et la visée reste la rigueur de l'application pour prévenir les risques d'erreurs dans un élargissement. Kant lui répond de ne pas avoir peur de l'élargissement : « de façon générale, l'élargissement de la connaissance ne doit pas faire

1. DP, 101/xv.

2. CRP, A 835 / B 863, AK III, 540 ; OP I, 1386 et A 386 / B 864, AK III, 541-542 ; OP I, 1384-1385, 1387 *sq*.

craindre ce que redoutait d'Alembert », écrit-il [1]. L'élargissement n'est pas synonyme d'appauvrissement ou d'embarras de la raison à ne pouvoir répondre, ce qui conduirait au scepticisme. Le champ de bataille de la métaphysique doit laisser place, poursuit-il, à la découverte de nouvelles méthodes et de nouveaux principes dont « dépend la possibilité que nous soyons à même, grâce à eux, de tout découvrir par nous-mêmes, à notre gré, sans accabler la mémoire ». La philosophie critique issue de l'*Aufklärung* se donne pour objet d'aller au fond de la puissance de l'entendement en déterminant les règles et les limites de son usage.

La position critique de Kant face au scepticisme des scientifiques peut se lire dans l' « Architectonique de la raison pure » où critiquant, entre autres, le concept de la philosophie comme celui d'un système de la connaissance qui se contente de l'unité systématique du savoir, il ajoute le concept cosmique comme modèle dans l'idéal du philosophe. Kant a inversé la situation car son point de départ est le philosophe avant la nature. Il affirme alors que dans cette perspective de l'idéal du philosophe,

> la philosophie est la science du rapport de toute connaissance aux fins essentielles de la raison humaine, et le philosophe n'est pas un artiste de la raison, mais le législateur de la raison humaine. Dans un pareil sens, ajoute-t-il en critique opposé au sceptique, il serait très orgueilleux de s'appeler soi-même un philosophe, et de prétendre que l'on est parvenu à égaler un modèle qui n'existe que dans l'idée [2].

Toutefois l'intérêt de la conception d'une réflexion philosophique encyclopédique de d'Alembert n'est pas le scepticisme mais la place prépondérante attribuée à la méthode et c'est en scientifique qu'il regarde l'idée chez le philosophe. En scientifique, il a raison. Heisenberg le confirme en déclarant que seules les situations d'observations comptent et que les lois des processus objectifs se déroulant dans l'espace et le temps ne décrivent pas l'expérimental. C'est uniquement l'expérimental, par ailleurs exposé par d'Alembert dans l'article du même nom, qui établit la liaison entre des phénomènes d'observation. Ainsi les atomes ne sont ni des choses ni des objets mais des « composantes de situations d'observation ; des composantes qui possèdent une haute valeur explicative du point de vue d'une analyse physique des phénomènes » [3]. Dans les rapports de la philosophie avec la science, la saisie de la métaphysique par l'entendement humain a été une tentative de rapprocher la philosophie de la science tandis que le retournement kantien qui a consisté à saisir les phénomènes par la métaphysique a tenté de faire de la philosophie une science.

L'intérêt de d'Alembert pour la philosophie est de connaître la méthode qui permet de lier une science à une autre. La métaphore de la mappemonde, où la

1. LOG, AK IX, 43-44 ; p. 47.
2. CRP, A 839 / B 867, AK III, 542-543 ; OP I, 1389.
3. W. Heisenberg, *La Partie et le tout* (1969), Paris, Flammarion, 1990, p. 170-171.

démarche de pays en pays relève d'une méthodologie dans la recherche du point de vue du philosophe, convient aussi bien à Kant qu'à d'Alembert puisque l'objectif n'est pas la succession mais le point de vue de la totalité. Quant à la question de savoir en quoi consiste la relation entre l'usage de l'entendement et la métaphysique, la réponse a été donnée depuis longtemps par la théorie de la connaissance. Aussi l'affirmation de Dilthey selon laquelle « le sceptique a pour successeur légitime le critique » se présente à nous comme une juste conclusion de la connivence entre l'épistémologie encyclopédiste qui replace la métaphysique dans une théorie de la connaissance et la théorie de l'expérience kantienne qui replace la métaphysique au cœur de la philosophie.

Martine GROULT
(CNRS Centre Jean Pépin)

LA QUESTION DE L'UNIVERSALITÉ DES SCIENCES CHEZ KANT : SAVOIR DU MONDE ET CONNAISSANCE DE SOI

Kant pense la science comme une source de la connaissance appliquée au monde que l'activité de notre esprit appréhende tel un substrat : il a désigné auparavant la sensibilité (*Sinnlichkeit*) comme l'unique radier de l'édifice de la *Critique*. Le philosophe des Lumières allemandes par excellence se méfie des rêves et des chimères (*Hirngespinste, Schwärmerei*), car ils manquent toujours leur objet par défaut de fin assignée. En revanche, lorsque le rêve traduit l'ambition d'un vaste projet fait de synthèse, de hiérarchisation, d'augmentation espérée de la lucidité, Kant s'y engage doublement. En se détournant des opacités de la scolastique dès la succession de Thomas, il reprend la quête d'Aristote, le savant et le philosophe, qui eut l'idée de la réunion d'un panlogisme avec une *mathesis universalis*, d'un équilibre entre la conquête de l'objet et l'activité du sujet.

Le siècle au cours duquel Kant élabore son système est, du point de vue des sciences de la matière, un siècle de récoltes et d'applications ; le dix-septième siècle avait été celui des découvertes, traversé par des bouleversements et des enthousiasmes. En 1628 Harvey (1578-1657) publie à Francfort l'*Exercitatio Anatomica de Motu Cordis et Sanguinis in animalibus*. Galileo Galilei (1564-1642) avait, peu de temps avant, changé la façon de voir des savants et rendu possibles les avancées du siècle des Lumières en termes de déchiffrage des phénomènes naturels. Sa découverte des lois de la gravitation repose sur l'analyse expérimentale des faits (ce que reprendra Kant, sur le plan méthodique de la constitution de la connaissance, à l'intérieur de son concept clé d'*Erfahrung*), le pourquoi des choses cédant la place au comment de l'événement.

La question de l'empirisme, de la fiabilité de nos connaissances ordonnées à partir du sensible, est essentielle pour Kant : il en vient à se poser, plus que Descartes et Leibniz, la question de savoir comment la science déterminante est possible. Au cours de son étude des mécanismes de la pensée et du jugement, Kant n'a de cesse de vouloir percer le mystère de l'adéquation de nos observations, puis de nos déductions à l'expérience du *continuum* mondain. S'affranchissant du réalisme qui a compté au siècle de Harvey et de Galilée, il situe dans le sujet la source, la loi d'ordonnancement, permettant aux objectivités multiples et contrastées qui font les sciences sectorielles de se déployer.

Kant substitue ainsi aux séries linéaires ou accrétives propres aux modèles des domaines conceptuels de la fin de la scolastique et de la Renaissance jusqu'à Gassendi (1592-1655) – mathématiques → physique → biologie, psychologie, médecine – l'ordre cyclique des domaines matériels qui conservent les mêmes noms : sciences mathématiques (algèbre, géométrie) → sciences physiques (gravitation, théorie des ondes) → sciences des êtres vivants (chimie, médecine) → sciences mathématiques (*circulatus gressus*).

L'épistémologie kantienne ressortit à l'évaluation du rendement de chaque science eu égard à la totalité (*das Ganze, die Allheit, die Totalität* [1]) plus qu'à l'attribution d'un rang, d'une éventuelle préséance aux côtés de la philosophie. Cela explique l'importante différence opérée entre valeurs intensives, précises par le nombre et définies en termes scalaires, et valeurs extensives, dynamiques, infinies, expansives. Jugeant des mérites du médecin et naturaliste Albrecht von Haller (1708-1777), qui servit l'exactitude dans la description et le classement des données en chirurgie et en botanique (*De partibus corporis humani sensibilibus et irritabilibus*, 1752 ; *Elementa physiologiae corporis humani*, 1757-1766 ; *Historia stirpium indigenarum Helvetiae inchoata* (1768)), Kant donne un avis général concernant les capacités réelles des sciences qui décrivent et évaluent le contingent sans parvenir à renseigner sur l'enchaînement même des causes.

La nécessité inconditionnée dont nous avons si indispensablement besoin comme de l'ultime support de toutes choses est le véritable abîme de la raison humaine. L'éternité même, si terriblement sublime qu'ait pu la peindre un Haller, ne fait pas à beaucoup près sur l'esprit une aussi vertigineuse impression ; car elle ne fait que *mesurer* la durée des choses, elle ne les *supporte* pas (*denn sie* mißt *nur die Dauer der Dinge, aber sie* trägt *sie nicht*) [2].

Nous verrons selon quels critères Kant juge l'inscriptibilité des sciences particulières au registre de la connaissance supérieure du monde et du soi. Relisons auparavant les lignes de la *Critique de la faculté de juger* où Kant, en rapport avec l'exercice du jugement esthétique, fait le départ entre art et science.

> La critique du goût est elle-même simplement subjective eu égard à la représentation par laquelle un objet nous est donné ; elle est en fait l'art ou la science de référer à des règles le rapport mutuel qu'entretiennent dans la représentation donnée (sans relation à une sensation précédente ou à un concept) l'entendement et l'imagination, donc de subsumer leur accord ou leur désaccord sous ces règles et de les déterminer en tenant compte de leurs conditions. La critique est un *art* lorsqu'elle ne montre cette subsomption qu'à l'aide d'exemples ; c'est une science lorsqu'elle déduit la possibilité d'un tel

1. « *die Möglichkeit eines Ganzen* », CRP, A 433 / B 461, AK III, 300 ; OP I, 1092.
2. CRP, A 613 / B 641, AK III, 409 ; OP I, 1225.

> jugement de la nature de ces facultés, considérées comme facultés de connaissance en général [1].

La philosophie fondamentale construit à partir de l'empirie, elle s'appuie sur les savoirs sectoriels en les intégrant comme des murs portants, et non comme des étais d'un jour. Mais ces lieux de science ne permettent de gravir que deux marches dans l'ascension vers la somme des fins. Au livre VI de la *République* (511e), Platon nous dit que le savoir commence avec une supposition (une sorte de représentation et d'image, en grec εἰκασία), qu'il se poursuit avec la confiance, la foi accordées aux sensations produites par les objets (πίστις) qui s'organisent grâce aux concepts (διάνοια) – arrive enfin ce qui n'est plus une hypothèse issue de la contemplation ou un effort de déduction, à savoir l'intellection placée sous l'égide de la raison (νόησις).

> Ordonne-les ensuite suivant une proportion, en te disant que le degré de possibilité, pour les sections, de participer à la vérité est le même que, pour les états correspondants de l'âme, de participer à la certitude [2].

La science particulière est un niveau dans la gradation de la connaissance, elle est indispensable à son efflorescence, mais ne produit que des lois serrées, closes, qui n'ont pas prise sur l'essentielle qualité du *continuum* naturel, la richesse d'invention ; cette liberté d'invention est également l'apanage du jugement moral (le *sollen* dépassant toujours en puissance le *können*). Il est un beau passage dans la *Critique de la faculté de juger* qui désigne la place et la limite des lois lues par la science du chimiste ou de l'anatomiste dans l'organisation de la trame naturelle :

> De même on peut bien penser, sans rien enlever au principe téléologique de l'appréciation de l'organisation, que, en ce qui concerne la beauté des fleurs, des plumes des oiseaux, des coquillages, autant selon leur forme que selon leur couleur, tout cela peut être imputé à la nature et à son pouvoir de produire librement, sans fin particulière visant ce produit, des formes d'une manière esthétique et finale, en retenant la matière nécessaire selon des lois chimiques [3].

Ainsi, la liberté de création est dite apodictique, nécessaire, irréfragable ; une science en particulier énonce des faits organisés dans leur vérité structurelle et dynamique, elle est assertorique, ce qui est moins pour Kant :

> On appellera science *proprement dite* uniquement celle dont la certitude est apodictique. Une connaissance qui peut contenir une certitude simplement empirique n'est un *savoir* qu'en un sens impropre. Un tout de connaissance, lorsqu'il est systématique, peut déjà s'appeler science, et si de plus la liaison de la connaissance dans ce système est un enchaînement de fondements et de

1. CFJ, AK V, 286 ; OP II, 1063.

2. Platon, *La République*, 511e.

3. CFJ, AK V, 349-350 ; OP II, 1139-1140. Il est préférable de se détourner ici de la traduction en Pléiade qui est ambiguë et d'écrire avec le texte original : « sans s'orienter selon des fins conformes aux lois chimiques », à savoir telles que nous pouvons les connaître.

conséquences, on peut alors parler d'une science rationnelle. Mais si les fondements ou principes qui s'y trouvent sont en fin de compte purement empiriques, comme en chimie par exemple, et si les lois grâce auxquelles les faits donnés sont expliqués par la raison sont de simples lois d'expérience, ces fondements et ces lois n'entraînent aucune conscience de leur *nécessité* [1].

Kant l'affirme dans l' « Appendice » aux *Prolégomènes à toute métaphysique future*, les sciences dites exactes, qu'elles soient dédiées à la régie des comportements des hommes (morale réglementaire, législation politique) ou au cadastre du monde vivant ou inanimé, sont insatisfaisantes : en effet elles doivent se contenter de décalquer le *continuum* sans pouvoir esquisser la démarche de la synthèse qui fonde la connaissance vraie des activités du soi (*intellectum ipse*).

> La mathématique, la science de la nature, les lois, les arts, la morale même, etc. ne remplissent pas encore entièrement l'âme ; il y reste encore toujours un espace qui est jalonné pour la seule raison pure et spéculative, et dont le vide nous force à rechercher dans des sornettes, des futilités ou même des divagations, en apparence de l'occupation et de l'entretien, mais en réalité seulement de la distraction [...]. C'est pourquoi une considération prenant pour objet simplement ce domaine de la raison existant pour elle-même a un grand attrait pour tous ceux qui n'ont fait qu'essayer d'étendre ainsi leurs concepts, justement parce qu'en ce lieu toutes les autres connaissances, et même toutes les fins, doivent se rencontrer et s'unir en un tout (*weil eben in demselben alle anderen Kenntnisse, sogar Zwecke zusammenstoßen und sich in ein ganzes vereinigen müssen*) ; et je peux bien dire qu'il s'agit d'un attrait plus grand que n'en a tout autre savoir théorique, qu'on échangerait pas facilement contre celui-là [2].

Examinons à présent certains détails permettant de nous éclairer sur la nature des connaissances concrètes que Kant a pu posséder sur les sciences actives à son époque.

La biologie : celle-ci n'est pas mentionnée en tant que telle dans la *Critique de la raison pure* ; seulement dans l' « Appendice à la dialectique transcendantale » [3] qui précise la signification régulatrice de l'Idée en incluant la connaissance de la nature – cette dernière est reconnue comme visant une intégration systématique et unitaire. Les naturalistes et autres scientifiques du vivant cherchent à ramener la variété à un petit nombre de groupes unifiés qui sont les genres ou matières de base (*Gattungen, Grundstoffe*). D'autre part, un intérêt opposé à la raison les pousse à partir vers une complexité et une variété du donné de plus en plus grandes. Nos facultés n'auront alors de cesse, devant cet éloignement des principes d'unité, que de rétablir en permanence les liens de structure et de fonctionnement entre les genres puis entre les espèces. Apparaissent alors les trois principes fondamentaux appliqués à toute science natu-

1. PPM, AK IV, 568 ; OP II, 364-365.
2. PMF, AK IV, 380-381 ; OP II, 169-170.
3. CRP, A 644-650 / B 672-678, AK III, 428-431 ; OP I, 1248-1252.

relle descriptive [1] : celui de l'homogénéité, celui de la spécification et celui de la continuité des formes. Ces trois éléments ne représentent cependant pas des vues objectives (*objektive Einsichten*), mais de simples Idées, des principes régulateurs. Le petit nombre d'exemples fournis ne sont d'ailleurs pas empruntés exclusivement à la biologie, mais à la chimie des minéraux et à l'astronomie [2].

Mais l'essentiel est constitué par deux passages de la fin de la *Critique de la raison pure* où Kant invite le philosophe à imiter le chimiste (associé pour l'occasion à la science des mathématiciens) dans ses procédés de dissection du vivant, ceci après avoir emprunté à la biologie animale un exemple utile à une nouvelle définition de la totalité. Nous percevons à nouveau que, si Kant limite nettement les prérogatives des sciences appliquées, il n'en fait jamais des subalternes, mais des zones de recherche qui rendent sensibles les niveaux de performance de la pensée ; il n'en fait pas des édifices à la gloire de l'homme.

> Ce que fait le chimiste dans la séparation des matières, le mathématicien dans la théorie pure des grandeurs, le philosophe est encore bien plus tenu de le faire, afin de pouvoir déterminer sûrement la part qu'une espèce particulière de la connaissance a dans l'usage courant de l'entendement, sa valeur propre et son influence [3].

Le principe de l'organogénèse harmonieuse, principe de croissance par accrétion interne à partir de l'embryogénèse, et qui était connu de la médecine dès le début du dix-huitième siècle, sert à Kant d'indication pour les correspondances secrètes au sein de l'étendue comme de la pensée [4].

> Le tout [la raison accordée avec l'unité de la fin] est donc un système articulé (*articulatio*) et non pas seulement un amas (*coacervatio*) ; il peut bien croître du dedans (*per intus susceptionem*), semblable au corps d'un animal auquel la croissance n'ajoute aucun membre, mais, sans changer la proportion, rend chaque membre plus fort et mieux approprié à ses fins [5].

Le cas de la chimie vient compléter le chapitre de la biologie : la place qu'elle prend dans le corpus critique est plus importante. L'intérêt que porte Kant à la chimie, à ses procédés de séparation des éléments naturels, est ancien : les deux dissertations de 1755 (*De igne*) et de 1756 (*Monadologia physica*) exposent des idées dans le domaine de la philosophie de la nature qui s'appuient sur les processus chimiques d'isolement et de classement des chaînons du minéral et du vivant. Les sources d'information pour Kant sont les vastes manuels de chimie et de physique de Johann Polycarp Erxleben (1744-

1. CRP, A 657-660 / B 685-688, AK III, 435-437 ; OP I, 1258-1259.

2. CRP, A 662 / B 690, AK III, 438 ; OP I, 1261.

3. CRP, A 842 / B 870, AK III, 544 ; OP I, 1392. Le qualificatif *herumschweifend* qui précède *Verstandesgebrauch* (A 842 / B 870, AK III, 543) a été mal traduit en Pléiade : il s'agit en réalité de l'usage tâtonnant, incertain de l'entendement.

4. « Rien n'arrive par un hasard aveugle (*Nichts geschieht durch ein blindes Ungefähr*) (*in mundo non datur casus*) » (CRP, A 228 / B 280, AK III, 194 ; OP I, 960).

5. CRP, A 833 / B 861, AK III, 539 ; OP I, 1385.

1777), l'initiateur de la médecine vétérinaire moderne : on y trouve beaucoup de généralisations et un classement hérité d'Aristote et de Paracelse (métaux, sels, acides et résines). Au début de l'intérêt de Kant pour la chimie, la théorie phlogistique du célèbre Georg Ernst Stahl (1660-1734) est reine : selon lui, un principe unique (le phlogiston, de φλογίζειν, être ardent) explique tant la combustion que l'oxydation. Plus intéressant est son point de vue en tant que médecin : selon lui, les processus physiques et chimiques ne seraient pas seuls capables de rendre compte des principes vitaux.

Dans sa « Préface » de 1786 aux *Premiers principes métaphysiques de la science de la nature*, Kant voit dans la chimie de son temps plutôt un art systématique du classement et une pratique expérimentale (*eine systematische Kunst oder Experimentallehre*) qu'une véritable science procédant par concepts intégratifs en s'aidant de modèles mathématiques. En 1793, Kant persiste dans son attachement aux vues de Stahl et refuse la thèse d'Antoine Lavoisier (1743-1794), selon laquelle l'eau est composée de plusieurs molécules ; ajoutons, à la décharge du philosophe, que même des savants plus aguerris tels que Joseph Priestley (1733-1804) et Karl Wilhelm Scheele (1742-1786), qui contribuèrent à identifier l'élément oxygène, s'opposèrent longtemps aux vues correctes du chimiste français. Le collègue de Kant à l'université, Karl Gottfried Hagen (1749-1829) parvient à le convaincre de la justesse de l'analyse de Lavoisier, et, en 1795, dans une lettre à Sömmerring du 10 août 1795 (lettre n° 671), Kant dit adhérer à la thèse de la bimolécularité de l'eau.

Signalons qu'un des derniers manuscrits de Kant, alors âgé de 76 ans (1800), est consacré à la fusibilité (*Schmelzbarkeit*) du platine lorsqu'on lui adjoint de la limaille de cuivre (*Kupferfeile*). Reinhard Jachmann (1767-1843), un des premiers biographes de Kant, raconte [1] comment le philosophe avait rempli d'admiration le chimiste confirmé, le docteur Hagen, parce que,

> en dépit du fait qu'il n'avait jamais vu lui-même une seule expérience en chimie, il connaissait non seulement sur le bout du doigt la nomenclature complète, mais encore il possédait en détail l'entièreté des manipulations en jeu lors des expériences.

Les sciences particulières habilitées par les mathématiques ne livrent pas seulement, pour Kant, des illustrations métaphoriques à la réflexion abstraite, elles occupent de plein droit les étages 1 et 2 de la pyramide de la noèse, l'étage des catégories et de leur usage, et l'étage des concepts et de leur efficace rassemblement du divers. En revanche, le niveau 3, qui est celui des Idées, n'appartient pas à leur lieu d'exercice.

On trouve dans la correspondance de Kant une lettre de Marcus Herz datée du 7 février 1786 (lettre n° 260) qui nous donne comme une lumière incidente ou comme une vue en miroir renseignant quelque peu sur les déambulations

1. *Immanuel Kant. Sein Leben in Darstellungen von Zeitgenossen*. Die Biographie von L. E. Borowski, R. B. Jachmann und E. A. Ch.Wasianski, Berlin, Felix Groß, 1912, reprint : Darmstadt, Wissenschaftliche Buchgesellschaft, 1978, p. 19.

sommitales de Kant. Marcus Herz s'affirme comme le fidèle disciple qui porte les couleurs de son suzerain, il laisse avant tout entendre qu'il s'inspire du cheminement aux frontières propre à son maître. Les sciences particulières, analytiques et descriptives, donnent un accès à ce qui est, la philosophie critique pense ce qui doit être : entre les explorations centrifuges des unes et les synthèses en acte de l'intellect et de la raison chez l'autre, s'instaure pour Kant une parole de l'entendement qui fait de l'impératif moral une expérience de la liberté s'exerçant en marge des contraintes d'un monde que décrivent les sciences. Ces terres frontalières dont parle Herz constituent à nos yeux l'essence des lumières telles que conçues par Kant.

> Vous allez recevoir, très cher Maître, des mains de HE. D. Ioel, un exemplaire de mon essai sur les vertiges rotatoires dont je vous parlais dans ma lettre du 25 novembre. Je révélai l'idée principale de l'ouvrage entier à l'occasion d'une des merveilleuses conversations que j'eus avec vous [...]. Comme vous le voyez, très cher homme, je ne suis pas un complet renégat, mais plutôt un transfuge qui porte encore votre livrée [...] et qui cherche à défendre votre cause auprès d'autres puissances, différentes certes de vos ennemis ; pour m'exprimer d'une façon moins prussienne, j'aime à déambuler dans les provinces situées à la frontière entre la philosophie et la médecine (*ich liebe das Herumwandeln in den Gränzörtern der beyden Länder, der Philosophie und der Medizin*), et je me réjouis chaque fois que je peux esquisser des propositions et des systèmes aptes à être appliqués avec le souci du bien général [1].

Quand il estime la place et l'importance respectives des différentes sciences (psychologie, chimie, physique phoronomique, etc.), Kant fait appel à une critique de type idéologique, dans l'intention de démasquer une conscience inadéquate des connaissances scientifiques. Kant ne contredit pas l'ambition de construire des théories scientifiques sur l'univers, d'élaborer des cosmologies physicalistes supposées déchiffrer les phénomènes ; il ne combat pas l'astrophysique de son temps, qui disserte sur les qualités temporelles et spatiales de l'étendue, pas plus qu'il ne dédaigne la microphysique et la chimie fine des sous-éléments : il rejette l'assurance selon laquelle des réponses définitives pourraient s'y trouver.

Pour Kant, il existe un étalon permettant d'évaluer l'inscriptibilité des sciences dans l'espace de la pensée supérieure : c'est la capacité qu'aura ou non chacune d'entre elles, après la phase de découverte et d'ordonnancement propre à une spécialité, de fédérer la diversité des éléments du réel sous une Idée représentante de la totalité. L'Idée de boucle autorégulatrice (fin, forme du tout et accord entre les deux) viendrait ainsi chez Kant s'ajouter à la présence, dans l'œuvre entier, du processus dynamique de la synthèse ; une synthèse non accrétive qui est la forme du tout en réalisation.

> Sous le gouvernement de la raison, nos connaissances en général ne peuvent former une rhapsodie, elles doivent au contraire former un système [...]. Or

1. Lettre de Marcus Herz à Kant du 27 février 1786, dans *Correspondance par Immanuel Kant*, p. 263 ; traduction Didier Hurson.

> j'entends par système l'unité des diverses connaissances sous une Idée. Cette Idée est le concept rationnel de la forme d'un tout, en tant que, grâce à ce concept, la sphère du divers aussi bien que la position respective des parties sont déterminées *a priori*. Le concept scientifique de la raison contient donc la fin et la forme du tout qui concorde avec cette fin (*der scientifische Vernunftbegriff enthält also den Zweck und die Form des Ganzen, das mit demselben congruirt*). L'unité de la fin à laquelle se rapportent toutes les parties, en même temps qu'elles se rapportent les unes aux autres dans l'Idée de cette fin, fait que l'absence de toute partie peut être remarquée lorsqu'on connaît les autres, et qu'aucune addition accidentelle, ou aucune grandeur indéterminée de la perfection, qui n'ait pas ses limites déterminées *a priori*, ne peuvent avoir lieu [1].

En tant que système de la connaissance, la philosophie est un art de la raison, une science particulière, mais qui agit cette fois aux trois niveaux de l'approche du monde (catégories, concepts et Idées). Une science aux espaces vides mais aux mécanismes puissants ; Kant va jusqu'à la définir comme un « organon de la dextérité », une sorte de somme ou traité de l'habileté (*Organon der Geschicklichkeit*) [2]. Elle possède l'adresse du sourcier qui connaît la profondeur et les ramifications des courants : concernant la physique, la première des sciences appliquées, elle connaît son équivalence avec la première des sciences abstraites et peut désigner leur degré de consubstantialité.

> *La science de la nature (physique) contient en elle des jugements synthétiques* a priori, *à titre de principes* [...]. Dans tous les changements du monde corporel, la quantité de matière reste inchangée, ou bien : dans toute communication du mouvement, l'action et la réaction doivent être égales l'une à l'autre [3].

Pour Kant, la métaphysique est une véritable épistémologie, une science singulière dont une des missions est d'évaluer des sciences particulières : elle n'augmente pas les connaissances, mais confère à celles-ci leur juste autorité (*auctoritas legum dandarum*). Cette métaphysique inédite est issue d'un double programme : de la légitimation de la hiérarchie au sein des divers savoirs, d'une part, de la limitation des aires de la connaissance, d'autre part. Kant se souvient de la différence établie par Aristote entre faire (πράτειν) et créer (ποιεῖν). Il n'est pas besoin de souligner combien Kant était curieux des avancées des sciences de son temps, mais il ne ressentait aucune fascination à leur égard, contrairement à un Descartes, un Leibniz ou un Diderot. Au terme de nos réflexions, il nous apparaît, pour reprendre la formule de Bergson dans *L'évolution créatrice*, que Kant adhère en profondeur à l'esprit de cette

1. CRP, A 832-833 / B 860-861, AK III, 538 *sq.* ; OP I, 1384-1385.
2. *Vorlesungen über Metaphysik L2 (Pölitz)*, AK XXVIII, 533.
3. CRP, B 17, AK III, 38 ; OP I, 771.

> *science antique* [qui] *croit connaître suffisamment son objet quand elle en a noté des moments privilégiés, au lieu que la science moderne le considère à n'importe quel moment* [1].

> La mathématique, la physique, même la connaissance empirique de l'homme, ont une haute valeur comme moyens pour les fins de l'humanité, d'abord et surtout pour ses fins accidentelles, mais finalement aussi pour ses fins essentielles et nécessaires ; seulement elles n'ont alors cette valeur que par l'intermédiaire d'une connaissance de la raison par simples concepts qui, de quelque nom qu'on la nomme, n'est proprement que la métaphysique [...]. En effet, elle considère la raison d'après ses éléments et ses maximes suprêmes, qui doivent être au fondement de la *possibilité* de quelques sciences et de l'usage de toutes [2].

La philosophie, *sive potius*, la métaphysique pour Kant, serait alors devenue une science d'une redoutable rigueur mise au service des pratiques et des connaissances scientifiques, la plus noble car la plus utile.

Didier HURSON
(Université Lyon 3)

1. Bergson, *L'évolution créatrice*, chap. 4, Paris, Presses Universitaires de France, 1941 (rééd. 1991), p. 330.
2. CRP, A 850-851 / B 878-879, AK III, 549 ; OP I, 1398.

LA MÉDIATION SYMBOLIQUE
ENTRE SCIENCE ET SCIENCES CHEZ KANT

Le titre peut laisser croire à une certaine ambiguïté dans le rapport du symbole et de la science. Il suffit d'évoquer la prééminence de la théorie du schématisme dans la *Critique de la raison pure* et, concurremment, la différence entre « schème » et « symbole » dans la deuxième et la troisième pour reconnaître cette ambiguïté. Cet essai vise à dissiper cette ambiguïté et restituer une vraie notion dans le kantisme, en pointant à hauteur de l'idée d'architectonique le rôle médiateur du symbole pour penser à l'unisson la « diversité des intérêts de la raison » et retrouver le statut du philosophe qui « n'est pas un artiste de la raison, mais le législateur de la raison humaine » [1]. Or, à l'endroit de la question du rapport entre le symbole, la science et l'idée d'unité architectonique, Kant précise :

> Ce que nous nommons science ne peut naître techniquement [...], mais architectoniquement, en vertu de l'affinité des parties et de leur dérivation d'une unique fin supérieure et interne [...] ; et son schème doit renfermer [...] l'esquisse du tout et son articulation en parties [2].

Toute la question est de savoir comment se fait cette articulation.

I. La possibilité d'un usage des catégories en dehors des conditions de l'intuition sensible

Lorsqu'il avance dans l' « Appendice à la "Dialectique transcendantale" » la supposition d'un « objet dans l'idée » permettant de conduire l'usage empirique de la raison à une unité systématique, Kant se voit obligé de légitimer l'usage des catégories en dehors du sensible et introduit, comme exigence normative, l' « analogue d'un schème ». Le problème est de savoir comment mettre en relation les « objets » de la raison avec les objets de l'expérience.

1. CRP, A 839 / B 867, AK III, 542 ; OP I, 1389.
2. *Ibid.*

Dans le texte qui clôt la « Dialectique transcendantale », Kant établit la distinction entre « *objet absolument* » et « *objet dans l'idée* » :

> dans le premier cas, mes concepts ont pour but de déterminer l'objet ; dans le second, il n'y a réellement qu'un schème qui sert uniquement à me représenter d'autres objets dans leur unité systématique, d'une manière indirecte [1].

Légitimées dans leur usage régulateur, les idées de la raison tiennent lieu de schèmes d'un « type nouveau ». Dès lors, le problème qui se pose concernant les idées de la raison dans leur rapport aux « conditions de la plus grande unité rationnelle » [2], paraît analogue à celui posé dans l' « Analytique des principes ».

À y bien regarder, la possibilité d'un usage des catégories en dehors des conditions de l'intuition a déjà été envisagée comme légitime dans l' « Analytique », précisément dans la note du § 27 de la seconde édition. Mais c'est dans le chapitre qui clôt l' « Analytique » que Kant déclare que les catégories ne sont nullement restreintes dans leur portée et qu'elles peuvent avoir « un usage pur et pourtant objectivement valide » [3]. Dans ce même chapitre, Kant va plus loin en légitimant un autre usage des catégories, à savoir « l'usage pur ».

S'insérant entre l' « Analytique » et la « Dialectique », ce propos pourrait être interprété comme étant le point de flexion des deux faces de la *Critique de la raison pure*, sensible et intelligible. C'est dire que dès qu'on suit le fil conducteur qui va de la sensibilité aux idées de la raison, donc du conditionné à l'inconditionné, on découvre la « patience » de la construction du système.

Précisons ici que la fameuse « distinction de tous les objets en général en phénomènes et noumènes » s'inscrit entre les deux arcades de la « voûte » et occupe le troisième chapitre du livre II de l' « Analytique ». Axial, ce troisième chapitre, plutôt que de s'intégrer dans la "doctrine du jugement", semble la contenir et annoncer la « Dialectique ». En cela, on peut observer que l'idée d'un usage pur des catégories – que Kant appellera, dans la « Dialectique », usage analogique – se loge déjà dans l' « Analytique », à son étage supérieur.

Cette vue rétrospective fait apercevoir comment la *Critique* souligne, chemin faisant, les points de flexion du système : étagements et arcades, autant d'étapes dans sa construction.

Qu'il y ait un prolongement de l'usage des catégories au-delà des conditions sensibles, cela signifie deux choses. 1) La raison, en faisant de tel ou tel concept un usage transcendantal, ne fait que s'adosser à ceux de l'entendement comme seule source possible des concepts purs. 2) Elle ne fait qu'affranchir « *le concept de l'entendement* des restrictions inévitables d'une expérience possible, et [...] cherche à l'étendre au-delà des bornes de l'empirique, mais encore en liaison avec celui-ci » [4].

1. CRP, A 670 / B 698, AK III, 443 ; OP I, 1267.
2. *Ibid.*
3. CRP, A 250, AK IV, 163 ; OP I, 979.
4. CRP, A 409 / B 436, AK III, 283 ; OP I, 1072.

Remarquons que cette extension répond à l'exigence d'un « maximum » dont le concept est la définition même des Idées transcendantales et que la raison prend en charge dans le sens d'une détermination absolue des séries des conditions.

Cet élargissement des perspectives mérite d'être porté par une nouvelle hypothèse : ne pourrait-on pas reconnaître dans l'irruption de l'inconnaissable en pleine « Analytique », lorsque Kant dit du schématisme qu'il « est un art caché [...] dont il sera toujours difficile d'arracher le vrai mécanisme à la nature » [1], une indication expresse que le schématisme se trouve, en régime d'entendement, affaibli dans son rôle, et qu'il n'y trouve pas – faute de complétude – la plénitude de sa mesure, comme si le schématisme dans sa fonction épistémique était appelé simplement à recueillir extérieurement les effets d'une puissance de schématisation interne ? Cela pourrait vouloir dire que le schématisme ne s'épuise pas dans les limites des phénomènes. Cette indication révèle que la question de la logique épistémique de l'explication est incomplète et que, pour s'élever à un genre suprême, qui est la raison même comme « système de recherche », il faut passer à un « schématisme selon l'analogie (symbolique) » [2]. La synthèse de l'hétérogène transcendantal déboucherait alors sur une nouvelle synthèse autrement radicale, qui autorise la *Critique* à faire état « d'idéaux de la sensibilité » [3] et à avancer la thèse de l'expression dynamique du réel.

II. Les « idéaux de la sensibilité »

Cette thèse, nous la trouvons déjà dans la première section de « L'idéal de la raison pure », où Kant avance l'expression d' « idéaux de la sensibilité ». Reprenons le propos kantien lui-même :

> Il en est tout autrement des créations de l'imagination au sujet desquelles personne ne peut donner aucune explication ni aucun concept intelligible, comme des *monogrammes* qui ne sont que des traits épars [...] qui forment en quelque sorte plutôt un dessin flottant [...]. On peut les nommer, quoique improprement, des idéaux de la sensibilité.

Reconnaissons que nous sommes mis, dans ce passage, au contact d'une symbolique dont le sens est d'autant plus elliptique qu'il est « flottant ». S'agit-il là d'un rappel, dans l'esprit et dans la lettre, de l'indication expresse avancée dans l' « Analytique », au sujet de cet « art caché [...] dont il sera toujours difficile d'arracher le vrai mécanisme à la nature » [4] ?

Arrêtons-nous à cette symbolique où il est possible de saisir trois moments. L'atténuation de l'objet, voire sa dislocation en « traits épars », est le premier

1. CRP, A 141 / B 180, AK III, 136 ; OP I, 887.
2. PMA, AK XX, 7, 332 ; OP III, 1279.
3. CRP, A 570 / B 598, AK III, 384-385 ; OP I, 1195.
4. CRP, A 141 / B 181, AK III, 136 ; OP I, 887.

moment. La déstabilisation de l'espace perceptible constitue le second moment. Le troisième moment est constitué par l'ouverture à une infinité d'expériences possibles.

Remarquons qu'en ce qui concerne le premier moment, il n'est pas dit que dans le contexte des « créations de l'imagination » la notion d'objet reste valable. En effet, en l'absence de « règle qu'on puisse indiquer », l'objet se trouve livré à la pure contingence ; et s'il se trouve réduit à des « traits épars », c'est parce que rien ne le lie sur le mode de la détermination catégoriale. Le sens « flotte » parce que l'être, entendu comme position relative, n'a plus de lien, en ce sens qu'il n'est plus enfermé dans la gaine catégoriale. L'être relationnel est alors mis en question, non dans le sens de sa réduction au néant, ou en raison de l'obscurcissement du point de vue où il peut être saisi, mais relativement à l'incapacité du voyant à poser son regard sur un quelconque point de vue fixe.

À travers cette mutation du statut de l'objet, est introduite une autre problématique, celle de la « présentation » de l'existence. Dans le schème du « flottant », la subjectivité n'est pas liée à une « représentation » déterminée de l'existence, mais à l'existence elle-même, « s'étendant » à perte de vue [1]. Il s'agit alors de l'existence dans tout son sens, où il est question du sens du tout [2]. L'être s'étire pour se déployer en une diversité excessive [3] où nous n'avons nullement un concept d'objet. L'objet s'offre désormais dans un « champ » s'étendant aussi loin que le permet la « réflexion », dès lors que celle-ci est une interrogation sur la finalité de ce qui, dans l'immédiat, se donne au regard. Les traits épars dont est composé le monogramme ne s'attestent comme « dessin flottant » que parce que nul espace local ne peut prétendre à la fermeture de son étendue.

Ce qui est promu à la place de la représentation de l'objet est une vision interstitielle qui prend ses repères dans le virtuel. La symbolique du flottant s'impose alors pour empêcher que la dualité de l'un et du multiple soit surmontée d'une façon univoque. C'est dire que la pensée a du mouvement pour aller plus loin et autorise le passage à un principe supérieur d'explication.

Nous comprenons alors qu'un objet dessaisi de son concept est un objet non seulement *sans lien* déterminé, mais également *sans lieu* propre. *Ce double dessaisissement doit, cependant, être interprété positivement.* En effet, à la faveur des médiations analogiques, qui font que les « genres se rapprochent » [4] les uns des autres, l'atténuation des contours de l'objet signifie, en dernière analyse, l'inscription de son existence dans des liens autrement fondés. Une nouvelle lecture des expressions du réel se dessine : Kant nous livre ici une vision de la totalité, qui, pour bousculer les repères immédiats de l'expérience, ne peut être que dynamique. Tel est le second moment avec lequel l'espace perceptible se voit déstabilisé. N'est-ce pas le cadre même d'une

1. CFJ, AK V, 315 ; OP II, 1099.
2. Eric Weil, *Problèmes kantiens*, Paris, Vrin, 1963, p. 80.
3. CFJ, AK V, 193 ; OP II, 950.
4. CFJ, AK V, 185 ; OP II, 940.

telle vision qui nous est signifié par la symbolique du « dessin flottant », dont la fonction est de donner une expression des « objets », telle que, dans l'espace où est esquissée la composition de leur existence, surgit, à partir du sensible lui-même, un nouvel ordre que Kant désigne par les termes d' « idées » et d' « idéaux ». L'imagination, dans cette composition, libère un nouveau type de catégorie.

La catégorie en question est celle d' « expression » [1]. Elle nous livre les formes des choses elles-mêmes, en deçà de leur représentation par les concepts. Elle renvoie, par là, au fondement de ce qui s'inscrit originairement dans le sensible. Pour nous communiquer le monogramme de ce qui est laissé vacant dans le champ de la connaissance, cette catégorie s'appuie sur un schème « flottant », que l'imagination créatrice affectionne et libère sous forme de rapports entre une diversité d'intuitions empiriques et une pluralité d'ordres d'appartenance. Ces rapports n'apparaissent que sur le mode du virtuel où ils s'expriment selon les valeurs symboliques de leur actualisation inachevée.

Ce qui est produit, ce n'est pas une « image déterminée », mais un « dessin flottant », où ce qui s'exprime est cela même qui se dérobe aux « intuitions empiriques ». Ainsi, dans le contexte des créations de l'imagination, on doit exclure que l'intuition d'ensemble doive porter directement sur ce qui aura été d'abord posé à titre d'objet. Toute la question est de saisir le sens ultime de cette intuition en sa surdétermination.

Pour démêler cette superposition de signes qu'induit la congruence des images et des ordres, Kant ouvre la voie à un autre type de raisonnement où s'unissent sensibilité et idéal [2]. Ce qui montre que l'on méconnaît l'essence véritable de la sensibilité quand on se réclame seulement de ce que nous en offre l' « Esthétique transcendantale ». Nous voudrions montrer que la distinction entre sensation et intuition sensible ne repose pas, dans ses conséquences, sur le principe du rasoir d'Occam et que, si elle remplit une fonction épistémique en fondant le réel à partir du possible, elle n'annihile pas le principe de continuité.

Il est permis alors de parler d'une sensibilité où se réfléchit l'idéal et se singularise pour emprunter, comme par réfraction, les figures ondoyantes de la vie. Kant cesse ici de mesurer la sensibilité à la réceptivité de l'objet. Nous ne comprendrions pas autrement l'expression d' « idéaux de la sensibilité » si ce n'est que la réflexion qui se déploie à l'occasion de l'objet exprime précisément le mode selon lequel le sujet se trouve affecté par l'idéal, alors même qu'il fait l'expérience d'un objet. L'accord entre les deux ordres, sensible et intelligible, s'exprime chaque fois que les intuitions empiriques et la visée de l'idéal ne font qu'un.

1. APP, AK VII, 191 ; OP III, 1009.
2. CFJ, AK V, 235 ; OP II, 998.

III. Les deux faces de la sensibilité

Ces indications sont porteuses de l'essentiel. Il faut les faire porter par une nouvelle hypothèse qui prend une direction opposée à celle du champ ouvert à la constitution des sciences, c'est à-dire une direction vers le sensible lui-même, sans rien sacrifier de ce qu'elle rapporte sur l'autre versant en direction de l'intelligible. Cela conduit à parcourir le réel dans les deux sens : il y a le réel fondé par le possible – celui des sciences – et le réel sur lequel le possible lui-même se fonde et se pose comme radicalité qui excède toute représentation.

Nous pourrions comprendre par là le sens de l'écart produit au début de l' « Esthétique transcendantale ». Kant ne l'a pas introduit au titre d'une séparation entre « monde sensible » et « monde intelligible », mais entre sensation et intuition. Aussi y trouverions-nous le sens que prendrait le « détail » de taille relevé par les commentateurs dans les *Fondements de la métaphysique des mœurs.* Kant y déclare que la distinction entre « un monde sensible et un monde intelligible » n'est établie qu' « en gros » [1]. Il convient de ne pas oublier la coupure introduite au sein d'une seule et même faculté, et dont l'enjeu est caché par cette autre coupure entre sensibilité et entendement. Chez Kant, la sphère du sensible est plus vaste que ce qui est retenu par l'intuition pure sensible. Dès lors, il n'y a plus lieu de s'étonner si le rapport entre la sensation et l'intuition et entre celle-ci et la catégorie ne recoupe pas strictement le rapport entre le monde sensible et le monde intelligible. Si, dans les deux premiers cas, il y a discontinuité au profit de l'immédiat des sciences, dans le dernier cas, il y a continuité médiate. Si la coupure entre sensation et intuition remplit une fonction épistémique, le principe de continuité entre « un monde sensible et un monde intelligible » comporte une valeur cosmique. Ce qui est récusé dans la considération de cette continuité, ce sont les passages immédiats qui donnent le change qu'une expérience puisse être « adéquate » à une idée : « Nous ne connaissons pas le monde dans son contenu entier » [2].

Nier qu'il puisse y avoir un principe de continuité dans le monde reviendrait à affirmer que le monde de l'homme tient dans le vide. L'homme est pourtant *et* dans le monde sensible *et* dans le monde intelligible. Il y a bien continuité, puisque le principe existe ; mais cette continuité ne doit pas masquer l'enjeu, qui est l'objet même du débat qu'entretient Kant avec Leibniz et Berkeley. Pour Kant, cette continuité n'est pas donnée à l'homme immédiatement, ou plutôt elle se donne sans que l'homme puisse l'apercevoir. Il ne s'agit donc pas, dans la problématique kantienne, d'annihiler le sensible au profit de l'intelligible, et *vice-versa* ; le problème concerne la légitimité du passage de l'un à l'autre sur la base d'une continuité d'expérience. Nous devons rappeler que la scission opérée au sein de la sensibilité, avant de consacrer notre finitude comme réceptivité, traverse notre rapport au réel sur le

1. FMM, AK IV, 451 ; OP II, 321.
2. CRP, A 622-623 / B 650-651, AK III, 415 ; OP I, 1232.

mode d'une séparation où l'écart, en en venant à éclipser son bord originaire, cesse d'être un lien direct entre deux termes.

Ces considérations conduisent à deux conséquences majeures. La première a trait à l'idée de causalité. La question qui se pose ici est : comment à partir d'un terme concevoir une recherche causale ? Comment pourrions-nous parler de relation causale telle que, en vertu du principe dynamique de l'irréversibilité du cours du temps, l'effet renverrait à sa cause comme à l'origine de son engendrement ? Au point où nous ont conduits nos considérations sur l' « Esthétique transcendantale », nous lisons la perception, non pas comme le déroulement d'un passé causal, mais comme l'image que je me forme en l'anticipant et dont la détermination renvoie plutôt à un avenir immédiat de représentation où elle est livrée à la synthèse.

La causalité, au titre de principe d'une logique épistémique, n'intervient qu'ultérieurement comme catégorie descriptive dans l'explication. Bien que d'un point de vue causal l'impression soit à la source de l'engendrement de l'intuition, elle n'en est pas le principe ; elle l'engendre, mais ne l'explique pas. C'est que l'explication présuppose un principe métaphysique qui représente les conditions *a priori* sous lesquelles les choses doivent être subsumées pour devenir objet de connaissance. Or ce principe n'intervient qu'avec la dernière partie de l' « Analytique », où se constitue, par l'entremise de la catégorie et du schème, la synthèse comme jugement. Le principe de causalité, auquel nous avons affaire ici, n'intervient pas à l'origine absolue de l'intuition, mais seulement au terme de l'activité de l'entendement et de l'imagination transcendantale.

La deuxième conséquence concerne les thèses de Berkeley et de Leibniz. En effet, c'est seulement avec l' « Analytique » que le sujet des sciences voit dans l'intuition. Dans les limites de cette dernière, non seulement nous ne connaissons pas les choses telles qu'elles sont, mais *nous ne les percevons même pas*. L'argumentation est dirigée ici contre Berkeley : la sensibilité ne nous donne même pas le phénomène, elle ne nous en donne que la forme, puisque l'intuition pure n'est autre que la forme pure de la sensibilité. Nous commençons avec les formes *a priori* de la sensibilité, et non avec *le sensible originaire*. Ces formes n'ont pas vocation à être des objets réels constitués d'idées que nous percevrions immédiatement (thèse berkeleyenne) : elles ne constituent pas une relation noétique entre les causes transcendantes et leurs effets. C'est parce que la cause n'est pas présente dans ce qui apparaît, que la totalité n'est pas donnée dans le phénomène.

La critique, que nous pensons saisir ici à l'endroit de la philosophie de Berkeley, a son pendant dans l'idée symétrique que rend la deuxième branche de l'affirmation kantienne, dirigée cette fois contre Leibniz, à savoir que le concept est stérile, ayant perdu désormais sa force prédicative habituelle. En effet, à travers l'écart produit entre impression et intuition, Kant fixe une limite [1] que nous ne saurions outrepasser sans devenir Berkeleyen. De même, en

1. *Cf.* E. Ortigues, « Causalité et liberté », dans *Zweihundert Jahre Kritik der reinen Vernunft*, éd. J. Kopper et J. Brun, Hildesheim, Gerstenberg, 1981, p. 279.

soulignant d'une manière symétrique le caractère empirique de l'intuition, Kant fixe une limite à l'usage légitime des catégories : si celles-ci ont un sens transcendantal, elles n'ont pas d'usage transcendantal. Si la coupure au sein d'une même faculté – qui est la sensibilité – vise Berkeley, celle opérée entre les deux facultés, à savoir la sensibilité et l'entendement, vise, en revanche, Leibniz.

Paradoxale à l'endroit du statut de l'empirique, la position kantienne l'est en effet, mais dans un sens précis ; elle s'élabore à distance de deux positions symétriques, aussi dogmatiques l'une que l'autre : celle de Berkeley et celle de Leibniz. Pour Kant, il nous faut tenir ensemble l'idée de forme sensible, en tant que forme *a priori*, et l'idée de rupture avec la donation sensible, en tant que facticité absolue. Si nous retenons l'idée qu'une donation est une présence, il s'ensuit que ce n'est guère dans la sensibilité comme forme qu'il faudra la chercher, mais plutôt dans la sensibilité elle-même, en ce qu'elle a de « pré-objectif » [1]. Car seule la sensibilité dans ce dernier sens pourrait être considérée, à travers le senti, comme tenant dans le voisinage immédiat de la chose en soi, dès lors que la sensation en est l'effet pathologique.

La notion de chose en soi se justifierait alors par la nécessité de rechercher une explication causale à la sensation. Il y aurait dans cette autre face de la sensibilité – celle justement que nous livre le senti lui-même, en deçà de son ravalement par l'intuition – le pendant sensible de ce que représente, à l'autre bout de l'arcboutement du système, l'idée de la raison.

Bien significative nous paraît ici l'analyse menée sur ce point par F. Piérobon, qui, à partir de la notion de chiralité, met en évidence le lien indirect entre le sensible et l'intelligible :

> la dissociation entre sensation et intuition [...] est comme l'écho chiral de la coalition entre idée rationnelle et concept intellectuel [2].

L'auteur ajoute que

> la chose en soi et sa représentation sensible (le phénomène) sont dans une identité non pas directe ou immédiate [...], mais seconde, comme dans la chiralité, où les mains sont identiques, mais médiatement [3].

L'inconditionné prendrait alors deux noms et se détacherait sur deux horizons : le premier serait l'inconditionné sensible, le second, l'inconditionné intelligible. Si le symbole est la médiation de cet inconditionné à deux noms, c'est parce qu'il est dans sa nature sensible et intelligible un partage de l'unité, ou l'expression de cette même unité à travers son partage.

1. Le terme n'est pas à entendre dans un sens husserlien. L'intuition kantienne est différente de l'intuition husserlienne. Chez E. Husserl, l'intuition est « catégoriale » ; elle comporte un élément d'universalité ; elle est eidétique, « donatrice originaire », « vision au sens universel », vision des essences ; alors que chez Kant, elle attend sa généralité du concept ou de la catégorie. *Cf.* E. Husserl, notamment *Expérience et jugement*, Paris, Presses Universitaires de France, 1970.

2. F. Pierobon, *Système et représentation*, Grenoble, J. Millon, 1993, p. 159.

3. F. Pierobon, *op. cit.*, p. 158.

On ne confondra pas alors l'objet épistémique, qui comporte le sceau de la limite de l'universalité d'objectivité, avec l'objet d'une unité systématique comme universalité de totalité. La différence entre ces deux ordres d'universalité renvoie à deux types de schématisme : un schématisme de la synthèse, d'une part, et un schématisme « d'un type nouveau » fonctionnant comme rapport de communication indirecte entre des ordres d'appartenance des « intérêts de la raison », d'autre part. C'est cette différence de règne que le symbole se charge de surmonter sur un mode problématique, en se posant comme médiation indirecte entre science et sciences.

Salah HADJI
(Université de Tunis, Tunisie)

NOTE SUR KANT ET LE PARADIGME ARISTOTÉLICIEN DES SCIENCES

Ce qu'on peut appeler la « révolution scientifique moderne » est largement caractérisé par le rejet massif des explications du monde issues des traités de philosophie naturelle d'Aristote. L'existence d'une telle rupture peut déjà poser un problème historique et philosophique, qu'on décide de voir en cette « révolution » une volte-face, une réaction vive contre les courants établis, ou au contraire la lente maturation de doctrines qui, issues du cadre traditionnel, aboutissent au fil de nuances à se consolider et à prendre leur indépendance. On pourra toujours demander où et quand il faut situer cette « révolution » : il est probable qu'elle advienne en plusieurs endroits et à diverses périodes. P. Duhem avait vu la préfiguration de toutes les thèses de la mécanique classique au cœur de la scolastique du XIVe siècle, chez Buridan et Oresme principalement. Benedetti, le maître de Galilée, et Léonard de Vinci, n'auraient fait que traduire en un langage mathématique plus précis les découvertes de la mécanique de Buridan et se seraient contentés d'expliciter les vérités qu'elle contenait potentiellement pour mener à la fondation de la science moderne.

Mais il faudrait d'abord pouvoir déterminer si les progrès de l'histoire des sciences doivent être caractérisés à partir de découvertes qualitatives isolées ou s'il faut y chercher une succession de « paradigmes », qui révèlent à chaque fois une cohérence inédite au sein d'un ensemble de ces découvertes. A. Maier et A. Koyré notamment ont bien montré comment les théories censées être révolutionnaires n'étaient issues d'ordinaire que de précisions apportées à des doctrines généralement admises. L'inertie par exemple ne provient que de la correction apportée par Galilée à la leçon de l'*impetus*. Mais pour Koyré, un nouveau monde se crée, dès lors que diverses thèses isolées constituent ensemble un nouveau système cohérent, dont l'étude repose sur une méthodologie nouvelle. Et alors que Duhem n'accordait aux mathématiques qu'un rôle de phénomène de second ordre, postérieur à la découverte proprement scientifique et dont le rôle n'était que de préciser et expliciter cette dernière [1], Koyré attribua à la formalisation mathématique la fonction de facteur systématisant et

1. *Cf.* H. F. Cohen, *The scientific revolution. A historiographical inquiry*, Chicago/London, The University of Chicago Press, 1994, p. 51.

de principe même de ce en vertu de quoi les nouvelles sciences se sont appelées « sciences ».

Il caractérisait en outre la « crise de la conscience européenne » qui eut lieu aux XVIe et XVIIe siècles par un processus

> en vertu duquel l'homme, [...] a perdu le monde même qui formait le cadre de son existence et l'objet de son savoir, et a dû transformer et remplacer non seulement ses conceptions fondamentales mais jusqu'aux structures mêmes de sa pensée [1].

Ce processus pouvait être ramené à deux bouleversements majeurs, étroitement liés : à savoir d'une part, la destruction du Cosmos aristotélicien, conçu à la fois comme un tout et comme une hiérarchie de perfections stricte, séparant les sphères sublunaire et céleste, pour y substituer un monde dont la matière est uniforme et infinie ; et d'autre part l'application indifférenciée de la géométrie euclidienne à cette matière uniforme, jusqu'au point où, exemplairement chez Descartes, elle vient à s'identifier à la structure même de l'espace réel, et permet ainsi le rejet par la pensée scientifique de toute considération basée sur les notions de valeur, de perfection, d'harmonie, de sens ou de fin, et finalement, la dévalorisation complète de l'Être [2].

Il semble qu'il existe un certain consensus sur le fait que la révolution scientifique moderne se soit accompagnée d'une entreprise de mathématisation du réel sans précédent depuis Platon et Pythagore. Et Kepler, Galilée, Descartes attribuent en effet un statut ontologique particulièrement fort aux mathématiques. Descartes identifie purement et simplement la matière à l'étendue géométrique. Et s'il chercha par le truchement de la libre création des vérités éternelles à maintenir l'équivocité des langages divin et créé, ses contemporains n'adoptèrent pas toujours une telle « prudence ». La nature fut écrite par Dieu en langage mathématique. Dans le célèbre *Dialogue* de Galilée, Salvati s'exprime en ces termes :

> quant à la vérité de ce que les démonstrations mathématiques donnent à la connaissance, elle est la même que celle que connaît la sagesse divine ; mais je vous concéderai bien que la manière dont Dieu connaît les propositions infinies, dont nous ne connaissons qu'un peu, est éminemment plus excellente que la nôtre, laquelle procède par le discours et le passage de conclusion à conclusion, alors que la sienne est celle d'une intuition simple [3].

Un accès se voit alors ménagé à la rationalité même qui présida à la création de notre monde. Mersenne ira jusqu'à identifier les énoncés mathématiques aux idées éternelles de Dieu [4]. Là où la tradition scolastique depuis Thomas d'Aquin avait établi l'identité des idées en Dieu avec son essence

1. A. Koyré, *Du monde clos à l'univers infini*, Paris, Gallimard, 1973, p. 11.

2. *Cf.* Koyré, *op. cit.*, p. 11-12.

3. Galilée, *Opere*, t. VII, Firenze, éd. G. Barbera (réimpression de l'Edition Nationale), 1968, p. 129.

4. *Cf.* M. Mersenne, *La vérité des sciences contre les sceptiques*, t. II, Paris, 1625, p. 227, cité dans J.-L. Marion, *Questions cartésiennes II*, Paris, Presses Universitaires de France, 1996, p. 232.

même, le pas pouvait semble-t-il être franchi : la rationalité mathématique n'exprime en vérité rien d'autre que l'essence divine, désormais accessible à l'entendement humain. Et Kepler s'était déjà avancé en ce sens :

> La géométrie, coéternelle à l'esprit de Dieu dès avant la naissance des choses, et Dieu lui-même (car qu'y a-t-il en Dieu qui ne serait Dieu lui-même ?), a donné des exemples à Dieu pour la création du monde [1].

Tout répond à des lois mathématiques identiques. Le savoir divin semble ainsi donné en partage aux hommes et leur permettre de décrypter les secrets de l'activité, voire de l'*acte* même du créateur.

À l'univocité accordée à la nouvelle matière, réalité parfaitement intelligible d'un monde devenu unifié et homogène, correspond l'univocité de la nouvelle ontologie scolaire. La métaphysique, alors qu'elle se systématise avec Suarez, puis Clauberg ou Timpler et ce jusqu'à Wolff, trahit l'inspiration aristotélicienne, en élargissant le sens de l'être réel, afin de le faire coïncider avec l'unité de l'être possible, intelligible et seul susceptible pour la scolastique de donner une unité systématique à l'ensemble du savoir. La scolastique a progressivement réduit la pluralité des savoirs aristotéliciens en les systématisant sous l'unité d'un objet commun, auquel correspond désormais un processus continu et unifié de connaissance. Goclenius, par exemple, interprète les différents types d'abstraction comme les degrés distincts d'un processus de ce genre, commun à toutes les sciences contemplatives. Ainsi s'élève-t-on comme progressivement, par abstraction successive ou abstraction d'abstraction, de la physique aux mathématiques. Le degré d'abstraction qui cherche à laisser de côté, selon la raison seule, la matière aussi bien singulière qu'universelle, correspond tant aux mathématiques qu'à l'ontologie. Là où chez Thomas d'Aquin encore, la difficulté résidait dans la distinction qu'il fallait établir entre la métaphysique entendue comme science de l'Être, et la logique comme science des concepts universels, elle se situe paradigmatiquement chez Goclenius, au niveau immédiatement inférieur, dans la distinction qui doit régner entre l'onto-*logie*, comme science de l'*ens qua ens* entendu en son univocité, et les mathématiques [2].

Pour Aristote, toute démonstration devait posséder pour principes l'existence et l'essence de son objet. Connaître, c'était posséder « une connaissance fondée sur les principes propres de chaque chose » [3]. Ainsi fallait-il distinguer les sciences théoriques en fonction du mode d'altération de leur objet, c'est-à-dire du rapport qu'entretiennent forme et matière de ce dernier, ce qui dit aussi son essence et permet sa définition. Le genre d'une science, considéré en tant que matière, constitue le substrat toujours identique et le réquisit d'identité minimum permettant de rassembler ou de supporter la

1. J. Kepler, *Welt-Harmonik*, trad. de M. Caspar, München, Oldenbourg, 1973, p. 214.

2. R. Goclenius, *Lexicon philosophicum, quo tanquam clave philosophiae fores aperiuntur*, Hildesheim-New York, Georg Olms, 1980, p. 16. *Cf.* à ce sujet J.-F. Courtine, *Suarez et le système de la métaphysique*, Paris, Presses Universitaires de France, 1990, p. 285-286.

3. Aristote, *Analytiques seconds*, 76a26.

totalité des altérations d'un objet. Ainsi chaque savoir est-il pour lui-même parfaitement circonscrit et ne communique-t-il pas avec les autres. On ne peut démontrer en passant d'un genre à l'autre [1]. Et à proprement parler, il se pourrait que le nombre des sciences soit infini [2]. Le Stagirite admet que certaines explications appartenant à des sciences plus générales puissent avoir un usage au sein de sciences plus particulières ou spécifiques, comme la géométrie pour l'optique par exemple. Mais en ce qui concerne l'étant lui-même, il est absolument transgénérique et ne permet pas la délimitation qu'impose la définition scientifique. Il n'existe pas un « étant en-soi », mais seulement divers modes de prédication et les significations du verbe « être » qui en découlent. Ce qui renvoie non à quelque genre unique de l'étant, mais plutôt à une structure d'intelligibilité à laquelle doit être référé chaque objet et que le métaphysicien peut, tout au plus, chercher à connaître en toute son extension, c'est-à-dire en fonction de la totalité des sens à chaque fois distincts selon lesquels se dit l'étant.

Tout savoir se rapporte toutefois en son fond à la substance (*ousia*). Les mathématiques elles-mêmes ne peuvent être considérées comme séparées, car l'étant ne se dit quantitativement qu'en fonction du *sujet* duquel il peut être prédiqué. Ainsi fallait-il s'opposer à « ceux qui confondent la philosophie et les mathématiques » et cherchent à faire naître l'entière multiplicité des étants, tel le platonisme mathématique, de l'opposition de nombres considérés comme des substances. Expliquer la possibilité du mouvement, tout comme la naissance de la multiplicité, requérait de ne faire des divers rapports d'inégalités que des *catégories* de la substance. Le véritable principe susceptible d'expliquer la génération ne peut être purement et simplement opposé à l'être ; il doit être plutôt le non-être en tant *seulement* que *puissance* de l'être. Si le changement naissait d'une pure et simple opposition, le substrat serait détruit lors de l'advenue de son contraire. Afin de révéler l'origine de la multiplicité des accidents, affirme Aristote, il fallait « attribuer une matière particulière à chaque genre » [3]. C'est donc dans les rapports qu'il découvre entre la matière et ses déterminations formelles (forme et privation de forme) et qui répondent à la distinction de la substance et de ses catégories ou modes de prédication, qu'Aristote parvient à articuler sa doctrine du mouvement comme objet premier de l'expérience. La matière n'est pas une substance mathématique séparée. Elle n'est pas elle-même étendue, points et lignes, mais ce qui a les points et les lignes comme limites et qui ne peut jamais être sans forme.

La quiddité, puis l'univocité attribuée progressivement à la matière en elle-même par la scolastique franciscaine et par la science moderne, ne pouvait que briser l'articulation du discours scientifique établie par le Stagirite. La scolastique allemande tardive, qui subit tant l'influence de la postérité scotiste que de la philosophie des sciences classique, soumettra l'étant à un principe d'ordre,

1. Aristote, *Analytiques seconds*, 75a38.
2. Aristote, *Réfutations sophistiques*, 170a22.
3. Aristote, *Métaphysique*, 1089b26-1089b28.

repris, à tout le moins chez Wolff, aux mathématiques, et fonctionnant sous les lois axiomatiques d'une logique transcendante. Or la *Critique de la raison pure* peut bien être vue comme une opposition vive à ce type de métaphysique dogmatique, qui confond la réalité des objets et leur seul aspect formel. Kant délimitera l'essence de la métaphysique, spécifiera sa tâche et la clôturera en quelque sorte en elle-même. Car la métaphysique n'est pas un *organon* fait pour élargir les connaissances, mais le canon de la raison, qui préserve des erreurs, et n'est pas d'un usage objectif, mais subjectif [1]. Kant distingue en outre clairement les méthodes mathématique et philosophique [2]. Enfin, il rapporte les catégories aux formes pures du savoir et non plus de l'être même. Là où les limites formelles, quantitatives et figuratives d'une matière *substantielle* indéterminée semblaient garantir la possibilité de l'émergence de l'objet scientifique pour le Stagirite, les limites imposées à la matière sont pour Kant celles des formes *a priori* de l'esprit. Le philosophe de Königsberg ramène le processus au sein des limites des conditions de possibilité de l'expérience et remonte à cet égard aux sources de la constitution transcendantale de la substance, qui n'intervient, dans sa propre table des catégories, qu'après la quantité et la qualité. Dans la nouvelle systématicité que Kant donne aux catégories, leur unité et la nécessité de leur succession dépendent d'un principe de constitution de l'expérience, où la substance n'intervient que tardivement. La science se spécifie non plus en raison des principes aptes à expliciter la définition de la substance, mais des formes *a priori* propres aux facultés de l'esprit.

L'identification que Descartes avait instaurée entre la matière et l'étendue n'était qu'une occurrence de la confusion régnant entre forme et matière de la connaissance, comme le montre la réfutation de l'idéalisme au sein de la seconde édition de la *Critique de la raison pure*. Kant conçoit l'*espace* comme une simple *forme a priori* de l'intuition sensible. Et la perspective phoronomique adoptée à l'entame des *Premiers principes métaphysiques de la science de la nature* permettait déjà de dépasser l'identification cartésienne, sans avoir encore à recourir au concept leibnizien de force. La matière y est envisagée à la manière d'un simple mobile. Les *quantités* seules prises en compte sont celle de la vitesse relative avec laquelle la matière se meut et de la direction qu'elle suit dans l'espace. La matière n'a sous cette perspective encore aucune étendue, ni aucune masse ; elle est un simple point matériel. Le mouvement cependant, pris comme premier présupposé de toute possibilité d'expérience, exige la relativité de l'espace. En effet, l'espace au sein duquel seul il est possible d'avoir quelque expérience du mouvement est un espace empirique, matériel. Ce dernier est donc mobile lui-même et ne sera perçu qu'inscrit au sein d'un autre espace. Cet espace empirique est par conséquent *relatif*. Et si l'on ne veut pas remonter à l'infini dans une extraordinaire série d'espaces toujours plus englobants, il faut *postuler* un espace absolu (appelé aussi espace pur), au sein duquel advient tout mouvement, mais immuable lui-même et qui,

1. Cf. *Reflexionen zur Metaphysik*, AK XVIII, 14.
2. *Cf.* CRP, A 713 / B 741, AK III, 469 ; OP I, 1297 *sq.*

puisqu'il n'est pas matériel, ne peut être objet d'expérience. Il est en revanche la condition de possibilité de toute expérience dans l'espace.

Dans la mesure où la matière n'est connue dans la phoronomie qu'en tant que point qui se meut dans l'espace, le mouvement même ne sera considéré que comme une « description de l'espace », d'une manière pourtant qui n'est pas simplement géométrique, puisqu'elle prend en compte la dimension temporelle, impliquée par la vitesse du mobile. La phoronomie est une théorie pure des grandeurs des mouvements [1]. Mais si je *trace* une ligne, et construis dès lors une grandeur mathématique en prenant en compte la dimension du temps, ma perspective est déjà celle d'une physique mathématique [2]. La vitesse de la lumière, déterminée par Römer et intégrée par Huygens au sein de sa théorie ondulatoire, remit totalement en cause la représentation géométrique que possédait Descartes de la matière. Le mécanisme rigide des figures géométriques devait faire place à l'élasticité d'un milieu, plus aisément transposable par les fonctions algébriques. En dépit des progrès notables qu'elle fait suivre à la géométrie analytique, la pensée cartésienne, en raison de l'identification absolue qu'elle connaît entre matière et étendue, reste celle de la plus totale instantanéité. Or il fallait réintroduire le temps, et avec lui l'élasticité, bref, un principe de potentialité au sein de la physique. C'est ce tour de force que réalisa Leibniz, en réhabilitant les termes aristotéliciens et scolastiques de *dynamis*, mais aussi de forme substantielle et d'entéléchie afin de caractériser ce qu'il appelle « force », considérée comme principe réel du mouvement intrinsèque à la chose.

Mais Leibniz apparaît également comme le représentant d'un idéalisme de type platonicien, dans la mesure où, à l'inverse de Descartes, il sépare radicalement forme et matière. Pour Leibniz, les mouvements locaux n'avaient qu'une teneur modale ; la force réelle se terrait sous les déplacements formels et relatifs. Refusant la distinction leibnizienne, Kant considère la force en fonction des conditions de possibilité de l'expérience uniquement, sans l'affubler de quelque charge métaphysique extérieure au phénomène. Si comme le révèlent les premières pages des *Premiers principes métaphysiques de la science de la nature*, l'expérience est construite en rapportant les concepts aux intuitions de l'espace et du temps, la réalité scientifique n'adviendra que par la médiation mathématique des grandeurs extensives et intensives. Chaque sensation possède un degré au sein d'une échelle continue de grandeurs intensives, qui, faisant de cette sensation l'objet d'un calcul infinitésimal, peut en dévoiler la genèse. Le flux au sein duquel ces grandeurs s'insèrent est celui du temps et la prise en considération de celui-ci dans la nouvelle physique, accompagnée de l'application du calcul infinitésimal, permet de reprendre possession, à l'encontre de Descartes, d'une part de la vitesse et de son accélération, et d'autre part des qualités secondes. Certes les qualités de la sensation, écrivait

1. On se réfère concernant la phoronomie à PPM, AK IV, 480-495 ; OP II, 378-398.

2. *Cf.* J. Vuillemin, *Physique et métaphysique kantiennes*, Paris, Presses Universitaires de France, 1955, p. 61.

Kant, sont toujours empiriques et ne peuvent être représentées qu'*a posteriori*. Mais la propriété qu'elles possèdent d'avoir un degré peut bien, elle, être connue *a priori* [1].

Dans son texte *Von einem neuerdings erhobenen vornehmen Ton in der Philosophie*, Kant souligne une nouvelle fois les dangers du platonisme. Seule une intuition intellectuelle en effet, ou la réception d'un oracle divin, permet dans le système platonicien la réconciliation de la forme et de la matière de la connaissance. La pensée de Platon, pour laquelle la tâche de l'entendement et de la raison s'arrête devant le secret de toute synthèse *a priori*, est la mère de toutes les *Schwärmereien* et ne peut trouver sa fin que dans la mort de la philosophie. À la facilité d'une révélation ou intuition immédiate, il faut opposer le travail du concept, d'inspiration aristotélicienne [2], l'entendement discursif et l'usage des formes qui, spatio-temporelles comme dans les mathématiques, ou catégoriales, permettent la constitution de l'objet d'expérience. Ainsi Kant fustige-t-il la manière dont certains taxent de pédanterie ou de simple manufacture de formes le nécessaire versant formel de toute connaissance [3]. Kant préfère sans nul doute l'objectivation conceptuelle à toute sorte d'évidence immédiate, qu'elle soit de style cartésien ou platonico-leibnizien. Ainsi devait-il, d'une part, quantifier l'intensité de la force et, d'autre part, la ramener au rang des conditions formelles *a priori* de l'expérience.

Mais le travail remarquable d'artisan de la raison (*Vernunftkünstler*) effectué par Aristote ira lui-même trop loin, puisque le Stagirite chercha à étendre les principes qui valaient pour le monde sensible au monde suprasensible, auquel ses catégories ne pouvaient appartenir [4]. Toute connaissance scientifique réside dans la réduction de la multiplicité des phénomènes à l'unité d'une loi objective. Kant relèvera, dans sa *Critique de faculté de juger*, l'insuffisance en quelque sorte de la régulation métaphysique des lois empiriques, puisque les lois transcendantales qui contiennent la condition de possibilité de l'expérience en général se voient confrontées à une si grande diversité de lois empiriques et de formes de la nature que le concept d'un système ordonné de celles-ci paraît impossible à l'entendement. Afin néanmoins de pouvoir encore assurer quelque savoir de la nature, continuer à subsumer le particulier sous l'universel et considérer ainsi l'agrégat des expériences particulières comme un système, il faut admettre, à titre de légalité, contingente en soi mais nécessairement présumée par la faculté de juger, une finalité formelle de la nature. La masse des matériaux serait impossible à classer si la nature ne semblait pas, pour la faculté de juger réfléchissante, spécifier elle-même ses lois logiques conformément à des lois empiriques, ou ramener ses parties sous une loi universelle.

1. *Cf.* CRP, A 175, AK IV, 120-121.
2. *Cf.* TSP, AK VIII, 393-394 ; OP III, 400-401.
3. *Cf.* TSP, AK VIII, 404 ; OP III, 413.
4. *Cf.* TSP, AK VIII, 393-394 ; OP III, 400-401.

La *Critique de faculté de juger* marqua en ce sens l'esprit des contemporains de Kant, et notamment du romantisme naissant. Goethe voit dans cette *forme* téléologique unificatrice une forme idéale, qui trouve son occurrence paradigmatique dans l'*Urpflanze*, présente partout dans la multiplicité de la nature et capable de l'organiser. Il s'agit d'un principe organique, qu'il rapproche de la forme substantielle leibnizienne et de l'entéléchie aristotélicienne. Dans ce contexte, Kant passe aux yeux du pré-romantisme pour celui qui, aux côtés de Leibniz, réconcilie Platon et Aristote. Mais l'expérience unique d'un monde n'est pas régie par les diverses expressions d'une force vive ou d'un principe de formation organique imposant aux choses une légalité qui lui est propre. Le jugement qui conditionne une systématisation téléologique ou organique de la nature n'est d'ailleurs pas chez Kant déterminant, mais réfléchissant et simplement régulateur. Notons que Kant exprime très tôt sa méfiance à l'égard du concept d'entéléchie. Alors qu'il distingue, au commencement de ses *Pensées sur la véritable évaluation des forces vives*, les différentes théories de la causalité et des sources du mouvement, il signale, entre la théorie de la force interne au corps et celle qui attribue à tout mouvement une origine seulement extérieure, l'entéléchie aristotélicienne, qu'il caractérise, à la manière de l'*Histoire de la philosophie* de Brucker, comme le concept le plus obscur et incompréhensible qui soit, et que pourtant tous les scolastiques ont suivi [1]. Kant prend le contre-pied des hylozoïstes et des romantiques, puisque la condition de possibilité première et fondamentale de laquelle Kant fait découler l'ensemble de l'expérience, c'est la relativité mathématique et mécanique, et non un principe interne unique de l'action et du mouvement.

L'expérience du remplissement de l'espace et de la naissance des qualités de la matière ne s'explique que par l'interaction des forces antagonistes d'attraction et de répulsion. D'un point de vue mécanique, qui s'intéresse non plus à la constitution même de la matière, mais aux relations entretenues entre des corps matériels effectivement constitués, c'est-à-dire des espaces déjà remplis, Kant ne pouvait se contenter de concevoir le monde comme la connexion relative de forces internes seules, propres à chaque corps et assimilables à leur forme substantielle, ni comme l'exercice généralisé de forces purement extérieures, attractives, exercées sur chaque corps par ceux qui le côtoient au sein d'un espace réel absolu. Son concept de masse signifie la quantité de matière, c'est-à-dire la quantité de mobile en un espace déterminé, dans la mesure où toutes ses parties participent en tant que motrices à son mouvement. L'expérience de la matière en son mouvement dépend de la relativité absolue des choses du monde et des liens de causalité tissés entre les forces antagonistes qui constituent leur matière interne. La quantité mesurable propre au degré mécanique de constitution de l'expérience ne peut se réduire, ni à la quantité d'un simple mouvement, ni à celle de la phénoménalisation qualitative de l'exercice d'une force interne. Ainsi la quantité de matière en

1. *Cf.* FV, AK I, 17.

tant que quantité substantielle ne sera-t-elle évaluée que mécaniquement, c'est-à-dire en fonction de la quantité de mouvement de la substance totale, établie relativement à l'interaction exercée entre toutes les parties des masses en présence. Car la matière n'a pas d'autre grandeur que celle de ces rapports et donc aucune grandeur intensive qui ne doive être ramenée à ceux-ci [1]. De cette relativité « généralisée » dont est issu le concept de masse, Kant déduit trois lois : la conservation de la quantité de matière, la loi newtonienne de la pesanteur, et l'identité de l'action et de la réaction. La nature de la matière, en tant que formellement qualifiée, se caractérise par le fait que sa phénoménalité n'est en définitive complètement déterminée que par la mise en évidence de sa relativité causale intrinsèque [2]. C'est ce que mettra encore en évidence la dernière partie des *Premiers principes métaphysiques de la science de la nature*, puisque la *phénoménologie* rend compte des différentes modalités en vertu desquelles l'esprit saisit les relations exercées entre les corps et qui constituent pour lui l'expérience d'un monde.

La raison se voit ainsi confrontée à l'*idée* métaphysique d'une nature prise substantivement (*materialiter*) comme un tout. L'*idée* de nature (matérielle) n'a pour autre ambition que d'étendre à l'inconditionné les liens *a priori* découverts dans la nature grâce aux concepts de l'entendement (nature formelle). L'idée de la nature surgie au sein de la raison n'est bien entendu pas constitutive. Elle n'a d'usage que régulateur, tout comme l'idée d'un espace absolu pour Newton qui, sans elle, n'aurait pu déterminer les lois de la pesanteur. Elle permet une pensée unifiée des mouvements en leur relativité. C'est également cette conception totale de la relativité étendue aux substances qui assoit la possibilité d'une science physique chez Kant. Car elle donne la seule possibilité d'établir *a priori* les lois qui gouvernent les rapports entre ces substances au moyen du calcul mathématique. Newton conserve à cet égard une indéniable primauté sur Kepler, qui ne détermina qu'empiriquement les règles mathématiques qui président aux révolutions des planètes [3]. L'Anglais, en présupposant les rapports des forces exercés au sein d'un espace absolu sensible (qu'il faut distinguer de l'espace pur de la phoronomie et plutôt rapprocher de l'hypothèse de l'éther suggérée par Fatio), fonde philosophiquement les lois purement mathématiques applicables à la nature. Les mathématiques n'ont dès lors pas de rôle constitutif, mais seulement celui d'instrument permettant de formaliser ou de décrire le système des forces [4]. En cela aussi certainement, Newton apparaît à Kant comme le couronnement des sciences modernes, car il n'assigne à la formalisation mathématique aucune charge ontologique, contrairement à Kepler, Galilée ou encore Descartes et Leibniz. En quelque sorte libérées ontologiquement, réduites au rôle de simple

1. *Cf.* PPM, AK IV, 539-540 ; OP II, 458 *sq.*

2. *Cf.* conjointement CRP, A 418-419 / B 446-447, AK III, 289 ; OP I, 1090 ; PPM, AK IV, 467 ; OP II, 363 ; PMF, AK IV, 296 ; OP II, 675 *sq.*

3. Voir *Reflexionen zur Metaphysik*, AK XVIII, 176 ; OP, AK XXII, 521.

4. OP, AK XXII, 517.

organon, les mathématiques peuvent s'exercer à plein sur tout le domaine de l'expérience. Elles n'ont d'autre rôle que la construction et la schématisation de l'objet d'expérience. Le Stagirite avait délimité le champ de l'investigation physique par la matière locale d'une sphère céleste supérieure, qui permettait de considérer toute chose selon les repères formels du lieu et du temps. La délimitation similaire d'un espace ou d'un *cosmos*, ici par les rapports de relations entretenues entre les substances et exprimées par des fonctions mathématiques, constitue pour Kant la condition de possibilité de toute expérience. La détermination de repères permet à la connaissance de trouver et de formaliser son objet, et de ne point s'égarer d'emblée, comme jetée dans l'espace vide d'une pure pensée platonicienne [1].

Julien LAMBINET
(Université Catholique de Louvain-la-Neuve)

1. Voir CRP, A 5 / B 8-9, AK III, 32 ; OP I, 763 *sq*.

LA PHILOSOPHIE ET LES SCIENCES CHEZ KANT ET HEGEL

Dans les manuscrits posthumes parus en 1804 sur les *Progrès de la métaphysique*, Kant a mis en avant, eu égard à la signification et à la place de sa philosophie transcendantale dans l'histoire de la pensée, que la *Critique de la raison pure* constituait la préparation et, en même temps, la première section d'un genre entièrement nouveau de pensée philosophique. La *Critique de la raison pure* se présente comme un bouleversement intellectuel, qui doit permettre, en premier lieu, de clarifier la demande métaphysique de la raison, concernant son intérêt, « le plus profond que l'on puisse avoir » [1] – ce qu'aucune des tentatives antérieures n'a été en mesure d'accomplir. Alors que la pensée métaphysique traditionnelle procédait en enseignant et affirmant, la *Critique de la raison pure* produit la connaissance de soi de la raison, de sorte qu'il ne peut absolument plus s'agir dans la philosophie transcendantale d'établir ou de contester des affirmations métaphysiques. La pensée dogmatique qui procède par affirmations doit être dépassée grâce à l'examen et à la présentation de la possibilité de la connaissance *a priori*. La *Critique de la raison pure* constitue la préparation de la métaphysique, de la science véritablement philosophique, et présente, dans cette mesure, elle-même un progrès de la pensée métaphysique :

> La philosophie transcendantale, c'est-à-dire la théorie de la possibilité de toute connaissance *a priori* en général qui est la critique de la raison pure dont les éléments ont été à présent exposés de façon complète, a pour but la fondation d'une métaphysique dont le but à son tour, en tant que fin ultime de la raison, vise à l'extension de cette dernière depuis les limites du sensible, jusqu'au champ du suprasensible [2].

Cette philosophie transcendantale n'est pas encore elle-même la nouvelle métaphysique, même si elle en fait partie comme « entrée ou vestibule ». Elle prépare, en tant qu' « ontologie », le passage définitif du sensible au suprasensible, mais ne le réalise pas encore. Elle se situe encore dans la tradition de

1. PMA, AK XX, 260 ; OP III, 1216.
2. PMA, AK XX, 272-273 ; OP III, 1227.

la métaphysique dogmatique depuis Aristote : le commencement transcendantal s'accomplit en rapport avec un monde imposé à la pensée. La philosophie transcendantale de la *Critique de la raison pure* ne permet pas encore de dépasser entièrement ou de renouveler la logique et la métaphysique traditionnelles : les concepts purs de l'entendement et les principes de la philosophie transcendantale restent liés aux objets donnés dans la mesure où ils n'acquièrent leur validité que dans le champ de l'expérience possible.

> L'ontologie est une science (formant une partie de la métaphysique) qui constitue un système de tous les concepts et principes de l'entendement, mais seulement dans la mesure où ils portent sur des objets qui peuvent être donnés aux sens et donc être justifiés par l'expérience. Elle ne touche pas au suprasensible, qui est cependant la fin ultime de la métaphysique, et n'appartient donc à cette dernière que comme propédeutique, comme entrée ou vestibule de la métaphysique proprement dite, et elle est nommée philosophie transcendantale parce qu'elle renferme les conditions et les premiers éléments de toute notre connaissance *a priori* [1].

L'écrit publié par Rink se compose de trois fragments ; Kant n'a pas achevé le manuscrit des *Progrès*, il n'a remis aucune œuvre en réponse à la question mise au concours par l'Académie Prussienne des Sciences. La réponse définitive à la question mise au concours par l'Académie, qui constitue le contenu des *Progrès de la métaphysique accomplis en Allemagne depuis l'époque de Leibniz et de Wolff*, n'était apparemment pas possible. Kant n'était pas en mesure de fournir d'emblée une nouvelle détermination claire et compréhensible de la pensée métaphysique, le dernier progrès décisif : le passage de la philosophie transcendantale à la nouvelle métaphysique aurait exigé de dépasser la pensée et la connaissance, qui procèdent grâce à des affirmations non-philosophiques, qui affirment l'évidence d'un monde donné de manière sensible à la pensée. La connaissance du monde donné aurait due être entièrement ramenée et réduite à la connaissance de soi. Il ressort des manuscrits de l'*Opus postumum* que Kant s'est attelé inlassablement, jusqu'à sa mort, aux analyses destinées à produire une nouvelle conception de la métaphysique.

Pour Hegel, il s'agit de réaliser complètement et définitivement en une résolution absolue de la pensée cette nouvelle pensée philosophique, la nouvelle métaphysique, qui intègre entièrement la connaissance du monde dans la connaissance de soi de la pensée pure. La pensée philosophique de Kant pâtit, selon Hegel, d'un défaut dans la conséquence et dans la résolution de se réaliser comme pensée pure : l'évidence des objets donnés sensibles, qui sont, pour Kant, imposés de fait à la pensée, doit être surmontée dans une résolution inconditionnée de la pensée philosophique. Dans un tel projet par soi de la pensée, qui est la résolution absolue, la pensée philosophique nouvellement comprise se sait comme volonté absolue : la totalité du donné déterminé est saisie dans cette résolution philosophique, dans laquelle la pensée se réalise

1. PMA, AK XX, 260 ; OP III, 1216.

purement comme pensée, dans la pensée et comme pensée. De cette manière, la *science* absolue est constituée, le savoir est réalisé en tant que savoir qui sait, la pensée est purement comme pensée en soi et par soi et, dans cette mesure, l'évidence apparente d'un être donné en dehors de la pensée est dissoute, c'est-à-dire éliminée :

> *La résolution de philosopher se jette purement dans la pensée* (– la pensée est seule près d'elle-même), elle se jette *comme dans un océan sans fin* ; toutes les couleurs variées, tous les appuis ont disparu, toutes les autres lumières agréables sont éteintes [1].

En ce sens, Hegel affirme, dans la préface des *Grundlinien der Philosophie des Rechts*, que la philosophie peint le gris en gris : les divers contenus particuliers et les objets de la pensée, les « lumières et les couleurs » sont présents à la pensée philosophique en leur particularité. Mais ils sont, cependant, saisis dans le sens d'une signification unique, toujours la même, ineffable et indicible, qui est au-delà de toute déterminité et particularité.

Aux yeux de Hegel, dans la pensée philosophique, toutes les déterminations multiples et les contenus factuels ne sont pas simplement pris et considérés de fait, mais sont saisis comme l'unité inconditionnée de la pensée, dans la résolution intellectuelle. Dans et en tant que résolution de philosopher, dans le projet par soi de la pensée, les déterminations multiples sont prises de sorte qu'apparaît en elles en quoi la pensée se retrouve dans ces contenus déterminés et se voit confirmée comme pensée. L'objet de la science doit être traité, dans la pensée scientifique elle-même, comme pensant ; dans la mesure également où il est présent dès le début uniquement de fait, il doit être saisi dans la pensée elle-même comme cette pensée pure ; le monde qui se produit de fait doit donc affirmer qu'il n'est lui-même, en tant que tel, que la résolution de la pensée. La pensée scientifique se détermine ainsi par les objets qui lui sont propres, de sorte que la particularité de la philosophie ne puisse pas consister dans le fait qu'elle est sans objet, donc qu'elle ne puisse connaître absolument aucun objet. Davantage, la philosophie en tant que science n'a, selon Hegel, aucun objet particulier, empirique ou abstrait, mais fait de la pensée pure et simple elle-même son objet ; en tant que pensée philosophique, la pensée est pure en soi et par elle-même, elle est, dans la mesure où son objet est seulement la pensée elle-même, pure résolution. Dans la philosophie dialectique de Hegel, la nouvelle métaphysique est constituée comme la résolution en son immédiateté comprenant tout, de sorte que le monde appréhendé de fait ne soit lui-même que la résolution et le projet de soi de la pensée comme telle.

1. Les textes de Hegel sont traduits par l'auteur. Texte original : Hegel, *Werke in zwanzig Bänden* (Theorie-Werkausgabe, Redaktion : Eva Moldenhauer und Karl Markus Michel, Frankfurt 1969-1971), t. 10, p. 416 : « *Der Entschluß zu philosophieren wirft sich rein in Denken* (– das Denken ist einsam bei sich selbst), – er wirft sich *wie in einen uferlosen Ozean* ; alle die bunten Farben, alle Stützpunkte sind verschwunden, alle sonstigen freundlichen Lichter sind ausgelöscht ».

Le système métaphysique accompli et clos en soi, la présentation de la totalité de la pensée scientifique comme telle réalise l'*Encyclopédie des sciences philosophiques*. Hegel a, dans le cadre des éditions remaniées et des additions à la troisième édition définitive de l'*Encyclopédie* de 1830, ajouté à l'introduction le § 17, dans lequel il souligne ce qui spécifie la philosophie relativement aux autres sciences et entreprend de mettre en évidence ce qui est propre à sa pensée philosophique à partir d'une vue d'ensemble du système philosophique complètement développé. Dans la suite de cette contribution, j'aimerais discuter ce petit texte en m'appuyant sur l'examen de passages – brefs – d'autres textes de Hegel, qui mettent en lumière la spécificité de la *science* hégélienne.

La pensée scientifique comme la pensée humaine quotidienne, l'entendement sain de l'homme en général ont affaire à des objets de différentes sortes. La pensée scientifique prend et traite ses contenus, les objets qui lui reviennent, non seulement de fait, comme quelque chose de simplement présent, mais également dans la mesure où ils restent également des objets donnés, précisément dans la pensée et en tant que pensée. De là découlent, de manière exemplaire, la grande difficulté et la complexité de la pensée mathématico-scientifique, qui porte, au sens le plus large, sur « l'espace et le nombre ». Les diverses sciences ont leur commencement dans les objets qui leur sont présents, la science comme telle, la pensée philosophique a même assurément un objet qui lui est spécifique : la pensée comme telle.

Alors que toutes les autres sciences ont affaire à des objets quelconques et partent, dans cette mesure, d'une condition subjective, la pensée philosophique se sait dans la *résolution* comme son propre événement absolu : elle se sait elle-même en tant que *commencement* inconditionné.

> Pour le *commencement* que la philosophie a à accomplir, elle semble devoir commencer en général, tout comme les autres sciences, par une supposition subjective, c'est-à-dire en constituant pour objet de la pensée un objet particulier qui, de même qu'il est ailleurs espace, nombre, etc., est ici la *pensée*. Seulement il s'agit de l'acte libre du penser, de se situer du point de vue selon lequel il est pour lui-même, et de la sorte *produit et se donne lui-même son objet* [1].

Selon Hegel, la pensée qui se comprend elle-même comme pensée est le commencement inconditionné, elle est le début qu'elle réalise et accomplit à partir d'elle-même et dans lequel l'objet même est su comme le pur acte de fournir et produire de la pensée. La pensée, en tant que commencement, est

1. Hegel, *Encyclopédie*, §17, *Werke*, t. 8, p. 63-64 : « Für den *Anfang*, den die Philosophie zu machen hat, scheint sie im allgemeinen ebenso mit einer subjektiven Voraussetzung wie die anderen Wissenschaften zu beginnen, nämlich einen besonderen Gegenstand, wie anderwärts Raum, Zahl usf., so hier das *Denken* zum Gegenstande des Denkens machen zu müssen. Allein es ist dies der freie Akt des Denkens, sich auf den Standpunkt zu stellen, wo es für sich selber ist und *sich* hiermit *seinen Gegenstand selbst erzeugt* und *gibt* ».

pour elle-même toute réalité, elle ne connaît pas de rapport à quelque chose qui lui est extérieur ou à un donné antérieur, qui ne serait pas pensée. Par la pensée philosophique qui se veut comme résolution, le monde objectif est su comme le pour-soi de cette résolution même. Le monde objectif et factuel n'est rien que la présentation de la pensée philosophique en tant que résolution de philosopher. La résolution, en tant qu'elle constitue cette pensée philosophique, dans la mesure où elle se constitue dans la valeur factuelle de l'être présent sensible du monde, est le simple accomplissement de la philosophie transcendantale. Elle est l'abstraction en tant que telle et, dans cette mesure, elle est elle-même l'absence de tout commencement empirique. Dans la mesure où elle a lieu comme abstraction, la pensée philosophique est simple parler : elle n'est rien que la simple abstraction, qui a lieu sans rapport, qui ne se rapporte à rien d'autre. Dans cette absence de rapport de la pensée, le monde se produit, assurément, de fait : elle reste le monde de l'entendement sain. Mais cela ne modifie en rien le fait que le commencement ne soit pas le commencement temporel ou factuel d'un quelque chose déterminé quelconque, il n'est pas une donnée dans le temps. Il n'est que l'évènement de cette pensée qui se comprend elle-même comme pensant et se décide comme pensant en vue d'elle-même ; cette résolution se sait comme commencement absolu, dans lequel, et en tant que tel, tout particulier et tout déterminé est posé et effectif.

La pensée métaphysique avant Hegel et Kant traitait, conformément à la pensée humaine quotidienne, d'objets déterminés, ce en quoi elle traitait de contenus qui se distinguent des phénomènes traités dans les autres sciences. La métaphysique traditionnelle traitait ainsi de la nature de l'âme, du monde comme tel, de l'être et de l'existence de Dieu (dans la mesure où ils peuvent être saisis par la simple réflexion), donc d'objets qui ne sont pas présents d'emblée comme quelque chose de déterminé ou de particulier (qu'il s'agisse aussi uniquement d'une grandeur abstraite particulière comme dans les mathématiques), mais la métaphysique parlait néanmoins de ces objets non sensibles comme de grandeurs effectives. La pensée peut également être traitée dans le cadre de ce mode de parler métaphysique, de mode de parler de manière déterminée sur une chose indéterminée saisie objectivement. Mais, en tant qu'objet d'analyse présent, la pensée doit pourtant rester pour la pensée philosophique un objet extérieur : ainsi Descartes, en tant que philosophe métaphysicien, considère la pensée, l'établit et l'attribue au « je » existant, et détermine ensuite, dans la *Seconde Méditation*, sa portée et sa fonction. Descartes établit que la proposition « je suis, j'existe », aussi souvent qu'elle est formulée ou conçue dans l'esprit, est nécessairement vraie, et, dans une autre remarque, la pensée est attribuée à ce moi existant : « *hîc invenio* [...] *cogitatio est, haec sola a me divelli nequit* ». Le je existant trouvé dans la conscience et dans l'affirmation du philosophe est déterminé plus précisément, de sorte qu'il est essentiellement caractérisé par la pensée : « *sum autem res vera et vere existens. Qualis res ? Cogitans* ».

Pour Kant, la particularité de la philosophie – à la différence de Hegel – réside dans le fait qu'elle n'a absolument pas d'objet, ni déterminé ni indéterminé, ni concret ni abstrait. Kant ne prend pas non plus la philosophie dans le sens d'une résolution absolue et d'un projet de la pensée par soi. Pour Kant, la pensée, dans la philosophie, n'est pas non plus son propre objet. La pensée philosophique ne peut généralement pas se servir, comme cela est évident dans toutes les autres sciences, d'un matériel déterminé à élaborer (même s'il s'agit également, dans la résolution absolue, de la pensée elle-même), elle ne peut pas partir d'un tel matériel (que la philosophie se donne dans la conception de Hegel) – quel que soit finalement le caractère de ce matériel. Kant écrit, dans son *Anthropologie*, au sujet du philosophe :

> les idées, parce qu'elles ne sont pas des intuitions, flottent en quelque sorte devant son esprit. Le savant en histoire ou en mathématiques peut au contraire les camper devant lui et, ainsi les ordonner empiriquement, la plume à la main, selon les règles générales de la raison, comme s'il s'agissait de faits ; ce qui précède étant réglé sur certains points, il peut de la sorte poursuivre son travail le lendemain là où il l'avait laissé [1].

Le commencement de la philosophie transcendantale réside, comme l'a souvent souligné Kant, dans la conscience que la pensée et la connaissance humaines se produisent en totalité en tant que jugement et que ce jugement a lieu de deux manières. Le commencement de la philosophie transcendantale réside dans la distinction des jugements analytiques et synthétiques :

> Le premier pas qui a été accompli dans cette recherche rationnelle, c'est la distinction entre les jugements analytiques et synthétiques en général [2].

Kant comprend sa philosophie théorique à partir de la distinction entre deux modes de jugements. Lorsqu'il explicite cette différence des modes du jugement, il se réfère assurément aux objets donnés : la pensée pure, indéterminée, et l'acte de juger se lient à ces objets, qui, dans la mesure où ils sont donnés, doivent pourtant aussi être conçus dans le sens du jugement. Les objets de l'expérience, qui sont compris dans les jugements synthétiques *a posteriori*, peuvent, cependant, aussi être compris dans des jugements synthétiques *a priori*, ce pourquoi la question décisive reste pour Kant : comment ces jugements synthétiques *a priori* sont-ils possibles ?

Il s'agit de savoir comment sont possibles des jugements qui signifient un jugement inconditionné en soi, étendus *a priori* aux objets. Étant donné que le jugement synthétique *a priori* dépend néanmoins du jugement d'expérience, la philosophie transcendantale reste, dans la mesure où elle clarifie les conditions de la connaissance *a priori*, liée au sensible ; elle est simplement « l'entrée ou le vestibule » de la métaphysique véritable. Kant comprend la réalité à partir du jugement pur lui-même, sans pouvoir se détacher de l'être donné empirique

1. APP, AK VII, 280 note ; OP III, 1095.
2. PMA, AK XX, 265 ; OP III, 1220.

des objets et, par là, progresser grâce à la raison de la connaissance du sensible à la connaissance du suprasensible.

La distinction des jugements analytiques et synthétiques est, selon l'affirmation des *Progrès*, le premier pas et le pas le plus important qu'a accompli la philosophie moderne ; elle fonde et constitue la pensée transcendantale immédiatement comme telle. Eu égard à la logique et à la métaphysique, dans le jugement analytique, la signification nécessaire et inconditionnée de la pensée se donne immédiatement dans ce qui est présent, ce jugement est donc toujours *a priori* ; dans le jugement synthétique, la pensée et la connaissance s'étendent à ce qui est présent. Le jugement est ainsi, d'un côté, expérience, le jugement est lui-même empirique, un jugement synthétique *a posteriori*, dont les conditions sont tirées du traitement logique. Mais, de l'autre coté, le jugement synthétique *a priori* doit avoir lieu sur cette base tirée de la logique. Dans ce jugement, ce qui est présent serait lui-même compris et accompli purement comme jugement :

> Si elle avait été clairement reconnue du temps de Leibniz ou de Wolff, nous trouverions cette différence non seulement effleurée dans quelque logique ou métaphysique parue depuis, mais même soulignée comme importante. Car un jugement du premier type est toujours *a priori* et lié à la conscience de sa nécessité. Celui du second type peut être empirique et la logique ne peut mentionner la condition sous laquelle pourrait se faire un jugement synthétique *a priori*.
>
> Le *second pas*, c'est d'avoir ne serait-ce que soulevé la question : Comment des jugements synthétiques *a priori* sont-ils possibles [1] ?

Pour la philosophie postkantienne, il doit s'agir, par conséquent, de réduire l'être-donné de quelque chose en pensée et dans la pensée. On obtient ainsi de nouveau une métaphysique, à partir du dépassement de la pensée métaphysique produite dans la *Critique de la raison pure*, qui est accompli grâce à la distinction initiale des jugements analytiques et synthétiques. Or, la logique et la métaphysique postkantiennes ne traitent pas simplement et ne pensent pas simplement des objets suprasensibles de fait ; au contraire, il ressort précisément de l'*Encyclopédie* de Hegel que la pensée jugeante, qui, dans la résolution de philosopher, se jette purement dans la pensée, se veut et se pose comme immédiatement objective. À l'issue de l'être-donné du monde, l'être donné est pris comme jugement, l'être-présent du monde se comprend dans la totalité absolue dans et à partir de la résolution, qui est le commencement absolu. Hegel affirme dans la suite du § 17 de l'*Encyclopédie* :

> En outre, le point de vue, qui apparait ainsi comme *plus immédiat*, se constitue à l'intérieur de la science comme le *résultat* et le résultat ultime de cette science, celui dans lequel elle atteint de nouveau son commencement et retourne en elle-même. Ainsi la philosophie se manifeste comme un cercle retournant en lui-même, qui n'a pas de commencement au sens des autres sciences, de sorte

1. PMA, AK XX, 265-266 ; OP III, 1220-1221.

> que le commencement n'a de relation qu'au sujet, en tant que ce dernier veut décider de philosopher, mais non à la science comme telle [1].

En tant que *résultat*, la *résolution* initiale apparaît à la fin, dans la *science* achevée en soi, comme la pensée qui est consciente d'elle-même. Le philosophe, qui pouvait encore analyser, dans les *Méditations* cartésiennes, la pensée de fait et pouvait imputer le je également établi et affirmé, doit, après Hegel, se réaliser dans la pensée – la philosophie, en ce sens, est tout ; il n'y a que la philosophie. Pour Hegel, le monde factuel, dans la résolution, est su comme la pensée philosophique et le philosophe concret, Hegel lui-même, est en cela la résolution en son immédiateté. Or, le concept de science ne se produit pas ici dans la science, le concept de science, en tant que tel, n'est pas trouvé en elle, mais simplement les résultats, c'est-à-dire le résultat, le concept du concept, se présente dans la science, qui est ainsi toujours liée à un moment non scientifique.

En lien au passage que nous venons de citer de l'*Entwurf zur Berliner Antrittsvorlesung*, Hegel soutient :

> Ce point de vue, cette *incertitude*, ce manque d'assurance, ce vacillement de toutes les choses est souvent ce qu'on appelle, sous le concept, non-compréhension, [...] ce qui est conforme à l'entendement sain est ce que l'on comprend le plus facilement [2].

Le fait de parler d'objets donnés déterminés, dans la mesure où on doit partir de la non-compréhension d'un monde présent de fait, se sait comme incertitude, mais précisément par là comme la souveraineté absolue de la pensée pure, car toute la réalité, le monde comme tel n'est que la résolution, qui est immédiatement « le vacillement de toutes les choses », qui prend et sait tout déterminé simplement comme le pour-soi de la pensée comme telle, qui est liée dans l'absence de mot et dans l'incompréhensibilité. La *science* comprend le monde purement dans la pensée et comme pensée ; et c'est dans cette perspective absolue que le monde, compris par l'entendement sain, résulte clairement comme non-compréhension. Par cette intelligence de l'incompréhensibilité, la pensée scientifique se réalise comme le commencement absolu, qui ne connaît aucun commencement temporel.

Dans sa philosophie transcendantale, Kant n'a pas encore réalisé ce passage dans la pensée scientifique elle-même, le passage vers la suppression de la validité évidente des objets. La philosophie transcendantale est, pour cette raison,

1. Hegel, *Werke*, t. 8, p. 62 : « Ferner muß der Standpunkt, welcher so als *unmittelbarer* erscheint, innerhalb der Wissenschaft sich zum *Resultate*, und zwar zu ihrem letzten machen, in welchem sie ihren Anfang wieder erreicht und in sich zurückkehrt. Auf diese Weise zeigt sich die Philosophie als ein in sich zurückgehender Kreis, der keinen Anfang im Sinne anderer Wissenschaften hat, so daß der Anfang nur eine Beziehung auf das Subjekt, als welches sich entschließen will zu philosophieren, nicht aber auf die Wissenschaft als solche hat ».

2. Hegel, *Werke*, t. 10, p. 416 : « Dieser Standpunkt, diese *Ungewißheit*, Unsicherheit, dieses Wanken aller Dinge ist oft unter dem Begriffe, was man *Nichtverstehen* heißt. [...] was dem gemeinen Menschenverstande gemäß ist, [...] versteht man am leichtesten ».

simplement l'entrée ou le vestibule de la métaphysique. La nouvelle position scientifique comme telle se manifeste dans la distinction des jugements analytiques et synthétiques : la pensée philosophique veut s'accomplir purement comme jugement. Cependant, la différence des modes de jugements demeure, pour Kant, insurmontable ; la possibilité des jugements synthétiques *a priori* ne peut pas être comprise purement et rationnellement, puisque le jugement synthétique *a priori* demeure renvoyé au jugement empirique, et ainsi la nouvelle logique et métaphysique n'est pas clairement réalisée.

Or, Hegel livre la nouvelle métaphysique, qui s'achève en tant que *science de la logique* où la pensée est pour elle-même le commencement comme tel. Il subsiste pourtant, dans la succession de Kant, que la pensée transcendantale se réalise par le simple acte d'affirmer des contenus déterminés. Les contenus présents de fait resteraient, chez Kant, extérieurs à la pensée transcendantale alors que, chez Hegel, ils sont intégrés, par et dans la résolution de philosopher, dans l'événement absolu du commencement même. Dans le § 238 de l'*Encyclopédie*, Hegel parle du *commencement*,

> qui est *l'être* ou l'*immédiat* ; pour lui-même, pour la simple raison qu'il est le commencement. [...] Le commencement, au sens de l'être immédiat, est tiré de l'intuition et de la perception – le commencement de la méthode *analytique* du connaître fini [1].

Mais cet emprunt à la méthode analytique de la connaissance commune signifie, dans la résolution, l'incertitude radicale, la simple absence de mot. L'être-donné sensible demeure, comme c'est toujours déjà le cas dans la pensée non philosophique ; son caractère, en tant que donné, ne change pas. Mais il ne signifie plus le simple être-donné, qui indique par soi la signification également inconditionnée, comme la pensée philosophique l'a saisi antérieurement dans la pensée métaphysique factuelle, qui était également présente dans la méthode analytique. L'être-donné des choses vise maintenant à être cette pure signification inconditionnée et n'est en soi-même rien que la pensée dans son événement inconditionné réfléchi en soi.

Il n'y a donc absolument aucun monde présent avant la pensée humaine, comme l'a pensé la métaphysique jusqu'à Kant, mais plutôt : le monde non conçu en sa facticité n'est dans la résolution, comme la résolution, que la pure pensée. La présence factuelle du monde est, en tant que résolution, lui-même l'accomplissement de la pensée philosophique :

> L'exigence d'un tel scepticisme accompli est la même que celle qui veut que la science soit précédée par *le doute portant sur toute chose*, ou plutôt le *désespoir par rapport à toute chose, l'absence totale d'une condition préalable* de toute chose. Elle est accomplie dans la résolution de vouloir penser de

1. Hegel, *Enzyklopädie*, § 238, *Werke*, t. 9, p. 231-232 : « der das *Sein* oder *Unmittelbare* ist ; für sich aus dem einfachen Grunde, weil er der Anfang ist. [...] Der Anfang wird im Sinne des unmittelbaren Seins aus der Anschauung und Wahrnehmung genommen, der Anfang der *analytischen* Methode des endlichen Erkennens ».

> façon pure, par la liberté qui fait abstraction de tout et saisit sa pure abstraction, la simplicité de la pensée [1].

Dans la pensée et en tant que pensée, la saisie de l'être-donné est pure abstraction ; l'appréhension factuelle, non-comprenante du monde par l'entendement sain est, aux yeux de Hegel, le scepticisme ou le désespoir accompli. La pensée finie est le devenir inconditionné créateur de la pensée pure et du jugement, elle est elle-même la philosophie transcendantale, qui, de cette manière, s'approprie elle-même dans le résultat. La pensée non philosophique est elle-même déjà l'abstraction, elle est la manière dont la pensée philosophique se comprend elle-même comme pensée.

Dans la *science* hégélienne, la résolution s'effectue en procédant par la méthode analytique de la compréhension, par un mot déterminé prononcé, par un nom qui signifie toute absence de détermination : *être* est ce mot qui est par soi-même et de sorte qu'il vaut uniquement comme ce mot, le monde pris dans sa signification inconditionnée. Avec la prononciation du mot *être*, un commencement est effectué dans la science en soi sans commencement : le monde présent de fait se donne en soi et, comme tout, en tant que signification inconditionnée ; comme elle, il est toujours déjà pris et posé dans la résolution. Par le mot, dans le nom *être*, le monde apparaît expressément comme sa propre signification inconditionnée.

Or, dans le mot *être*, la signification inconditionnée et sans rapport est pensée purement non-philosophique, par l'être-donné du monde. Par l'être-présent du monde, en tant qu'il est conçu par l'entendement sain et par sa non-compréhension, la signification inconditionnée, qui indique le mot *être*, n'est rien, et le mot *être* doit, comme le simple mot qu'il est, être énoncé par l'être-donné du monde, à son tour, affirmativement comme le *rien* ou le *néant*. Mais, dans la mesure où le mot *être* est accompli par sa dénomination comme *rien*, l'être donné du monde, pris dans la résolution, est pourtant simplement son acte d'avoir lieu en tant que simple mot. Hegel l'appelle le *concept*, dans lequel l'être-donné du monde peut être pensé comme l'être-donné, qu'il est, toujours uniquement comme mot. Ce premier concept, comme concept de l'être-donné du monde en totalité, est le *devenir*.

Finalement, on retiendra que la situation, que Kant dépeint dans ses manuscrits des *Progrès*, n'a pas véritablement été résolue. Certes, le monde, qui, pour Kant, est donné à la pensée, est, pour Hegel, entièrement repris dans la résolution, dans la pure pensée. Mais, cela est seulement exécuté avec les moyens de la connaissance commune, non philosophique (qui constitue depuis Aristote, aux yeux de Kant, la méthode analytique de la pensée ontologico-métaphysique) comme l'a établi le § 238 de l'*Encyclopédie* : dans la résolution

1. Hegel, *Enzyklopädie* § 78 ; *Werke* t. 8, p. 168 : « Die Forderung eines solchen vollbrachten Skepticismus ist dieselbe mit der, daß der Wissenschaft das *Zweifeln an Allem*, oder vielmehr die *Verzweiflung an Allem*, d.i. die gänzliche *Voraussetzungslosigkeit* an Allem vorangehen solle. Sie ist eigentlich in dem Entschluß, *rein denken zu wollen*, durch die Freyheit vollbracht, welche von Allem abstrahirt, und ihre reine Abstraction, die Einfachheit des Denkens, erfaßt ».

de philosopher, on parvient à un nouveau commencement de la pensée métaphysique, dans la mesure où celui-ci s'accomplit dans les simples mots : *être*, *rien* et *devenir* : « Le commencement [...] au sens de l'être immédiat tiré de l'intuition et de la perception ».

Kant ne pouvait pas produire la nouvelle métaphysique, qui devait être fondée par la *Critique de la raison pure*, à l'issue de la philosophie transcendantale, laquelle reste elle-même liée au sensible. Kant écrit au sujet de cette philosophie transcendantale : « Il ne s'y est pas accompli beaucoup de progrès depuis l'époque d'Aristote » [1]. La science de Hegel, science dont la nouvelle métaphysique provient dans la résolution absolue, accomplit le progrès de « la connaissance par la raison du sensible vers celle du suprasensible » comme « le scepticisme s'accomplissant » par le désespoir de la pensée philosophique, le commencement comme tel peut par là, aux yeux de Hegel, seulement être acquis par la méthode analytique de la connaissance finie. Le progrès définitif de la pensée métaphysique est donc encore attendu.

Lutz BAUMANN
(Université de Mainz)

1. Kant, PMA, AK XX, 260 ; OP III, 1216.

LA DOCTRINE KANTIENNE DE LA SCIENCE [1]

L'allusion à la « doctrine de la science » dans le titre ci-dessus ne concerne pas Fichte, même si cette expression est immédiatement associée aux publications de ce dernier à partir de 1794. La doctrine de la science dont il est question ici est plutôt celle de Kant telle qu'il l'a discutée dans les première et deuxième éditions de la *Critique de la raison pure*, dans la section intitulée « Architectonique de la pure *Vernunft* » [2], c'est-à-dire la doctrine « de ce qu'il y a de scientifique dans notre connaissance en général ». L'adjectif « kantienne » dans notre titre signifie que Kant a un concept bien à lui de la doctrine de la science. En effet, c'est par son concept pratique de méthodologie que cette doctrine se distingue de la compréhension théorique du contenu de la science.

Cependant, la doctrine de la science de Kant doit signifier plus qu'une simple alternative au concept théorique qui domine la science aujourd'hui. En effet, c'est par la *Critique de la raison pure*, entendue comme *critique* de la connaissance, que Kant rappelle la science moderne à l'*ordre*. Ce qui veut dire qu'elle doit finalement prendre au sérieux le scepticisme philosophique qui, comme Kant le dit lui-même dans les *Prolégomènes*, l'a éveillé de son sommeil dogmatique. Comme le montre la « Dialectique transcendantale », ce sommeil dogmatique donne libre cours à ce rêve qu'est le monde de l'illusion transcendantale, dans lequel la théologie et la science moderne sont enfermées. Cette illusion repose sur le fait que, malgré son exactitude stupéfiante, la science mathématique de la nature, en l'occurrence, à l'issue de ses expérimentations de pensée, ne parvient toujours pas à clarifier les modalités de son rapport à la réalité dans et avec laquelle elle expérimente.

Contrairement au scepticisme remontant au Socrate de Platon, qui s'interroge par son questionnement méthodique sur la manière dont on connaît et dont on prétend connaître, la transparence logico-analytique des théories ne

1. Je remercie Claude Piché pour sa relecture attentive du présent article.

2. Le terme « *Vernunft* » de Kant n'est pas traduit dans cet article parce qu'il ne signifie pas seulement le pouvoir logique de conclure (comme le terme « raison »), mais aussi le pouvoir d'acquérir des connaissances matérielles, ou d'entendre. Voir la troisième section de mon article paru dans *Années 1781-1801, Kant :* Critique de la raison pure, *Vingt ans de réception*, éd. Claude Piché, Paris, Vrin, 2002, p. 116-118.

permet pas de satisfaire à l'exigence posée par la tradition aristotélicienne, à savoir que la transparence logique entraîne la transparence du contenu. Ainsi, malgré toutes les réussites techniques, la théologie et la science moderne échouent en dernière analyse dans la mesure où, pour le dire d'une manière socratique, elles ignorent au fond ce que leurs jargons et leurs méthodologies théoriques prétendent leur faire connaître. La crise actuelle de l'environnement montre à quel point la science est devenue un danger. En effet, selon un de ses propres scénarios, il est à prévoir que l'existence même de l'humanité civilisée soit en jeu dans moins de cent ans [1].

Cette communication cherche à présenter la doctrine de la science de Kant en tant que rappel à l'ordre adressé à la science moderne. Ce rappel s'adresse en fait en tout premier lieu aux études kantiennes elles-mêmes, qui, au lieu de prêter attention à Kant, ont utilisé la philosophie critique comme un ensemble de matériaux destinés à édifier des théories de la connaissance. Très tôt s'est posée la question de savoir si la philosophie de Kant suffit pour établir une théorie de la connaissance. Pour ma part, j'ai tenté de montrer, dans mon ouvrage *Le Tournant copernicien de Kant* : *du savoir à la foi* [2], que Kant procède à une critique concrète de toutes les prétentions à connaître en général. J'ai cherché à montrer que, dans toute la *Critique de la raison pure*, Kant ne fait pas autre chose que ce qu'il annonce dans sa « Préface » : « Je devais donc supprimer le *savoir*, pour trouver une place pour la *foi* » [3].

La réception de l'œuvre kantienne erre grandement lorsqu'elle soutient qu'avec sa « Dialectique transcendantale » Kant a tenté d'invalider seulement une forme de savoir, mais non tout le savoir, et que par l' « Esthétique » et l' « Analytique » transcendantales il aurait voulu, d'une certaine manière, jeter les fondements de la théorie de la connaissance. La réception de Kant ne peut en vérité prétendre ceci parce que, comme le fait remarquer Otfried Höffe, c'est d'une manière insuffisante qu'elle a pris connaissance de la « Doctrine transcendantale de la méthode » exposée dans la *Critique de la raison pure* [4]. C'est en vérité au début de son chapitre sur l' « Architectonique » que se trouve la doctrine de la science de Kant. Et cela après qu'il a établi dans le « Canon de la raison pure » le fondement matériel de cette doctrine, fondement qu'il a nommé théologie morale, laquelle trouve ses racines profondes dans le luthéranisme [5]. Ainsi, prétendre pouvoir couper la prétendue « philosophie de la religion » de Kant de l'histoire de la théologie chrétienne, c'est là une invention du XIXe siècle.

1. Voir les informations des médias.

2. Voir mon livre *Kant's Copernican Turn from Knowledge to Faith* (à paraître).

3. CRP, B XXX, AK III, 19 ; OP I, 748.

4. Otfried Höffe, « Architektonik und Geschichte der reinen Vernunft (A 832 / B 860-A 856 / B 884) », *Klassiker auslegen. Immanuel Kant* : *Kritik der reinen Vernunft*. Berlin, Akademie-Verlag, 1998.

5. Voir Hilmar Lorenz, « La théologie luthérienne comme source de la philosophie critique de Kant », dans *Les sources de la philosophie kantienne*, éd. Robert Theis et Lukas Sosoe, Paris, Vrin, 2005.

La *Critique* doit être comprise comme la fondation de la théologie luthérienne et comme la fondation d'une science pratico-morale qui se distingue, par sa méthodologie, de la science théorique moderne. La présente communication prend au sérieux les conséquences méthodologiques du scepticisme philosophique, comme l'a fait Kant, en ne traitant pas la « Méthodologie » seulement comme un appendice à la « Doctrine transcendantale des éléments », ainsi que l'ont fait les études kantiennes, mais, conformément à l'intention de Kant, comme la deuxième partie de la *Critique*, elle-même caractérisée par Kant comme « un traité de la méthode » [1].

Au moins deux objections peuvent être soulevées contre cette interprétation : 1) la méthodologie d'une science doit être enseignée avant la science elle-même, et 2) la brièveté de la « Doctrine de la méthode », en comparaison avec la « Doctrine des éléments », lui donne les apparences d'un simple appendice. Ces objections sont certes compréhensibles, mais elles sont en contradiction flagrante avec les déclarations de Kant. En conséquence, c'est en toute connaissance de cause que cette communication se soustrait aux standards scientifiques établis dans les études kantiennes. Et cela en tentant, par son exégèse de Kant, d'exposer cette science pratico-morale mise au jour au début du chapitre sur l' « Architectonique ». Ainsi, dans une première partie, nous présenterons une esquisse de cette doctrine de la science, alors que la seconde partie viendra confirmer le bien-fondé de cette esquisse grâce à une interprétation du début du chapitre sur l' « Architectonique » contenant la doctrine de la science de Kant.

I. Précis de la doctrine de la science de Kant

Notre approche méthodologique ne se rattache pas uniquement à la thèse kantienne du primat de la *Vernunft* pratique, mais aussi à sa distinction tripartite des genres de jugements *a priori* : les jugements déterminants, les jugements réfléchissants esthétiques ainsi que les impératifs. La distinction des genres de jugements fait allusion de nos jours aux études littéraires en général et à la recherche historique critique qui s'est développée particulièrement dans les études bibliques au sein du protestantisme allemand. D'un point de vue empirique, on peut distinguer divers genres de discours en empruntant soit une approche sociologique, tournée vers les conditions d'émergence de ces genres, soit une approche propre aux différents genres rhétoriques que l'on peut y inventorier, avec, entre autres, le discours descriptif, qui s'apparente sans doute le plus au langage théorique.

Déjà en regard des nombreux genres empiriques, on peut se demander si l'analyse théorique, qui aujourd'hui représente le standard de la scientificité, fournit toutes les ressources requises pour l'interprétation des textes. Pour se

1. CRP, B XXII, AK III, 15 ; OP I, 743.

contenter d'un tel standard, il faut au fond être empiriste. C'est, en effet, sur l'empirisme que repose la supposition selon laquelle c'est l'expérience, et l'expérience seule, qui contient le savoir théorique. Bien entendu, cette supposition présume que la connaissance est accessible aux hommes, non pas seulement comme foi (confiance), mais aussi comme savoir qui peut se déterminer théoriquement. En fait, cette supposition ignore le scepticisme. Faut-il rappeler que c'est David Hume qui a réveillé Kant de son sommeil dogmatique (selon les *Prolégomènes*) ?

Si Kant distingue trois genres de jugements *a priori*, il peut le faire en vertu de sa question : « Comment des jugements synthétiques *a priori* sont-ils possibles ? » [1]. Même si Kant ne le dit pas explicitement, ces trois genres de jugements *a priori* donnent à cette question une réponse qui précède toute l'expérience et qui, pour cette raison, relève de la *Vernunft* pure, laquelle produit toujours des trichotomies matérielles. En fait, elle part de l'antithétique des indicatifs et des impératifs. Car un jugement peut être compris ou bien comme un impératif ou bien comme un indicatif. Ici l'impératif est entendu en tant que commandement d'agir et l'indicatif en tant qu'affection de l'âme. Que cet indicatif puisse de surcroît déterminer des objets, cela ne peut pas être fondé du point de vue du sceptique. Mais on peut affirmer à l'encontre du scepticisme que l'indicatif et l'impératif se rapportent *a priori* l'un à l'autre à titre de condition et de conditionné [2]. Car l'affection précède toujours déjà l'exécution des commandements.

En effet, des jugements esthétiques et des impératifs se laissent évidemment synthétiser. Cette synthèse a toujours pour fin de déterminer des objets, ce que nous avons l'habitude de considérer comme l'acquisition d'un savoir. En partant de là, on fait néanmoins abstraction de la question de savoir si cette détermination proprement et premièrement donne des objets qui puissent être distingués du sujet qui prétend les déterminer. C'est là l'illusion transcendantale, que Kant entend surmonter par sa « Doctrine transcendantale de la méthode ». En conséquence, les indicatifs ne peuvent aucunement être par eux-mêmes des jugements déterminants, mais c'est d'abord par l'effet des impératifs qu'ils deviennent jugements déterminants. Parce que les impératifs sont des maximes de la volonté, je dois pouvoir vouloir que des objets soient posés comme distincts de moi. C'est grâce à ces divisions kantiennes de la philosophie pure qu'en vertu de cette trichotomie la division *a priori* des genres de jugements est matériellement achevée et complète. C'est aussi pourquoi cette classification échappe à la division empirique des genres de discours.

Cette division des trois genres de jugements *a priori* a une conséquence méthodologique immédiate pour la compréhension de tout discours humain, de même que pour l'interprétation des textes de Kant. Si le lecteur doit comprendre les textes comme ils exigent d'être compris en eux-mêmes, il y a trois

1. CRP, B 19, AK III, 39 ; OP I, 772.

2. Voir Michael Wolff, *Die Vollständigkeit der kantischen Urteilstafel*, Frankfurt a. M., Klostermann, 1995, p. 164, concernant la division kantienne *a priori* de la philosophie pure.

manières de comprendre, qui correspondent à chacun des trois genres de jugements *a priori*. Quiconque lit un jugement esthétique doit être prêt à ce que son état d'âme soit affecté par ce jugement. Car c'est seulement par cette affection qu'on comprend ce jugement comme il veut être compris. Et cela signifie que l'analyse textuelle correspondante est close lorsque l'affection du jugement esthétique a atteint sa plus grande force. Par ailleurs, le lecteur de l'impératif explicite ou implicite d'un texte le comprend manifestement de façon correcte s'il fait ce que ce texte lui commande de faire. Par conséquent, l'analyse textuelle pratique n'est complète que si le lecteur a exécuté le commandement, parce qu'il a compris avec la clarté nécessaire ce qu'il avait à faire. Dans les deux cas (jugement esthétique et interprétation d'un texte), toute analyse supplémentaire serait contre-productive.

Seule l'analyse théorique d'un texte est en principe illimitée, parce que la détermination empirique des objets par des concepts qu'accomplissent prétendument les jugements déterminants, est empiriquement illimitée et donc impossible pour des êtres finis tels que nous. C'est sur cette prémisse que Kant a érigé sa « Dialectique transcendantale », qu'il a aussi nommée logique de l'illusion transcendantale. Car l'analyse théorique procède de la supposition selon laquelle les sujets et les verbes des jugements sont des concepts qui en principe seraient définis. En vérité, l'analyse théorique procède de cette manière parce qu'elle fonctionne à l'aide de syllogismes qui suivent le principe consistant à « trouver, pour la connaissance conditionnée de l'entendement, l'inconditionné qui doit en achever l'unité » [1]. Évidemment, ce principe est fondé sur la supposition synthétique suivant laquelle

> si le conditionné est donné, est donnée aussi (c'est-à-dire contenue dans l'objet et dans sa liaison) la série entière des conditions subordonnées, laquelle est par conséquent elle-même inconditionnée [2].

Selon le chapitre consacré au « Canon de la *Vernunft* pure », ce jugement synthétique ne peut pas être su, mais seulement cru. Il est essentiel pour Kant que cette foi ne soit pas arbitraire, mais morale. Pour Kant, cela signifie que cette foi n'est pas *ratio essendi* d'un impératif quelconque, mais de l'impératif catégorique qui, en vertu de sa validité inconditionnelle, ne peut être qu'unique. Autrement dit, le travail théorique sur certains objets possède un contenu et n'est pas qu'une vaine spéculation, s'il a une finalité morale. C'est-à-dire que les impératifs hypothétiques ne doivent pas contredire l'impératif catégorique. Car de la sorte ils trouvent leur fondement dans la croyance morale en l'existence de Dieu et en une vie future, laquelle foi se présente comme une forme abrégée de la profession de foi des églises anciennes. Cette foi est *ratio essendi* de l'impératif catégorique au sens d'un système des fins de l'action, parce qu'elle présente ses fins ultimes [3].

1. CRP, A 307 / B 364, AK III, 242 ; OP I, 1022.
2. CRP, A 308 / B 364, AK III, 243 ; OP I, 1022.
3. Voir CFJ, § 67, AK V, 377 ; OP II, 1170.

Conformément à cela, la science pratico-morale de Kant ne procède pas, comme la science théorique, à l'aide d'un enchaînement de raisons et de conséquences arbitraires, mais en fonction uniquement de la connexion des fins et des moyens, que Kant nomme système des fins. C'est en vertu de la foi morale de notre *Vernunft* que ce système a Dieu et la vie future comme fins ultimes, qui à ce titre sont des objets pratico-moraux et qui, au contraire des objets envisagés d'un point de vue simplement pragmatique, ne sont pas théoriquement conditionnés au sein d'un enchaînement de raisons et de conséquences [1]. À coup sûr, la procédure dans le système des fins et des moyens fait intervenir un moment théorique, mais pourvu seulement qu'il s'insère dans l'ensemble des fins et des moyens. Et le moment théorique n'intervient que dans la mesure où sa fin est de confirmer l'accomplissement des fins de l'agir comme empiriquement données. Mais cette fin ne peut être réalisée par des théories empiriques que d'une manière restreinte, parce qu'elles ne peuvent jamais déterminer cette donnée définitivement en raison de la finitude du sujet théorique. En conséquence, des théories empiriques ne peuvent être produites que dans le cadre d'une expérimentation de pensée théorique qui est toujours à nouveau susceptible d'être remplacée par une nouvelle expérimentation de pensée moins limitée.

Par là je fais allusion à la séquence des théories closes qui a été l'objet d'interprétation de la théorie quantique de l'école de Copenhague [2]. Chez les commentateurs, cette séquence est connue comme la théorie des paradigmes en physique. C'est dans la perspective pratique de Kant que la détermination théorique des objets empiriques n'est en principe jamais close théoriquement, mais toujours seulement dans le cadre particulier de la finalité pratique dont elle relève. Et cet achèvement relatif peut être atteint pour autant que la donnée empirique pour l'accomplissement d'une fin ne contredit pas logiquement la théorie empirique qui est valide pour ce domaine d'objets. Cet achèvement est seulement relatif parce qu'une théorie (empirique) ne peut jamais faire la lumière sur le lien qui existe entre son expérimentation de pensée, couronnée de succès, et la réalité des choses en soi [3].

II. Confirmation textuelle

Tournons-nous maintenant vers l'analyse des textes pertinents de la doctrine kantienne de la science au début du chapitre sur l' « Architectonique de la

1. Voir la section intitulée « De l'idéal du souverain bien comme fondement pour la détermination de la fin dernière de la raison pure », A 804-819 / B 832-847 AK III, 522-531 ; OP I, 1364-1376.

2. Voir C. F. von Weizsäcker, *Aufbau der Physik*, München / Wien, Hanser, 1985, au sujet des « abgeschlossene Theorien » (selon la définition de Werner Heisenberg), p. 28, p. 219-220, p. 254, p. 287, p. 321, p. 331, p. 625.

3. Avec cette interprétation pratique kantienne, nous outrepassons les confins théoriques de l'école de Copenhague, selon C. F. von Weizsäcker (voir note 2 *supra*).

raison pure », afin de confirmer les contours de la science pratico-morale de Kant. Le thème de la science n'émerge pas seulement dans la « Doctrine transcendantale de la méthode », mais dès le début de la deuxième édition, où Kant insiste sur sa volonté de prendre « le chemin sûr d'une science » qui ne soit pas un « tâtonnement » [1]. Mais la signification méthodologique de cette allusion n'est traitée systématiquement, au sens où Kant entend le concept de système, que dans le chapitre sur l' « Architectonique ».

Il est à noter que Kant ne donne pas une définition, mais seulement une exposition du concept de science. Son style trahit d'ailleurs un certain *pathos* et donne à ce texte un caractère plutôt esthétique-réflexif qu'un caractère objectivement déterminant. Cette perception d'un trait esthétique exige de ne pas s'arrêter à l'analyse théorique, mais aussi de s'engager dans une analyse esthétique [2] et pratique, dont les éléments seront exposés dans la *Critique de la faculté de juger* esthétique. L'analyse esthétique du texte part de l'affection qui se fait sentir dans le *pathos* avec lequel Kant s'exprime ici. Évidemment, il veut produire chez le lecteur le même sentiment que celui qu'il éprouve lui-même.

Dans un passage significatif au début du chapitre sur l' « Architectonique », on trouve une exposition suffisamment claire du concept de science, du moins dans le contexte de l' « Architectonique de la *Vernunft* pure ». C'est en effet dans ce contexte que l'on lit la définition de la science :

> J'entends par architectonique l'art des systèmes. Comme l'unité systématique est ce qui transforme en science la connaissance commune, c'est-à-dire ce qui d'un simple agrégat de ces connaissances fait un système, l'architectonique est donc la théorie de ce qu'il y a de scientifique dans notre connaissance en général, et ainsi elle appartient nécessairement à la méthodologie [3].

Cela signifie que cette architectonique est la doctrine « de ce qu'il y a de scientifique dans notre connaissance en général » ou encore la doctrine de ce qui fait de la connaissance humaine une science qui parvienne à quitter l'état de tâtonnement, comme Kant l'exige dans la « Préface » à la seconde édition. Ce qui fait la science, c'est « l'unité systématique » qui présuppose une architectonique qualifiée par Kant « d'art des systèmes » ou d'art d'édifier des systèmes. Cet art est affaire de méthode et c'est pourquoi il n'appartient pas à la « Doctrine transcendantale des éléments », qui traite du contenu. Ainsi la question se pose-t-elle de savoir pourquoi Kant parle ici d'un *art*, après avoir parlé dans la « Doctrine transcendantale des éléments » de *théories* ayant trait à la détermination de la teneur des objets. Dans le contexte de la méthode, sans doute entend-il par art quelque chose de distinct de la théorie. Mais quoi au juste ? Voyons ce que Kant a à nous dire à ce propos.

1. CRP, B VII, AK III, 7 ; OP I, 734.
2. Voir C. F. von Weizsäcker, *op. cit.*, p. 321.
3. CRP, A 832 / B 860, AK III, 538 ; OP I, 1384.

Pourquoi donc avons-nous besoin d'une doctrine transcendantale particulière de la méthode, alors que les connaissances doivent d'abord déterminer des objets ? Kant répond à cette question par le paragraphe suivant :

> Sous le gouvernement de la raison (*Vernunft*) nos connaissances en général ne peuvent former une rhapsodie, elles doivent au contraire former un système, et c'est seulement dans ce système qu'elles peuvent soutenir et favoriser les fins essentielles de la raison (*Vernunft*) [1].

Autrement dit, le système qui doit constituer la science, au contraire de la connaissance ordinaire, est l'affaire de la *Vernunft*. Car c'est seulement dans un système que nos connaissances « peuvent soutenir et favoriser les fins essentielles ». Mais qu'est-ce que Kant entend par système ?

> Or, j'entends par système l'unité des diverses connaissances sous une idée. Cette idée est le concept rationnel de la forme d'un tout, en tant que, grâce à ce concept, la sphère du divers aussi bien que la position respective des parties sont déterminées *a priori* [2].

Kant ne donne pas ici une définition (théorique) du concept de système qui serait formulée grammaticalement, dans une proposition, à la troisième personne, mais, comme il l'a fait avec l'exposition du concept d'architectonique, il parle à la première personne [3]. Cela ne sonne donc pas comme la constatation d'un fait, mais plutôt comme une confession. En conséquence, Kant nous confie, comme il l'a fait auparavant, sa compréhension de l'architectonique comme art. Un système est « l'unité des diverses connaissances sous une idée ». Et il constate :

> Cette idée est le concept rationnel de la forme d'un tout, en tant que, à travers ce concept, la sphère du divers aussi bien que la position des parties les unes par rapport aux autres sont déterminées *a priori*,

et non pas *a posteriori*, comme c'est le cas des théories empiriques des sciences modernes.

Mais avec ce concept d'idée, Kant n'exagère-t-il pas un peu ? Est-ce que la *Vernunft* humaine suffit pour déterminer

> la sphère du divers aussi bien que la position des parties les unes par rapport aux autres dans le tout d'une connaissance sans considération de ses objets comme donnés [?]

Remarquons toutefois que Kant parle seulement « de la *forme* d'un tout de connaissance », et pas des contenus. Ici, son analyse touchant l'art des systèmes indique la direction d'après laquelle il veut être compris. En effet, il s'agit d'un art qui avant tout produit « l'unité des diverses connaissances sous une idée ».

1. CRP, A 832 / B 860, AK III, 538 ; OP I, 1384.
2. *Ibid.*
3. Voir CRP, A 36 / B 53, AK III, 61, OP I, 796 ; A 46 / B 63, AK III, 67-68 ; OP I, 804 ; A 98, AK IV, 76.

De là, Kant tire une conséquence importante, sans doute curieuse pour nous, mais qui néanmoins rend explicite le caractère pratique de sa science : « Le concept scientifique de la raison (*Vernunft*) contient donc la fin et la forme du tout qui concorde avec cette fin » [1].

En tant qu'idée unique, « le concept scientifique de la raison contient [...] la fin » d'une certaine science et par là « la forme du tout » d'une connaissance, laquelle forme « concorde avec cette fin ». Autrement dit, ce concept ne contient pas un enchaînement de raisons et de conséquences ou de causes et d'effets qui doivent être analysés théoriquement. Au lieu de cela, le concept scientifique de la *Vernunft* ou encore le concept rationnel de la science contient le but de la science en général et, avec ce but, la forme du tout congruente avec ce but, tout qui pour Kant constitue la science en tant que telle.

Nous avons ainsi la confirmation textuelle de nos affirmations précédentes. Ce qui distingue la science de la connaissance ordinaire n'est pas la détermination théorique de son objet dans la séquence des raisons et des conséquences, mais la détermination pratique de la fin dans l'enchaînement des fins et des moyens au sein d'un même et unique système des fins qui est détecté par la moralité [2]. Par conséquent, c'est la fin qui permet de déterminer la forme du tout d'une science, et cela en vérité indépendamment de ses objets. Aussi cette fin détermine-t-elle la finalité pratique de l'activité théorique portant sur ses objets. C'est dire que ce n'est pas la théorie qui détermine les fins par application pragmatique d'une science, comme c'est le cas avec les sciences modernes.

C'est par là qu'on saisit le nerf de la doctrine pratique de la science chez Kant. C'est l'unité du but, de la fin, qui, pour la *Vernunft* pratique, distingue la science du tâtonnement des connaissances ordinaires [3]. Et c'est par cette unité que le tout de la science pratico-morale de Kant est organisé systématiquement, et non pas agrégé par accumulation. Ainsi peut-il croître par ses membres, exactement comme pour le corps animal, mais non par l'addition de parties nouvelles. Conformément à cela, c'est en raison de l'unité de la fin d'une science que, si toutes les autres parties sont connues, une composante quelconque peut être omise sans que cela vienne ajouter arbitrairement quelque chose ou sans que sa quantité de perfection demeure indéterminée du point de vue pratique, car cette quantité a des limites déterminées *a priori*. Et cela tient à la cohésion pratique, et non pas théorique, précédant tout le donné théorique (empirique), laquelle cohésion résulte des fins pratiquement accomplies.

Par là, nous avons accompli notre tâche, d'autant plus que, dans le reste du chapitre sur l' « Architectonique », Kant ne discute pas la méthodologie de la science, mais l'architectonique de la cohésion systématique de toutes les sciences dans le seul système des fins. Dès lors, nous pouvons revenir sur la méthodologie de l'exégèse précédente. En tant qu'interprétation théorique,

1. CRP, A 832 / B 860, AK III, 539 ; OP I, 1384-1385.

2. Voir la distinction de Kant entre « explication » et « définition », CRP, A 727 / B 755, AK III, 477 ; OP I, 1308.

3. Voir CRP, A 832 / B 860, AK III, 538 ; OP I, 1384.

force nous est d'avouer qu'elle apparaît très faible et peu satisfaisante. Et cela en particulier parce qu'elle fait appel à des genres aussi différents que des constatations générales et des confessions personnelles de la part de Kant, dont la cohésion théorique reste opaque. Néanmoins, le *pathos* de ces grands textes et l'affection qu'ils provoquent ne peuvent guère échapper au lecteur, indépendamment de la question de savoir théoriquement si l'esthétique de l'affection ressortit ici au beau ou au sublime. Parce que tel n'est pas ici notre propos, nous nous contenterons de l'ébauche suivante.

Les deux confessions kantiennes mentionnées auparavant sont des expressions du sublime. Kant a présenté le sublime dans la *Critique de la faculté de juger* esthétique comme reposant sur la loi morale, qui, dans un premier temps, humilie le lecteur et, dans un second temps, l'élève. Nous sommes dès lors autorisés à accomplir le passage à l'analyse pratico-morale, c'est-à-dire à expliciter les impératifs impliqués dans ces confessions comme des commandements compatibles avec l'impératif catégorique.

Hilmar LORENZ
(Québec)

DE LA SCIENCE DE LA PREMIÈRE *CRITIQUE* AUX SCIENCES DE LA TROISIÈME *CRITIQUE*

Voyons, tout d'abord, comment se pose la question de la science dans la première *Critique*. Dans le contexte d'une philosophie critique, la démarche de la connaissance porte notamment sur la question du réel et de sa densité au niveau de l'expérience. La présence du couple du possible et du réel se trouve au terme du « Système de tous les principes de l'entendement pur », dans les « Postulats de la pensée empirique en général ».

Après avoir analysé comment se constitue la science de l'expérience, Kant rappelle ce qui est demandé, c'est-à-dire « postulé », pour que le sujet connaissant puisse se permettre, à l'endroit de la connaissance qu'il a élaborée, de la déclarer « expérience », au sens où ce terme signifie « science ».

Le sens du mot « postulat », alors utilisé par Kant, est tout à fait analogue à sa signification mathématique. Le premier de ces postulats est celui de la possibilité : « Ce qui s'accorde avec les conditions formelles de l'expérience (quant à l'intuition et aux concepts) est *possible* » [1]. Le second postulat ne fait que prolonger le premier. Il désigne ce qu'un objet contient nécessairement pour que cet objet puisse être qualifié de réel : « Ce qui est en cohésion avec les conditions matérielles de l'expérience (la sensation) est *réel* » [2]. Le troisième postulat, celui de la nécessité, lui, s'énonce ainsi : « Ce dont la cohésion avec le réel est déterminé suivant les conditions générales de l'expérience est *nécessaire* » [3].

Selon François Marty,

> Le passage du possible au réel fait donc problème. On voit que ce passage ne se fait pas directement, mais qu'il suppose un milieu, où possibilité et réalité produisent la nécessité, non en s'additionnant, mais en se transformant dans et par leur relation réciproque, où la possibilité devient possibilité d'un divers

1. CRP, A 218 / B 265, AK III, 185 ; OP I, 948.
2. CRP, A 218 / B 266, AK III, 185 ; OP I, 948.
3. CRP, A 218 / B 266, AK III, 186 ; OP I, 948.

> donné, et la réalité, ce qui ne peut se présenter que dans un champ de possibilité [1].

Par ce biais, nous sommes renvoyés à la question exposée dans l'introduction des jugements analytiques et des jugements synthétiques. Les « Postulats de la pensée empirique en général » se placent sous le « principe général de tous les jugements synthétiques », dont traite le début du « Système de tous les principes de l'entendement pur ». Au cœur de ces rappels vient s'inscrire l'influence des *Principia* de Newton sur les principes de l'entendement pur. La synthèse newtonienne, dans le « système du monde », ordonné selon la loi de la gravitation universelle, est l'objet du livre qui termine les *Philosophiae naturalis principia mathematica*. L'*Histoire générale de la nature ou théorie du ciel*, publiée par Kant en 1755, se présente nettement comme l'œuvre d'un disciple de Newton. Il n'est donc pas étonnant que la *Critique de la raison pure* fasse, elle aussi, une place de choix aux *Principia*. Il faut cependant relever un élément important où Kant se différencie de Newton.

> Le propos de Kant vise un seul point : est-il possible d'éviter, dans le système du monde newtonien, le recours que celui-ci fait à l'intervention immédiate de Dieu, à *l'immédiate main de Dieu*, seule voie à ses yeux pour rendre compte aussi bien de l'arrangement du système solaire que de la position des systèmes d'étoiles fixes [2] ?

Déjà chez Newton, il n'y a pas de science sans système, et le système ne peut être que premier. Mais le rapport du système à la réalité est indécidable à partir de lui seul. Il faut faire appel à l'expérience. C'est très exactement là que se situe le problème des jugements synthétiques *a priori* chez Kant.

> Parler de jugement *a priori* revient à faire référence à un principe unifiant d'un divers, donc à un principe systématique. Mais son usage ne peut être que synthétique, il faut un donné d'expérience [3].

Si Kant reste, dans ce contexte, proche de Newton, son originalité tient à la reconnaissance du temps comme lieu de l'unité, mais tout aussi bien, dans le champ ouvert par l'imagination, de la diversité, là où Newton s'arrêtait au dualisme des démarches. Il faut relever, dès à présent, ce point capital car il est lié à l'importance que revêtent à la fois le schématisme et les analogies de l'expérience dans la conception de la science de la *Critique de la raison pure*. Le schématisme y est présent dès lors qu'il est question de temps et de détermination à lui porter. Les trois analogies de l'expérience correspondent chez Kant aux trois modes du temps qui caractérisent l'homme comme être dans le temps. Elles constituent un point radical, qui est désigné dans le schématisme, et qui fait de celui-ci « un art caché dans les profondeurs de l'âme humaine, et dont nous aurons peine à arracher à la nature les secrets du fonctionnement

1. François Marty, *La naissance de la métaphysique chez Kant. Une étude sur la notion kantienne d'analogie*, Paris, Beauchesne, 1980, p. 22.
2. F. Marty, *op. cit.*, p. 27-28.
3. F. Marty, *op. cit.*, p. 45.

pour les mettre à découvert sous les yeux » [1]. Kant le laisse clairement entendre : le plus difficile à connaître, c'est précisément le fonctionnement de la connaissance. Mais, dans ce contexte, on peut déjà dire que les trois analogies de l'expérience de la *Critique* sont au point d'aboutissement de la reprise critique de la science newtonienne. La première analogie correspond au principe de la permanence, la seconde, au principe de la causalité, comme ordre nécessaire de la succession dans le temps, alors que la troisième, comme reprise des deux premières, ressort de l'action réciproque. Nous avons pu seulement évoquer ici la façon dont la *Critique* se situe pour effectuer sa tâche la plus propre, dans la science de Newton. À partir de là, nous pouvons dire que « cette tâche critique n'est pas sans manifester l'essence même de la science moderne. En bref, la science moderne est d'abord discours. On dira, et avec raison que ce n'est pas là un privilège de la science moderne » [2], mais il est caractéristique de cette science comme discours, que ce n'est pas le regard divin qui la traverse et fait sa vérité ; son discours se ferme sur lui-même.

> La seule issue pour briser le cercle est celle que Kant touchait en parlant des postulats de la pensée empirique en général : il faut placer la question de la valeur de la science dans l'agir de l'homme responsable de ce qui lui est donné [...] et qui ne peut y parvenir qu'en pensant. Ainsi se vérifie dans la science moderne [...] ce moment de décalage entre le discours et la réalité qu'il énonce, qui manifeste l'autonomie de l'ordre du discours. Cette autonomie est sa force, car il paraît alors comme proprement humain. C'est aussi son épreuve, car il peut se clore sur lui-même en un jeu stérile. Or la transformation d'un discours se laisse aussi comprendre comme jeu de langage. Et c'est pourquoi la science moderne, plus que la science ancienne, est un lieu où peut venir se loger la réflexion philosophique. Il s'agit seulement que ce jeu ne soit pas une doublure dérisoire du discours de la science, mais qu'il soit appelé par une question vraie de l'homme [3].

En ce qui concerne la raison humaine, Kant tiendra à souligner qu'elle est limitée, puisqu'il considère l'homme comme à la fois raisonnable et fini. Avec Kant, à la racine critique, se loge une « reprise qui demande ce qu'est l'homme » [4], de l'itinéraire de la science de la nature, de l'inscription de son agir dans l'épaisseur du temps, et finalement de cette nature entière, qu'il transforme et qui prend visage humain : ce type de reprise, dont, de la première à la troisième *Critique*, Kant s'efforce de préciser le statut, peut se caractériser comme une relecture. Pour exprimer ce type de reprise, il réemploie, comme on a pu l'évoquer, le terme d'analogie, en lui donnant un tour nouveau, de même qu'il reprend la question de la métaphysique dans la question, pour lui, fondamentale de « Qu'est-ce que l'homme ? ».

Nous avons pu laisser entendre ce que la première *Critique* devait, en ce sens, aux *Principia* de Newton, tout en les transformant.

1. CRP, A 141 / B 180-181, AK III, 136 ; OP I, 887.
2. F. Marty, *op. cit.*, p. 115.
3. F. Marty, *op. cit.*, p. 116.
4. F. Marty, *op. cit.*, p. 471.

> C'est le discours critique lui-même qui s'engendre en son entier selon un procédé de relecture, grâce auquel il trouve sa systématicité. S'il est vrai, en effet, que ce type de discours métaphysique, qui peut se caractériser comme relecture, est celui qui répond aux exigences de la *Critique*, celle-ci ne peut lui demeurer extérieure. Elle est métaphysique, en effet, puisqu'elle n'est pas autre chose qu'une raison pure s'identifiant comme raison pure, ce qui revient aussitôt, du fait même de cette question, à déclarer ses limites. Or une telle occupation de la raison ne peut être que métaphysique. Il faut même dire que l'on est à la racine de la métaphysique que l'on cherche, s'il est vrai que la première tâche de la raison, comme raison pure, ne peut être que d'ouvrir son champ, c'est-à-dire de le délimiter [1].

Aussi bien est-ce « après avoir présenté la *Critique*, de façon descriptive, comme une propédeutique de la métaphysique », que « Kant en faisait une partie de celle-ci, et même la première, apte seule à assurer une scientificité à ses développements ultérieurs » [2]. Il a pu, à ce titre, y avoir un « différend entre Kant et Fichte, celui-ci pouvant s'autoriser des expressions mêmes de son ancien maître » [3], mais derrière la dispute de mots, il y avait un débat sur le fond qui était dû à ce qu'on ne recherchait pas la rigueur des mots. Il tenait, en effet, à la notion même de philosophie comme science.

> La philosophie, en sa partie la plus haute, la métaphysique, doit se constituer comme science, Fichte et l'idéalisme allemand ont bien compris la visée de Kant. Mais elle n'est science qu'en s'incorporant la *Critique*, qu'en développant un discours qui demeure toujours sous la vigilance critique. Et c'est pourquoi on n'a pas le droit de la placer comme un exercice *propédeutique*, avec lequel on serait quitte ensuite. Voilà pourquoi aussi la *Critique* peut et doit être dite *propédeutique*, car la vigilance critique est ce qui ne cesse de s'affaisser, et qui est donc sans cesse à réveiller. Le caractère *propédeutique* de la *Critiqu*e correspond à l'impossibilité d'*apprendre la philosophie*. Relecture de l'agir humain, celui qui constitue la science comme celui qui instaure l'univers des libertés, relecture qui doit respecter ce qu'il est, le *lire*, et pourtant manifester tout ce qu'il est, le *relire*, la philosophie à l'âge critique ne peut être que commencement toujours nouveau [4].

Qu'apporte alors de nouveau, par rapport à celle de la *Critique de la raison pure*, la question de la science dans la troisième *Critique* ? Kant est fort clair sur ce qui ouvre une troisième fois le champ critique. Il s'agit de « ce qu'il y a d'énigmatique » dans les jugements esthétiques, en ce sens que ces jugements, qui relèvent du sentiment de plaisir et de peine, prétendent en même temps à l'universalité. Or il est de plus une autre fonction de la faculté de juger, qui met les êtres du monde en rapport avec un « suprasensible inconnaissable » qui n'est autre que le rapport de finalité et pour lequel l' « Appendice à la "Dialectique transcendantale" » de la *Critique de la raison pure* nous avait donné des

1. F. Marty, *op. cit.*, p. 471-472.
2. F. Marty, *op. cit.*, p. 472.
3. F. Marty, *op. cit.*, p. 219.
4. *Ibid.*

règles suffisantes. La seconde partie de la *Critique de la faculté de juger* revient sur une question sur la quelle un nouvel éclairage est porté qui concerne proprement le vivant, en ce qui touche au tournant que prend alors la biologie, passant de l'animal-machine cartésien à l'organisme. Nous avons là un rapport fort important de la *Critique de la faculté de juger* à la science, de même que la « Méthodologie » de la seconde partie de la *Critique de la faculté de juger* comporte, elle aussi, de nouveaux rapports à la science. Il faudrait évoquer ici tout ce qui sera notamment de l'ordre de la sociologie.

Voyons d'abord comment avec l'être organisé, considéré par Kant comme « fin de la nature », s'opère une transformation d'une finalité logique. Pour aller à l'essentiel, notons avec F. Marty, dans le contexte de la problématique du jugement réfléchissant, que l' « Analytique de la faculté de juger téléologique s'organise selon une triade, ainsi qu'il en allait dans l'exposition du jugement de goût » [1]. D'un côté, nous avons affaire à une téléologie formelle, d'un autre côté, « il y a une finalité externe, ouvrant sur des dispositifs utiles »,

> mais il est une troisième finalité, en position médiane, qui n'est plus finalité externe, mais bien finalité interne. C'est du vivant qu'il s'agit, en tant qu'il est non plus le vivant machine du cartésianisme, mais l'*être organisé* de la biologie contemporaine de Kant, dont il a su saisir très vite la portée [2].

Remarquons avec F. Marty, à ce propos,

> qu'il n'est pas possible de *déduire* la nécessité de l'existence d'un être vivant. Il y a en ce point une différence irréductible par rapport à un système du monde, comme l'était celui de Newton. L'illustration la plus remarquable du propos kantien en est, au XIXe siècle, la découverte de l'existence d'un nouveau satellite du Soleil, Neptune, par Le Verrier, à partir de calculs. Le vivant, en son individualité, ne peut être connu que par l'observation. Mais, en cette observation même, il est connu comme système, celui où il y a causalité réciproque du tout et des parties, un organisme donc, où la finalité se recourbe en quelque sorte sur elle-même, en finalité interne depuis les différentes sortes de sa formation, germination ou gestation, en passant par sa naissance, sa croissance, le maintien de sa vie, les suppléances possibles pour un organe défaillant, la continuation de l'espèce, et jusqu'à sa mort, en tout cela, se vérifie cette causalité, et c'est pourquoi il faut le considérer comme une *fin naturelle* [3].

Précisons que, dans ce qui appartient encore à la simple analytique du jugement téléologique, une perspective s'ouvre sur une « fin de la nature », mais à condition que soit connue une « fin ultime » relevant du suprasensible, « car la fin de la nature même doit être recherchée au-delà de la nature » [4]. Il faudrait

1. F. Marty, art. cit., p. 34.
2. *Ibid.*
3. F. Marty, « Pourquoi faut-il une seconde partie à la *Critique de la faculté de juger* ? Du jugement esthétique à l'être organisé », dans *L'année 1790. Kant,* Critique de la faculté de juger. *Beauté, vie, liberté,* dir. Christophe Bouton, Fabienne Brugère et Claudie Lavaud, Paris, Vrin, 2008, p. 34.
4. CFJ, § 67, AK V, 378 ; OP II, 1171.

évoquer ici les apports de la façon dont Kant traite l'antinomie de la faculté de juger téléologique, du point de vue de la biologie naissante, avec en particulier le passage à l'organicité. Antinomie unique qui met en thèse, comme d'habitude dans la troisième *Critique*, l'universalité de l'explication par des lois mécaniques, tandis que l'antithèse oppose quelques productions impossibles par de telles lois, qui doivent être rapportées à une causalité finale. La résolution de l'antinomie consiste à traiter en valeur *régulatrice* les deux côtés de l'antinomie. La solution kantienne de cette antinomie peut encore éclairer l'épistémologie de la biologie, l'organicité demeurant avec les progrès de tout ce qui touche aux tissus cellulaires et à la génétique.

> Ici l'existence est toujours ce qui ne peut être que donné. Mais il s'agit cette fois d'un *organisme*, avec la causalité réciproque entre le tout et les parties [...]. Mais il y a aussi, et en même temps, la réciprocité qui met le tout au service des parties, avec tout particulièrement les systèmes de suppléance possibles, évidemment limités. Une part d'aléa s'inscrit du coup dans une telle structure, interdisant de consolider les séries mécaniques comme c'est le cas dans les corps inertes. Kant était déjà dans une telle perspective, lorsque dans son premier grand ouvrage personnel, *Histoire générale de la nature ou théorie du ciel*, il cherchait à dépasser Newton par Newton. Il s'agissait en effet, à partir des lois de base de la gravitation universelle, d'exposer la formation du monde qui est le nôtre à partir d'un état primitif de chaos. Et à l'objection d'une impossible prétention, le jeune Kant répliquait que le défi n'était pas trop grand, de qui déclarait : *donnez-moi de la matière et je vous ferai un monde*, alors qu'il était sûr d'être perdu pour qui dirait : *donnez-moi la matière, je vous ferai une chenille*. Bien trop grande est la complexité du vivant [1].

Ainsi, l'ampleur maximale de visée que l'on peut repérer dans la *Critique de la faculté de juger* esthétique est atteinte dans la « Dialectique ». Il s'agit d'hypotypose, de présentation, par là d'expression. Aussi la problématique du langage se fait-elle ici explicite, elle sert à illustrer l'hypotypose symbolique.

> Sous le titre de "la beauté comme symbole de la moralité", au § 59 de la *Critique de la faculté de juger*, c'est le champ entier de la connaissance qu'ouvre Kant, et très précisément, au niveau où, dans la *Critique de la raison pure*, est abordée la doctrine transcendantale de la faculté de juger, avec la question du *schématisme* [2].

En ce lieu de la troisième *Critique* où Kant procède à ce qu'Eric Weil appelle une « seconde révolution copernicienne » [3], Kant commence ici par une sorte de recentrage terminologique en utilisant le terme général d'*hypotypose* (littéralement de *modèle mis en-dessous*). Il s'agit là d'une « *Versinnlichung* du concept, de son passage au sensible » [4], par un procédé

1. F. Marty, art. cit., p. 38-39.
2. F. Marty, art. cit., p. 40.
3. E. Weil, *Problèmes kantiens*, Paris, Vrin, 1990, p. 106.
4. *Ibid.*

qui rend sensible. Kant donne l'exemple du moulin à bras, symbole de l'État despotique, et celui du corps animé, symbole de l'État constitutionnel.

On peut même faire un pas de plus, en prêtant attention à une problématique de langage expressément abordée par Kant, pour se distinguer de la *caractéristique* leibnizienne. Le symbole dont il est alors question n'est aucunement ce que Leibniz nomme *symbole*, signes algébriques ou mimiques qui sont des "expressions pour des concepts". En revanche, Kant explique que "notre langue est pleine de telles représentations indirectes" qui offrent "un symbole pour la réflexion", et c'est l'exemple des métaphores du langage philosophique qu'il propose. Il y a couplage, dans la vie du langage, entre faculté de juger déterminante et faculté de juger réfléchissante, que ce rapport soit ou non explicité. Tout au long de la *Critique de la faculté de juger* esthétique affleurent des problèmes de langage. Les idées esthétiques sont une voie pour exprimer l'ineffable [1].

Si l'ampleur maximale de visée repérée dans la *Critique de la faculté de juger* esthétique est atteinte dans la « Dialectique », en revanche dans la *Critique de la faculté de juger* téléologique, l'ouverture sur le champ entier de la philosophie appartient à la « Méthodologie » ; c'est en elle que le *tournant pratique* est pleinement explicité, puisqu'il fallait, pour passer de la fin dernière de la nature à la fin ultime, expliciter la liberté en son acte. C'est pourquoi le parcours de la *Métaphysique des mœurs* y est esquissé à la hauteur des § 83 et 84. Déjà sous cette forme, le monument baroque de la troisième *Critique* allait nous offrir des données fort précieuses pour ce registre des sciences humaines. Kant nous dit notamment ceci au § 83 :

> La condition formelle sous laquelle la nature peut atteindre cette intention finale qui est la sienne est cette disposition dans le rapport des hommes entre eux, où, au préjudice que se portent les libertés en conflit mutuel s'oppose un pouvoir légal dans un tout qui s'appelle la *société civile* ; car c'est seulement en elle que peut se réaliser le plus grand développement des dispositions naturelles. Mais si les hommes étaient assez avisés pour la trouver, et assez sages pour se soumettre à sa contrainte, un tout *cosmopolite*, c'est-à-dire un système de tous les États qui risquent de se porter préjudice entre eux, serait encore nécessaire [2].

Le § 84 vient alors préciser la place et le rôle exceptionnels que l'homme est appelé à tenir dans ce contexte :

> sur l'homme (et donc sur tout être raisonnable dans le monde) en tant qu'être moral, on ne peut continuer à demander pourquoi il existe. Sa présence a la plus haute fin en soi-même, à laquelle, autant qu'il le peut, il peut soumettre la totalité de la nature, ou du moins à l'encontre de laquelle il peut se tenir dans une totale indépendance des influences naturelles. Mais si des choses du monde, en tant qu'êtres dépendants selon leur existence, ont besoin d'une cause suprême agissant selon des fins, alors l'homme est le but final de la création ; car, sans lui, la chaîne des fins subordonnées les unes aux autres ne

1. F. Marty, *op. cit.*, p. 40-41.
2. CFJ, § 83, AK V, 432 ; OP II, 1235-1236.

> serait pas pleinement fondée, et ce n'est qu'en l'homme, mais seulement en lui comme sujet de la moralité, que la législation inconditionnée concernant les fins peut se rencontrer, qui le rend seul capable d'être un but final, auquel est subordonnée téléologiquement la nature tout entière [1].

Comment ne pas voir que nous sont déjà donnés par là en esquisse la « Doctrine du droit » et le *Conflit des Facultés*, à quoi il faudrait sûrement ajouter *l'Anthropologie d'un point de vue pragmatique* ? Contrainte du droit et enthousiasme pour la Révolution de 1789 sont effectivement le paradoxe qui anime la philosophie du droit de Kant issue des textes de la troisième *Critique*, sans oublier qu'il a eu l'audace d'annoncer « prophétiquement » dans le *Conflit des Facultés* que ce « signe d'histoire » est révélateur d'un progrès irréversible pour l'histoire de l'humanité [2].

Si une tradition, celle des « philosophies critiques de l'histoire », a volontiers revendiqué pour elle-même, à partir de Dilthey, le mot d'ordre d'une « critique de la raison historique », en s'efforçant de transposer dans le domaine des sciences humaines les exigences que la *Critique de la raison pure* avait fait valoir à l'égard des sciences de la nature, comme le fait remarquer Alain Renaut,

> il est permis de se demander si l'héritage kantien, qui se pouvait le plus légitimement mobiliser en vue d'une fondation des sciences de l'esprit, n'était pas à rechercher bien davantage du côté de la troisième *Critique* – au point que ce serait, non pas cette *critique de la raison historique* vainement poursuivie par Dilthey et ses successeurs, mais la *Critique de la faculté de juger* elle-même qui, à beaucoup d'égards, ouvrirait la voie d'une *critique des sciences humaines* [3].

Henri D'AVIAU DE TERNAY
(Centre Sèvres)

1. CFJ, § 84, AK V, 435-436 ; OP II, 1239.

2. Voir mon ouvrage *Un impératif de communication. Une relecture de la philosophie du droit de Kant à partir de la troisième Critique*, Paris, Cerf, 2005.

3. Alain Renaut, « Présentation » à sa traduction de la *Critique de la faculté de juger*, Paris, Aubier, 1995, p. 68.

II

MÉTHODOLOGIE ET ÉPISTÉMOLOGIE KANTIENNES

KANT ET L'USAGE MÉTHODOLOGIQUE DES HYPOTHÈSES

Dans la pensée kantienne, la fonction méthodologique assignée aux hypothèses semble, de prime abord, difficile à cerner. Aucun texte qui traite de la question, en particulier la *Critique de la raison pure* et les *Leçons de logique*, ne condamne entièrement l'usage des concepts hypothétiques, puisqu'ils conserveraient, selon Kant, une valeur heuristique importante ; mais aucune de ces sources ne paraît cependant accorder aux hypothèses une place de premier choix dans l'instauration de la science et de la philosophie. À certains endroits, les hypothèses sont comprises comme étant constitutives de la pensée humaine, c'est-à-dire en tant qu'outils méthodologiques auxquels il faut recourir dans la recherche des vérités scientifiques [1]. À d'autres endroits, Kant semble au contraire vouloir complètement évacuer l'emploi de principes hypothétiques, car les véritables connaissances scientifiques et philosophiques se fonderaient sur des principes *a priori* débouchant sur une certitude apodictique [2]. En d'autres termes, seules les vérités universelles et nécessaires, non pas les vérités problématiques, constituent le fondement premier de la raison. Kant hésiterait ainsi entre deux types d'usage de l'hypothèse, l'un constitutif, l'autre accessoire et secondaire. Dans cet exposé, je souhaite montrer que Kant opte davantage pour la première position selon laquelle les hypothèses possèdent une valeur épistémologique importante dans l'établissement d'une méthodologie.

I. Les hypothèses transcendantales

La première partie de la « Théorie transcendantale de la méthode », en particulier la « Discipline de la raison pure par rapport aux hypothèses », demeure sans conteste la source textuelle la plus importante pour comprendre l'utilité philosophique des connaissances hypothétiques. L'une des premières thèses que Kant y défend concerne le caractère secondaire des hypothèses pour la raison pure. Comme l'affirmait déjà la « Préface » à la première édition de

1. *Logique Blomberg*, AK XXIV, 222.
2. CRP, A XV, AK IV, II.

la *Critique de la raison pure*, une philosophie transcendantale, qui recherche des principes apodictiques, ne saurait recourir à des concepts problématiques. Ce qui signifie qu'il faut avant tout établir les vérités universelles et nécessaires. Après quoi il sera possible de fonder le genre hypothétique de connaissance, lequel mène plutôt à des vérités partielles et probables. À première vue, Kant n'accorderait aucune fonction cognitive aux hypothèses transcendantales :

> Pour expliquer des phénomènes donnés, on ne peut employer d'autres choses et d'autres principes d'explication que ceux qui ont été mis en liaison avec les choses et les fondements donnés, suivant les lois déjà connues des phénomènes. Une hypothèse transcendantale, dans laquelle une simple idée de la raison servirait à expliquer les choses de la nature, ne serait par conséquent nullement une explication ; car ce que l'on ne comprend pas suffisamment par des principes empiriques connus, on chercherait à l'expliquer par quelque chose dont on ne comprend rien du tout [1].

Parce qu'elle exprime une simple idée de la raison, laquelle dépasse les limites de l'expérience possible, l'hypothèse transcendantale est dépourvue dès le départ de contenu explicatif. Le problème est ici que la raison outrepasse les conditions de l'expérience, en formant des principes purement idéels, et qu'elle tente de s'en servir pour expliquer les conditions de possibilité de la chose ; en ce sens, une hypothèse transcendantale devient hyperphysique et ne possède aucun fondement valide pour la description des causes naturelles :

> En un mot, il n'est possible à notre raison que de se servir des conditions de l'expérience possible, comme de conditions de la possibilité des choses, mais nullement de se créer en quelque sorte des choses tout à fait indépendamment de ces conditions ; car des concepts de ce genre, sans impliquer pourtant de contradiction, seraient cependant sans objet [2].

En somme, Kant maintient que l'usage transcendantal des hypothèses doit être prohibé, du moins si celles-ci sont considérées en tant que contenus explicatifs. Les hypothèses transcendantales, portant par exemple sur l'âme humaine ou sur la finalité de la nature, ne possèdent aucune fonction descriptive propre, car elles sont le prolongement méthodologique des idées de la raison. Il est certes possible de penser l'âme comme étant simple ou la nature selon des principes téléologiques, mais admettre qu'il en soit ainsi dans la réalité consisterait à porter un jugement dogmatique sans fondement empirique [3].

Or, il ne faudrait pas croire que Kant n'assigne aucune fonction épistémologique aux hypothèses transcendantales. En réalité, l'utilité de tels principes se trouve dans l'usage polémique de la raison pure. De sorte qu'il ne faut pas confondre deux emplois de la raison : d'une part, dans l'usage explicatif, la raison pure ne possède pas la capacité de dépasser les limites de l'expérience

1. CRP, A 772 / B 800, AK III, 503-504 ; OP I, 1341.
2. CRP, A 771 / B 799, AK III, 503 ; OP I, 1340.
3. CRP, A 771-772 / B 799-800, AK III, 503 ; OP I, 1340.

possible ; elle ne peut donc pas prendre appui sur des idées hypothétiques qui n'ont aucun fondement empirique. Kant s'oppose ici à toute doctrine philosophique qui s'établirait à partir des hypothèses dogmatiques. D'autre part, dans l'usage polémique, la raison pure se sert véritablement de principes hypothétiques, mais pour invalider toute prétention dogmatique. Ce deuxième usage vise à convaincre un interlocuteur de renoncer à l'emploi des idées transcendantales en tant qu'elles seraient considérées comme de réelles déterminations des choses. La valeur épistémologique des principes problématiques est à ce stade-ci strictement négative : les hypothèses, dans leur usage polémique, tendent à démontrer que les idées de la raison ne constituent pas de véritables connaissances et qu'il est impossible de leur accorder une propriété explicative. Voici ce que Kant souligne dans la « Discipline » :

> Cependant, bien que dans les questions purement spéculatives de la raison pure il n'y ait pas lieu de faire des hypothèses pour y fonder des propositions, les hypothèses y sont pourtant tout à fait admissibles quand il ne s'agit que de les défendre, c'est-à-dire dans l'usage polémique, non dans l'usage dogmatique. Ce que j'entends par défendre ce n'est pas multiplier les arguments en faveur de son assertion, c'est au contraire simplement réduire à néant les apparentes connaissances par lesquelles l'adversaire prétend ruiner notre propre assertion [1].

Les hypothèses servent à invalider ou, comme le formule Kant, à réduire à néant les principes dogmatiques d'une thèse adverse. Deux aspects caractérisent plus précisément ces contenus méthodologiques : d'une part, les hypothèses polémiques ne forment pas des idées de la raison, mais plutôt des concepts inventés qui visent à marquer les limites de la raison théorique [2]. Ces concepts demeurent conformes à la raison, puisqu'ils en déterminent la légitimité : pour éliminer les hypothèses hyperphysiques, il faut se servir de principes problématiques qui viendront invalider les prétentions dogmatiques à dépasser les limites de l'expérience. D'autre part, ces principes, comme concepts inventés, ne sauraient toutefois être considérés comme de simples fictions de l'imagination : puisque les hypothèses se font assigner une fonction polémique, laquelle consiste à circonscrire le domaine des jugements explicatifs, il n'est pas question pour Kant de les réduire à des contenus fictionnels. Les hypothèses transcendantales ne sont ni des fictions conceptuelles, ni seulement des idées de la raison, mais des contenus problématiques qui jouent un rôle restrictif au sein de la doctrine kantienne de la méthode. Prenons le problème métaphysique de l'interaction entre l'âme et le corps, discuté traditionnellement en psychologie rationnelle. Si quelqu'un soutenait, par exemple, une hypothèse paralléliste, selon laquelle il ne saurait exister de lien causal entre l'âme et le corps, ce dernier porterait un jugement qui dépasse les limites de l'expérience possible. Pour restreindre une telle prétention dogmatique, il faudrait, d'après Kant, recourir à une hypothèse transcendantale contraire. Il

1. CRP, A 776 / B 804, AK III, 505-506 ; OP I, 1344.
2. CRP, A 780 / B 808, AK III, 508 ; OP I, 1347.

s'agirait d'apporter des arguments interactionnistes, suivant lesquels les relations causales entre l'âme et le corps sont possibles, notamment par l'entremise de l'expérience sensorielle, pour tenter d'invalider la thèse paralléliste adverse. Des arguments de ce genre viseraient à critiquer le parallélisme comme position infondée, non pas à infirmer une forme d'interactionnisme ontologique, ce qui équivaudrait évidemment à retomber dans le dogmatisme [1]. Les hypothèses transcendantales dans leur usage polémique servent exclusivement à établir les limites de la raison théorique. Aucune fonction méthodologique plus positive n'est accordée aux hypothèses dans la « Théorie transcendantale de la méthode ». On doit utiliser les concepts hypothétiques comme moyen argumentatif afin de contrer les doctrines dogmatiques. Dans notre exemple, les hypothèses interactionnistes ont ainsi pour seul but d'éradiquer les thèses parallélistes appartenant à la raison dogmatique.

II. La connaissance doxique

Si dans la « Discipline de la raison pure », Kant s'intéresse surtout aux hypothèses transcendantales, particulièrement à en circonscrire la portée autour d'un usage polémique, les différentes versions des *Leçons de logique* fournissent plusieurs éléments qui concernent plus spécifiquement les hypothèses physiques. L'un des premiers points sur lesquels Kant porte son attention dans ces exposés se rapporte à la distinction entre l'opinion et l'hypothèse. Comme l'hypothèse constitue pour Kant une forme particulière d'opinion, on doit par conséquent s'intéresser aux caractéristiques générales de la connaissance doxique. En premier lieu, il faut distinguer l'opinion de la persuasion. Bien que l'opinion et la persuasion constituent deux formes de connaissance probable, elles se distinguent l'une de l'autre par le critère méthodologique suivant : dans l'opinion, on ne tient pas le probable pour de la certitude, c'est-à-dire qu'on s'abstient de prendre pour évidente une vérité qui n'est que partielle et conjecturale, tandis que dans la persuasion on juge au contraire que le jugement relève du domaine de la certitude [2]. L'opinion peut ainsi demeurer une conviction, car il est possible de favoriser une croyance sans tenir celle-ci pour une évidence. En deuxième lieu, Kant affirme que l'opinion n'est pas une connaissance simplement fausse, mais plutôt un type incomplet de cognition ne contenant pas les raisons suffisantes à la représentation de l'objet. Autrement dit, l'opinion exprime des affirmations qui ne sont pas entièrement fondées sur le plan épistémologique, ce qui ne veut pas dire qu'elles sont nécessairement fausses. Le degré de véracité d'une opinion peut ainsi varier : puisque les raisons suffisantes à la représentation de l'objet ne sont pas toutes connues, le contenu de la connaissance doxique est par principe modifiable [3].

1. CRP, A 778 / B 806, AK III, 507.
2. *Logique Blomberg*, AK XXIV, 218.
3. *Logique Blomberg*, AK XXIV, 219.

Comme énoncé partiel et probable, l'opinion conserve toujours un caractère changeant suivant les principes qu'elle contient, lesquels ne satisfont pas à une explication complète des choses.

Or, l'hypothèse représente, d'après Kant, une forme particulière d'opinion, c'est-à-dire une connaissance qui contient des vérités incertaines dont les composantes sont partielles et modifiables. Mais il faut quand même distinguer l'opinion de l'hypothèse, puisque cette dernière possède des attributs propres. Voici ce que Kant souligne dans la *Logique Blomberg* :

> Les hypothèses sont un type très particulier d'opinion philosophique. Mais toutes les hypothèses ne sont pas des opinions philosophiques, seulement certaines d'entre elles. Elles ne servent pas à expliquer les apparences du monde, mais plutôt seulement à expliquer quelque chose en général, ce qui peut émerger de la raison, de l'expérience ou de l'apparence. Une opinion qui concerne la vérité d'un principe fondé sur une quantité suffisante de conséquences est une hypothèse. Si je tiens quelque chose pour vrai de manière *a priori* à cause de ses principes, alors ce n'est rien d'autre qu'une opinion. Au contraire, si je connais le principe depuis une quantité suffisante de conséquences, alors c'est aussi une opinion, non *a priori*, mais plutôt *a posteriori*, et aussi il s'agit d'une hypothèse [1].

Reprenons les éléments du précédent passage : toute opinion contient, selon Kant, une certaine quantité de conséquences à partir desquelles est formée une connaissance de type probable. Dans le premier cas, la formation de cette connaissance doxique tient à la conception de principes *a priori*. Dès lors, il ne s'agit que d'une simple opinion reposant sur des principes dépourvus de fondements empiriques. Même si Kant ne semble pas l'avoir mentionné dans ses cours – même ceux professés après la parution de la première *Critique* –, il semble envisageable de mettre en relation cette première forme de connaissance probable avec l'usage dogmatique des hypothèses transcendantales décrit précédemment. Dans le deuxième cas, les représentations doxiques s'appuient sur des principes empiriques, ce qui transforme l'opinion en hypothèse. L'hypothèse se distingue de l'opinion en ce qu'elle rend raison d'un nombre suffisant de conséquences empiriques. C'est pourquoi il semble qu'on puisse parler de degrés de complétude lorsqu'on oppose l'opinion à l'hypothèse : de ces deux types de connaissance doxique, seule l'hypothèse comporte un fondement épistémologique satisfaisant. Kant soulève cette différenciation dans la *Logique Wiener* :

> La distinction entre l'opinion et les hypothèses est la suivante. L'opinion est un jugement incomplet tenu pour vrai, fondé sur des principes insuffisants, desquels je ne dérive rien. Toutefois, une hypothèse signifie un jugement de vérité fondé sur des principes qui sont suffisants. Lorsque quelque chose est accepté comme principe depuis lequel je peux concevoir la raison suffisante

1. *Logique Blomberg*, AK XXIV, 220. Étant donné qu'il n'existe pas de traduction française des *Leçons de logique*, sauf de la *Logique Jäsche* traduite par L. Guillermit (Paris, Vrin, 1970), je traduis les extraits tirés des *Logiques Blomberg* et *Wiener*.

> des conséquences données, alors c'est une hypothèse. Par conséquent, c'est le jugement tenu pour vrai en une présupposition, non pas d'une connaissance, dans la mesure où il serait lui-même dérivé de principes, mais plutôt parce qu'il est certain de manière médiate. Les connaissances immédiates et certaines sont l'expérience et les axiomes [1].

D'un côté, il existe l'opinion, tirée de la simple raison, qui constitue un jugement problématique basé sur une quantité insuffisante de conséquences. De l'autre, on retrouve l'hypothèse qui comporte suffisamment de fondements certains pour être envisagée comme un jugement adéquat. La complétude de l'hypothèse s'explique de manière ultime par la quantité de principes sur lesquels elle s'appuie. L'explication d'un nombre suffisant de conséquences axiomatiques et empiriques est donc l'élément central rendant possible la formation d'hypothèses.

III. CARACTÉRISTIQUES DE L'HYPOTHÈSE PHYSIQUE

Quelles sont maintenant les conditions par lesquelles Kant accorde à l'hypothèse une fonction méthodologique ? L'élément clé caractérisant l'hypothèse demeure évidemment son lien aux conséquences desquelles elle est déduite. Sans fondements suffisants, c'est-à-dire sans bases empiriques ou axiomatiques, une assertion probable demeurerait une simple opinion, un concept inventé. Mais Kant établit avec plus de précisions le contexte théorique dans lequel l'hypothèse physique est rendue possible. D'abord, la connaissance hypothétique ne saurait être utilisée dans toutes les sciences. J'ai déjà analysé comment l'usage philosophique ou transcendantal de l'hypothèse se réduisait à sa fonction polémique. Or, certaines sciences excluent complètement l'emploi des vérités conjecturales, même dans un usage polémique. Kant pense évidemment aux sciences mathématiques : comme savoirs n'incluant que des vérités apodictiques, les mathématiques ne sauraient intégrer des propositions hypothétiques. Bien qu'elles se fondent sur des propositions certaines, les hypothèses n'expriment pas directement des certitudes. C'est la raison pour laquelle elles doivent être écartées des procédés démonstratifs propres aux mathématiques.

Au contraire, l'usage de conjectures paraît indispensable aux sciences physiques. Sans hypothèses, il est difficile d'envisager une méthode de découverte des lois de la nature qui serait complète. C'est ce que Kant affirme dans la *Logique Wiener* :

> Certaines sciences n'admettent pas les hypothèses, par exemple les mathématiques. Dans les sciences naturelles, cependant, elles sont indispensables. Lorsque le plus de conséquences que nous pouvons trouver peuvent être toutes dérivées d'un seul principe, alors l'hypothèse augmente toujours en probabilité. En fait, bien qu'elle ne soit jamais certaine de manière apodic-

1. *Logique Wiener*, AK XXIV, 886.

tique, pourtant quelque chose d'analogue à la certitude se produit, c'est-à-dire qu'on suit l'hypothèse comme une certitude complète [1].

Kant semble donc faire des hypothèses physiques un outil essentiel à la compréhension des lois de la nature. Elles s'ajustent d'ailleurs au progrès de la science physique, puisqu'une hypothèse devient de plus en plus probable à mesure qu'elle explique un plus grand nombre de conséquences. Même si elle n'est jamais en elle-même une certitude, l'hypothèse augmente en viabilité par sa capacité à décrire davantage de phénomènes. Pour mieux illustrer ce propos, prenons l'exemple de l'hypothèse copernicienne souvent utilisé par Kant. L'hypothèse de Copernic n'est pas directement certaine. Aucune vérité ne vient immédiatement corroborer la thèse de l'héliocentrisme. Mais le système copernicien prouve sa certitude de manière médiate par sa capacité à expliquer une quantité suffisante de conséquences phénoménales. Aucune observation ne permettrait de fonder de façon apodictique l'hypothèse copernicienne, mais chacune en renforce cependant la certitude [2]. En comparaison avec d'autres hypothèses, par exemple avec le système géohéliocentrique de Tycho Brahé, la théorie de Copernic a aussi l'avantage d'être confirmée par un plus grand nombre de conséquences. Aussi bien le système de Tycho Brahé que celui de Copernic possèdent les conditions pour former une hypothèse, mais c'est à partir de la seconde qu'il est possible de déduire un nombre plus important de conséquences. La certitude absolue n'est pas atteignable, mais une probabilité plus grande l'est sans contredit, ce qui permet à une hypothèse de l'emporter sur les autres. Encore une fois, l'hypothèse n'est pas une explication immédiate de la nature des choses, comme le sont les expériences ou les axiomes, mais une explication générale qui se fonde sur ces vérités empiriques et axiomatiques. Il s'agit encore une fois du jugement portant sur une présupposition qui prend appui sur un nombre suffisant de certitudes.

Kant mentionne finalement les critères nécessaires à l'élaboration d'une hypothèse physique : 1) d'abord, bien que le contenu d'une présupposition ne soit pas certain, sa possibilité doit être indubitable. En d'autres termes, les éléments rendant possible un système hypothétique doivent être évidents. Par exemple, si l'on soutient que les secousses sismiques et les volcans sont causés par un feu souterrain, il faut que la possibilité d'une telle présupposition soit certaine. Sinon il s'agirait d'une simple fiction, comme l'idée, soulevée par Kant, selon laquelle les tremblements de terre et les erruptions volcaniques seraient causés par les fluides internes d'un animal souterrain, thèse dont la possibilité n'a aucun fondement certain [3]. En somme, si les composantes d'une doctrine hypothétique n'en expriment pas la possibilité immédiate, autrement dit si elles ne se fondent pas sur des principes évidents, il s'agit d'une simple invention de l'imagination, non d'une réelle hypothèse physique ; 2) il faut

1. *Logique Wiener*, AK XXIV, 887.
2. *Logique Wiener*, AK XXIV, 887-888.
3. *Logique Jäsche*, AK IX, 85.

ensuite que les conséquences à partir desquelles on déduit le principe hypothétique soient légitimes. En d'autres termes, le lien déductif entre l'hypothèse et les conséquences doit être certain. Même si les vérités hypothétiques sont probables, le rapport entre le principe et les conséquences est quant à lui nécessaire. Rapportons-nous à ce qui a été mentionné précédemment : dans une opinion, les conséquences sont dérivées de la simple raison et ne constituent pas des fondements suffisants à la formation d'une connaissance valide, tandis que dans une hypothèse, le principe est au contraire présupposé à partir d'une série adéquate de conséquences [1]. Dans le cas de l'inférence hypothétique, la déduction devra ainsi s'opérer depuis des conséquences suffisantes et légitimes ; 3) finalement, il faut que l'hypothèse exprime une doctrine unifiée. Ce troisième critère vise en fait à éviter la multiplication des hypothèses secondes qui fragiliserait le principe premier. Voici sur ce point un extrait de la *Logique Jäsche* :

> Il est essentiellement exigé d'une hypothèse qu'elle soit unique et qu'aucune hypothèse auxiliaire ne soit requise pour l'étayer. Si en même temps qu'une hypothèse il nous en faut admettre plusieurs autres pour la soutenir, elle perd par là beaucoup de sa probabilité. Car plus sont nombreuses les conséquences qu'on peut déduire d'une hypothèse, plus est elle probable. Ainsi par exemple l'hypothèse de Tycho Brahé ne suffisait pas à expliquer plusieurs phénomènes ; aussi fut-il obligé pour la compléter d'admettre plusieurs nouvelles hypothèses. Or on peut déjà deviner ici que l'hypothèse admise ne peut être le vrai principe. Le système copernicien est au contraire une hypothèse à partir de laquelle on peut expliquer tout ce qui doit être expliqué à partir de celle-ci pour autant que nous ayons jusqu'à présent pu voir. Ici nous n'avons pas besoin d'hypothèses auxiliaires [2].

Encore une fois, la distinction entre les systèmes de Copernic et de Tycho Brahé clarifie grandement la conception kantienne : d'un côté, la doctrine géo-héliocentrique constitue bel et bien une hypothèse, car elle part d'une série suffisante de conséquences et en déduit un principe explicatif. Toutefois, cette hypothèse comporte une faiblesse importante : elle nécessite la description d'hypothèses subsidiaires. Pour soutenir son principe architectonique, Tycho Brahé emploie une théorie des cycles qui joue le rôle d'hypothèses secondes et qui réduit grandement, selon Kant, la probabilité scientifique de l'hypothèse principale [3]. De l'autre, la doctrine strictement héliocentrique de Copernic possède au contraire le mérite d'expliquer les conséquences en un système unifié. La supériorité de l'hypothèse copernicienne sur les autres se mesure donc à partir de deux conditions : d'une part, les principes certains sur lesquels elle se fonde, d'autre part, sa capacité à rendre compte d'un plus grand nombre de conséquences à l'aide d'un petit nombre de principes problématiques. Certes, les hypothèses secondaires sont parfois nécessaires, mais l'objectif

1. *Logique Blomberg*, AK XXIV, 222.
2. LOG (*Logique Jäsche*), AK IX, 85-86 ; trad. fr. Guillermit, p. 96.
3. *Logique Wiener*, AK XXIV, 889.

principal de la démarche hypothétique en physique demeure pour Kant d'unifier les explications sous une seule doctrine. La variété des conséquences doit être articulée autour de principes hypothétiques simplifiés.

IV. Conclusion

En conclusion, on peut dire que l'hypothèse s'intègre chez Kant à une méthode générale de la découverte des lois de la nature. Elle n'est pas en elle-même une explication des phénomènes physiques, c'est-à-dire qu'on ne saurait la valider de manière immédiate, mais elle permet d'intégrer en une doctrine diverses conséquences axiomatiques et empiriques. Le but premier de l'hypothèse reste surtout l'avancement de la recherche des causes physiques : en accumulant une plus grande quantité de conséquences sous une même doctrine, la connaissance hypothétique permet de modifier et de faire évoluer la description des phénomènes. C'est en ce sens que l'hypothèse est beaucoup plus qu'une simple opinion, car elle permet de construire une doctrine à partir de conséquences phénoménales, que des observations et découvertes ultérieures viendront enrichir. L'hypothèse ne saurait également se réduire à une fiction imaginative, puisqu'elle fait partie d'un processus de découverte scientifique : sans être de nature apodictique, l'hypothèse s'appuie tout de même sur des conditions nécessaires qui lui permettent de remplir une fonction méthodologique. D'abord, il faut que sa possibilité soit évidente, sinon elle ne serait qu'une chimère de l'imagination ; ensuite, son lien déductif aux conséquences doit être valide. Sans constituer une vérité universelle et nécessaire, l'hypothèse s'établit tout de même à l'aide d'une relation nécessaire aux conséquences légitimes. Finalement, l'hypothèse doit présenter une forme unifiée pour éviter la multiplication d'hypothèses secondaires. Plus une hypothèse sera simple et capable de rendre compte d'un grand nombre d'explications, plus sa valeur de vérité sera élevée. C'est grâce à cette fonction théorique que l'hypothèse joue un rôle clé dans la méthodologie kantienne, comme élément cognitif essentiel à la découverte des lois de la nature.

Christian Leduc
(Université de Heidelberg)

QU'EST-CE QU'UN POSTULAT ?
CONSIDÉRATIONS SUR L'ANTI-CONSTRUCTIVISME DE KANT

Cet article aborde les trois questions suivantes : pourquoi Kant utilise-t-il, dans la *Critique de la raison pure*, le mot « postulat » pour définir les principes *a priori* de la modalité ? Quelle est la signification de ce mot dans la philosophie kantienne ? Qu'est-ce qu'un « postulat » en général ? Tenter de répondre à ces demandes nous oblige à considérer de près le rapport entre Immanuel Kant et Johann Heinrich Lambert, ce qui veut dire entre la philosophie transcendantale et le constructivisme philosophique de l'âge moderne. Les réflexions qui suivent servent, d'une part, à mieux comprendre la signification du mot « postulat » dans l' « Analytique des principes » ; elles renforcent, d'autre part, la conviction que la philosophie kantienne ne peut en aucune manière être assumée ou résumée sous le titre du constructivisme.

I. Le sens du mot « postulat » dans la première *Critique*

À la fin des « Postulats de la pensée empirique en général », Kant explique aux lecteurs la raison qui l'a conduit à intituler ainsi cet important chapitre. Il écrit tout d'abord :

> Je ne veux pas prendre ici cette expression dans la signification que lui ont donnée quelques auteurs philosophiques récents, contre le sens des mathématiciens, auxquels pourtant cette expression appartient proprement, à savoir que postuler veut dire donner une proposition pour immédiatement certaine, sans justification ni preuve (*Ich will diesen Ausdruck hier nicht in der Bedeutung nehmen, welche ihm einige neuere philosophische Verfasser wider den Sinn der Mathematiker, denen er doch eigentlich angehört, gegeben haben, nämlich : daß Postuliren so viel heißen solle, als einen Satz für unmittelbar gewiß ohne Rechtfertigung oder Beweis ausgeben*) [1].

C'est une question assez importante – bien qu'elle puisse sembler concerner un problème purement historique – de savoir qui sont précisément ces

1. CRP, A 232-233 / B 285, AK III, 197 ; OP I, 963.

auteurs philosophiques récents (*einige neuere philosophische Verfasser*), qui ont oublié le vrai sens (mathématique) du mot « postulat ».

Dans une note de l'édition de la *Critique de la raison pure* réalisée par Paul Guyer et Allen Wood (Cambridge University Press), on peut lire la remarque suivante : « Kant may be referring here to Johann Heinrich Lambert, who made much use of the term *postulate* in his philosophy » [1]. Cette référence, sur laquelle les auteurs s'arrêtent longuement, est à mon avis fausse.

Elle est fausse, parce que Kant, tout en restant très vague, se réfère ici plutôt à Wolff et aux philosophes de l'école wolffienne. Je rejoins en ce sens plutôt François Marty, qui, dans une note de l'édition de la Pléiade [2], renvoie au § 269 de la *Philosophia rationalis sive Logica* de Wolff (1728) (où le postulat est défini comme une « *propositio practica indemonstrabilis* » [3]) et à l'*Auszug aus der Vernunftlehre* de Meier (1752) [4]. On pourrait ajouter à la liste de F. Marty la *Deutsche Logik* [5] et les *Anfangsgründe aller mathematischen Wissenschaften* de Wolff (écrits en 1710), où le postulat est défini au § 32 comme tout ce qu'on peut assumer sans recourir à une preuve : « was so klar zu seyn scheinet, dass man es ohne Beweiß annehmen kann » [6]. On retrouve également des définitions similaires chez Baumgarten et chez tous les philosophes de la *Schulphilosophie.*

Mais la référence de l'édition de Cambridge est plus que simplement fausse. Elle est pour ainsi dire doublement fausse, parce que c'est justement grâce à Lambert, et avec Lambert, que Kant développe sa critique de l'usage non mathématique du mot « postulat ». Kant emprunte le mot « postulat » à Lambert et le rejoint pour critiquer les philosophes de la *Schulphilosophie* qui ont oublié ou trahi la signification mathématique et euclidienne du terme.

1. Immanuel Kant, *Critique of pure reason*, éd. P. Guyer et A. Wood, *The Cambridge Edition of the works of Immanuel Kant*, Cambridge, Cambridge University Press, 1998, note 90, p. 732.

2. CRP, note 1 à la p. 964 ; OP I, 1641.

3. Wolff, *Philosophia rationalis sive Logica, methodo scientifica pertractata et ad usum scientiarum atque vitae aptata. Praemittitur Discursus preliminaris de philosophia in genere*, Frankfurt et Leipzig, 1728. Quatrième édition, 1740, dans Christian Wolff, *Gesammelte Werke*, hrsg. und bearbeitet von J. Ecole, J. E. Hofmann, M. Thomann, H. W. Arnd und anderen, Hildesheim, Olms, 1962.

4. Voir Kant, AK XVI, 668.

5. Wolff, *Vernünfftige Gedancken von den Kräfften des menschlichen Verstandes und ihrem richtigen Gebrauche in Erkäntniß der Wahrheit*, Halle, 1713, dans Wolff, *Gesammelte Werke*, I, 1. On peut lire ici : « Die Erwägungs-Sätze, welche aus einer Erklärung hergeleitet werden, nenne ich Grund-Sätze; die Übungssätze, welche man aus einer Erklärung schliesset, Heische-Sätze » (chap. 3, § 13).

6. *Anfangsgründe aller mathematischen Wissenschaften*, Halle, 1710, dans Wolff, *Gesammelte Werke*, I, 12-15.

II. QU'EST-CE QU'UN *POSTULAT* EN GÉNÉRAL ?

Le mot « postulat » est la traduction latine du grec αἴτημα, qui, dans les *Eléments* d'Euclide, renvoie à la possibilité de la construction d'une figure élémentaire.

— Une droite peut être tracée en joignant deux points quelconques.
— Un segment de droite peut être prolongé indéfiniment en une ligne droite.
— Étant donné un segment de droite quelconque, un cercle peut être tracé en prenant ce segment comme rayon et l'une de ses extrémités comme centre [1].

Lambert traduit dans ses textes le mot latin « postulat » par le concept allemand de *Forderung*. La traduction de Wolff (suivie par la plupart de ses élèves) par *Heische-Satz* lui semble, elle, erronée. On perd, en effet, ainsi le caractère actif et pratique (et donc thétique, pas simplement théorique) du mot. Les postulats d'Euclide ont la forme de tâches pratiques qui démontrent la possibilité (ou l'impossibilité) de construire un objet. Ils sont, en tant que tels, actions ou constructions du sujet. Wolff n'a donc pas su saisir la signification exacte du mot et – ce qui est plus grave – la méthode même de la géométrie euclidienne.

Lambert décrit d'une façon presque émouvante sa découverte de la vraie méthode mathématique selon Euclide :

> Ich hatte den Euclid erst lange nach dem Wolfe gelesen [...]. Ich wusste schon ungefehr, was Schulmethode und mathematische Methode war, und mit allem dem setzte mich schon die erste Proposition Euclids in Verwunderung. Ich dachte etwann, er werde bey den ersten Lehrsätzen von Vergleichung der Winkel anfangen. Allein er nimmt Winkel, Seite und Figur auf einmal, und statt eines Lehrsatzes fängt er mit einer Aufgabe an (à la place d'une définition, il commence par une tâche pratique). Wie, dachte ich, muss nicht die Theorie vorgehen, ehe man zur Ausübung schreitet ? (Comment, pensais-je, la théorie ne doit-elle pas précéder la pratique, plutôt que l'inverse ?) [2].

Ce sont des considérations sur la signification épistémologique du postulat euclidien. Lambert redéfinit à partir de cela la signification propre de la méthode mathématique et il reproche à Wolff de ne pas savoir ce qu'est la méthode mathématique en tant que telle. On a ici la critique la plus claire et la mieux ciblée que le rationalisme du XVIIIe siècle ait su diriger contre le plus important de ses représentants : Christian Wolff. Wolff n'a pas su comprendre

1. Je me limite à rappeler ici les trois premiers postulats, parce qu'ils sont les seuls qu'on trouve dans l'édition des *Eléments* d'Euclide, que Lambert et Kant avaient sous les yeux : Euklid, *Elementorum Euclidis libri XV ad Graeci contextus fidem recensiti et ad usum tironum accommodati*, Baermann, Georg Friedrich éd., Leipzig, Gliditsch, 1743.

2. *Abhandlung vom Criterium veritatis* (1761), K. Bopp éd., Kant-Studien Ergänzungshefte, Nr. 36, Berlin, Verlag von Reuther und Reichard, 1915, § 79.

– dit Lambert – le caractère pratique de la science (en reléguant toute considération pratique dans la théorie du bien et du mal).

Le résultat de la critique de Lambert est l'affirmation d'un constructivisme radical qui doit s'affirmer dans toute forme de science et rendre ainsi complètement marginal le recours à l'expérience.

> La connaissance scientifique sert avant tout à rendre superflue toute expérience et, par conséquent, à déterminer par avance tout ce dont on pourrait encore faire l'expérience (*Die wissenschaftliche Erkenntniß soll dienen, Erfahrungen überflüssig zu machen, und folglich das, was man noch erst erfahren müsste, voraus zu bestimmen*) [1].

Kant se réfère implicitement à Lambert quand il affirme vouloir utiliser le mot « postulat » dans la signification spécifique que lui ont donnée les mathématiciens. Il s'insère ainsi dans la polémique que le mulhousien avait ouverte sur ce sujet contre les philosophes de l'école wolffienne. Il y a pourtant des différences énormes entre Kant et Lambert par rapport à l'utilisation qu'ils font du mot. C'est donc sur ces différences, qu'il faut maintenant concentrer notre attention.

III. Les définitions du postulat chez Lambert et chez Kant

À la différence de Lambert, qui se réfère au mot « postulat » dans son sens proprement mathématique, Kant opère une translation métaphorique dans la signification de ce mot. Les postulats de la pensée empirique en général désignent la position originaire non d'une ligne ou d'un cercle, mais de l'objet même de la part du sujet connaissant : un objet est avant tout « possible », « réel » ou « nécessaire ». Kant thématise ainsi le problème fondamental de la définition de l'objectivité de l'objet en tant que tel. Le passage (la métaphore) de la signification mathématique à la signification transcendantale est présenté par Kant comme simple et intuitif : « So können wir demnach mit eben demselben Rechte die Grundsätze der Modalität postulieren » [2].

On peut en effet aisément comprendre le caractère originaire des deux gestes : comme les postulats mathématiques posent leurs objets, les postulats de la pensée empirique considèrent l'objet dans sa position, pour ainsi dire, pure.

La différence fondamentale entre ces deux significations du même mot a été bien soulignée par H. J. Paton :

> [Kant's Postulats] like the mathematical postulates [...] are concerned with the activities of the mind through which an object is constructed and a concept produced. This resemblance is not destroyed by the presence of differences in the two cases, differences which are obvious enough, since the mathematical

1. *Neues Organon* (*Dianoiologie*), Johann Heinrich Lambert, *Gesammelte philosophische Schriften* (IX Bde), H. W. Arndt éd., Hildesheim, Olms, 1965-1968, Bd. I, § 678.
2. CRP, A 234 / B 287, AK III, 198 ; OP I, 964.

> postulate determines the character of the object through and through, whereas Kant's Postulates determine the inner character of the object not at all [1].

Il s'agit en tout cas d'une position originaire, ce que justifie la translation métaphorique d'un contexte à l'autre ; mais les postulats mathématiques déterminent entièrement les objets mathématiques, tandis que les postulats de la pensée empirique laissent indéterminé leur objet. Ces derniers ne posent pas un objet défini, mais seulement l'objectivité vide de l'objet physique en général [2].

Une autre différence, plus générale mais étroitement liée à ce qu'on vient de décrire, consiste dans le fait que Kant n'essaie pas, à travers la redécouverte du mot « postulat », de reconduire la philosophie à la méthode mathématique. Il s'agit en effet chez Lambert de redéfinir le rapport entre philosophie et mathématiques. Dans les « Postulats de la pensée empirique en général », on retrouve en revanche, sous un titre inspiré par les mathématiques, une réflexion de caractère plutôt logique (concernant les jugements, très particuliers, de la modalité), visant à la définition de l'objet physique, dans un contexte de psychologie transcendantale. On a donc à faire à plusieurs disciplines différentes étroitement liées entre elles. Et la mathématique est, à bien y regarder, celle qui nous aide le moins à comprendre la signification des « Postulats de la pensée empirique en général ».

C'est tout d'abord la logique qui nous offre le meilleur éclaircissement sur la fonction et la signification de ces principes liés aux catégories de la modalité. Les jugements modaux ne contribuent en rien, nous dit Kant, à la définition du contenu du sujet de la proposition. Ils n'ont surtout pas – à la différence des autres jugements, qui nous disent quelque chose sur la nature du sujet – une fonction prédicative. La modalité des jugements possède le caractère distinctif de concerner seulement la valeur de la copule [3]. Il faut préciser en ce sens qu'il ne s'agit pas ici d'une détermination simplement adverbiale de la copule, comme par exemple dans la phrase « Socrate court nécessairement ». Cette affirmation n'est pas vraiment différente de l'affirmation : « Socrate court lentement (ou vite) ». Il s'agit ici de la simple prédication du verbe, que les logiciens du Moyen Âge appelaient la modalité *de re*. La modalité kantienne est une modalité *de dicto*. Elle ne concerne pas le verbe (copule), le sujet ou le prédicat en tant que tels, mais la phrase tout entière. La modalité occupe ainsi une position tout à fait particulière dans le jugement, parce qu'elle divise le jugement « A est B » en deux phrases différentes. Non pas : « A est nécessairement B », mais plutôt : « Nécessairement (A est B) ».

1. Herbert James Paton, *Kant's Metaphysic of Experience. A commentary on the first half of the Kritik der reinen Vernunft* (I-II), Northampton, 1936, Reprint, Bristol, Thoemmes, 1997, II, p. 369-370.

2. Je ne discute pas ici le sens de l'utilisation – aussi métaphorique – du mot « postulat » dans la *Critique de la raison pratique*. Kant souligne en ce sens les difficultés qui ont accompagné le choix de ce mot dans le contexte de la définition des présuppositions théorétiques de la morale : « Ich wußte für diese subjective, aber doch wahre und unbedingte Vernunftnothwendigkeit keinen besseren Ausdruck auszufinden » (CRPr, AK V, 11 ; OP II, 618).

3. Voir CRP, A 74 / B 100, AK III, 89 ; OP I, 830.

Du point de vue de la psychologie transcendantale, on doit considérer la particularité suivante : la modalité n'est pas une spécification de l'objet en tant que tel, mais du rapport de l'objet au sujet et à la faculté de connaître qui se rapporte à lui. Les jugements *a priori* de la modalité ne sont pas objectifs-synthétiques (*nicht objectiv-synthetisch*) [1], mais plutôt subjectifs-synthétiques. Il ne référent pas à l'objet, mais au sujet dans son rapport à l'objet :

> Les principes de la modalité [...] indiquent seulement comment le concept est lié en général à la faculté de connaître. (*Die Grundsätze der Modalität* [...] *sagen von einem Begriffe nichts anders, als die Handlung des Erkentnißvermögens* [c'est-à-dire de l'entendement, de la sensibilité et de la raison], *dadurch er erzeugt wird*) [2].

C'est donc aussi dans une perspective psychologique qu'il faut chercher la vraie signification des trois postulats.

Kant considère finalement dans les « Postulats » les thèmes fondamentaux de l'ontologie classique (la possibilité, la réalité, la nécessité) et prend position par rapport à toute autre théorie de l'objectivité : le rationalisme, l'empirisme, le scepticisme, l'idéalisme, etc. Son but n'est pas ici de décrire la nature de l'objet, mais de répondre à la question fondamentale du sens de l'objectivité en tant que telle. Les modalités référent donc d'une part à la subjectivité ; elle thématisent d'autre part l'objectivité même de l'objet physique. C'est ici le paradoxe constitutif de cette partie de la *Critique de la raison pure*.

La métaphore mathématique du postulat trouve donc son expression dans le contexte d'un discours à la fois logique, psychologique, physique et ontologique.

Lambert développe à partir de ses réflexions sur les postulats d'Euclide une toute nouvelle définition de la possibilité en tant que possibilité pratique, c'est-à-dire en tant que capacité à produire ou à construire quelque chose. Il s'oppose ainsi à la définition purement logique de Wolff. Celui-ci voyait le possible comme ce qui ne contient pas de contradiction et posait cette définition au tout début de son ontologie.

Si l'on considère maintenant l'articulation interne des postulats de la pensée empirique, on voit clairement le primat que Kant confère à la catégorie de la nécessité. Dans le chapitre sur la table des jugements, il décrit en ce sens le processus d'une « incorporation graduelle » (*progressive Einverleibung*) de la vérité dans le jugement problématique, assertorique et finalement apodictique. Cela correspond aux « trois niveaux d'assimilation de la vérité » (*die drei Stufen des Fürwahrhalten*), que sont le *meinen* (penser), le *glauben* (croire) et le *wissen* (savoir). On obtient un vrai savoir (*wissen*) et une connaissance objective seulement si on conçoit une nécessité (la nécessité d'une loi) [3].

Le primat du nécessaire est confirmé aussi par un autre schème, plus important, qui décrit au mieux la structure de la modalité selon Kant : la possi-

1. CRP, A 233 / B 286, AK III, 197 ; OP I, 964.
2. CRP, A 234-235 / B 287, AK III, 198 ; OP I, 965.
3. Voir CRP, A 76 / B 101, AK III, 90 ; OP I, 831.

bilité exprime la forme de l'expérience, la réalité la matière, la nécessité finalement la conjonction de la forme et de la matière. Cela reflète au mieux la définition du possible (selon le premier postulat), « ce qui s'accorde avec les conditions formelles de l'expérience », celle du réel, « ce qui est en cohésion avec les conditions matérielles de l'expérience », et celle du nécessaire, « ce dont la cohésion avec le réel est déterminé suivant les conditions de l'expérience » [1].

Pour résumer, on peut dire que l'on a ici les deux meilleures critiques (celle de Lambert et celle de Kant) de la notion wolffienne de « possibilité », qui vont d'ailleurs dans deux directions diamétralement opposées. Lambert définit le possible sur la base de la reconsidération de la méthode mathématique de la géométrie euclidienne. Kant oppose par contre à la définition classique de la possibilité, comme ce qui ne contient aucune contradiction, une définition qui subordonne la possibilité même à la nécessité en tant que reconnaissance de la légalité de l'expérience.

La théorie de la possibilité, que Kant développe dans le premier postulat, s'oppose donc de la façon la plus explicite à la notion constructiviste de la possibilité qui découle des arguments de Lambert. C'est sous un titre inspiré par le constructivisme de Lambert que Kant développe une théorie explicitement anti-constructiviste de l'objectivité.

On ne peut d'autre part affirmer et bien représenter l'anti-constructivisme de Kant que si l'on démontre la nature anti-constructiviste de sa philosophie des mathématiques. C'est plus difficile parce que Kant se réfère dans ce cas positivement et directement au constructivisme et parce que, dans la mathématique, possibilité et réalité coïncident : « Denn nur der Begriff von Größen läßt sich construiren, d.i. a priori in der Anschauung darlegen » [2].

Les objets mathématiques de Kant ont pourtant une réalité objective justement à cause du fait que leur forme est la forme même de tous les objets de l'expérience. Lambert théorise une science qui, selon le modèle mathématique, est indépendante de toute expérience. Il affirme en ce sens l'autonomie du sujet pensant par rapport à tout contenu de la pensée. Les conditions universelles de la construction mathématique sont, par contre, pour Kant les conditions mêmes de l'expérience sensible. Son constructivisme ne débouche pas sur le logicisme extrême de Lambert, mais, tout au contraire, sur un anti-logicisme et sur un sensualisme tout à fait particulier, qui confère à la sensibilité la capacité même de juger *a priori*. Le constructivisme kantien n'affirme surtout pas l'indépendance du sujet par rapport à toute expérience. Il affirme tout simplement la légalité formelle du sensible. Il ne peut pas en ce sens être considéré comme un constructivisme au sens propre du terme.

Giuseppe MOTTA
(Université de Trèves)

1. Voir CRP, A 218 / B 265-266, AK III, 185 ; OP I, 948.
2. CRP, A 714 / B 742, AK III, 469 ; OP I, 1298.

LE RÔLE DU SCHÉMATISME DANS LA CONNAISSANCE : UNE INTERPRÉTATION SÉMIOTIQUE

Nous défendrons ici l'idée qu'une des contributions spécifiques du schématisme aux processus de connaissance tient au fait qu'il articule images et langage. Pour le montrer, nous nous attacherons à souligner la portée stratégique de la géométrie si l'on veut comprendre l'élaboration de la notion de « schème ».

L'intelligence de la géométrie exige pour Kant qu'on explique comment nous pouvons présenter dans l'intuition *le concept lui-même.* C'est une difficulté, car, de fait, on ne trace jamais que des particuliers. Lorsque l'on construit le concept en le présentant dans l'intuition, ce n'est jamais *le concept lui-même* qui est tracé, mais une figure singulière. Quel est le rapport de cette figure au concept, et que devient le concept lui-même, puisque ce qui lui donne naissance, à savoir sa construction, est toujours la construction d'un singulier ?

Afin de mesurer l'originalité de la solution kantienne, on gagne à relire un texte important de Rousseau, un des philosophes dont l'influence sur Kant fut la plus grande :

> Les idées générales ne peuvent s'introduire dans l'esprit qu'à l'aide des mots, et l'entendement ne les saisit que par des propositions. [...] Toute idée générale est purement intellectuelle ; pour peu que l'imagination s'en mêle, l'idée devient aussitôt particulière. Essayez de vous tracer l'image d'un arbre en général, jamais vous n'en viendrez à bout, malgré vous il faudra le voir petit ou grand, rare ou touffu, clair ou foncé, et s'il dépendait de vous de n'y voir que ce qui se trouve en tout arbre, cette image ne ressemblerait plus à un arbre. Les êtres purement abstraits se voient de même, ou ne se conçoivent que par le discours. La définition seule du triangle vous en donne la véritable idée : sitôt que vous en figurez un dans votre esprit, c'est un tel triangle et non pas un autre, et vous ne pouvez éviter d'en rendre les lignes sensibles ou le plan coloré. Il faut donc énoncer des propositions, il faut donc parler pour avoir des idées générales [1].

1. Jean-Jacques Rousseau, *Discours sur l'origine et les fondements de l'inégalité parmi les hommes*, Paris, Folio, 1969, p. 79-80. L'influence historique de ce texte sur Kant ne peut être ni parfaitement établie, ni formellement contestée. Il est sûr que Kant avait une connaissance précise du *Second discours* et, qui plus est, de première main ; cependant ici la prudence reste de mise. Nous tenons à remercier M. Jean Ferrari d'avoir jugé l'hypothèse au moins vraisemblable.

La thèse principale pose un lien nécessaire entre le fait de posséder des idées générales et le fait de parler. Les mots et les propositions ne sont pas ce qui tient lieu d'idées générales préalables au langage, mais ce qui permet à de telles idées de se constituer dans l'esprit. Les mots et les jugements ne sont pas seconds par rapport aux idées, mais ils coïncident avec elles, ou du moins les accompagnent.

L'argumentation prend la forme de concessions à l'empirisme et d'un refus radical de celui-ci. Affirmer que « toute idée générale est purement intellectuelle », c'est refuser de penser que toute idée est en dernière instance particulière (Hume), c'est affirmer avec force que l'idée générale n'est pas une sensation édulcorée. Par là, Rousseau se refuse d'emblée à toute posture empiriste. Parallèlement, il va en retour comprendre et justifier la thèse humienne selon laquelle toute idée que l'esprit veut se *représenter* est particulière.

Il faut noter absolument la différence que Rousseau prend soin de marquer entre image et idée. Dès que l'on essaie de se donner une représentation d'arbre, on ne peut jamais se donner qu'une image, et jamais une idée : car alors la généralité qui est le propre de l'idée est perdue. À l'inverse, si l'on tente de se figurer uniquement ce qui se trouve en tout arbre, on ne se figure plus rien. En disant qu'un tracé ne conservant que ce qui est commun à tous les arbres « ne ressemblerait plus à un arbre », Rousseau veut en réalité dire que le résultat obtenu *n'aurait plus rien d'une image*. La dernière partie du texte va en tirer les conséquences pour la géométrie. D'un côté, Rousseau y montre que même les représentations des êtres purement abstraits, en tant qu'elles sont des *représentations*, ne peuvent être que particulières et ne peuvent pas accéder à la généralité des *idées*. L'esprit ne peut se donner de représentation du triangle sans que cette représentation soit immédiatement particulière (isocèle, rectangle, scalène...). D'un autre côté, le constat de l'impossibilité d'une figuration générale n'aboutit pas à la négation de l'existence des idées générales. Au contraire, Rousseau s'appuie sur ce constat pour affirmer que le niveau d'existence des idées est autre. Ces dernières n'ont d'existence que par leur « définition », « par le discours ». On est à présent parfaitement en mesure de comprendre pourquoi Rousseau insistait au début du texte sur le fait que l'entendement ne saisit les idées générales « que par des propositions » : c'est que l'idée générale ne se constitue que par le déploiement linguistique de sa définition, ou par la ou les propositions qui en spécifient l'usage. « Il faut donc énoncer des propositions, il faut donc parler pour avoir des idées générales ».

À partir de là on peut mieux revenir au schématisme.

Kant sait que le risque encouru si l'on considère que les idées générales de la géométrie, par exemple le triangle, n'ont une existence qu'intellectuelle, c'est de tomber dans une nouvelle difficulté, à savoir ne pouvoir penser la réflexion géométrique que comme une opération à partir de définitions, et s'interdire de comprendre la façon dont les géomètres ont pu s'appuyer de façon si heureuse sur des figures tracées ou imaginées [1]. Mais simultanément, le problème a été posé par Rousseau dans des termes qui semblent absolument nécessaires : l'imagination ne peut sortir du singulier, et seul l'usage du langage permet d'élever l'idée à l'universel. La percée kantienne va donc consister à repenser le rôle de l'imagination. Celle-ci ne sera plus simplement, comme chez Rousseau, la production d'images singulières, elle sera également réflexion sur les images produites, et ceci *relativement aux mots et propositions qui donnent aux images leur valeur exemplaire.* L'imagination, dans sa fonction schématique, sera production de l'image comme image médiatisée par le langage et ses processus sémiotiques. À partir de là, la construction des concepts sera pensée comme production d'une image et réflexion sur cette image *à partir de la définition linguistique du concept.* Le schème sera donc pour les concepts géométriques, non pas une représentation tierce, ni image, ni concept, mais bien une certaine *valeur de l'image*, l'image vue à travers le langage.

Nous allons à présent voir en quoi cette solution permet de penser à nouveaux frais le schématisme des concepts géométriques. Dans le passage de la « Discipline de la raison pure » où Kant définit la construction de concept comme présentation *a priori* du concept dans l'intuition, il prend comme exemple la construction du triangle :

> Ainsi je construis un triangle en présentant l'objet correspondant à ce concept soit par la simple imagination dans l'intuition pure, soit même, d'après celle-ci, sur le papier dans l'intuition empirique, mais dans les deux cas tout à fait *a priori*, sans en avoir tiré le modèle de quelque expérience que ce soit [2].

Le point vaut la peine d'être noté ! Il existe une construction empirique des figures qui peut parfaitement être dite « *a priori* » ; construire un concept *a priori* n'implique pas qu'on le construise dans l'intuition pure ! Voilà qui a de quoi étonner. Mais Kant s'en explique aussitôt :

> La figure singulière tracée ici est empirique, et pourtant elle sert à *exprimer* le concept sans porter préjudice à son universalité, parce que, dans cette intuition empirique, on ne regarde jamais que l'acte de la construction du concept, auquel beaucoup de déterminations comme celles de la grandeur, des côtés et des angles, sont tout à fait indifférentes et que l'on fait abstraction de ces différences qui ne changent pas le concept du triangle [3].

Que la figure soit tracée dans l'intuition pure ou dans l'intuition empirique, peu importe en définitive, ce n'est pas là ce qui explique l'usage des figures dans la géométrie, puisque dans les deux cas la figure est « singulière ». Mais une figure singulière peut néanmoins valoir comme construction du concept et revêtir de ce fait une valeur universelle (d'où le fait qu'on puisse la dire dans

1. Les progrès des mathématiques en lien avec le développement de l'algèbre puis de l'écriture logique ne peuvent supprimer ce problème irréductible : « comment les mathématiques ont pu naître dans l'image avant de grandir dans l'écriture » (Pierobon, *Kant et les mathématiques*, Paris, Vrin, 2003, p. 126).

2. CRP, A 713 / B 741, AK III, 469 ; OP I, 1298.

3. *Ibid.*

tous les cas « *a priori* »), du fait qu'elle est réfléchie et pensée simplement eu égard à « l'acte de construction ».

Or, et c'est là que tout s'éclaire, en quoi peut consister cet acte lui-même ? On serait bien en peine de le caractériser autrement qu'en l'assimilant à la définition verbale du concept géométrique lui-même.

Ce qui définit l'acte de construction d'un triangle, c'est bien « le concept d'une figure renfermée entre trois lignes droites » [1], de même que ce qui définit l'acte de construction d'un cercle, c'est la définition du cercle comme ensemble de tous les points équidistants à un point donné dans un plan donné. La figure seule n'est qu'un singulier (ce que Rousseau avait vu), et de la définition verbale seule le philosophe ne peut rien faire. En revanche la figure rapportée au verbe, le singulier médiatisé par les signes et les jugements, voilà ce qui permet de penser la construction du concept. Le terrain de la solution, à savoir le dépassement du singulier vers le langage, a bien été indiqué par Rousseau, mais le mérite de Kant est d'avoir compris que l'imagination ne devait pas pour autant être pensée comme opposée à la langue, mais bien comme médiation du spatial et du linguistique. Et Kant de conclure à la suite des passages que nous avons cités :

> La connaissance mathématique [considère] le général dans le particulier, et même dans le singulier, mais *a priori* et au moyen de la raison, de telle sorte que, comme ce singulier est déterminé sous certaines conditions universelles de la construction, de même l'objet du concept *auquel ce singulier correspond comme son schème* doit être pensé comme universellement déterminé [2].

Ce passage est absolument capital : il permet de voir que le schème des concepts géométriques n'est rien d'autre qu'une *image*, mais traversée de langage. On peut à partir de là revenir sur le chapitre « Du schématisme » lui-même pour éclairer les formulations complexes sur le schème du triangle :

> Nos concepts sensibles purs n'ont pas pour fondement des *images* des objets, mais des schèmes. Il n'est pas d'image du triangle qui serait adéquate au concept d'un triangle en général. En effet, elle n'atteindrait pas l'universalité du concept, qui le rend valable pour tous les triangles, rectangles, à angles obliques, etc., mais elle serait toujours restreinte à une partie seulement de cette sphère. Le schème du triangle ne peut jamais exister ailleurs que dans la pensée, et signifie une règle de la synthèse de l'imagination en vue de figures pures dans l'espace [3].

Ce texte est le pendant parfait de ceux que nous avons analysés jusqu'à présent, dans la mesure où il met l'accent sur la deuxième dimension du schème, la dimension intellectuelle. Il affirme que le schème doit être rapporté à une « *règle* de la synthèse ». Mais qui est familier de la lecture de Kant ne peut s'y tromper. Ce qui chez Kant est nommé en général « règle », c'est

1. CRP, A 716 / B 744, AK III, 470 ; OP I, 1300.
2. CRP, A 714 / B 742, AK III, 469 ; OP I, 1298.
3. CRP, A 140-141 / B 180, AK III, 136 ; OP I, 886-887.

toujours un concept ou une proposition. C'est donc bien dans son rapport à la conceptualité déployée comme langage et propositions que la généralité du schème peut se détacher sur le fond des figures singulières. Dire que « le schème signifie une règle de la synthèse de l'imagination en vue de figures pures dans l'espace » revient donc à dire que le schème est une *image signifiant une règle*, c'est-à-dire une image envisagée uniquement au point de vue de la règle qui a permis sa production. Kant insiste tantôt sur le caractère figuré du schème, tantôt sur le caractère universel de celui-ci, et donc par là sur ce qui le rattache immédiatement à une règle.

Pour voir en quoi les différents passages sur les schèmes des concepts sensibles, loin de s'opposer paradoxalement les uns aux autres, se complètent et se précisent, il faut garder à l'esprit ceci que le schème, c'est *l'unité concrète* du conceptuel-propositionnel (la règle) et d'une image (figure dans l'espace). Selon que l'accent est mis sur un versant ou l'autre de cette unité concrète, le schème est présenté comme représentation ou comme règle, comme image ou comme méthode. Suivons les derniers passages où Kant définit les schèmes des concepts sensibles pour voir en quoi ils s'éclairent à partir de là. « Le schème n'est toujours, en lui-même, qu'un produit de l'imagination » [1] : comment dire plus clairement que le schème est image ? Kant poursuit :

> Mais comme la synthèse de l'imagination n'a pour visée aucune intuition singulière, mais seulement l'unité dans la détermination de la sensibilité, il faut bien distinguer le schème de l'image [2].

Ce n'est donc pas le caractère d'être ou de ne pas être une image qui distingue le schème des autres images [3], c'est *l'objectif de la synthèse* dans la production de l'image. Le schème est l'image *vue comme* déploiement sensible d'une règle. La définition du schème des concepts sensibles, qui suit immédiatement, maintient les deux moments de l'unité du schème dans une tension toute rigoureuse en sa complexité : le schème est dit « la représentation d'un procédé général de l'imagination pour procurer à un concept son image » [4]. « Représentation » fait signe vers le caractère d'image du schème. « Méthode » fait signe vers une prescription, et par là vers le lien immédiat du schème au langage. On pourrait reformuler cette définition en disant que le schème est « la représentation *dans une image* d'une *formule* exprimant comment procurer à un concept en général son image ».

Ce n'est pas un type occulte de représentation de l'âme, ce n'est pas un troisième royaume de la représentation, c'est, pourrait-on dire, le *fonctionnement sémiotique d'une figure*. On ne peut se donner une image *comme schème*

1. CRP, A 140 / B 179, AK III, 135 ; OP I, 886.

2. *Ibid.*

3. Heidegger l'a entrevu dans *Kant et le problème de la métaphysique* (Paris, Gallimard, 1953, § 20, p. 155), où il déclare : « Sans doute le schème doit-il se distinguer de l'image, mais il est aussi relatif à elle, ce qui veut dire que le schème possède nécessairement un certain caractère d'image ».

4. CRP, A 140 / B 179-180, AK III, 135 ; OP I, 886.

que par le biais d'une opération impliquant le langage. Le schème, c'est le langage qui ordonne le divers de l'intuition par le biais de l'imagination. Un triangle pour une démonstration, c'est une image qui, parce qu'on réfléchit sur elle à partir des propriétés du triangle (qui elles sont pensées par des mots et des propositions), vaut comme construction. Construire, ce n'est donc pas simplement produire une figure dans l'intuition, c'est la produire *selon le langage*, c'est faire valoir la figure comme un événement se tenant dans le langage lui-même (d'où l'universalité). Rousseau avait donc raison, mais il a négligé le fait que le langage n'est pas coupé de l'imagination, le langage est au contraire ce qui oriente l'imagination et permet de faire d'images particulières des schèmes. Le schématisme pourrait être nommé une *sémiose de l'imagination*, indissolublement sensible et linguistique.

Le dilemme concernant les concepts empiriques est tout à fait analogue à celui qui se posait pour les concepts géométriques : si on est du côté de la seule imagination, on n'a affaire qu'au singulier (tel arbre), et si on quitte complètement le terrain des images, alors on n'a plus rien qui « ressemble » à un arbre, et donc on n'a plus le moyen de comprendre comment peut se faire le passage qui procure en général au concept ses images.

L'interprétation du schématisme est souvent encore prisonnière du dilemme. En raison du fait que Kant, dans « Du schématisme », donne pour exemple le concept de chien (et son schème qui consiste à « tracer de manière générale la figure d'un quadrupède » [1]), plusieurs lecteurs ont pensé que le schème était une sorte de tracé diagrammatique permettant l'identification au premier coup d'œil, un dessin ne dépendant pas essentiellement des caractères pensés dans le concept, mais davantage de l'aspect de la surface des objets pensés sous lui [2]. Et en effet, le schème du chien esquissé par Kant n'est pas une énumération du contenu du concept de chien, mais ressemble bien plutôt à une allusion à l'aspect extérieur de l'animal. C'est pourtant là une lecture faible. Commençons par nous demander ce que pourrait bien être le schème du concept de « pin » ou de « saule » : force nous est d'admettre que la différence entre ce schème et celui du concept d'arbre est fondé sur les propriétés spécifiques du pin ou du saule. De même si on examine ce que sont les schèmes des espèces de chien (berger allemand, berger belge, briard...), les différences entre ces schèmes sont les exacts pendants des différences entre ces multiples espèces, et il n'est pas vrai que le schème soit une sorte de vague schéma per-

1. CRP, A 141 / B 180, AK III, 136 ; OP I, 887.

2. Peirce notamment, suivi par Eco qui déclare que le schématisme est « l'application d'un diagramme structural » (*Kant et l'ornithorynque*, Paris, Grasset, 1999, p. 119). Eco ajoute : « Le premier noyau de signification, celui qui s'identifie avec le schème conceptuel, ne peut se réduire à une pure information classificatoire ; le chien n'est pas compris et identifié (et reconnu) parce qu'il s'agit d'un mammifère, mais parce qu'il a une certaine *forme* » (*op. cit.*, p. 122). Heidegger disjoint lui aussi propriétés de l'objet pensées dans le concept et schématisme produisant l'objet comme surface : il déclare que le schème de la maison n'est pas une description énumérant les caractères qu'on trouve dans la maison, mais un « dessin de l'ensemble visé » (Heidegger, *op. cit.*, p. 153).

mettant la reconnaissance au simple coup d'œil, indépendamment des différences faites au sein de la langue : ce peut être une représentation complexe, et qui exige, pour qu'on rapporte une intuition à un concept, un examen minutieux du divers que cette intuition fournit. Le schème est bien de l'ordre de la figuration. Mais il est dans une relation étroite aux propositions qui, dans le langage utilisé par un homme ou un groupe d'hommes, fixent les limites entre concepts. Suivant la précision des limites en question, suivant la richesse du langage dont nous disposons et que nous mettons en œuvre, le schème sera de moins en moins assimilable à un ensemble de traits grossiers permettant l'identification immédiate de l'objet.

Toutefois, une différence subsiste entre le schématisme des concepts géométriques et celui des concepts empiriques. Le schème d'un concept mathématique, par son lien intangible à une définition originaire, n'est pas susceptible de variation. Il n'est pas produit à la suite de la considération contingente de quelques objets. En revanche, le schème d'un concept empirique est empreint de la contingence ayant marqué la formation du concept, et de ce fait, il comprend de façon essentielle en lui-même la possibilité de sa modification. Pour le comprendre, un bon exemple est celui dont Umberto Eco fait la mascotte d'un de ses livres : l'ornithorynque [1]. Le jour où l'on a découvert cette bête curieuse qui pondait des œufs et pourtant allaitait ses petits, on n'a plus pu se contenter de superposer l'opposition entre mammifères et non-mammifères à l'opposition entre ovipares et vivipares. Et le schème du concept de mammifère dans l'esprit du savant n'a plus pu impliquer l'image-épisode de l'accouchement [2]. Ou encore, pour les hommes ayant eu connaissance qu'existait un métal à la structure moléculaire identique à celle de ce qu'on nommait « or », et qui pourtant était blanc, le schème du concept d'or a été modifié, et ce schème n'a plus compris en lui-même la représentation de la couleur jaune. Nos schèmes sont toujours fonction de l'état de la connaissance que nous exprimons par notre langage, ils sont immédiatement dépendants de ce que nous comprenons lorsque nous parlons, de la façon dont nos énoncés se prolongent et s'enveloppent les uns les autres. Avec le schématisme empirique, l'entendement procède par tentatives ; les schèmes empiriques ne pourront qu'être révisables, faillibles et destinés à évoluer dans le temps. Le schème est une perspective, un profil, quelque chose montré sous un certain rapport.

Développons ici librement un exemple pris par Kant dans la « Méthodologie transcendantale » : le concept de l'eau. Si on prend le concept commun de l'eau, celui qui sert aux hommes dans la vie courante, il est probable que ce schème n'est autre qu'une vague image reproduisant un souvenir de situation où nous avons déjà eu affaire à de l'eau, et tenant son exemplarité de sa relation au mot. Toutefois, dira-t-on peut-être, il n'est pas sûr que dans la vie courante, on ait véritablement de l'eau un *concept*, c'est-à-dire quelque chose qui

1. Voir Eco, *Kant et l'ornithorynque*, note *supra*.

2. Pour l'histoire des bouleversements classificatoires causés par la découverte de l'ornithorynque, *cf.* Eco, *op. cit.*, p. 333-343.

nous permette de nous représenter distinctement l'eau par opposition à d'autres liquides. L'image-souvenir fonctionnant comme schème de l'eau nous permet bien de distinguer l'eau de liquides manifestement distincts, comme l'huile, le lait... Mais permet-elle de distinguer le contenu d'un verre d'eau de celui d'un verre d'alcool de poire au premier coup d'œil ? Et peut-on distinguer par le seul premier coup d'œil l'eau de mer, l'eau douce, l'eau déminéralisée ? Il semble que si l'on veut pouvoir parler d'un « concept » de l'eau, il nous faut alors passer, de la simple association entre un souvenir et quelque chose sous nos yeux, à l'examen de l'eau afin de distinguer par là rigoureusement à quelles conditions on a de l'eau, et à quelles conditions on dira qu'on a un autre liquide. Or, dans la mesure où cela implique que l'on mène diverses expériences, que l'on essaie d'accroître notre connaissance de l'eau, il faudra par là dépasser l'image première et empreinte de sensations de l'eau vers une image des propriétés de l'eau définies en termes de relations spatiales des constituants de l'eau. L'idée sous-jacente au texte de la « Méthodologie » est que l'on parvient à un véritable concept lorsque le schème de notre concept s'approche ou se précise en strictes relations et se dévêt de son ancrage dans la sensation. Est-il besoin de le dire, Kant sait pertinemment que la connaissance physique n'est pas l'horizon de la totalité de nos concepts, et, qui plus est, il sait que nos concepts empiriques ne peuvent jamais atteindre la précision et l'invariance des concepts géométriques. Ce qu'il faut retenir, c'est que le passage représenté, dans nos réflexions sur l'eau, d'une image contingente et sensuelle de l'eau à une détermination de propriétés spatialement définies du liquide, passage qui lui-même n'est pas un devenir scientifique absolu du concept mais un gain en précision dans la connaissance de son objet, ce passage nous montre qu'au départ un concept n'est qu'une dénomination associée à un souvenir-image, et que l'observation d'individus subsumés sous le concept permet la complexification de celui-ci. L'accroissement de la connaissance ne nous oblige pas à changer l'expression que nous employions auparavant, mais il se traduit par l'insertion du concept au sein d'un réseau plus complexe de relations à d'autres concepts, et par la modification du schème en une image tendant à se généraliser autant qu'à se préciser dans son tracé.

C'est dire que lorsqu'il s'agit de ce qu'on nomme nos « concepts empiriques », et qui ne sont rien que ce que nous comprenons par diverses expressions, lesdits concepts sont en premier lieu moins un contenu fixe et déterminé que des *appellations* ; cependant, leur médiation avec les objets qui leur sont rapportés induit l'intégration au sein du langage des propriétés de ces objets. Par là, de simples appellations, les concepts tendent à devenir adéquats à leur propre exigence d'objectivité, leurs schèmes se voyant par là même eux aussi détachés de leur statut initial d'images dépendantes du contexte de leur synthèse, pour se voir liés plus proprement aux relations linguistiques réfléchissant les objets en propositions.

Raphaël EHRSAM
(Université de Paris 1 Panthéon Sorbonne)

III

LA MÉTAPHYSIQUE COMME SCIENCE

CHIMIE, PHYSIQUE, DROIT, GÉOGRAPHIE ET ASTRONOMIE. LES PARADIGMES DE LA SCIENTIFICITÉ DE LA MÉTAPHYSIQUE KANTIENNE ET LEURS ARTICULATIONS SYSTÉMATIQUES [1]

Multi pertransibunt et augebitur scientia [2]

La revendication kantienne de mettre la métaphysique « en le sûr chemin d'une science » est, à un double titre, une épouvantable banalité.

Tout d'abord, en cette fin du XVIIIe siècle, il semble bien que depuis au moins cent cinquante ans, il soit impossible d'être à la fois philosophe rationaliste et de ne pas proclamer haut et fort avoir élevé l'édifice des sciences en général et la métaphysique en particulier à un nouveau statut de scientificité. Nous sommes en une époque où, pour ne citer que quelques textes familiers à Kant, l'*Instauratio* de Bacon, telle que le Königsbourgeois la cite, date déjà de 1620, et toutes les Lumières anglaises se réclameront bientôt du *Novum Organum Scientarum* ; Descartes a, depuis 1641 (les *Meditationes*), fait état de son entreprise de fondation et en 1644 sont parus les *Principia*, lesquels serviront de références tant en métaphysique qu'en philosophie de la nature jusqu'aux *Principia* de Newton ; Leibniz a enfanté Wolff, lequel livre une œuvre intégralement *méthodo scientifica pertractata.* La revendication de scientificité est ainsi une antienne et, en un sens, elle est aussi redoutablement prétentieuse, ce dont au demeurant Kant a conscience et se justifie de la sorte :

1. Je remercie les organisateurs du Congrès de Lyon « Kant, la science et les sciences », et en tout premier lieu Mai Lequan, de me donner ici l'occasion de compléter les thèses soutenues dans *Kant Philosophe Newtonien* : *Figures de l'idéal de scientificité en métaphysique I*, Paris, Les Editions du Cerf, 2004. Le lecteur voudra bien excuser dans le présent article quelques nécessaires redites et pourra trouver dans le livre des explicitations qui n'étaient pas ici possibles.

2. « Nombreux ceux qui traverseront & la connaissance augmentera ». Citation de Daniel 12 : 4 inscrite au frontispice de l'*Instauratio Magna* de Bacon, sous l'image d'un galion passant les colonnes d'Hercule. Comme on le sait, outre filer une métaphore semblable, Kant met en exergue un passage de la « Préface » de l'*Instauratio* qui décrit cette dernière comme « la fin et le légitime point terminal d'une erreur infinie », CRP, B II, AK III, 2 ; OP I, 721. Dans la suite, les traductions citées peuvent différer des traductions de la Pléiade.

> Non seulement il y eu diverses manières de philosopher et de remonter aux premiers principes de la raison pour fonder avec plus ou moins de bonheur un système, mais encore, il fallait qu'il y eût beaucoup de tentatives de ce genre [...], mais comme objectivement considéré, il ne peut y avoir qu'*une* raison humaine il ne peut pas non plus y avoir plusieurs philosophies, c'est-à-dire qu'il ne peut y avoir qu'*un* seul vrai système de la raison à partir de principes [1].

Ensuite, et du point de vue du commentaire cette fois, faire état de la revendication kantienne de scientificité appartient, comme l'évocation de la prétendue « révolution copernicienne » qui en aurait été l'instrument, à ces redoutables trivialités que l'on mentionne comme par automatisme. Pourtant rien n'est clair dans cette visée kantienne.

En effet, que recouvrent les concepts de « science » et de « métaphysique » dans le projet kantien, à ses yeux quasiment accompli par son œuvre, d'une métaphysique qui puisse se présenter comme une science ? Par « science » faut-il entendre simplement une discipline académique qui, bon an mal an, offre quelque rigueur, ou bien une science rigoureuse ? « Métaphysique » désigne-t-il la critique comme telle (la simple méthode) ou bien son *produit* immédiat, cette nouvelle ontologie que Kant nomme « philosophie transcendantale » ? Ou encore s'agit-il des deux « métaphysiques spéciales », la métaphysique de la nature et celle des mœurs, ou bien encore s'agit-il de l'ensemble de ces occurrences ? Faute d'avoir répondu à ces questions, on ne peut pas même avoir une idée claire du simple *projet* kantien. En guise de préambule à mon propos, j'assignerai donc à la visée kantienne de la métaphysique comme science sa signification exacte. Il sera alors temps de développer la question des moyens mis en œuvre pour atteindre à cette scientificité de la métaphysique. Cette dernière question recouvre un problème qui se déploie selon trois registres : celui de la méthode générale du philosopher, celui des preuves administrées et celui des paradigmes mis en œuvre. Je me concentrerai aujourd'hui sur ce dernier aspect, minimisant les deux premiers.

Après ce préambule, et afin de saisir les éventuels paradigmes de la scientificité du philosopher kantien, mon propos portera sur l'analyse critique. Cette dernière dégage les éléments constitutifs de la connaissance. Pour illustrer cette analyse, Kant utilise une analogie avec l'analyse du chimiste. La chose est évidemment problématique dans la mesure où la chimie, loin d'être une science, est un « art systématique ». Il faudra donc examiner le sens de cette analogie et jusqu'où elle peut être poursuivie.

Après avoir analysé la connaissance en ses éléments constitutifs, la critique recompose le connaître pour appréhender sa possibilité réelle. Le double mouvement d'analyse et de synthèse est à présent illustré par Kant au moyen d'une analogie avec la physique. Ce qui est très évidemment problématique, Kant rejetant toute procédure par construction de concept en philosophie, autrement dit toute procédure de type mathématique, par laquelle la physique débute et

1. MM (DD), AK VI, 206-207 ; OP III, 451.

qui engage son statut scientifique. En outre, ce par quoi la physique se poursuit, à savoir une expérimentation proprement empirique, semble bien n'avoir aucun sens en *méta*-physique, pour une doctrine nécessairement *a priori*. Pourtant, Kant parle bien d'une « expérimentation de la raison pure ».

Introduisant une référence à un troisième possible paradigme, Kant fait appel, au cours de la procédure de reconstitution normative de la connaissance, à une déduction des éléments et l'on sait qu'il indique emprunter le concept de déduction au droit. C'est donc à présent un paradigme juridique qui semble être à l'œuvre. Là encore, celui-ci ne laisse pas d'être étonnant, car pour nous le droit n'est pas une science rigoureuse et l'on voit mal comment une procédure juridique pourrait élever son objet au statut modal d'apodicticité.

Enfin, en supposant que l'on parvienne à comprendre le sens de tous ces paradigmes et leur cohérence propre, reste à appréhender non seulement leur compossibilité, mais surtout leurs articulations systématiques. Tel sera l'objet de ma cinquième et dernière partie.

Il me semble que l'on peut assigner trois principaux enjeux pour une telle étude. Tout d'abord, bien entendu, au sein des études kantiennes, il n'est pas sans intérêt d'examiner la procédure constitutive de la critique comme telle, l'établissement de son statut scientifique et le statut qu'elle confère aux parties doctrinales de la métaphysique. Mais il est à mon sens tout aussi intéressant d'être dès lors en mesure de bien articuler l'évolution de la problématique de la scientificité de la philosophie entre Kant et l'idéalisme allemand, précisément parce que cette problématique est l'un des moteurs essentiels des XVIIIe et XIXe siècles. Enfin, la philosophie contemporaine, dans sa triple composante : néokantismes, phénoménologies husserliennes et philosophies analytiques, est engagée dans une poursuite de l'idéal de scientificité, poursuite qui conceptuellement suppose et, de fait, comprend une histoire de la scientificité philosophique et de ses paradigmes.

I. PRÉAMBULE : QUELLE SCIENTIFICITÉ POUR QUELLE MÉTAPHYSIQUE ?

« *Wissenschaft* » n'était pas, à l'époque, une expression d'aussi vaste usage qu'elle l'est aujourd'hui, après la distinction entre les sciences de la nature et les sciences de l'esprit. Reste que Kant l'utilise pour des savoirs dont les modalités épistémiques ne sont ni identiques, ni équivalentes.

Commençons par une évocation des quatre domaines – logique, mathématique, physique et chimie – que Kant prend pour exemples lorsque, dans la « Préface » à la seconde édition de la *Kritik der reinen Vernunft*, il expose la révolution dans le mode de penser qui mit ces disciplines en le sûr chemin de la scientificité. La logique, pure, nécessaire et apodictique, est nommée science alors même qu'elle ne mériterait guère ce nom, faute de porter sur des objets. Les mathématiques, apodictiquement certaines, sont une « science », mais aussi la physique, qui n'est pourtant absolument certaine que dans sa partie pure. La chimie est également nommée science, mais on devrait, à parler strictement, lui refuser ce titre au profit de celui d'un art systématique, du fait de ses principes empiriques et de l'absence de mathématisation. Si elle figure dans cet inventaire, c'est parce qu'elle est bien sur le *chemin* de la scientificité ; il lui reste néanmoins une distance considérable à parcourir avant de pouvoir rejoindre le statut de la physique.

En outre, la polysémie du terme « science » ne s'arrête pas à ces domaines. Kant, par exemple, nomme ainsi l'histoire de la Terre [1], la géographie dans son ensemble [2], l'anthropologie pragmatique [3], la théologie biblique et la théologie philosophique... [4].

Qu'en est-il donc de la modalité propre de cet idéal de scientificité réactivé par le Königsbourgeois lorsqu'il entend faire enfin de la métaphysique une « science » ?

La détermination épistémique du concept de science est tout d'abord opérée par Kant grâce à un jeu sur la triade *Wissen*, *Wissenschaft, Gewissheit*. Il ordonne ensuite les critères de scientificité selon le double registre de l'objectif et du subjectif. Il serait trop long d'exposer cette détermination, ce qui doit nous retenir étant simplement son résultat. Or la réponse kantienne est extrêmement simple : la métaphysique, comme connaissance rationnelle, peut et doit atteindre à la certitude apodictique, c'est-à-dire nécessaire. C'est à ce titre qu'elle sera une science, très exactement au même titre que les mathématiques :

> La certitude rationnelle est toujours certitude apodictique, c'est-à-dire non pas que quelque chose ne peut être tel, mais bien plutôt doit nécessairement être tel. La certitude empirique n'est jamais apodictique. La certitude mathématique est intuitivement apodictique, la certitude philosophique est discursivement apodictique [5].

On ne peut dire plus clairement que la métaphysique devra donc être apodictique au même titre que les mathématiques et que les deux savoirs atteignent de la sorte au même *degré* de certitude, même si leur *genre* est différent. Kant y insiste :

> Bien que toutes deux, connaissances rationnelles mathématique et philosophique, soient en elles-mêmes également certaines, en elles la certitude diffère quant au genre [6].

Cette distinction est fondée sur la différence entre connaissance rationnelle par *construction* de concept et la connaissance rationnelle *par* concept. La première possède sur la seconde un avantage considérable, puisque la certitude intuitive est comme telle évidence, alors que la certitude discursive, ne

1. RSR, AK VI, 9 ; OP III, 21.
2. PP, AK IX, 474 ; OP III, 1180.
3. APP, AK VII, 122 ; OP III, 941.
4. RSR, AK VI, 9 ; OP III, 21.
5. *Wiener Logik*, AK XXIV, 892. Également en 894.
6. LOG (*Logik Jäsche*), AK IX, 70-71 ; voir aussi CRP, A 713 / B 741, AK III 469 *sq.* ; OP I, 1297 *sq.*

construisant rien dans l'intuition pure, ne produit pas d'évidence [1] (pour les mêmes raisons, il ne saurait y avoir à proprement parler de « démonstration » philosophique, ce qui, pour l'établissement d'une science, peut paraître problématique). Faire de la métaphysique une science s'entend donc au sens de : une science rigoureuse [2], c'est-à-dire, au moins à titre d'exigence, l'équivalent des sciences comme les mathématiques, la géométrie et la partie pure de la physique [3].

Cette distinction entre les types de certitude est importante pour notre question des paradigmes de la scientificité. En effet, la déduction parallèle de ces deux genres à partir de leur essence rationnelle fait que la scientificité de l'une – en l'occurrence : la métaphysique – n'est pas établie par référence à l'autre – les mathématiques. Au niveau de la détermination de l'idéal de certitude, c'en est donc déjà fini de l'usage des mathématiques comme modèle et organon de la scientificité de la métaphysique.

Qu'en est-il à présent de cette métaphysique qui puisse se réclamer du statut de science ? Cette question est un peu plus complexe que la précédente, essentiellement du fait de la réception de la nomenclature kantienne et d'une perception parfois un peu confuse de la structure de son système.

En tout premier lieu vient la critique. Il ne faut entendre par là ni les ouvrages portant ce nom ni une doctrine, mais la *méthode même du philosopher* qui produit unitairement ces trois livres et leur contenu doctrinal.

> La critique de la raison pure est la propédeutique à la philosophie transcendantale. [...] La raison connaissante se tient ici comme un sujet face au trône de justice (*Richterstuhl*) examinateur de son pouvoir et de jusqu'où ses connaissances peuvent être constituées [...]. Elle s'appelle critique car elle ne procède pas dogmatiquement, mais à une investigation concernant les erreurs et la mise à l'épreuve de nos présumés jugements. Aussi la critique de la raison est-elle spécifiquement cette philosophie qui s'occupe de la possibilité des connaissances *a priori* dans notre raison ; mais le système de ces connaissances elles-mêmes, qui contient les éléments de la raison pure, est la philosophie transcendantale, qui diffère donc de la critique en ceci que la première recherche la possibilité de connaître *a priori*, alors que la philosophie transcendantale a sous les yeux l'ensemble objectif de ces connaissances

1. Les commentaires qui pensent pouvoir s'appuyer sur des phrases telles que « aucune proposition en la philosophie ne peut avoir de certitude mathématique » (*Wiener Logik*, AK XXIV, 892) pour soutenir que la certitude mathématique est *en degré supérieure* à la certitude philosophique font un contre-sens dont la racine est de ne pas voir que l'évidence n'est qu'un des deux genres de la certitude rationnelle (intuitive ou discursive), laquelle est globalement apodictique. Dans ce type d'énoncé, Kant rejette le dogmatisme (le mathématisme en philosophie) et non pas la possibilité pour la philosophie d'accéder à la certitude apodictique.

2. Ce point est soutenu avec constance depuis 1761, alors même que s'élabore lentement la distinction entre connaissance par construction de concept et connaissance par concept. *Cf.* REP, AK II, 296 ; OP I, 242 : « Aussi y a-t-il tout autant, pour la métaphysique, une certitude nécessaire à la conviction, certitude semblable à celle dont la mathématique est capable, seulement cette dernière est plus aisée et possède une plus grande part d'intuition ».

3. Voir par exemple, outre toute la « Préface » à la seconde édition, les *Prolégomènes*, PMF, AK IV, 371 ; OP II, 158.

qu'elle connaît *a priori* et qui sont regardées comme *elementa* ou premiers principes de notre connaissance. On appelle aussi la philosophie transcendantale ontologie et elle est le produit de la critique [1].

Vient ensuite ce *contenu doctrinal* des trois *Critiques*, à savoir les éléments purs de la connaissance : les concepts purs et les propositions fondamentales pures de la raison dans son ensemble, ce que par ailleurs Kant appelle des « principes transcendantaux » : catégories de l'entendement, de la faculté de juger, idées de la raison, schèmes de l'imagination, etc. Il s'agit de cette ontologie critique que Kant nomme « philosophie transcendantale ».

Suivent ce que le philosophe nomme « principes métaphysiques » [2], les concepts et les principes *a priori* non purs constitutifs des deux « métaphysiques particulières » que sont la métaphysique de la nature et celle des mœurs : les concepts de mobile, de force, de tien et de mien, etc.

Vient enfin le passage des principes métaphysiques aux principes empiriques tels qu'idéalement reconstitués par la réflexion philosophique.

Il ne fait aucun doute que Kant désigne les deux strates intermédiaires, la philosophie transcendantale et les métaphysiques particulières, du nom de métaphysique. On peut débattre pour savoir si la réflexion critique, qui instaure ces deux moments doctrinaux et effectue également le « passage », peut elle-même être nommée métaphysique. Quoiqu'il en soit, ce problème terminologique peut attendre car ce qui pour nous importe, c'est qu'il doit nécessairement être scientifique. En effet, dans la mesure même où la scientificité des moments doctrinaux dépend de cette instauration méthodologique, si celle-ci n'est pas scientifique c'est tout l'édifice qui s'écroule. La scientificité de la métaphysique visée par Kant suppose donc la scientificité du philosopher critique.

Il faut insister sur ce point et le préciser pour bien comprendre la question des paradigmes de la scientificité et ses rapports avec la scientificité de la philosophie. La critique, comme mode kantien du philosopher, n'effectue pas pour ainsi dire une fondation "verticale" du système, en commençant par la philosophie transcendantale, sur laquelle viendraient s'empiler les deux métaphysiques particulières, auxquelles s'ajouteraient finalement, grâce à la théorie du passage, les principes empiriques idéaux (*i.e.* rationnellement et normativement reconstitués). Si les trois moments doctrinaux entretiennent bien *entre eux* des rapports fondationnels "verticaux", la critique opère quant à elle une fondation "horizontale" de chacune de ces strates et des rapports fondationnels qu'elles entretiennent les unes par rapport aux autres. La science première donc, celle qui est à l'origine de toute scientificité ultérieure et celle dont il

1. *Metaphysik Vigilantius*, AK XXIX, 949. Voir également L_2, AK XXVIII, 541 ; *Mrongovius* AK XXIX, 783 : « la critique doit donc mettre au jour un système de la connaissance de soi de notre raison », en parallèle avec CRP, B 25 *sq.*, AK III, 44-45 ; OP I, 777-778.

2. Sur la distinction entre principe transcendantal et principe métaphysique, voir CFJ, « Introduction », § V, AK V, 181 (on ne peut renvoyer à l'édition de la Pléiade, la traduction faisant contresens).

faut interroger les paradigmes, c'est cette « *ganz neue und bisher unversuchte Wissenschaft, nämlich die Critik einer a priori urtheilenden Vernunft* » [1].

Je voudrais donc à présent passer à l'examen des paradigmes de cette science, la critique.

II. L'ART DE LA CHIMIE ET LA SCIENCE DE LA CRITIQUE

> La chute d'une pierre, le mouvement d'une fronde, décomposés en leurs éléments et dans les forces qui se manifestent en eux, et traités mathématiquement, ont produit enfin, de l'édifice du monde, cette intelligence claire et invariable pour tous les temps à venir, qui peut espérer, à la faveur d'une observation continue, s'étendre toujours sans avoir jamais à redouter de revenir en arrière. / Cet exemple peut nous engager à suivre la même voie en traitant des dispositions morales de notre nature, et peut nous donner l'espérance de parvenir à un aussi bon résultat. Car nous avons sous la main les exemples du jugement moral de la raison. En les décomposant en leurs concepts élémentaires, et en essayant, dans des expériences répétées sur l'entendement commun, à défaut de la méthode mathématique, un procédé analogue à celui de la chimie, propre à séparer l'élément empirique de l'élément rationnel susceptible de s'y rencontrer, on pourra connaître avec certitude l'un et l'autre éléments dans leur pureté et ce que chacun d'eux peut faire par lui-même [2].

On trouve un texte similaire dans la « Préface » à la seconde édition de la *Kritik der reinen Vernunft*.

La chimie vient ici illustrer l'analyse philosophique : il s'agit tout d'abord de séparer l'empirique du rationnel, pour ensuite conserver le rationnel dans sa pureté et enfin de prendre la mesure de ce que ces éléments peuvent faire « par eux-mêmes », autrement dit d'assigner leur rôle dans la possibilité de la connaissance synthétique *a priori*. Ce texte n'est en rien anodin : il illustre la production du contenu des trois *Critiques*, ou du moins de leurs majeures parties, les « Doctrines des éléments » (la troisième n'ayant pas de « Doctrine de la méthode »).

Ce travail global d'analyse est très clairement indiqué par Kant dans la *Kritik der reinen Vernunft* :

> Dans l'esthétique transcendantale nous *isolerons* donc en premier lieu la sensibilité, en séparant (*absondern*) tout ce que l'entendement y pense par ses concepts, de telle sorte qu'il ne reste (*übrigbleiben*) rien d'autre que l'intuition empirique. En second lieu, nous en détacherons (*abtrennen*) encore tout ce qui appartient à la sensation, de sorte qu'il ne reste rien que l'intuition pure et la simple forme des apparitions, qui est cela seul que la sensibilité puisse fournir *a priori* [3].

1. Lettre à Chr. Garve, 7 août 1783, AK X, 340.
2. CRPr, AK V, 161-163 ; OP II, 802-803.
3. CRP, A 22 / B 36, AK III 51 ; OP, I, 783.

L' « Esthétique transcendantale », comme première partie de la « Doctrine des éléments », apparaît bien ainsi comme le résultat d'une analyse quantitative qui la sépare de l'objet de la « Logique transcendantale », la pensée, et fait provisoirement abstraction de cette dernière, puis d'une analyse qualitative qui distingue la sensibilité empirique de la sensibilité pure et cela en faisant jouer les concepts réfléchissants de matière et de forme :

> ce qui dans l'apparition correspond à la sensation, je l'appelle sa matière ; mais ce qui fait que le divers de l'apparition peut être ordonné suivant certains rapports, je le nomme sa forme [1].

Réciproquement,

> Dans une logique transcendantale, nous isolons l'entendement (comme plus haut, dans l'Esthétique transcendantale, la sensibilité) et nous ne faisons ressortir, de notre connaissance, que la partie de la pensée qui a exclusivement son origine dans l'entendement [2].

La suite, suivant le fil conducteur de la logique, qui, en permettant de définir l'entendement comme faculté des règles, autorise sa différenciation d'avec la raison – faculté des principes – fondera ainsi la distinction entre l' « Analytique » et la « Dialectique ». Et Kant se focalise, bien entendu, sur l'entendement et la raison purs.

Ce qui apparaît donc ici, c'est que ce travail d'analyse se double d'un travail d'abstraction : se focalisant sur le pur, Kant fait abstraction de l'empirique. Or c'est très précisément quant au type d'abstraction mise en œuvre que la réflexion critique se sépare de l'analyse du chimiste. La polémique avec Eberhard permet de bien illustrer cette différence et d'ainsi clairement marquer les limites de l'analogie kantienne entre la réflexion critique et la chimie.

Le rédacteur du *Philosophisches Magazin* avait en effet utilisé l'expression « temps abstrait » pour désigner la forme pure du sens interne, et l'opposer à un « temps concret » désignant la durée attachée au flux des représentations dans la conscience (cela concerne donc les déterminations pure et empirique du temps dans l'analyse qualitative). Là-contre s'insurge Kant : cette expression « est tout à fait inexacte et ne peut raisonnablement jamais être reçue, à plus forte raison là où il en va de la plus grande rigueur logique » [3].

Le philosophe commence, comme à son habitude, par se placer sur le terrain de la logique générale. Or, en ce lieu,

> On n'abstrait pas un concept comme un caractère commun, mais on fait abstraction, dans l'usage d'un concept, de la différence de ce qui est contenu sous lui. Seuls les chimistes sont en mesure d'abstraire quelque chose, lorsqu'ils tirent un fluide d'autres matières pour l'avoir en particulier.

1. CRP, A 20 / B 34, AK III, 50 ; OP I, 782.
2. CRP, B 87, AK III 81 ; OP, I, 820.
3. RE, AK VIII, 199 ; OP, II 1324.

Le texte de la *Logique Jäsche* qui explique cette distinction l'éclaire d'un exemple parlant :

> Nous ne devons pas dire : abstraire *quelque chose* [...], mais abstraire *de* quelque chose [...]. Si par exemple, dans un drap écarlate, je pense uniquement la couleur rouge, je fais abstraction du drap ; si je fais en outre abstraction de ce dernier en me mettant à penser l'écarlate comme une substance matérielle en général, je fais abstraction d'encore plus de détermination [1].

Nous faisons ainsi un usage plus ou moins abstrait d'un concept et plus nous laissons de côté de caractères, plus le concept prend d'extension. En revanche, lorsque le teinturier lave pour la première fois ce drap, comme le chimiste, il en abstrait (extrait) de l'écarlate ; et de manière similaire *quant au déroulement de l'abstraction*, il semble que l'on puisse logiquement extraire la couleur rouge du concept de ce drap. Kant entend donc corriger un usage linguistique afin de souligner la différence de statut qui est en jeu concernant la méthode de réflexion. Dans la chimie, l'écarlate abstrait a bien une réalité par lui-même ; si l'on considère que le concept abstrait est semblable à la chose abstraite, outre que l'on s'interroge alors sur sa réalité (ce qui dans notre cas donnera la problématique des universaux), on référera toujours génétiquement le concept abstrait à son origine. Revenons maintenant à la réponse faite à Eberhard.

> Négliger cette rigueur scolastique fausse *souvent* le jugement porté sur un objet. Lorsque je dis : le temps ou l'espace abstraits ont telles ou telles propriétés, alors cela laisserait croire que, comme si le temps ou l'espace, à la façon de la couleur rouge sur les roses, sur le cinabre, *etc.*, étaient tout d'abord donnés sur les objets des sens, et de là seulement logiquement extraits. Mais si je dis : dans l'espace et le temps considérés abstraitement, c'est-à-dire avant toutes conditions empiriques, on peut remarquer telles ou telles propriétés, alors je maintiens au moins ouverte la possibilité de donner ces propriétés pour connaissables indépendamment de l'expérience (*a priori*), ce qui n'est pas le cas si je regarde le temps comme un concept simplement extrait de celle-ci. Dans le premier cas, je peux porter des jugements, ou du moins essayer de porter des jugements, sur le temps et l'espace purs au moyen de propositions fondamentales *a priori*, à la différence du temps et de l'espace déterminés empiriquement, cela en faisant abstraction de tout ce qui est empirique, ce qui dans le second cas, là où (comme on dit) je n'ai fait qu'abstraire ces concepts eux-mêmes de l'expérience (comme dans l'exemple de la couleur rouge donné plus haut), m'est interdit [2].

Ainsi, lorsque Kant, examinant une connaissance donnée, fait abstraction ou encore laisse de côté toute détermination empirique, puis toute détermination intellectuelle, toute détermination temporelle et finalement toute détermination particulière du concept d'espace, il n'obtient pas un "espace abstrait" ni même un concept abstrait de l'espace, mais le pur concept d'espace, soit :

1. LOG (*Logik Jäsche*), AK IX, 95. On se reportera avec profit aux textes que L. Guillermit donnent en note (n° 71) de sa traduction : EGN, AK II, 190-191 ; APP, § 3 ; DSI, § 6.

2. RE, AK VIII, 199-200 ; OP II, 1324.

l'espace considéré *in abstracto*. L'explication des propriétés de ce concept sous de telles conditions consiste en son exposition métaphysique.

Ce qui est absolument essentiel dans ce départ d'avec la chimie n'est rien d'autre que la détermination du sens de l'idéalisme transcendantal kantien ! En effet, espace et temps comme pures formes de la sensibilité et les purs concepts des facultés comme formes de la pensée ne sont pas des substances réelles, ce sont des fonctions qui, tout d'abord, n'ont aucune existence séparée de la connaissance qui a été soumise à la réflexion critique et qui, ensuite, comme concepts philosophiques, ne peuvent être traités comme des caractères (*Merkmal*) indépendants. Puisqu'il s'agit en même temps de ce que Kant désigne comme les éléments constitutifs de la raison pure, la conséquence est immédiate : la raison pure (ce que nous nommons le sujet transcendantal) est un *principium essendi*. Ce sont les conditions structurales de la connaissance. D'un point de vue ontologique, le statut objectif de la raison pure est d'être une figure du néant : comme ses éléments, elle est « absolument rien » [1]. Plus précisément, les purs concepts et formes de l'intuition, en tant que concepts philosophiques, sont *entia rationis* (et les pures formes de l'intuition considérées comme des objets possibles sont en fait *entia imaginaria*) [2]. Nous allons bientôt voir, au sujet du paradigme de la physique, comment le moment synthétique de la méthode kantienne reconstitue progressivement un usage *in concreto* par une progression réglée vers l'empiricité et ainsi confère à « une simple forme de la pensée sens et signification » [3].

Pour conclure cette partie sur la chimie, je dirais simplement que la chimie est un exemple que Kant utilise au sein d'une analogie. Comme je l'expliquerai plus loin, cette analogie permet que le statut scientifique encore en devenir de la chimie ne soit pas un obstacle. Au demeurant, la chimie est en fait incluse dans la physique (d'où mon renvoi à la partie suivante).

III. Le paradigme de la physique : la « méthode imitée du physicien » et « l'expérimentation de la raison pure »

Parallèlement au texte déjà cité de la *Critique de la raison pratique*, dans la « Préface » à la seconde édition de la *Critique de la raison pure*, Kant indique mettre en œuvre une « méthode imitée du physicien ». La chose est mystérieuse voire doublement paradoxale : une méthode de la physique, science dépendante de sa mathématisation *et* tournée vers l'empiricité, pour la métaphysique, connaissance par concept *et* nécessairement pure, voilà qui semble contradictoire. Sans doute est-ce aussi pour cela que la chose s'est trouvée expliquée, jusque par les kantiens les plus remarquables comme Cohen et Adikes, par la référence à une « révolution copernicienne » qui n'est pas dans

1. CRP, B 51, AK III, 61 ; OP I, 796.
2. CRP, A 292 / B 348, AK III, 232 ; OP I, 1011. Voir aussi PPM, AK IV, 474 ; OP II, 372.
3. PPM, AK IV, 478 ; OP II, 377.

Kant, comme cela a été démontré à plusieurs reprises depuis le début du XXe siècle par quelques commentateurs, à la fois mineurs et minoritaires ! Comment se présente cette référence à la physique ?

Kant prête une même révolution, la « révolution dans la manière de penser », à Thalès, Galilée, Torricelli et Stahl. Puis, détaillant le processus de cette révolution, il passe à Copernic. L'astronome polonais n'est pas évoqué pour sa mise en avant de l'héliocentrisme mais pour illustrer la mise en branle de la méthode expérimentale à partir d'une hypothèse très précisément circonscrite : Kant fait référence aux « premières idées de Copernic », en l'occurrence la tentative de rendre compte des phénomènes en changeant le point de référence pour la compréhension des mouvements apparents, ce qui l'entraîne à supposer en tout premier lieu la rotation de la Terre *sur elle-même*. L'analogue de cette première idée de Copernic est la première idée de Kant, développée dans sa *Dissertatio*, à savoir l'idéalité de l'espace et du temps. Kant écrit en effet : « On peut faire un essai du même genre en métaphysique au sujet de *l'intuition* des objets ». Admettre ce premier terme hypothétique conduit nécessairement à un deuxième : « Mais comme je ne peux m'en tenir à ces intuitions, si elles doivent devenir des connaissances... », bref, la même hypothèse est étendue aux concepts de l'entendement et de la raison : « je puis admettre l'une de ces deux hypothèses : ou bien les *concepts* [...] se règlent aussi sur l'objet [...] ou bien les objets [...] se règlent sur ces concepts ». Enfin, optant, bien sûr, pour la seconde solution, il expliquera que cela fournit « une excellente pierre de touche de ce que l'on admet comme le changement de méthode dans la façon de penser » et passe donc à la preuve de l'hypothèse. Or, la structure de l'argumentation copernicienne est exactement similaire : après avoir admis que c'est au mouvement du spectateur qu'il faut référer les mouvements des astres, Copernic commence par affirmer 1) la rotation axiale, 2) la rotation orbitale et 3) le décalage par rapport au plan écliptique (ordre que Kant reprend dans la *Géographie physique* [1]). Enfin, selon Kant, la preuve de l'hypothèse sera produite par les successeurs de Copernic, Kepler mais surtout Newton et en un sens Kant lui-même [2].

Dès lors, le parallèle est très strict, puisque, comme l'explique fort bien la célèbre *Lettre à Markus Herz du 21 février 1772*, les premières idées de Kant, ce sont celles exprimées dans la *Dissertation de 1770*, de l'idéalité transcendantale de l'espace et du temps, premières idées dont découlera l'extension de la même thèse quant aux concepts de l'entendement et de la raison. Autrement dit : de même que l'hypothèse initiale du changement de référent et donc du mouvement de la Terre, exprimée tout d'abord par sa rotation sur elle-même, entraîne Copernic à affirmer deux autres mouvements (autour du centre de l'univers occupé par le Soleil et selon le plan de l'écliptique), de même l'affirmation de l'idéalité des formes de l'intuition entraîne Kant (tant

1. GP, § 9, AK IX, 175-176.
2. HGN, AK I, 221 ; OP I, 37.

historiquement que structurellement) à l'affirmation de deux autres idéalités transcendantales, celles des concepts de l'entendement et de la raison. Bref : le contenu de l'hypothèse kantienne n'est autre que l'idéalisme transcendantal. Restera alors la question de la démonstration de l'hypothèse, du passage à la théorie, de l'hypothétique à l'apodictique : non pas seulement mettre la philosophie sur la voie de la science grâce à une nouvelle hypothèse, mais la réaliser comme science en prouvant cette hypothèse.

C'est évidemment Newton qui, en physique, effectue ce passage de l'hypothétique à l'apodictique et la révolution kantienne, s'il faut la qualifier nominalement, est en cela une révolution newtonienne [1].

Si l'on suit ce train de pensée, on est conduit à accentuer, dans la référence à la physique Newtonienne, les processus de preuve et au sein de ceux-ci celui que Kant nomme une expérimentation de la raison pure. Or je voudrais souligner que, antérieurement à cette question des preuves, la référence à la physique est d'une beaucoup plus large ampleur.

Tout d'abord, c'est à la fois l'analyse propre à la réflexion critique qui produit les éléments de la raison pure *et* la synthèse opérée par cette réflexion dans sa reconstitution des jugements synthétiques *a priori* qui sont inspirées de Newton. Le passage, tiré du livre III de l'*Optique*, est très connu :

> De même manière qu'en mathématique, en physique la recherche des choses difficiles par cette méthode que l'on nomme *analytique* doit toujours précéder celle que l'on nomme *synthétique*. La méthode *analytique* consiste à se saisir d'expériences et à observer des phénomènes, et à tirer de cela, par induction, des conclusions générales, et à n'admettre contre elles aucune objection que celles qui sont tirées ou des expériences ou d'autres vérités certaines. Car, dans la philosophie tournée vers l'expérience [*i.e.* : expérimentale], les *hypothèses* sont tenues pour rien. Et bien que ce qui est rassemblé à partir d'expériences et d'observations par induction ne soit pas la démonstration de conclusions générales, c'est cependant la meilleure manière d'argumenter que supporte la nature des choses et elle peut être considérée comme la plus solide, à proportion de la généralité de l'induction. Et si rien ne surgit des phénomènes qui puisse lui être opposé, la conclusion peut être reçue comme universelle. Et dès lors que dans l'expérience on découvrira quelque chose qui puisse être retenu contre elle, elle ne doit pas alors être reçue sans les dites exceptions. Par l'analyse, il est permis de conclure des choses composées aux simples, des choses mues aux forces qui les meuvent, et de manière générale des effets à leurs causes, et de causes particulières à de plus générales, jusqu'à ce que le raisonnement finisse dans le plus général. Telle est la méthode *analytique*. Et la *synthétique* consiste à accepter les causes découvertes et établies comme principes, et à expliquer grâce à elles les phénomènes en découlant et prouvant les explications [2].

1. Thèse massivement développée, par exemple, par Robert Hahn, *Kant's Newtonian Revolution in Philosophy*, Journal of the History of Philosophy Monographs, Southern Illinois University Press, 1988.

2. Je suis le texte latin de Clarke car, du fait des compléments (et de la langue), il fut plus usité que la version originale. En outre, c'est celui sur lequel travaille Kant : *Optice : Sive de*

Du point de vue de l'usage des exemples pris par Kant, cette complémentarité de l'analyse et de la synthèse suppose que la chimie soit subsumée sous la physique. Or c'est très précisément ce que fait Kant comme le montre ce passage : « Qu'est-ce que la chimie ? La science des forces internes de la matière. La dissolution (chimique) est la séparation de deux types de matière qui s'interpénètrent par attraction » [1].

Kant n'est en cela guère original : c'était à l'époque un lieu commun des reconstructions du newtonianisme que d'inclure le contenu de l'*Opticks* au sein des *Principia*. C'est par exemple ce que fait s'Gravesande dans son *Physices Elementa Mathematica Experimenta Confirmata.* Sive *Introductio ad Philosophiam Newtoniam* [2]. Cet auteur, que Kant cite, insère le contenu de l'*Optique* dans un déploiement continu qui le place entre les livres II et III des *Principia.* Est donc ici opérée une recomposition systématique de la théorie physique, recomposition qui fait succéder aux principes mathématiques et à la prise en compte d'une résistance, les lois du microcosme puis du macrocosme.

Donc le double moment méthodologique de l'analyse transcendantale et de la synthèse opérée par la réflexion critique est inspiré de Newton [3]. Mais il y a plus encore.

Nous avons vu que l'analyse procédait par abstraction. Or faire abstraction de X pour se focaliser sur Y, dans le cas de Kant, faire abstraction de l'empirique pour ne retenir que le pur, voilà qui suppose un fil directeur, une orientation de la réflexion. D'où provient l'idée qui oriente la réflexion critique, soit l'idée même du transcendantal, l'idée d'une légalité pure régissant la connaissance synthétique ? Il revient à Hermann Cohen, en une intuition par laquelle s'ouvrent soudainement le sens et la structure du système kantien, d'avoir désigné en les *Principia* une telle source d'inspiration.

En effet les principes mathématiques tels qu'exposés dans le livre I des *Principia* ont, par rapport aux principes et aux lois des livres II et III, une fonction d'*a priori* constitutif (pour reprendre l'expression de Reichenbach popularisée par Michael Friedmann), soit une fonction proprement transcendantale. Cet argument généalogique doit être élargi par une analogie structurale qui me semble être au cœur de la pensée kantienne. La progression vers la physique empirique que Newton accomplit au cours des *Principia* correspond très exactement à la progression transcendantale accomplie par Kant dans l'édification de son système en trois strates. Les principes mathématiques du Livre I des *Principia* sont l'analogue des principes transcendantaux exposés par les

Reflexionibus, Refractionibus, Inflexionibus et Coloribus Lucis, Libri Tres, Londini, 1719, p. 412-413.

1. OP, AK XXI, 453. Dans le début de la citation de la CRPr (AK V, 163), la subsomption est claire.

2. Lugduni Batavorum, Apud Petrum Vander, 1725.

3. « Das *Fortschreiten* in einer Erkentnis als Wissenschaft überhaupt (*progreßus*) fängt davon an die Elemente derselben aufzufinden und dann die Art wie sie zusammengeordnet werden sollen (systematisch) zu verknüpfen », OP, AK XXI, 386.

Critiques, soit la première strate, la philosophie transcendantale comme ontologie critique. Les principes dynamiques du Livre II des *Principia*, principes qui, bien que mathématiques, ne sont ni purs (puisqu'ils appliquent les lois purement mathématiques à une entité physique abstraite : la résistance d'un fluide) ni complètement empiriques (puisqu'ils n'ont pas affaire à des phénomènes donnés, comme des planètes), ces principes dynamiques *a priori* non purs sont analogues aux principes métaphysiques établis par Kant dans les deux métaphysiques spéciales. Enfin, la (re-)construction physique empirique du « système du monde » constituant le Livre III est l'analogue des principes empiriques reconstitués à la suite du dernier *Übergang* et conduisant le système kantien au système de l'expérience. Ainsi, la structure "verticale" (ou subordinative, par opposition à la structure "horizontale" ou coordinatrice des champs théorique, esthétique et éthique) du système kantien est parfaitement analogue à la structure du système newtonien tel qu'exposé dans les *Principia.*

Cela me conduit à la dernière remarque concernant le paradigme de la physique, à savoir la preuve la plus générale que Kant pense administrer de la vérité de son système, et qu'il caractérise comme une expérimentation de la raison pure.

Pour le dire en deux mots, cette expérimentation de la raison pure revient, *à terme*, à la reconstitution complète de la possibilité réelle de l'expérience. Kant thématise très bien ce processus par le concept de « progression transcendantale ». La progression transcendantale est la manière dont le philosophe accomplit le trajet inverse de l'analyse ou encore revient progressivement à un usage *in concreto* des concepts constitutifs de la connaissance. Il va ainsi des simples éléments (les concepts purs de l'ontologie critique) aux propositions fondamentales pures (qui ne sont plus des concepts mais bien des jugements et des jugements synthétiques purs), puis dans les deux métaphysiques spéciales, le philosophe ajoute un minimum d'empiricité, produisant ce qu'il appelle des principes métaphysiques lesquels sont *a priori* mais non absolument purs : le mobile, le tien et le mien, etc. Enfin, par la théorie du passage, il progresse jusqu'à l'empiricité idéalement reconstituée.

En quoi y a-t-il là une preuve et en quoi est-elle en quelque sorte newtonienne ? Il y a preuve aux yeux de Kant parce que la reconstitution de la possibilité réelle de l'expérience jusqu'à la réalité de l'expérience dans sa légalité effective montre que ce que le philosophe a désigné comme étant les principes de cette possibilité l'est effectivement. Si les principes mis au jour par le philosophe n'étaient pas ceux de l'expérience effective, au terme de son trajet de concrétion la progression transcendantale ne pourrait retrouver l'effectivité de l'expérience et en exposer la légalité. Cette preuve est newtonienne en ce qu'elle est le strict analogue de la preuve évoquée par Newton dans le *Scolium generale* des *Principia* lorsqu'il écrivait à propos de la validité de l'attraction que c'est assez « qu'elle suffise à expliquer tous les mouvements des corps célestes & ceux de la mer » [1]. On soulignera ici le « tous » : ce n'est pas la vérification par une expérimentation donnée, telle que la prédiction d'une marée ou d'une trajectoire, mais bien le fait que l'attraction permette de concevoir un « système » du « monde ».

Quel est finalement le statut de la physique eu égard au rôle qu'elle tint pour la conception kantienne de la scientificité de la philosophie et de la métaphysique ? Est-elle un simple exemple, un modèle, voire un paradigme comme elle le fut pour toute l'époque ?

En dépit de la prégnance extrême de ce modèle et de son omniprésence, qui font que l'on doive à mon sens parler de Kant comme du dernier et du plus parfait des philosophes newtoniens, on ne peut, je crois, en faire un paradigme qu'en un sens général, très précisément circonscrit à une analogie qui maintient l'indépendance des termes mis en relation.

En effet, la conception kantienne de l'analogie ici mise en œuvre est celle, mathématique, d'une similitude de relations ($^{a}/_{b} = {}^{c}/_{d}$), non d'une identité de termes (a = c et b = d) [2]. Cette analogie permet de concevoir une métaphysique scientifique en suivant l'exemple des sciences sans que pour autant la première soit identique aux secondes. En lieu des termes inférieurs se tient, dans chacune des parties de l'analogie, le fondement commun, ici : la raison pure, tandis que les termes supérieurs sont chacun des domaines (mathématique, physique, métaphysique, pour s'en tenir à la « Préface » de la deuxième édition). De la sorte, chacun de ces domaines garde sa spécificité. C'est ce qui, par exemple, permet de comprendre pourquoi Kant pouvait en même temps et sans contradiction se réclamer d'une méthode newtonienne tout en rejetant toute forme de mathématisation pour la méthode du philosopher.

Passons à présent au dernier emprunt kantien, à la déduction comme processus de légitimation emprunté au droit.

IV. La déduction et le paradigme juridique

Kant indique lui-même que le concept de déduction est emprunté au droit :

> Les jurisconsultes, lorsqu'ils parlent de droits et d'usurpations, différencient, dans une cause, la question concernant ce qui est de droit (*quid juris*) de celle qui porte sur le fait (*quid facti*), et comme ils exigent pour toutes deux une preuve, ils nomment la première, qui doit faire apparaître l'attribution ou encore la prétention légale (*die Befugniß oder auch den Rechtsanspruch*), *déduction* [3].

1. *Principes mathématiques de la philosophie naturelle*, trad. Marquise du Chastelet, 1759, t. II, p. 179 (« Scolie final »), rééd. J. Gabay, 1990.
2. Voir en particulier PMF, § 58, AK IV, 358 ; OP II, 142-143.
3. CRP, A 84 / B 116, AK III, 99 ; OP I, 842.

Et notre auteur réclame plus loin un « fondement juridique clair » [1] pour opérer la déduction.

Dieter Henrich a bien mis en évidence les sources contemporaines de ce concept, en soulignant en particulier son rôle dans le droit international, à propos des querelles de territoires entre nations.

Toutefois, deux aspects de la déduction ont été négligés. Tout d'abord qu'il puisse s'agir d'une preuve tout à fait normative et contraignante. D'autre part son origine historique dans le droit romain, qui est en fait ce que Kant a en tête.

La déduction est-elle bien une preuve juridique et quel est son statut normatif ? Tous les auteurs y insistent souvent dès le titre : « Déduction, qui prouve par les arguments les plus clairs... » [2], « Déduction, [...] par laquelle se monstre et preuve clairement... » [3], et ne manquent évidemment jamais d'y revenir dans la description de leur visée et leur conclusion : « le troisième et le quatrième [chapitres] démontreront... » [4], puis « Il a été démontré... » [5].

De même les définitions données par des auteurs juridiques : ainsi Joh. Chr. Nehring, dans son *Historisch-Politisch-Juridisches Lexicon* (1706), écrit-il « DEDUCTIO. Une preuve détaillée (*Ein ausführlicher Beweiss*) » [6]. Ou encore un auteur plus philosophique, à savoir Wolff : « il revient au même de faire reconnaître son droit par déduction ou d'en faire démonstration » [7].

Preuve juridique donc. Mais comment Kant peut-il considérer que cette preuve aboutit à une certitude apodictique équivalente à celle des mathématiques ? Autrement dit : ne faut-il pas considérer, comme certains auteurs contemporains, que le résultat d'une déduction ou encore que le droit comme paradigme de la scientificité ne peuvent aboutir qu'à un degré de vérité, voire un type de vérité inférieur à celui des sciences de la nature et surtout de la mathématique ?

1. CRP, A 84 / B 116, AK III, 99 ; OP I, 842.

2. *Deductio ex qua probatur clarissimis argumentis, non esse jus devolutionis in ducatu Brabantiae, nec in aliis Belgii provinciis, ratione principum earum, pro ut quidam conati sunt asserere.* Bruxelles, M.DC.LXVI.

3. Déduction faict par les Conseillers et Maistres extraordinaires de la Monnoye du Roy, par laquelle se monstre et preuve clairement que l'observance soigneuse et punctuelle du Placcart de la Monnoye est très nécessaire et du tout proufitable à toutes et quelquoncques personnes de quelque estat, qualité et condition qu'elles soyent. 1647.

4. F-3571, s.p.

5. *Ibid.* p. 127, 128, 129.

6. Johan Christoph Nehring, *Historisch-Politisch-Juridisches Lexicon*, verlegts Jacob Mevius, 1706, p. 262. Il notait un peu plus haut : « DEDUCERE, [deduc]iren ausführen / herführen / beweissen / darthum / ausführlich beschreiben ».

7. Wolff, *Jus Naturae*, troisième partie, *De modo aquirendi dominium et jus quicunque, praesertim in re alterius, derivativo*, « § 443. Demonstratio juris acquisiti alicui competentis appellari solet Deductio : ut adeo jus suum vel alterius deducere idem sit ac demonstrare, quod sibi vel alteri hoc jus compesat, vel cum de jure acquisitio hic fermo fit ; quod hoc facto jus hoc acquisiverit ipse, vel alius. [...] § 444 Quoniam qui jus alterius deducit, demonstrare debet eidem jus istud competere (§ 443), jus vero certum est, quod alteri competere demonstrari potest (§ 441) ; Jus alterius deducturus ostendere debet, idem esse certum. § 445 Quoniam jus alterius deducturus ostendere debet, idem esse certum (§ 444), si vero jus acquisitum certum esse debet, veritas facti, quo acquisitum, evincenda, & demonstrandum est tale jus acquiri posse (§ 442) ».

Évidemment pas et pour une raison très simple : le droit que Kant prend comme référence est le droit *naturel* ou encore le droit *rationnel*, lequel est conçu par notre philosophe comme tout aussi nécessaire et contraignant que la légalité de la nature. Donc la référence et l'emprunt au droit n'entraînent en rien un abaissement de l'exigence de scientificité.

Maintenant, si l'on veut bien comprendre la fonction de cette preuve, il faut revenir à son origine juridique, le droit romain. "Déduire une colonie" s'entend tout d'abord au sens de "déduire *dans* une colonie", soit la soustraction de population romaine vers un autre sol ; on a donc ici affaire à l'acception arithmétique de "déduction". Cependant l'expression *deducere coloniam* signifie surtout la procédure légale d'établissement d'une colonie comme territoire spécifique, et cela par une *lex coloniae* [1]. Ce concept de "colonies" recouvrait deux réalités distinctes : les colonies urbaines (*colonia civium Romanorum*), à savoir de tout petits domaines attribués à des familles, souvent des vétérans, etc. Mais ce à quoi il est ici fait référence est la colonie latine, qui se rapproche du sens moderne de "colonie" : ce sont des villes autonomes (*civitates*) régies par des citoyens romains, etc.

Dès lors on comprend bien le sens de cette référence au droit : la déduction de la validité objective d'un concept n'est rien d'autre que la justification de sa juridiction sur un territoire donné. Car il faut bien noter que le vocabulaire kantien des sites d'objectivité s'inscrit dans la droite ligne de ce concept juridique de la déduction. Kant écrivait de la sorte :

> Des concepts, dans la mesure où ils sont rapportés à des objets, sans que l'on considère si une connaissance de ceux-ci est ou non possible, possèdent leur champ (*Feld*) [...]. La partie de ce champ, en laquelle la connaissance est possible pour nous, est un territoire (*Boden*) (*territorium*) pour ces concepts et pour le pouvoir de connaître requis à cette fin. La partie de ce territoire où ils sont légiférants est le domaine (*Gebiet*) (*ditio*) de ces concepts et des pouvoirs

1. Ces sens étaient encore bien présents à l'époque. Outre que Kant, lecteur du *De lege agraria* de Ciceron, ne puisse l'ignorer, on le trouve dans des dictionnaires non juridiques. Goclenius fait référence au premier sens (soustraire), Zedler, encore que de manière malhabile, au second. Le *Grosses vollständiges Universallexikon aller Wissenschaften und Künste* (Leipzig, 1732-1754) de ce dernier auteur définit ce sens de la sorte (t. VII, p. 391) : « *Deducere coloniam*, geschahe bey denen Römern, wenn man die Gewöhnlichen Sollemnitäten dabey in Acht nahm, auch entwerder neue Städte, oder doch einen abgesonderten Theil derer Felder anbauete : und war von *adscribere coloniam* unterschieden, wenn man unterschidene Familien, die eben nicht mit klingenden Spiel und flügender Fahne anmarschiret kamen, sondern nur ohne Ceremonien dazu waren verordenet worden, in die schon bewohnten Städte aufnahm, und ihnen hier und da einige Ländereyen anwiese, welches sonderlich gewöhnlich war, so offt ein Ort durch Krieg, Pest, oder andere Zufälle Mangel an Volck bekommen hatte ». (« *Deducere coloniam* : consistait chez les romains à respecter les solennités traditionnelles quand on construisait de nouvelles villes ou quand on mettait en culture une petite partie de leurs champs ; cela se distinguait de *adscribere coloniam* qui décrivait le processus suivant lequel on admettait plusieurs familles au sein des villes déjà habitées, sans pour autant qu'elles soient accueillies avec tambours et trompettes, mais elles étaient simplement convoquées sans autre forme de procès pour s'installer en des villes déjà habitées et, ici et là, sur des terres qui leur étaient concédées pour suppléer les pertes de population occasionnées par la peste, les guerres ou tout autre événement accidentel »).

> de connaître qui leur correspondent. Les concepts de l'expérience possèdent ainsi, certes, leur territoire, dans la nature, en tant qu'ensemble de tous les objets des sens, mais point un domaine ; au contraire n'y ont-ils que leur lieu de séjour (*domicilium*) : car, s'ils sont assurément produits de façon légale, ils ne sont pas légiférants, et en fait les règles fondées sur eux sont empiriques, par conséquent contingentes [1].

On comprend donc également comment la déduction ainsi entendue autorise à filer une métaphore géographique qui a souvent été soulignée. En voici encore un exemple tiré de la fin de l' « Analytique » de la *Kritik der reinen Vernunft* :

> Nous avons maintenant non seulement voyagé à travers le pays de l'entendement pur et considéré scrupuleusement chacune de ses parties, mais nous l'avons aussi mesuré et nous avons déterminé pour chaque chose la place qu'elle occupe. Ce pays toutefois est une île et il est enfermé par la nature elle-même dans des limites immuables. C'est le pays de la vérité [...] entouré par un océan vaste et agité de tempêtes, siège propre de l'illusion, où maints bancs de brouillard et maints blocs de glace bientôt font croire de façon trompeuse à des terres nouvelles et abusant sans cesse par de vaines espérances le navigateur exalté à la perspective de nouvelles découvertes, l'empêtrent dans des aventures auxquelles il ne peut jamais renoncer mais qu'il ne peut pourtant jamais non plus conduire à leur terme. Avant toutefois de nous risquer sur cette mer pour l'explorer dans toutes ses étendues et de nous assurer qu'il y a quelque chose à y espérer, il nous sera utile de jeter un coup d'œil sur la carte du pays que nous allons quitter, et de nous demander, en tout premier lieu, si, en tout état de cause, nous ne pourrions être contents de ce qu'il contient, ou même s'il ne faut point, par force, nous en contenter, si jamais il n'y a nulle part ailleurs aucun territoire [*Boden*] sur lequel il nous serait possible de nous établir ; ensuite, nous nous demanderons à quel titre nous-même possédons ce pays et parvenons à nous y maintenir contre toutes les prétentions ennemies [2].

Si *deducere coloniam* fut « l'une des voies les plus importantes de la romanisation, par laquelle la Méditerranée devint un *Orbis Romanus* » [3], la déduction transcendantale est la voie par laquelle se constitue le *Globus intellectualis*...

Peut-on parler, au sujet du droit, d'un paradigme de la scientificité ? Je ne le pense pas, pour diverses raisons que je n'ai pas la place d'évoquer ici. S'agit-il d'une analogie proportionnelle, comme dans le cas de la physique ? Je ne le pense pas non plus et il est certain que l'analogie ne fonctionne pas de la même manière. Qu'est-ce alors ? Il me semble que, à partir d'un emprunt conceptuel limité, celui de déduction (et d'exposition), il s'agit d'une métaphore. Ce statut n'est ni plus ni moins problématique que celui de paradigme ou d'analogie dans la mesure où à chaque fois la procédure kantienne doit instaurer et supporter sa propre validité. Et au titre de

1. CFJ, « Introduction, II », AK V, 174 ; OP II, 927.
2. CRP, A 235 *sq.* / B 294 *sq.*, AK III, 202-203 ; OP I, 970.
3. *Der Neue Pauly, Enzyclopädie der Antike*, Hubert Cancik éd., Bd. III, Metzler Verlag, Stuttgart-Weimar, 1997.

métaphore, en tant que concept du droit politique, la déduction n'est ni moins forte ni moins prégnante que le paradigme de la physique (ce que l'exergue et la dernière partie du présent article s'efforcent de rendre tangible).

J'espère avoir indiqué comment chacune des références kantiennes à une science autre que la philosophie au sujet de la méthode de la critique et de sa scientificité possède sa cohérence propre. Il reste évidemment à indiquer comment non seulement ces références sont compossibles mais en outre complémentaires. Tel est l'objet de ma dernière partie.

V. DE LA CRITIQUE COMME GÉOGRAPHIE POLITIQUE

Il faut repartir du travail critique comme circonscription de l'horizon de la connaissance : « La critique est la détermination de l'horizon [rationnel] de la connaissance humaine » [1]. La métaphore est filée dans l'un des plus beaux textes kantiens qui, allant de l'astronomie à la géographie et au droit des peuples, parvient à condenser les principaux acquis du dix-huitième siècle et à articuler ses diverses références. Il faudrait citer tout le passage [2], mais nous devrons ici nous contenter de quelques longs fragments.

Le contexte est celui du combat que se livrent, au sujet de la possession de connaissances par raison pure, le dogmatisme positif (il y a un être suprême) et le dogmatisme négatif (il n'y a pas d'être suprême), combat que met en scène l'antithétique de la raison pure. La visée, dont l'instrument de la réalisation va justement être la déduction, est celle de garantir la raison « contre tout préjudice et lui procurer une possession en bonne et due forme, n'ayant à redouter aucune prétention étrangère » [3]. Kant précise alors que le scepticisme comme position philosophique n'offre qu'une pacification précaire, faute de pouvoir opérer une délimitation systématique du pouvoir de la raison et de la prise en compte de ses intérêts. Or, c'est là ce qu'effectue la critique, par la détermination de l'horizon universel de la raison.

Mettant en parallèle la Terre et la raison, Kant construit alors une analogie entre la problématique astronomique du calcul de la surface de la terre et celle, épistémique, de la mesure de l'étendue de la connaissance, analogie qui commande l'ensemble des métaphores géographiques du philosophe (la géographie commence par être une géographie mathématique, avant d'être une géographie politique [4]).

Commençant donc par argumenter contre le scepticisme, Kant distingue une ignorance qui porte sur tel ou tel objet de connaissance et une ignorance des limites de la connaissance ; la première est une perception, la seconde est une

1. *Logik Dohna-Wundlacken*, AK XXIV, 712.
2. CRP, A 758-769 / B 786-797, AK III, 495 *sq.* ; OP I, 1330-1339.
3. CRP, A 739 / B 767, AK III, 484 ; OP I, 1317.
4. GP, § 5, AK IX, 164.

science, celle de la critique. Il construit alors l'analogie entre la critique et l'astronomie avec comme axe le concept d'horizon qui trouve ainsi son sens philosophique :

> Quand je me représente (suivant l'apparence sensible) la surface de la Terre comme une assiette, je ne puis savoir jusqu'où elle s'étend. Mais l'expérience m'apprend que, où que j'aille, je vois devant moi un espace où je puis encore m'avancer ; ainsi je reconnais les bornes de ma connaissance chaque fois effective de la Terre, mais non les limites de toute description possible de la Terre. Que je sois en revanche allé assez loin pour savoir que la Terre est une sphère et que sa surface est une surface sphérique, je puis alors connaître d'une manière déterminée et suivant des principes *a priori*, même par une petite partie de cette surface, par exemple la grandeur d'un degré, le diamètre de la Terre, et, par ce diamètre, la complète délimitation de la Terre, c'est-à-dire sa surface [1] ; et bien que je sois dans l'ignorance par rapport aux objets que cette surface peut contenir, je ne le suis cependant pas par rapport au périmètre qui les contient, à sa grandeur et à ses bornes [2].
>
> L'ensemble de tous les objets possibles pour notre connaissance nous paraît être une surface qui a son horizon apparent, à savoir ce qui en embrasse toute l'étendue et que nous avons appelé le concept de la raison de la totalité inconditionnée [3]. Y atteindre empiriquement est impossible, et tous les essais

1. Répondant à l'empirisme sceptique, Kant part de la perception : la rotondité de la Terre est affirmée non pas à partir d'arguments rationnels purs (mathématiques), mais à partir d'une succession de constats empiriques (lesquels appartiennent à l'histoire pragmatique de l'astronomie *). Cette progression quantitative permet un saut qualitatif : supposant la sphéricité de la Terre, la connaissance d'une petite partie de la courbure permet de *calculer* le diamètre, puis la surface.

* Ce sont, par exemple, les deux dernières preuves de la rotondité de la Terre mentionnées dans la *Géographie physique* : « 4. Même sur l'horizon illimité du grand large, on commence par ne voir que les pointes extrêmes des choses puis, peu à peu, leurs parties inférieures. 5. On a navigué autour de la Terre dans toutes les directions ce qui n'aurait pas été possible si elle n'était pas de forme ronde », AK IX, 167-168, trad. de M. Cohen-Halimi, M. Marcuzzi et V. Seroussi, Paris, Aubier, 1999, p. 77. La quatrième raison est un grand classique. Pour la mesure effective de la surface de la Terre, se reporter au § 8.

2. Toujours contre le scepticisme, Kant expose la *possibilité de la critique*, possibilité sur laquelle il va bientôt revenir, se contentant ici de noter que la connaissance de la raison comme pouvoir de connaître n'entraîne pas la connaissance des objets, lesquels doivent encore être donnés dans la réalité de l'expérience, mais que cette ignorance ponctuelle ne peut fonder la position sceptique. Criticisme et scepticisme sont en parfaite symétrie inverse, puisque le second, à partir d'une ignorance factuelle, affirme une ignorance principielle, tandis que la première, à partir de la limitation principielle de la connaissance, autorise une ignorance ponctuelle. À partir de cette ignorance ponctuelle est donc réaffirmé le besoin de connaître, Kant passant donc ensuite à la position qui va fonder le dogmatisme.

3. Il devient ici manifeste que Kant joue avec le concept astronomique d'horizon. Or – et pour simplifier – ce concept est double : on distingue l'horizon sensible, qui est aussi parfois dit "horizon apparent", et l'horizon rationnel. Le premier désigne l'horizon circonscrit sur un plan (dont le centre est l'observateur) tangent à la surface de la Terre ; le second est l'horizon d'un plan qui coupe la Terre par le centre et qui donc ne peut être embrassé en une observation. Pour le philosophe, l'horizon rationnel est d'abord celui de la raison spéculative, et donc l'horizon de l'apparence spéculative propre à l'idée de monde, non celui des seules apparitions saisies par l'expérience. Kant rappelle alors la double contrainte qui régit cet idéal : d'une part, l'incapacité tant d'une méthode empirique que d'une méthode idéaliste (donc de l'empirisme et du dogmatisme rationaliste), d'autre part, les exigences des intérêts de la raison.

> pour le déterminer *a priori*, suivant un certain principe, ont été vains. Cependant toutes les questions de notre raison pure se rapportent à ce qui est hors de cet horizon ou à ce qui se trouve tout au plus sur la ligne de sa limite [1].
> [...]
> Notre raison n'est pas en quelque sorte une plaine qui s'étende sur une distance indéterminée, et dont on ne connaisse les bornes que d'une manière générale, mais elle doit plutôt être comparée à une sphère dont le diamètre peut être trouvé à partir de la courbure de l'arc à sa surface (à partir de la nature des propositions synthétiques *a priori*) et dont le contenu et la délimitation peuvent être aussi délimités par là avec certitude. En dehors de cette sphère (le champ de l'expérience) il n'y a plus d'objet pour elle ; et même les questions concernant ces prétendus objets ne concernent que des principes subjectifs d'une détermination complète des rapports qui peuvent se présenter, à l'intérieur de cette sphère, entre les concepts de l'entendement [2].

La tâche proprement critique de circonscription des limites de la connaissance à partir de la question de la possibilité des jugements synthétiques *a priori* est ici présentée comme l'analogue du travail astronomique du calcul de la forme et de la surface de la Terre et de l'entreprise géographique qui, s'y articulant, lui donne une figure concrète. Sans doute n'est-il pas superflu de remarquer que ce travail, qui forme l'un des termes d'une analogie avec la critique, est placé sous l'égide de Newton comme cela est clair dans le § 7 de la *Géographie physique*... [3]. Car la délimitation des limites de la connaissance est bien exprimée par Kant selon un vocabulaire géographique et une analogie géographique sur laquelle le commentaire a souvent fort insisté, sans toutefois assez remarquer d'une part combien *elle se subsume tout d'abord sous l'astronomie*, pour *déployer ensuite le concept cosmologique* ou mondain de la philosophie et d'en souligner la méthode. La fin du passage, formulant cette question géographique en termes de « légitime possession », effectue le passage de la géographie au droit (ou de la géographie mathématique puis physique à la géographie politique) :

> une estimation complète de tout son pouvoir et la conviction qui s'en dégage de posséder en toute certitude un petit avoir, malgré la vanité de prétentions plus élevées, supprime tout litige et incite à se contenter d'une propriété limitée mais incontestée [4].

Ainsi, l'harmonisation des modèles de scientificité auxquels Kant fait référence se produit par la succession et l'imbrication d'analogies au sein d'une riche métaphore générale empruntée à l'astronomie. Il est difficile de ne pas

1. En effet, outre que le monde soit une idée, cet horizon ne présente qu'une demi-sphère, celle de la synthèse mathématique absolue de tous les phénomènes, or les intérêts de la raison concernent essentiellement l'autre demi-sphère (celle du monde intelligible) et le point de leur liaison (une cause libre) ; à quoi l'on pourrait ajouter la question de leur unité (Dieu). Après un développement sur D. Hume comme « géographe de la raison humaine », Kant expose la solution critique.

2. CRP, A 759-762 / B 787-790, AK III, 495-498 ; OP I, 1331-1334.

3. GP, § 7, AK IX, 166-169 ; Aubier, p. 76-79.

4. CRP, A 768 / B 796, AK III, 501 ; OP I, 1338.

immédiatement penser, en songeant à ce que Platon déjà disait de la place du mythe dans le discours philosophique, qu'analogies et métaphores sont de bien piètres outils pour la science. Reste que, du point de vue doctrinal, trois points méritent d'être relevés pour comprendre en quoi cette trame métaphorique n'entame en rien l'éventuelle validité des raisonnements kantiens :

— chacun des processus mis en œuvre par Kant est proprement philosophique (nous avons par exemple vu comment l'analyse du philosophe précisément parce qu'elle *n'*est *qu'analogue* à l'analyse chimique est bien un procédé indépendant de toute autre science). Le point est important, puisque c'est à terme l'indépendance et l'autonomie de la philosophie qui sont en jeu : la scientificité de la philosophie ne suppose pas son intégration en une autre science, ni même l'emprunt ponctuel d'une de leur méthodologie déterminée (comme la stricte mathématisation de l'objet).

— Chacun des processus d'analyse, de synthèse et de preuve assume de manière autonome sa propre validité, non seulement en étant un processus contraignant mais aussi en en possédant un domaine propre de validité (par ex. : la déduction doit s'ancrer en une origine pure et ne vaut que pour certains concepts, etc.).

— Les procédures probatoires sont mises en abîme lors du processus synthétique de constitution du système, ou encore au cours de la progression transcendantale. Ainsi, les déductions sont des preuves locales, tandis que les expérimentations de la raison pure, passant du sens logique de la corroboration au sens réel de l'expérimentation, passent aussi de moments doctrinaux étroits (dans la *Kritik der reinen Vernunft*, l' « Esthétique », puis l' « Analytique ») à la totalité du système. On a donc, très classiquement, une imbrication architectonique de preuves valant pour des domaines de plus en plus larges.

Enfin, et cette fois du point de vue de l'histoire des idées, il est frappant de voir combien la trame métaphorique mise en œuvre, tout en replaçant Kant au cœur de son époque, le déplace néanmoins quelque peu : Kant, à mon sens le plus grand de tous les nombreux philosophes newtoniens, appartient plus aux Lumières britanniques, françaises, hollandaises et italiennes qu'aux Lumières allemandes (en particulier berlinoises) auxquelles on le rattache trop souvent.

Fabien CAPEILLÈRES
(Université de Caen)

LA MÉTAPHYSIQUE COMME SCIENCE ET COMME DISPOSITION NATURELLE

On le sait, la « Préface » de la seconde édition de la *Critique de la raison pure* met en garde contre une lecture sceptique de l'ouvrage : loin de chercher à détruire la métaphysique, la *Critique*, explique Kant, entend au contraire la mettre dans la « voie sûre de la science » [1]. Pourtant, cette insistance sur la scientificité ne peut-elle, à son tour, être source de malentendus qui dissimulent, en partie, les véritables intentions kantiennes ? Ou, si l'on préfère, ne risque-t-elle pas de pousser le lecteur à chercher une réponse à la question du sens positif de la métaphysique là où elle n'est pas, et à attribuer ainsi à Kant des positions dont il est le premier à récuser le bien-fondé ?

1. L'une des conséquences les plus visibles de cette valorisation kantienne de la scientificité est sans doute de relativiser l'importance du fait qu'en l'homme, la métaphysique se présente d'abord sous la forme d'une disposition naturelle. Dans un passage de l' « Introduction », qu'il rajoute dans la seconde édition, Kant reconnaît que ce qui pousse la raison humaine à sortir du champ de l'expérience, ce n'est pas « la simple vanité de beaucoup savoir » [2], mais un besoin, et même un besoin « indéracinable » [3]. Toutefois, si la présence d'un tel besoin explique qu'il ait existé, et qu'il existera toujours, « à toute époque » [4], « une métaphysique quelconque (*irgend eine Metaphysik*) », elle ne saurait suffire à en garantir la légitimité. « Dans toutes les tentatives menées jusqu'ici pour répondre à ces questions naturelles » [5], poursuit l' « Introduction », « se sont toujours trouvées des contradictions inévitables » ; aussi convient-il, au lieu d'en « rester à la simple disposition naturelle à la métaphysique », de s'attacher à la seule question réellement décisive, c'est-à-dire à la question de sa scientificité ou, ce qui revient au même, il importe de parvenir à une certitude fondée quant à la question de savoir si l'homme peut ou non posséder une connaissance du suprasensible :

1. CRP, B XIV, AK III, 11 ; OP I, 738.
2. CRP, B 21, AK III, 41 ; OP I, 774.
3. CRP, B 24, AK III, 42 ; OP I, 776.
4. CRP, B 21, AK III, 41 ; OP I, 774.
5. CRP, B 22, AK III, 41 ; OP I, 774.

il doit être possible de parvenir à la certitude, en ce qui concerne la métaphysique – qu'elle puisse atteindre un savoir des objets ou qu'elle ne le puisse pas, c'est-à-dire qu'il faille trancher sur les objets de ces questions ou bien sur la capacité ou l'incapacité de la raison à porter sur eux un jugement ; bref, il doit être possible, soit d'élargir avec assurance notre raison pure, soit de lui poser des bornes déterminées et sûres [1].

2. Même si ce texte laisse ouvertes deux possibilités : soit résoudre définitivement les questions constitutives de la *metaphysica specialis*, soit montrer, de manière tout aussi définitive, qu'une telle solution est impossible sur le plan théorique, il est évident qu'en parlant de « contradictions inévitables », Kant ne laisse aucun doute sur la nature de sa réponse. L' « Esthétique », puis l' « Analytique », vont établir que pour l'homme, la seule connaissance légitime est celle qui porte sur les phénomènes, la « Dialectique » confirmant, quant à elle, qu'il est illusoire de vouloir connaître les choses telles quelles sont en elles-mêmes, même s'il s'agit d'une « *illusion naturelle* et inévitable » [2].

Reste que, lorsqu'on le rapporte à l'intention initiale, ce résultat est pour le moins paradoxal : la « Préface » de 1787 remarque que « la première partie de la métaphysique » aboutit à

> un résultat étrange et apparemment très dommageable pour ce qui en constitue le but d'ensemble, qui occupe la seconde partie – à savoir que nous n'avons jamais la possibilité [avec notre pouvoir de connaître *a priori*] d'aller au-delà des limites de l'expérience possible, ce qui est pourtant précisément l'objectif le plus essentiel de cette science [3].

Autrement dit, comment peut-on encore soutenir que la métaphysique est une science, si la seule science possible ne concerne que les phénomènes ? Ou, si l'on préfère, en quoi peut consister le contenu d'une métaphysique positive, dès lors que la connaissance du suprasensible est frappée d'illégitimité ?

3. La difficulté n'est certes pas totalement insurmontable : on peut considérer, par exemple, que la rationalité de la critique tient à la démarche qu'elle met en œuvre, et présenter Kant comme le promoteur d'une métaphysique scientifique, dont la scientificité repose sur une méthode de type newtonien [4] ou encore – ce qui s'accorde sans doute davantage avec la tradition dans laquelle s'inscrit la première *Critique* – sur les règles que définit la logique transcendantale [5] ; on peut aussi considérer l' « Esthétique » et l' « Analytique » comme une interrogation sur les conditions de possibilité de l'appré-

1. CRP, B 22, AK III, 41 ; OP I, 774.
2. CRP, A 298 / B 354, AK III, 237 ; OP I, 1015.
3. CRP, B XIX, AK III, 13 ; OP I, 741.
4. *Cf.* par exemple F. Capeillères, *Kant philosophe newtonien*, Paris, Cerf, 2004.
5. *Cf.* ici même M. Fichant, « La situation architectonique des sciences dans l'accomplissement critique », ainsi que l'article de G. Tonelli, « La *Critica della ragion pura* di Kant », *Da Leibniz a Kant. Saggi sul pensiero del Settecento*, C. Cesa éd., Napoli, Prismi Editrice, 1987, p. 285-291.

hension de l'étant et en conclure que la métaphysique kantienne n'est rien d'autre qu'une « ontologie fondamentale » [1]. Pourtant la *Critique* elle-même n'indique-t-elle pas une autre voie ? Il est clair en tout cas que la « Dialectique transcendantale » ne se contente pas de démonter les principaux raisonnements de la métaphysique spéciale. Elle s'emploie également à éliminer le contresens consistant à interpréter la critique de la métaphysique dogmatique comme une critique de *toute* métaphysique. Que les choses en soi soient inconnaissables n'implique en rien que tout discours sur le suprasensible serait illégitime : non seulement l'homme peut penser ce qu'il ne peut jamais connaître [2], mais, contrairement à ce que soutiennent certains de ses lecteurs, la critique n'a pas pour but de réduire la raison à l'entendement [3] ; elle cherche au contraire à la protéger contre les prétentions illégitimes d'un entendement qui tente d'appliquer aux choses en soi un traitement qui ne vaut que pour la connaissance des phénomènes. Ainsi Kant peut-il souligner que le concept de noumène est essentiel, parce qu'il permet de « limiter les prétentions de la sensibilité » [4] ; remarque quelque peu sibylline, mais dont le § 32 des *Prolégomènes* explicite clairement la signification, en indiquant que

> [la] déduction critique n'exclut en aucune façon [les noumènes] ; [...] elle restreint bien plutôt les principes de l'esthétique, en sorte qu'ils ne s'étendent pas à toute chose, ce qui changerait tout en simples phénomènes, mais qu'ils ne soient valables que pour des objets d'une expérience possible [5].

4. Que conclure de ces précisions ? À considérer la fin de la « Dialectique », il semble que leur principal effet soit d'inciter Kant à revenir sur la signification de l'illusion transcendantale, et à en proposer une autre caractérisation que celle qui y voit la transgression des limites imposées à l'entendement par la nécessité d'en rapporter les concepts à un donné intuitionnable. C'est du moins ce qui ressort du passage qui inaugure la section intitulée « Du but ultime de la didactique naturelle de la raison humaine ». Kant, qui s'en prend ici à la « plèbe des raisonneurs » criant « à l'absurdité et aux contradictions » [6], rappelle en effet que l'échec de la métaphysique dogmatique ne saurait conduire à faire de la raison une simple illusion :

> Les Idées de la raison pure ne peuvent jamais être par elles-mêmes dialectiques, mais seul leur usage abusif peut faire qu'il en naisse pour nous une trompeuse apparence ; car elles nous sont transmises comme une tâche par la nature même de notre raison, et il est impossible que ce tribunal suprême, juge de tous les droits et de toutes les prétentions de notre spéculation, puisse

1. M. Heidegger, *Kant und das Problem der Metaphysik*, Frankfurt. a. M., Klostermann, 1965.
2. *Cf.* par exemple CRP, B XXVI, AK III, 17 ; OP I, 745.
3. Voir, par exemple, le texte de Jacobi, *Über das Unternehmen des Kritizismus die Vernunft zu Verstande zu bringen und der Philosophie überhaupt eine neue Absicht zu geben* (1801), dans *Werke Ausgabe*, Bd 2, Hamburg, Meiner, 2004 ; trad. fr. P. Cerruti, *Sur l'entreprise du criticisme de ramener la raison à l'entendement*, Paris, Vrin, 2009.
4. CRP, A 255 / B 311, AK III, 211 ; OP I, 984.
5. PMF, § 32, AK IV, 315 ; OP II, 91.
6. CRP, A 669 / B 697, AK III, 442 ; OP I, 1266.

> receler lui-même des illusions et des aveuglements originaires. Selon toute vraisemblance, ces Idées doivent avoir dans la constitution naturelle de notre raison une destination qui soit bonne et qui corresponde à quelque fin [1].

À l'évidence, dans ce texte l'apparence transcendantale n'est plus envisagée à partir de la science du phénoménal, présentée comme le seul discours valide sur le plan théorique ; elle a pour source un usage abusif des Idées, dont le caractère abusif tient au fait qu'il en contredit la destination ou la finalité naturelle. Autrement dit, c'est parce qu'elle se méprend sur le but véritable de la métaphysique que la raison sombre dans l'illusion dogmatique et cherche à satisfaire sur le mode d'une connaissance objectivante un besoin dont la signification n'est pas d'ordre cognitif.

Cette réinterprétation est-elle, cependant, sans répercussions sur la façon d'envisager la question de la métaphysique ? Si, pour comprendre la vraie destination de la métaphysique, il convient d'abord d'élucider la signification du besoin dans lequel elle s'enracine, peut-on encore s'en tenir à la formulation du problème que propose l' « Introduction » ? Ne faut-il pas, au contraire, en inverser les termes, et déclarer que la tâche de la critique n'est pas, comme elle le prétend, de mesurer le besoin métaphysique à l'aune d'un idéal de scientificité, érigé en idéal suprême, mais plutôt d'apprécier la valeur de toute connaissance théorique ou théorétique par rapport à un besoin dont le but est certes encore indéterminé, mais dont le caractère sensé est garanti par son inscription dans l'ordre téléologique de la nature [2] ?

5. On pourrait sans doute objecter à une telle lecture qu'elle accorde trop à un texte qui, lorsqu'on le replace dans son contexte immédiat, vise surtout à asseoir la doctrine des Idées régulatrices, en dissipant toute confusion entre le penser et le connaître. Mais, en ce cas, comment comprendre que l' « Appendice à la "Dialectique" » ne cesse de réaffirmer que

> Tout ce qui est fondé dans la nature de nos facultés doit nécessairement être conforme à une fin et en accord avec leur usage légitime, pour autant que nous parvenions à éviter un certain malentendu et à découvrir leur orientation spécifique [3] ?

Et surtout, comment comprendre que le « Canon de la raison pure » revienne à son tour sur cette question de l'orientation spécifique de la raison,

1. CRP, A 669 / B 697, AK III, 442 ; OP I, 1266 (trad. modifiée).

2. Sur l'importance de cet horizon téléologique dans la première *Critique* voir par exemple G. Krüger, *Philosophie und Moral in der kantischen Kritik*, Mohr, Tübingen, 1931, p. 14, trad. fr. de M. Régnier, *Critique et morale chez Kant*, Paris, Beauchesne, 1961, p. 31 : « l'homme est un être qui avec ses "dispositions" et ses "facultés" est situé par destination dans l'ensemble d'un monde téléologique. La connaissance empirique de l'homme n'est pas la connaissance "scientifique", mais une *expérience vivante* qui est d'avance orientée vers la pratique et qui est "pragmatique". Elle est à la base de la doctrine des facultés de la critique comme source de la connaissance ». Dans une autre optique, voir aussi les remarques de G. Deleuze, *La philosophie critique de Kant*, Paris, Presses Universitaires de France, 1963, p. 38 *sq*.

3. CRP, A 642-643 / B 670-671, AK III, 427 ; OP I, 1247.

en invoquant son usage pratique, alors même que le début de la *Critique* avait clairement exclu celui-ci de son champ d'investigation [1] ?

On peut constater en tout cas que, dans un premier temps, Kant propose une solution qui tente de préserver le cadre exclusivement théorique que s'est assigné la *Critique*. Il existe, dit l' « Appendice », un intérêt spéculatif de la raison, dont les objets, c'est-à-dire Dieu, l'âme et le monde, sont la figuration concrète – autrement dit le schème – de « l'unité systématique du divers de la connaissance empirique », sans laquelle le but des recherches concrètes de l'entendement resterait incompréhensible [2]. Pourtant, force est de reconnaître que cette réponse ne saurait suffire : la raison, demande le « Canon de la raison pure », s'aventurerait-elle « jusqu'aux limites les plus extrêmes de toute connaissance » [3]. Irait-elle jusqu'à penser « un tout systématique qui subsiste pour soi » [4], si elle n'était mue que par un besoin spéculatif ? L'insignifiance des résultats que la science de la nature peut en retirer, le fait que la raison voie ses objets « fuir devant elle » lorsqu'elle tente de « s'en approcher par la voie de la spéculation » [5], n'indiquent-ils pas, au contraire, que les questions métaphysiques naissent d'un tout autre intérêt, qui est un intérêt pratique ?

Autrement dit, c'est parce qu'il est un être agissant que l'homme ne peut se passer de métaphysique ; ou, plus exactement, c'est parce qu'en tant qu'être agissant, il a besoin de la garantie que l'orientation que donne à sa vie l'obéissance à la loi morale ne se traduira pas par une frustration de son désir naturel de bonheur. Kant peut ainsi affirmer que seule une foi rationnelle en l'existence de Dieu et en l'immortalité de l'âme est capable d'assurer à l'être fini que ses efforts ne sont pas vains, et qu'il est fondé à espérer l'obtention d'un bonheur proportionné à son mérite moral, sinon en cette vie, du moins dans un autre monde, ou dans un monde intelligible, conçu comme un monde moral [6].

6. Il est évident que le contenu d'une telle métaphysique n'est rien d'autre que celui de la *metaphysica naturalis* dont l' « Introduction » déplorait le manque de scientificité. En sorte que, loin de fonder ou de refonder une science distincte de la métaphysique naturelle, la *Critique* cherche au contraire à montrer, en mettant en question son propre présupposé « théoriciste » [7], que la métaphysique n'a pas pour fonction de mener à la connaissance du fond de ce qui est, ni même de répondre à la question du sens de l'existence humaine. Son rôle est seulement de garantir à l'homme que la réponse raisonnable à une telle question – autrement dit la réponse morale – possède bien un sens dans et pour sa vie d'être fini [8]. Dès lors, on ne peut s'étonner de voir la fin du

1. CRP, A 15 / B 29, AK III, 45 ; OP I, 779.
2. CRP, A 671 / B 699, AK III, 443 ; OP I, 1267.
3. CRP, A 797 B 825, AK III, 518 ; OP I, 1359.
4. *Ibid.*
5. CRP, A 796 / B 824, AK III, 517 ; OP I, 1358.
6. CRP, A 815 / B 843, AK III, 529 ; OP I, 1373.
7. *Cf.* G. Lebrun, *Kant et la fin de la métaphysique*, Paris, A. Colin, 1970, p. 60 *sq.*
8. *Cf.* E. Weil, *Problèmes kantiens*, Paris, Vrin, 1970.

« Canon » présenter comme « la meilleure confirmation » d'un tel résultat la déception qu'il ne peut manquer de susciter en tout esprit dogmatique :

> Est-ce donc là, dira-t-on, [écrit Kant], tout ce qu'obtient la raison pure en ouvrant des perspectives qui vont au-delà des limites de l'expérience ? Rien de plus que deux articles de foi ? À coup sûr, l'entendement commun, lui aussi, en aurait fait autant, sans avoir besoin de prendre conseil sur ces questions auprès des philosophes ! Je ne veux pas ici célébrer le service que la philosophie a rendu à la raison humaine par les pénibles efforts qu'elle a consacrés à sa critique, quand bien même le bénéfice obtenu ne devrait être, au terme, que négatif, car, à cet égard, interviendra encore quelque observation dans le chapitre suivant. Mais, exigez-vous réellement qu'une connaissance qui concerne tous les hommes doive dépasser l'entendement commun et ne vous soit dévoilée que par les philosophes ? Ce que vise votre reproche est justement la meilleure confirmation que ce que l'on a affirmé jusqu'ici est exact, dans la mesure où l'on découvre ainsi ce que l'on ne pouvait apercevoir au départ, à savoir que la nature ne peut se voir reprocher aucune répartition partiale de ses dons dans ce qui tient à cœur, indifféremment, à tous les hommes et que la plus haute philosophie, lorsqu'il s'agit des fins essentielles de la nature humaine, ne saurait conduire plus loin que la direction que la nature a également accordée à l'entendement le plus commun [1].

7. Encore faut-il ajouter, comme y invite d'ailleurs ce passage, en renvoyant au chapitre suivant, c'est-à-dire à l' « Architectonique », la célébration des services que la philosophie rend à la raison humaine, que Kant n'entend pas renoncer à la scientificité, pour se rallier aux positions de la *Popularphilosophie*, ou pour confier au bon sens le soin de corriger les excès de la raison spéculative [2]. La *Critique* en revient à la métaphysique naturelle, mais elle y revient en justifiant rationnellement ce retour, c'est-à-dire en déployant un discours théorique qui ne doit qu'à sa rigueur conceptuelle sa capacité à détourner la raison des constructions artificielles qui lui font oublier sa véritable destination. D'autre part, le contenu ainsi justifié ne saurait demeurer à l'état de certitude isolée : aussi l' « Architectonique », qui souligne que c'est seulement lorsqu'elles constituent un système que nos connaissances « peuvent soutenir et favoriser les fins essentielles de la raison » [3] expose-t-elle le plan d'une future métaphysique systématique. Kant peut ainsi souligner que la recherche de la sagesse passe « par la voie de la science, la seule qui, une fois qu'elle a été ouverte, ne s'efface jamais et ne permet aucune errance » [4]. Mais, il n'en demeure pas moins que c'est bien la sagesse, et non la science, qui est ici le but final ; ou, si l'on préfère, la science n'est qu'un moyen, et non une fin en soi, comme le prétendait l' « Introduction ». En dernière analyse, c'est parce qu'elle ne doit jamais devenir une discipline spécialisée, qui n'aurait

1. CRP, A 830-831 / B 858-859, AK III, 537-538 ; OP I, 1383-1384.

2. Voir CRP, B XXXIV-XXXVI, AK III, 21-22 ; OP I, 751, ainsi que la discussion du point de vue de Mendelssohn dans QOP, AK VIII, 133-147 ; OP II, 521-545.

3. CRP, A 832 / B 860, AK III, 538 ; OP I, 1384.

4. CRP, A 850 / 878, AK III, 549 ; OP I, 1398.

pour but que « l'unité systématique » et la « perfection *logique* de la connaissance » [1], que la métaphysique reste pour Kant une *metaphysica naturalis*, dont le contenu est présent dans l'esprit et le cœur de tout homme, qui, une fois éclairé par la critique, peut se fier à son orientation naturelle sans craindre de succomber au mirage dogmatique ou à son corrélat sceptique.

Jean-Michel BUÉE
(Université Grenoble I)

1. CRP, A 838 / B 866, AK III, 542 ; OP I, 1389.

LE PROJET KANTIEN DE MÉTAPHYSIQUE COMME SCIENCE : L'OBJECTIVITÉ DE LA CONNAISSANCE "PRATIQUE" DU SUPRASENSIBLE EN QUESTION

En 1783, dans la « Préface » des *Prolégomènes à toute métaphysique future qui pourra se présenter comme science*, Kant énonce ce jugement extrêmement sévère :

> la métaphysique comme science n'a pas encore existé du tout [1] ;
>
> On ne peut exhiber un seul livre [...] et dire : voici la métaphysique, vous trouvez ici la fin plus élevée de cette science, la connaissance d'un être suprême et d'un monde futur, démontrée par des principes de la raison pure [2].

En 1787, dans la « Préface » à la deuxième édition de la *Critique de la raison pure*, Kant revient sur ce constat et déplore que la métaphysique n'ait pas encore pris le chemin sûr d'une science [3]. Quelques années plus tard, dans sa tentative de réponse à la question formulée par l'Académie de Berlin sur les progrès réalisés par la métaphysique en Allemagne depuis Leibniz et Wolff, Kant soutient que, jusqu'à cette époque, cette science n'a fait aucun progrès dans le sens de sa destination propre, la connaissance d'un objet suprasensible, dans la mesure où elle n'a pas acquis un seul concept d'un objet du suprasensible, dont elle aurait démontré théoriquement la réalité [4].

En réaction au « discrédit général » [5] dans lequel la métaphysique est tombée, à la piètre considération, au mépris dans lesquels elle est tenue, le projet kantien vise à rendre son statut à celle qui fut pourtant la reine de toutes les sciences [6]. Ce projet est, pour le moins, ambitieux : il ne s'agit pas simplement d'ajuster à son propre goût des connaissances usagées que l'on présenterait seulement sous de nouvelles dénominations, mais de proposer « une

1. PMF, AK IV, 369 ; OP II, 156. Kant ira même jusqu'à affirmer (AK IV, 257 ; OP II, 19) qu' « il n'y a pas encore du tout de métaphysique ». Dans la suite, les traductions citées peuvent différer de celles de la Pléiade.
2. PMF, AK IV, 271 ; OP II, 36.
3. Voir CRP, B XIV, AK III, 11 ; OP I, 738.
4. Voir PMA, AK XX, 317 ; OP III, 1264-1265.
5. CRP, A 849 / B 877, AK III, 548 ; OP I, 1397.
6. Voir CRP, A VII, AK IV, 07 ; OP I, 725.

science entièrement nouvelle, dont personne auparavant n'avait seulement formulé la pensée, dont la simple idée était même inconnue » [1].

Cette science nouvelle, quelle est-elle ? Afin de répondre à cette question, on peut partir de la « Préface » des *Premiers principes métaphysiques de la science de la nature*, où Kant explique que la délimitation des frontières d'une science peut s'effectuer d'après la constitution de son objet et le mode spécifique de connaissance qui s'y applique, mais également en fonction du but que l'on y poursuit. Or, si la métaphysique continue d'occuper les esprits, ce n'est assurément pas pour étendre la connaissance de la nature, mais dans l'objectif de parvenir à connaître ce qui outrepasse les limites de l'expérience : Dieu, la liberté et l'immortalité [2]. La fin ultime que poursuit la raison dans cette science nous donne la définition de la métaphysique : la métaphysique est « la science qui consiste à progresser grâce à la raison de la connaissance du sensible à celle du suprasensible » [3].

C'est cette définition de la métaphysique que j'ai choisie de prendre comme fil conducteur dans cette contribution. Précisément, cette définition, c'est celle de la métaphysique en sa deuxième partie, celle où elle a affaire à sa fin essentielle : parvenir avec notre connaissance *a priori* au-delà des limites de toute expérience possible. Or, si le changement dans la manière de penser qu'introduit la *Critique de la raison pure* garantit à la métaphysique de prendre la voie sûre de la science *en sa première partie*, c'est-à-dire dans la partie où elle a affaire aux concepts purs dont les objets peuvent être donnés dans l'expérience conformément à ces concepts, il conduit, en revanche, à ce résultat, au premier abord, préjudiciable pour la métaphysique *en sa deuxième partie* : avec notre pouvoir de connaître *a priori* nous ne pouvons aller au-delà des limites de l'expérience possible. De sorte que se pose la double question : une connaissance métaphysique comme connaissance des objets suprasensibles est-elle possible et, auquel cas, cette connaissance peut-elle prétendre au titre de science ? La métaphysique en sa deuxième partie, celle où elle a affaire à sa fin ultime, peut-elle espérer prendre, comme la métaphysique en sa première partie, la voie sûre de la science ? C'est à cette question que se propose de répondre cette contribution à partir d'une analyse de l'objectivité – essentielle à la scientificité – dont est susceptible la connaissance du suprasensible. Plus précisément, j'expliciterai, dans un premier temps, comment le passage du sensible au suprasensible s'effectue dans la perspective kantienne grâce à un concept de la raison pure, le concept de liberté, en tant que concept d'un suprasensible connaissable. Dans un second temps, je m'efforcerai de répondre à cette question, à mon sens, cruciale pour apprécier le projet kantien de métaphysique comme science : la connaissance des objets suprasensibles est-elle aussi *objective* que la connaissance des objets de l'expérience possible ? Pour ce faire, j'examinerai, successivement, la réalité objective qui revient à l'idée de

1. PMF, AK IV, 262 ; OP II, 25.
2. Voir PPM, AK IV, 477 ; OP II, 375.
3. PMA, AK XX, 260 ; OP III, 1216. *Cf.* AK XX, 316 ; OP III, 1264.

liberté en tant que *scibilia* et celle dont sont pourvues les idées de l'existence de Dieu et de l'immortalité de l'âme à titre de *postulats* de la raison pratique. Enfin, pour conclure, j'expliciterai la signification de l'acquisition de réalité objective pratique pour l'extension de la connaissance dans le champ du suprasensible, extension, qui, rappelons-le, constitue la fin ultime de la métaphysique.

I. LE CONCEPT DE LIBERTÉ COMME PIVOT DE LA MÉTAPHYSIQUE [1]

Dans la perspective kantienne, le passage du sensible au suprasensible s'effectue *via* l'acquisition du concept d'un objet du suprasensible connaissable du point de vue pratique : le concept de liberté. À en croire Kant, c'est peine perdue que de chercher à atteindre le suprasensible par la voie de la spéculation et de la connaissance théorique. Ce n'est, en effet, que lorsque la loi morale révèle en l'homme la liberté que la raison peut prétendre à une connaissance du suprasensible [2]. La liberté, révélée par la loi morale, constitue la pierre de touche qui permet à la raison de progresser de la connaissance du sensible à celle du suprasensible.

La réalité objective de l'idée de liberté, c'est-à-dire le fait qu'elle ne soit pas une simple chimère (*Hirngespinst*), un être de pensée (*Gedankending*) sans aucune réalité, est *prouvée* [3] par la loi morale, loi apodictique et fondamentale [4] de la raison pure en son usage pratique. La loi morale, dans la mesure où elle est donnée *a priori* comme un *fait de la raison pure* (*Faktum rationis*) [5], fait « incontestable » [6], « apodictiquement certain » [7] – quand bien même il s'avérerait impossible de trouver un seul exemple dans l'expérience où cette loi fût suivie –, « *procure* » [8] à l'idée de liberté une réalité objective que Kant qualifie d'*indubitable* [9] et, détermine, ce faisant, ce que la philosophie spéculative devait laisser indéterminé [10], reconnaissait comme un concept simplement « problématique » [11].

Pour le dire avec les termes de la *Critique de la raison pratique* [12], la loi morale est la *ratio cognoscendi* de la liberté : si notre raison, en effet, ne concevait pas d'abord clairement la loi morale, nous ne nous croirions jamais

1. « *Angeln* », voir PMA, AK XX, 311 ; OP III, 1263.
2. Voir PMA, AK XX, 310 ; OP III, 1261-1262.
3. Voir CRPr, AK V, 03 ; OP II, 609.
4. Voir CRPr, AK V, 31 ; OP II, 644-645.
5. Voir CRPr, AK V, 47 ; OP II, 664-665. Sur le fait de la raison pure, voir notamment AK V, 31-32 ; OP II, 645 et AK V, 42 ; OP II, 658.
6. « *unleugbar* », CRPr, AK V, 32 ; OP II, 645.
7. CRPr, AK V, 47 ; OP II, 664.
8. « *verschafft* », CRPr, AK V, 47 ; OP II, 665 ; « *geben vermag* », AK V, 48 ; OP II, 666.
9. « *unbezweifelte* », CRPr, AK V, 49 ; OP II, 667.
10. Voir CRPr, AK V, 47 ; OP II, 665.
11. Pour une définition d'un concept problématique, voir plus particulièrement CRP, A 254-255 / B 310, AK III, 211 ; OP I, 984.
12. Voir CRPr, AK V, 04 note ; OP II, 610.

autorisés à admettre la liberté. À rebours, la liberté est la *ratio essendi* de la loi morale, ce qui signifie que sans la liberté nous ne rencontrerions pas la loi morale en nous. C'est dire que la liberté et la loi morale « renvoient réciproquement l'une à l'autre » [1], se conditionnent mutuellement. D'un côté, la liberté est effectivement réelle (*wirklich*) parce qu'elle se manifeste par la loi morale [2], la liberté, selon les termes de Kant, a de la réalité objective « uniquement au moyen de la loi morale et simplement en relation à cette loi » [3], de l'autre côté, nous connaissons *a priori* la possibilité de la liberté parce qu'elle est la condition de la loi morale que nous connaissons.

Or, de cette relation de conditionnement réciproque découle un statut privilégié, à part, pour l'idée de liberté parmi les idées de la raison pure : elle est « la seule de toutes les idées de la raison spéculative dont nous *connaissions a priori* la possibilité » [4], la seule des idées de la raison pure dont l'objet soit un fait (*Tatsache*), une *res facti*, par suite, *la seule idée de la raison pure dont on puisse prouver* [5] *la réalité objective*. L'objet de l'idée de liberté est une *res facti* parce que sa réalité objective peut être prouvée par des données pratiques de la raison pure. S'il est vrai, comme l'a établi la *Critique de la raison pure*, que l'idée de liberté, comme espèce particulière de causalité, n'est susceptible d'aucune présentation dans l'intuition sensible, sa réalité objective peut néanmoins être démontrée par des lois pratiques, et l'idée de liberté doit, par suite, être comptée parmi ce que Kant appelle les *scibilia* [6].

Davantage, selon la troisième *Critique*, des trois idées de la raison pure, l'idée de liberté est « le seul concept du suprasensible qui prouve sa réalité objective (au moyen de la causalité qui est pensée en lui) dans la nature, par l'effet qu'il lui est possible de produire en celle-ci » [7]. L'idée de liberté doit ce privilège au fait qu'elle prouve sa réalité objective *en nous* par la loi morale et *dans le monde* [8] par les effets qu'elle produit en lui. Le concept de liberté est, de toutes les idées de la raison pure, le seul concept du suprasensible qui prouve sa réalité objective dans le monde sensible, de sorte que c'est au concept de liberté qu'il revient d'opérer la liaison des idées de Dieu et de l'immortalité de l'âme avec le monde sensible [9]. L'idée de liberté, le suprasensible *en* nous, médiatise la connexion de l'être nécessaire, le suprasensible *au-dessus* de nous, et celle de l'immortalité de l'âme, le suprasensible *après* nous [10], avec le monde sensible. Ce rôle de médiateur que joue l'idée de

1. CRPr, AK V, 29 ; OP II, 642.
2. Voir CRPr, AK V, 04 ; OP II, 610.
3. CRPr, AK V, 133 ; OP II, 771.
4. CRPr, AK V, 04 ; OP II, 610.
5. Kant ira même jusqu'à soutenir que l'idée de liberté est la seule des idées théoriques à laquelle on puisse procurer de la réalité objective, voir CRPr, AK V, 70 (OP II, 693) ; LOG, AK IX, 93 ; trad. fr. par L. Guillermit, Paris, Vrin, p. 101.
6. Voir plus particulièrement CFJ, § 91, AK V, 468 ; OP II, 1279.
7. CFJ, AK V, 474 ; OP II, 1285.
8. Voir CFJ, AK V, 475 ; OP II, 1286. *Cf.* AK V, 468 ; OP II, 1278 *sq.*
9. Voir CFJ, AK V, 474 ; OP II, 1285.
10. Voir PMA, AK XX, 294-295 ; OP III, 1247 *sq.*

liberté résulte là encore d'un privilège de cette idée par rapport aux deux autres idées de la raison pure : elle est le seul concept qui nous permette de ne pas chercher l'intelligible hors de nous [1]. Avec l'idée de liberté,

> nous avons ainsi *en nous* un principe qui est susceptible de déterminer l'Idée du suprasensible *en nous* et par là même aussi celle du suprasensible *hors de nous* [2].

Ce pourquoi les idées de Dieu et de l'immortalité de l'âme, qui sont sans appui dans l'usage spéculatif de la raison, se rattachent dans l'usage pratique au concept de liberté et « acquièrent *avec lui* et *par lui* consistance (*Bestand*) et réalité objective » [3]. L'idée de liberté apporte avec elle les idées de Dieu et de l'immortalité de l'âme comme ses conséquences (*Gefolge*) [4], les détermine et permet de prouver leur réalité. Selon le § 91 de la *Critique de la faculté de juger*, la détermination des concepts de Dieu et de l'âme (quant à son immortalité) ne peut certes absolument pas se faire au moyen de prédicats empiriques, mais néanmoins par des prédicats qui doivent prouver leur réalité dans l'expérience. Dans cette mesure, la preuve de l'existence de Dieu et de l'immortalité de l'âme (parce qu'il s'agit de deux objets suprasensibles) exige un concept qui réunisse ces deux propriétés "contradictoires" : être un concept du suprasensible et prouver sa réalité dans l'expérience. Or, il y a, selon Kant, dans la raison humaine, un concept, et un seul, qui réunit ces deux propriétés : le concept de liberté – ce qui fait de l'idée de liberté le concept, par excellence, qui permet de progresser du sensible au suprasensible.

Plus précisément, les idées de Dieu et de l'immortalité de l'âme reçoivent, dans la perspective pratique, de la réalité objective en tant qu'elles constituent les conditions de la possibilité de l'objet nécessaire *a priori* de la volonté déterminée par la loi morale : le souverain Bien. En d'autres termes, les idées de Dieu et de l'immortalité de l'âme reçoivent de la réalité objective pratique en tant qu'elles sont *postulées* en vue de la réalisation du souverain Bien dans le monde [5]. Ce pourquoi Kant range, dans le § 91 de la *Critique de la faculté de juger*, l'existence de Dieu et l'immortalité de l'âme parmi les objets de foi (*credibile*) [6]. L'existence de Dieu et l'immortalité de l'âme sont des *mere credibile*, c'est-à-dire des objets qui, bien qu'exagérés pour l'usage théorique de la raison, doivent être pensés *a priori* en relation à l'usage conforme au devoir de la raison pure pratique, pour autant que ces objets constituent les seules conditions pour nous pensables de la possibilité du souverain Bien.

1. Voir CRPr, AK V, 105 ; OP II, 735-736.
2. CFJ, AK V, 474 ; OP II, 1285, je souligne.
3. CRPr, AK V, 04 ; OP II, 610, je souligne.
4. Voir PPP, AK VIII, 418 ; OP III, 427. L'idée de liberté sert de médiation parce que son existence est indubitable.
5. Voir CRPr, AK V, 134 ; OP II, 772. Sur l'immortalité de l'âme et l'existence de Dieu comme postulats de la raison pure pratique, voir AK V, 122 *sq.* ; OP II, 757 *sq.*
6. Voir CFJ, AK V, 469 *sq.* ; OP II, 1275 *sq.*

Il appert clairement, au terme de cette première partie, que la *métaphysique*, dans la perspective kantienne, est fondamentalement *connaissance pratique du suprasensible*. Pour Kant, comme pour ses prédécesseurs, la métaphysique reste orientée vers le suprasensible [1], mais cette connaissance n'est plus connaissance théorique – sans quoi la métaphysique se verrait condamnée à devenir « le tonneau sans fond des Danaïdes » [2] –, mais exclusivement connaissance *pratique*.

Ce pourquoi, afin d'apprécier le projet kantien de métaphysique comme science, il importe, à mon sens, d'examiner l'objectivité dont est susceptible la connaissance "pratique" du suprasensible dans la perspective kantienne.

II. L'OBJECTIVITÉ DE LA CONNAISSANCE PRATIQUE

Dans cette deuxième partie, je me propose d'établir en quoi la connaissance pratique du suprasensible peut être considérée comme *moins objective* que la connaissance théorique des objets sensibles. Pour ce faire, je procéderai en deux temps : j'expliciterai, dans un premier temps, en quoi on peut, à mon sens, considérer la réalité objective de l'idée de liberté (comme *scibilia*) comme "incomplète", puis, dans un second temps, en quoi la réalité objective des postulats de la raison pratique peut être qualifiée de "subjective".

1) La réalité objective "incomplète" de l'idée de liberté

Afin de saisir en quel sens on peut considérer la réalité objective de l'idée de liberté comme "incomplète", on peut partir de l'aveu que fait Kant dans la « Préface » de la *Critique de la raison pratique* :

> la liberté est la seule de toutes les idées de la raison spéculative dont nous *connaissons a priori* la possibilité *sans pourtant l'apercevoir* [3].

Nous *savons* (*wissen*) comme apodictiquement certain que la liberté est possible parce qu'elle est la *ratio essendi* de la loi morale, sans pouvoir cependant apercevoir, pénétrer (*einsehen*), comprendre (*begreifen*) ou expliquer (*erklären*) cette possibilité.

En toute rigueur, on devrait dire qu'on comprend *que* la liberté est possible, mais qu'on ne peut pas comprendre *comment* elle est possible [4]. On comprend *que* la liberté est possible parce qu'elle est la *ratio essendi* de la loi morale. La loi morale, dans la mesure où elle nous est donnée comme un fait de la raison pure, est indubitable et suffit à prouver non seulement la possibilité, mais même

1. Voir CRP, B 395, AK III, 260 ; OP I, 1044 : « La métaphysique n'a pour fin propre de ses recherches que trois idées : Dieu, la liberté et l'immortalité [...]. Tout ce dont cette science s'occupe par ailleurs n'est pour elle qu'un moyen d'arriver à ces idées et à leur réalité ».
2. PMA, AK XX, 310 ; OP III, 1261.
3. CRPr, AK V, 04 ; OP II, 610 (je souligne « sans pourtant l'apercevoir »).
4. Voir CRPr, AK V, 133 ; OP II, 770.

la réalité effective de la liberté [1]. Mais elle ne permet pas de comprendre *comment* la liberté est possible, parce qu'elle est elle-même incompréhensible : elle se donne comme un fait de la raison que nous ne pouvons pas nier, mais que nous ne pouvons pour autant ni comprendre ni expliquer, parce que « toute pénétration humaine touche à son terme dès que nous arrivons aux forces ou aux facultés fondamentales » [2].

La liberté n'est pas en elle-même un mystère (*Geheimnis*), sa connaissance peut être communiquée à chacun, dans la mesure où elle est révélée à l'homme à partir de la déterminabilité de son arbitre par la loi morale, mais son fondement, en revanche, est un mystère, parce qu'il ne peut pas nous être donné comme un objet de connaissance [3]. Le fondement, par suite, le pouvoir lui-même de la liberté est insondable (*unerforschlich*) [4] ; la liberté, en dernière analyse, est inexplicable (*unerklärlich*) [5]. Il est absolument impossible d'expliquer comment la liberté est possible, c'est-à-dire comment la raison pure peut être pratique, parce que

> nous ne pouvons expliquer que ce que nous pouvons ramener à des lois dont l'objet peut être donné dans quelque expérience possible. [...] [l]à où cesse une détermination selon des lois de la nature, là cesse également toute *explication* [6].

En dernière analyse, l'idée de liberté acquiert, il est vrai, de la réalité objective dans l'usage pratique de la raison, mais on peut considérer que la réalité qu'acquiert cette idée est moins objective que la réalité dont sont susceptibles les concepts purs de l'entendement lorsqu'ils se rapportent à un objet donné dans l'intuition qu'ils déterminent comme objet d'expérience. C'est l'une des conséquences fondamentales du fait que la liberté ne peut absolument pas être donnée dans une intuition [7] et que, de surcroît, comme l'a remarqué Bernard Carnois [8], la loi morale ne supplée pas à cette absence d'intuition. La réalité pratique, que l'idée de liberté reçoit de la loi morale, suffit à assurer que ce concept est réel [9], autrement dit, qu'il n'est pas vide et qu'il a effectivement un objet, mais, nonobstant, parce que l'objet de cette idée ne peut pas être donné dans l'intuition, la réalité qui est procurée à l'idée de liberté ne débouche pas sur des propositions synthétiques :

1. Voir CRPr, AK V, 47 ; OP II, 665.
2. CRPr, AK V, 46-47 ; OP II, 664.
3. Voir RSR, AK VI, 138 ; OP III, 168-169.
4. Voir CRPr, AK V, 47 ; OP II, 665 et RSR, AK VI, 138 ; OP III, 168.
5. Voir CRPr, AK V, 46 ; OP II, 663 ; CRPr ,AK V, 99 ; OP II, 729 ; Réfl. 5977, AK XVIII, 412-413 ; Réfl. 6101, AK XVIII, 453.
6. FMM, AK IV, 459 ; OP II, 331.
7. Sur l'impossibilité de trouver une intuition qui corresponde au concept de causalité par liberté, voir plus particulièrement CRPr, AK V, 15, 55, 56, 134 ; respectivement OP II, 623-624, 674-675, 771-772.
8. Bernard Carnois, *La cohérence de la doctrine kantienne de la liberté*, Paris, Éd. du Seuil, 1973, p. 99.
9. « *real* », CRPr, AK V, 134 ; OP II, 772.

on ne peut par là porter sur [cet objet] aucun jugement synthétique ni en déterminer théoriquement l'application [1].

2) La réalité objective "subjective" des postulats de la raison pratique

Deuxième argument que je souhaite mettre en avant afin de justifier en quelle mesure on peut considérer la réalité pratique comme moins objective que la réalité théorique : la réalité objective qui revient à l'idée de Dieu et à celle de l'immortalité de l'âme en tant que postulats de la raison pratique peut, à mon sens, être qualifiée de "subjective".

Bien qu'au premier abord paradoxale, l'expression "réalité objective subjective" permet de mettre l'emphase sur le fait que l'assentiment (*Fürwahrhalten*) dans les postulats de la raison pratique est *suffisant simplement subjectivement*. Par définition, l'assentiment est toujours subjectif [2] et affirmer que les postulats [3] de la raison pratique sont de l'ordre de l'assentiment, c'est d'entrée souligner leur validité *subjective*. Mais, qui plus est, les postulats ne sont pas de l'ordre de l'assentiment certain, l'assentiment lié à la conscience de la nécessité, assentiment subjectivement et objectivement suffisant, autrement dit, les postulats ne sont pas objets de savoir (*Wissen*), mais sont de l'ordre de l'assentiment lié à la conscience de la contingence ou de la possibilité du contraire, autrement dit : les postulats sont objets de foi (*Glauben*) [4]. Ce qui signifie qu'ils n'ont pas de valeur apodictique, mais simplement *assertorique* [5] : ce que je *crois*, par exemple que Dieu existe, n'est nécessaire que subjectivement, pour moi. Au contraire, si je *savais* que Dieu existe, la proposition « Dieu existe » serait apodictiquement certaine, objectivement nécessaire, universellement valable. Les postulats sont, certes, des suppositions pratiquement nécessaires : c'est-à-dire que je suis fondé à admettre l'existence de Dieu comme condition de la possibilité de l'objet du libre arbitre, mais le fondement de cette supposition est purement subjectif, ce qui revient à dire que je ne suis pas déterminé à croire que Dieu existe par des fondements de vérité objectifs, qui seraient entièrement indépendants de la nature et de l'intérêt du sujet [6]. Le fondement des postulats est subjectif, car ces hypothèses nécessaires sous un point de vue pratique reposent sur un *besoin* de la raison (en son usage pratique) [7]. Et le besoin de la raison en son usage pratique conduit à des postulats parce qu'il est fondé sur un *devoir*, le devoir de prendre le souverain Bien comme objet de sa volonté et de travailler à le réaliser ; ce qui suppose d'admettre la possibilité du souverain Bien ainsi que celle des conditions de

1. CRPr, AK V, 135 ; OP II, 772-773
2. LOG, AK IX, 65-66 ; trad. fr. Guillermit, p. 73.
3. Pour une définition des postulats de la raison pratique, voir CRPr, AK V, 132 ; OP II, 769, LOG, AK IX, 112 ; trad. citée, p. 122-123 et PPP, AK VIII, 418 ; OP III, 427.
4. Voir CRP, A 822 / B 850, AK III, 533 ; OP I, 1377.
5. Voir LOG, AK IX, 66 ; trad. citée, p. 74.
6. Voir LOG, AK IX, 70 ; trad. citée, p. 78.
7. Sur le besoin de la raison, voir QOP, AK VIII, 136 *sq.* ; OP II, 533-534.

cet objet : l'existence de Dieu et l'immortalité de l'âme. Il est donc moralement nécessaire d'admettre l'existence de Dieu et l'immortalité de l'âme, mais cette *nécessité* est *subjective*, parce que c'est un besoin qui repose sur un devoir, celui de réaliser le souverain Bien.

En dernière analyse, on retiendra que les objets suprasensibles, Dieu, l'âme quant à son immortalité, sont des objets de foi ou de l'assentiment *subjectivement suffisant*, mais objectivement insuffisant, et que, dans cette perspective, il est possible de *qualifier la réalité objective des postulats de la raison pure pratique de "subjective"* [1]. Dans les postulats, l'assentiment est de l'ordre de la foi et la foi, parce qu'elle repose sur un fondement purement subjectif, un besoin de la raison pratique, ne pourra jamais s'élever au savoir, c'est dire au seul mode de l'assentiment qui soit objectivement suffisant. Certes, la foi produit une conviction, que Kant qualifie de *morale* [2], mais, dans la mesure où la certitude de la conviction que produit la foi n'est pas logique, mais morale, je ne suis pas autorisé à affirmer qu'il est moralement certain que Dieu existe, mais seulement que *je* suis certain. La foi,

> en raison de ses fondements simplement subjectifs, [...] ne procure *aucune conviction qui puisse être communiquée et qui exige l'assentiment universel* comme la conviction qui vient du savoir. Il n'y a que *moi-même* qui puisse être certain de la validité et de l'immuabilité de ma croyance pratique, et ma croyance à la vérité d'une proposition ou à la réalité d'une chose est ce qui, dans sa relation à moi, *tient lieu d'une connaissance sans être soi-même une connaissance* [3].

C'est pourquoi la réalité des postulats n'est pas, à mon sens, aussi objective que la réalité objective théorique (dont sont susceptibles les concepts purs de l'entendement lorsqu'ils déterminent l'objet donné dans l'intuition auquel ils se rapportent).

En guise de *conclusion*, je me propose d'examiner la signification de l'acquisition de réalité objective pratique pour l'extension de la connaissance dans le champ du suprasensible – extension qui constitue la fin ultime de la métaphysique.

Il ressort de la distinction que Kant opère dans la « Préface » de la *Critique de la raison pratique* entre deux types de réalité objective, théorique et pratique, que les *exigences* auxquelles doit satisfaire un concept pour avoir de la réalité objective pratique semblent moindres que celles auxquelles il doit satisfaire dans la perspective de l'usage théorique : *il suffit*, en effet, *de pouvoir indiquer que ce concept a un objet*, sans que le concept soit déterminant pour l'objet. Il ne s'agit pas de connaître l'objet de l'idée de la raison pure – il n'est

1. D'ailleurs, Kant lui-même souligne que le point de vue pratiquement dogmatique est subjectivement moral. Voir PMA, AK XX, 305 ; OP III, 1257.

2. Conviction suffisante d'un point de vue pratique (voir CFJ, AK V, 463 ; OP II, 1272) et dont Kant reconnaît qu'elle est plus ferme (*fester*) que tout savoir (voir LOG, AK IX, 72 ; trad. citée, p. 81).

3. LOG, AK IX, 70 ; trad. fr. citée, p. 78, je souligne.

pas, par suite, requis que l'objet de l'idée soit, comme les objets des concepts purs de l'entendement, donné dans l'intuition –, il s'agit simplement de savoir si cette idée a effectivement un objet [1].

Cette précision permet de comprendre l'insistance de Kant à restreindre la réalité objective dont sont susceptibles les idées de Dieu, de liberté et de l'immortalité de l'âme à la seule visée pratique : ces idées ont de la réalité objective, « *obgleich nur praktische Realität* » [2], autrement dit : uniquement en liaison avec le principe déterminant de la volonté pure, la loi morale [3].

L'affirmation de la restriction de la réalité des idées de la raison pure à l'usage pratique ne doit pas être sous-estimée. Cette restriction signifie, en effet, que l'acquisition de réalité objective pratique n'implique absolument pas l'extension de notre connaissance théorique au suprasensible [4]. La réalité objective pratique

> n'a pas la moindre influence sur l'extension de la connaissance théorique [des objets qui correspondent à ces idées] entendue comme la compréhension de leur nature par la raison pure [5].

L'acquisition de réalité objective pratique constitue, il est vrai, une certaine extension de la raison théorique, par suite, une extension de la raison en général, puisque des concepts que la raison spéculative pouvait simplement penser comme problématiques acquièrent de la réalité objective, mais cette acquisition n'implique absolument pas une extension de la spéculation – une extension de la connaissance théorique des objets – et n'autorise pas, par conséquent, « un usage positif [des idées de la raison] dans une *visée théorique* » [6]. Ces idées

> nous sont fournies par la raison législatrice elle-même dans une intention pratique, *non pas pour que nous allions nous interroger sans fin sur leurs objets, ce qu'ils sont en soi et selon leur nature*, mais pour que nous nous demandions comment nous devons les penser en vue des principes moraux qui se rapportent au but final de toutes choses (ainsi, ces idées, qui autrement seraient absolument vides, acquièrent une réalité pratique objective) [7].

Il importe, en dernière analyse, de ne jamais perdre de vue que l'acquisition de réalité objective pratique ne procure et ne peut procurer aucune détermination théorique, c'est dire *aucune connaissance* stricto sensu *de ce que sont ces objets en soi*. Parce que la loi morale ordonne de prendre le souverain Bien pour objet et de travailler à le réaliser dans le monde, nous sommes obligés

1. Voir CRPr, AK V, 136 ; OP II, 744.
2. CRPr, AK V, 48 ; OP II, 666.
3. Sur cette restriction, voir CRPr, AK V, 06, 44, 49, 55, 70, 138 (respectivement OP II, 613, 660-661, 667, 675, 693, 776-777) ; CFJ, AK V, 457 (OP II, 1265) ; PPP, AK VIII, 418 (OP III, 427) ; PMA, AK XX, 294 (OP III, 1248).
4. Voir CFJ, AK V, 175 ; OP II, 529.
5. CRPr, AK V, 56 ; OP II, 676. *Cf.* AK V, 136 ; OP II, 774.
6. CRPr, AK V, 134 ; OP II, 772.
7. *La fin de toutes choses*, AK VIII, 332-333 ; OP III, 316.

d'admettre la réalité des idées de la raison pure, autrement dit, d'admettre qu'*il y a de tels objets* [1], mais *nous ne pouvons pas montrer comment ces idées se rapportent à leur objet* et *nous ne pouvons pas déterminer ce que sont en soi ces objets*. La loi morale nous apprend que ces idées ont un objet, mais cela ne constitue pas une connaissance de cet objet au sens strict du terme, c'est-à-dire au sens où Kant définit l'*Erkenntniß* au § 22 de la deuxième édition de la *Critique de la raison pure*, où il souligne qu'une intuition doit être donnée au concept, faute de quoi

> il serait une pensée quant à la forme, mais sans aucun objet, et absolument aucune connaissance de quelque chose ne serait possible par lui [2].

Dans la perspective pratique, Kant “élargit” le concept de connaissance [3], et il me semble fondamental de ne jamais perdre de vue que c'est seulement dans la perspective de cet élargissement que l'on peut parler de *connaissance métaphysique* (en sa deuxième partie, celle où elle a affaire aux objets suprasensibles) dans l'optique kantienne. Le concept de « connaissance » pratique ne recouvre pas le concept théorique – ce pourquoi, à mon sens, on ne peut pas parler, en toute rigueur, de *science* [4] *métaphysique*. C'est, en dernière instance, cette conclusion qu'exprime la nuance qu'apporte Kant lorsqu'il prend soin de souligner que sa métaphysique, qui est uniquement « pratique dogmatique » [5], n'est assurément pas une théorie de la nature du suprasensible, c'est dire une hyperphysique [6], mais a simplement affaire aux principes de la raison pratique.

Sophie GRAPOTTE
(Paris)

1. Souligné par Kant lui-même dans CRPr, AK V, 135 ; OP II, 772.
2. CRP, B 146, AK III, 117 ; OP I, 863.
3. Ce que Bernard Carnois exprime en qualifiant la « connaissance pratique » de « concept bâtard », voir *op. cit.*, p. 99. Eric Weil va encore plus loin et soutient de manière radicale : « il n'y a pas de connaissance du suprasensible, pour la simple raison que, par définition, le terme de connaissance est réservé à la connaissance par catégories schématisées : pour Kant, il n'y a de connaissance que celle de la science naturelle, de la physique mathématique » (*Problèmes kantiens*, Paris, Vrin, 1970, p. 22).
4. Manque alors l'intersubjectivité essentielle à la science : la certitude morale est subjective, c'est-à-dire qu'elle n'implique pas une conviction qui puisse être communiquée et qui exigerait l'assentiment universel comme la conviction qui vient du savoir – ce que Kant exprime en disant que l'assentiment que l'on donne aux objets de foi est « libre » (LOG, AK IX, 70 ; trad. citée, p. 78).
5. Voir PMA, AK XX, 311 ; OP III, 1263.
6. Voir TSP, AK VIII, 399 ; OP III, 407.

LA MÉTAPHYSIQUE COMME SCIENCE EN RAISON DE LA CONSCIENCE

J'ai déjà traité ailleurs [1] de la dialectique catégorielle entre la *matière* comme substrat métaphysique (ce qui est donc en ce sens toujours ontologiquement « étendu ») et la *nature* comme son attribut seulement analogique (qui reste dans le même sens toujours seulement « inétendu »). Mon but est de ne pas camoufler cette différence catégorielle infinie qui existe entre matière et nature.

Toutefois, la grammaire d'un tel substrat métaphysique demande encore l'analyse catégorielle de l'espace, et cela par rapport au terme de « matière », qui se définit d'après Kant comme « le mobile dans l'espace ». Il faut en expliquer le rôle constitutif par l'espace comme forme du « sens externe » et sa signification originelle dans le substrat universel. Avant d'entamer une telle explication de façon systématique, il faut d'abord suivre le courant originaire du métabolisme dans un être organisé, où toute nourriture va du dehors vers le dedans. Ensuite elle s'accroît, dans le processus de sa mise en exploitation, du dedans vers le dehors, pendant que son équivalent dans un métabolisme intelligible ne se présente chaque fois que comme une intention (et par là elle est en quelque sorte immobile). Par là s'explique toutefois la coordination réciproque des célèbres « buts » et « moyens » externes ou internes de l'être organisé d'après Kant. C'est dans un tel sens que les deux intentions d'une aperception complète (la nature) et d'une anticipation complète (la matière) s'opposent pour ainsi dire comme des buts sacrés dans le point de la présence, c'est-à-dire comme des vertus catégoriques et immanentes en face de leur avenir non catégorique et transcendant. La réciprocité des buts et des moyens des intentions (voire ici des vertus) se présente comme une dialectique selon la célèbre « coïncidence des opposés » à la manière du grand Nicolas de Cues. À l'égard des catégories et en face du non-catégorique, cela signifie aussi une réhabilitation parfaite de la célèbre objection kantienne contre « l'illusion dialectique ».

1. Voir notamment F. Sagemüller, *Geburt und Vermächtnis universaler Sprachlichkeit*, Bockhorn, Verlagsgesellschaft, 1995.

Dans un tel contexte, il convient d'interpréter l'expression kantienne de « formes de l'intuition », appliquées à l'espace et au temps en leur fonction dialectique, comme signifiant des anticipations par « les formes » d'un côté et comme des aperceptions par « l'intuition » de l'autre. Il s'agit d'une « coïncidence des opposés » entre les formes de l'étendu ontologique et l'intuition analogique inétendue, où tout dépend d'une exclusion radicale, « logique », de toute médiation entre intentions opposées (c'est-à-dire entre les vertus opposées). Cela s'effectue par l'exclusion du célèbre « schématisme des concepts de l'entendement » d'après Kant, qui ne parvient jamais à une coordination logique (comme science), mais qui présente seulement un schéma analogique camouflant les distinctions nécessaires entre les catégories. En effet ici, la conceptualité de l'entendement doit faire ses preuves toujours déjà à l'origine dialectique de toute intuition, qui en est la forme anticipatrice. La conceptualité déductive de l'espace et du temps (voire leur idéalité comme moyen ontologique de la représentation) doit ici s'émanciper continûment du représenté comme son sujet analogique.

Toutefois, il serait peut-être permis d'imaginer d'abord l'espace comme un courant homogène d'axes de temps parallèles se figeant ensuite en quelque sorte comme des fils aérodynamiques (et conducteurs) : une telle fiction représente en effet le cas d'un schématisme global, qui exige ici par conséquent son exclusion pareillement globale. Celle-ci provoque une didactique universelle au profit de la « coïncidence des opposés » de l'étendu spatial ontologique dans son contexte continuel avec les points inétendus analogiques ou même avec l'accomplissement continuel de l'espace par l'omniprésence de l'être-là, respectivement dans la coïncidence opposée de l'être avec son « là ». En cela, l'intention de l'aperception du « là » transcendant vient d'un « avenir » non-catégorique vers le point de la présence, afin de se sublimer ici – en direction inverse et donc vers l'avenir – comme l'être catégorique, c'est-à-dire comme le temps « ontologique ».

C'est ainsi que notre imagination usuelle (vulgaire à vrai dire) d'un progrès historique d'images schématisées se révèle comme un défaut naturel, voire comme le véritable péché originel. Ce défaut implique toujours aussi bien un fatalisme idéaliste qu'un idéalisme fataliste. La célèbre « idéalité de l'espace et du temps » d'après Kant doit se définir ici à nouveaux frais par une dialectique de l'exclusion idéale et continuelle de tout schématisme dans leur usage, afin de vraiment exclure toute action réciproque entre les moyens de la représentation d'un côté et son sujet de l'autre.

Bien entendu, cela signifie que toute conceptualité doit se justifier par l'exclusion continuelle des commencements discontinus. Cela s'applique, par exemple, à propos des « axiomes » ou des « éléments », parce qu'en cela se cache toujours un redoublement schématique du sujet attributif, qui ne peut être évité que par une « ponctualité dialectique » comme trace non schématique et indirecte (c'est-à-dire comme trace d'exclusion) de l'inétendu analogique dans l'étendu du substrat ontologique. Ici, l'axiome des droites parallèles se révèle, sans contrainte schématique, comme une simple conséquence de la simultanéité homogène des points de présence dans l'espace, respectivement de leur succession homogène dans un espace de temps, où une telle homogénéité signifie alors la simultanéité géométrique de parallèles non schématiques, pour ainsi dire comme expression (voire sublimation ou concrétion) de la « coïncidence des opposés » du sens interne dans le sens externe. L'espace et le temps se présentent ici déjà dans leur contexte interne et immanent avec une géométrie de coordinations originelles.

En cela, la simultanéité spatiale externe comme substrat étendu doit se concrétiser par une succession temporelle interne comme son attribut inétendu, où l'expression kantienne de la matière comme « le mobile dans l'espace » se présente alors comme un seul substrat de l'extensionalité commune de l'espace, de la substance et de l'énergie, c'est-à-dire ici comme ensemble continu de l'anticipation ontologique dans la « coïncidence des opposés » avec son aperception analogique, voire avec la nature pour attribut inétendu. À ce sujet, la substance doit se concrétiser d'abord dans la simultanéité spatiale (et externe) d'un champ de densité, pendant que l'énergie se concrétise dans la succession temporelle (et interne) d'un champ de vitesse, c'est-à-dire dans la superposition réciproque des deux. En cela, l'énergie de champ produit d'abord pour les deux une symétrie originaire, où toutefois cette superposition réciproque produit pareillement une déformation réciproque de leurs symétries, qui détermine toute action réciproque interne dans la simultanéité infinie du substrat. C'est en ce sens que la « coïncidence des opposés » s'exprime par les fonctions dialectiques aussi bien du point inétendu géométrique que du zéro arithmétique, dans une anticipation exclusivement ontologique. C'est là le remède fondamental pour exclure tout schématisme analogique au moyen de la ponctualité du calcul infinitésimal. De fait, seule une telle immanence ponctuelle du sens interne dans le sens externe se révèle comme commencement métaphysique de la science. Alors la pénétrabilité réciproque indéfinie des champs de substance et de vitesse signifie un surmonter intelligible remporté sur la barrière vasculaire du métabolisme fondamental. Par là, les termes de substance et d'énergie se conditionnent toujours réciproquement, parce que l'un suppose (ou conserve) déjà l'autre comme sujet dialectique de la coordination réciproque, d'ailleurs en correspondance avec l'opposition originaire entre le système de vaisseaux et sa nourriture.

Dans une telle perspective, tout « schématisme des concepts de l'entendement » s'atteste comme raccourcissement de l'écart métaphysique infini qui existe entre les intentions opposées de l'anticipation ontologique et de l'aperception analogique. Il s'agit bien en cela déjà de la contrebande de l'analogiquement schématique dans l'anticipation ontologique. Cela signifie qu'une « métaphysique comme science » doit se définir par l'exclusion de tels schématismes analogiques, afin d'établir en fin de compte la matière comme vanité idéale d'une pure possibilité interne. Cela se fait en se dirigeant vers l'avenir comme vers un « ontologiquement externe », pendant qu'une pure aperception de la nature vient de l'avenir comme un « analogiquement externe » en se dirigeant vers l'interne. Ce rien « idéal » d'une pure possibilité comme intention de la science se définit comme le rien de l'intention opposée d'un avenir. Celle-ci, inversement, ne se révèle que comme « réalité » d'une « conscience » dans l'aperception de la nourriture analogique. Toutefois ici, le terme de la mort ne peut nullement se révéler dans une telle nourriture qui donne vie, dans la mesure où l'imagination de notre propre mort se trouve exclusivement dans l'anticipation, en demeurant toujours, jusqu'à son terme, une « pure possibilité ». Dans la mesure où une telle « pure possibilité » correspond à l'écart infini entre les intentions des vertus métaphysiques, toute contamination des concepts de l'entendement par un schématisme analogique signifie une restriction aussi fataliste que fatale de leur usage.

C'est ainsi que la métaphysique comme science doit s'établir d'abord comme immanence parfaite de la « coïncidence des opposés » des coordinations aux vertus catégoriques, afin de se situer par là dans la transcendance de la « coïncidence des opposés », entre l'acte d'une coordination et l'être de cette coordination, en face du non-catégorique, c'est-à-dire en face de l'avenir comme nourriture non encore divisée en sa coordination originelle de l'acte pur en vue de l'alimentation sacrée (la « cène ») des vertus catégoriques. Par là, la métaphysique se définit comme coïncidence entre les intentions opposées de la science et de la conscience. Toute confusion des termes supérieurs transcendants (comme par exemple la liberté, le bien, le vrai ou le beau) avec l'intention de l'aperception peut être expliquée par leur abus dans un sens inverse, pervers, avec l'intention de l'anticipation ; l'avenir comme « cène » non catégorique signifie toujours l'atteinte originelle, au contraire de toutes les perversions.

En ce sens, toute succession se trouve justifiée par la seule croyance en face de la cène non catégorique, c'est-à-dire dans le libre jeu de la voix de la conscience et comme une réalité, seulement offerte, d'un bien, d'un vrai et d'un beau non idéalistes, au contraire de la célèbre « volonté bonne » kantienne, qui se révèle ici comme l'équivalent de vieux enthousiasmes théologiques avec leur intention du dedans. C'est ici que la succession s'affranchit du schématisme réactionnaire par une science, qui fait ses preuves dans sa volonté radicale de pouvoir explicatif, afin de « sauver les phénomènes » (Platon) comme de pures possibilités non schématiques, c'est-à-dire afin de sauver les phénomènes dans l'immanence explicative de la nature et de la matière, et donc dans l'idéalisme catégorique d'une sobriété à tout prix, dans la vanité idéale de la « pauvreté en esprit », qui seule sait sauver les phénomènes en face de la réalité non catégorique du Sauveur, comme dans le don du « royaume des cieux » [1].

C'est en ce sens qu'une succession œcuménique parvient à se débarrasser de toutes les perversions réactionnaires dans l'histoire, car une analyse non

1. Bible, *Matthieu*, V, 3.

schématique se justifie ici comme « coïncidence des opposés », avec sa synthèse offerte, dans la mesure où l'actualité offerte de ses coordinations scientifiques correspond bien déjà à l'écart infini entre les vertus catégoriques et le non-catégorique.

Franz SAGEMÜLLER
(Bockhorn)

LA THÉOLOGIE, UNE SCIENCE DE LA RÉVÉLATION ?

Le titre choisi associe une question rhétorique : est-il possible que quelque chose de révélé soit représenté comme objet d'une science, dont le but est la connaissance claire et universellement valable de son objet ? Si une science traite d'un objet qui n'existe que comme tradition documentée d'une révélation, la connaissance scientifique de cet objet exige la foi et présuppose ainsi un savoir indémontrable – ce qui est une situation problématique pour la conscience moderne. Il est pour nous évident aujourd'hui que chaque « -logie » a besoin d'une matière accessible aux recherches suivant une méthodologie scientifique.

Ce sont les Lumières qui ont fondé cette conscience moderne de la scientificité des sciences, enfin et surtout Kant (bien des contributions du congrès « Kant – la science et les sciences » l'ont démontré). En partant de la compréhension rationnelle de la scientificité selon Kant, nous souhaitons présenter d'abord les « théologies » diverses qu'il a différenciées selon leurs fonctions. Cela n'est pas possible sans parler des conceptions de la religion et de la philosophie morale chez Kant, pour les distinguer de la théologie transcendantale comme *metaphysica specialis*. Il s'agira donc de parler de la théologie comme part de la philosophie morale. Même si le concept kantien de la religion ne sera pas discuté dans ce contexte – nous sous-entendons la définition kantienne de la vraie religion comme « affaire de raison » [1] (« *Geschäft der Vernunft* »), comme reconnaissance de « tous les devoirs comme des commandements divins » [2] – nous verrons que la connexion stricte de la philosophie morale et de la religion conduit à une position spécifique de la théologie parmi toutes les autres sciences.

Il s'agit, en dernière analyse, de l'aspect académique de la théologie [3] comme science historique et doctrinaire : son objet scientifique pourrait être

1. CF, AK VII, 67 ; OP III, 877.

2. CRPr, AK V, 129 ; OP II, 765.

3. Tandis que la discussion du concept kantien de la religion par un public académique a une tradition au moins aussi longue que l'histoire de l'écrit sur la *Religion dans les limites de la simple raison*, la théologie comme science, comme discipline académique, ne joue guère un rôle particulier dans les recherches kantiennes. Cependant, cette conception de la théologie entre indirectement dans l'histoire de la réception de la philosophie critique : au cours des premières décennies

compris comme une sorte de documentation de la révélation objet de foi, tandis que son fondement consiste dans la même fin pratique que celle de la philosophie, à savoir : contribuer à la moralisation de l'humanité. La formation des enseignants de la doctrine religieuse comme « foi de l'Église » est le devoir principal de la Faculté théologique des Universités – au moins en Allemagne. Pour cette raison, la théologie institutionnalisée ne peut pas être comprise sans la considération de sa fonction politique.

Je commencerai avec la genèse de la conception critique de la « théologie » chez Kant ou, mieux, avec un développement relatif à la continuité de la réflexion philosophique kantienne sur la théologie.

La séparation stricte des concepts de « théologie » et de « religion » est davantage compréhensible à partir de l'œuvre tardive ; cependant, pour les œuvres complètes de Kant, la différenciation ne semble pas toucher le vif du sujet. Car, d'après notre thèse, la réflexion théologique comme doctrine de Dieu est présente, dès le début, comme *movens* de la philosophie critique, et elle devient encore plus essentielle comme aspect indispensable de la philosophie morale. On pourrait même avancer l'argument que c'est l'intention implicite et explicite de Kant de faire connaître Dieu en vertu de la raison donnée à chaque être humain. Pour cela, la connaissance de Dieu ne doit pas – ou non plus – être considérée seulement comme un objet de spécialisation professionnelle, mais comme une expression de la condition humaine, comme un souhait interne de l'homme : le souhait de la compréhension de soi-même comme être raisonnable qui a besoin de ce que les philosophes appellent « métaphysique », qui s'occupe des questions de Dieu, de la liberté et de l'immortalité ; selon Kant, les « problèmes inévitables de la raison pure elle-même » [1]. Aussi pour la philosophie transcendantale, la pensée de Dieu est d'une importance particulière parce qu'elle clôture la réflexion métaphysique.

Si l'on accepte ce point de vue, on devra même parler de la préoccupation théologique permanente de la pensée kantienne. Ce n'est assurément guère le lieu ici d'expliquer cette position en détail. Nous voudrions, cependant, au moins mentionner le fait que le Kant précritique développe déjà une doctrine de Dieu – négativement, bien sûr, en critiquant la preuve ontologique de l'existence de Dieu. Des premiers écrits jusqu'à l'*Opus postumum*, Kant aborde la question de Dieu en développant la philosophie critique. En le disant avec les mots de Joachim Kopper, parlant de Kant :

du XXe siècle, la bibliographie kantienne indique de nombreux articles sur l'enseignement de la doctrine de la religion dans les écoles – soit dans les écoles élémentaires, soit dans les écoles supérieures.

1. CRP, B 7, AK III, 31 ; OP I, 762.

le chemin long de sa doctrine de Dieu consiste à prendre le faux-semblant au savoir originaire de Dieu, un faux-semblant par lequel ce savoir s'obscurcit soi-même pour soi-même [1].

Considérons maintenant quelques traces sur les tronçons du « chemin long » dont parle Joachim Kopper. – La réflexion théologique de Kant commence dans la phase précritique, dans laquelle on trouve une théologie critique à la lettre : dans *L'unique fondement possible d'une démonstration de l'existence de Dieu*, par exemple, Kant développe sa critique de l'argument ontologique, cosmologique et téléologique. Mais cette « critique précritique » des formes traditionnelles de la preuve de l'existence de Dieu est plus qu'un rejet, parce que Kant présente avec celle-ci son propre argument. On trouve une autre indication de l'importance de la question théologique à la fin des *Rêves d'un visionnaire* où Kant fait comprendre que la métaphysique est liée à la raison pratique.

Pendant la phase critique, Kant ne cesse de traiter des erreurs de la raison spéculative qui apparaissent clairement dans le champ de la théologie. Pourtant, bien qu'il refuse les preuves spéculatives de l'existence de Dieu, Kant tient en haute estime l'argument téléologique, parce qu'il est

> si simple et si naturel qu'il se trouve conforme au sens commun le plus ordinaire, dès qu'il lui est présenté (*so einfältig und natürlich, daß es dem gemeinesten Menschensinne angemessen ist, so bald dieser nur einmal darauf geführt wird*) [2].

Autrement dit, Kant accepte la force de l'argument téléologique qui est capable d'interrompre l' « irrésolution sophistique (*grüblerische Unentschlossenheit*) » de la raison pour la faire « parvenir [...] de condition en condition jusqu'à l'auteur suprême et inconditionné » [3]. Les trois *Critiques*, loin de

1. À Joachim Kopper je dois mon accès spécifique à la philosophie kantienne. *Cf.* J. Kopper, « Kants Gotteslehre », *Kant-Studien* 47, 1955/56, p. 31-61; voir ici p. 31 : « der lange Weg seiner [Kants] Gotteslehre [...] [besteht] darin, diesem Wissen [ursprünglicheres Wissen um Gott, M.R.] alle Verstellung zu nehmen, durch die es sich für sich selbst verdunkelt ». – Pour cet exposé, les articles publiés dans *Kant über Religion*, éd. F. Marty et F. Ricken, et dans *Kant und die Theologie*, éd. Georg Essen et Magnus Striet, m'ont également été d'un grand secours. Je fais particulièrement état des articles de François Marty et de Klaus Müller : F. Marty, « Die Frage der Religion als Probierstein eines kritischen Denkens » dans *Kant über Religion* (Friedo Ricken, François Marty éd.). München, Kohlhammer, 1992, p. 52-66 ; K. Müller, « Gottesbeweiskritik und praktischer Vernunftglaube. Indizien für einen Subtext der Kantischen Theologien », *Kant und die Theologie* (Georg Essen, Magnus Striet éd.), Darmstadt, Wiss. Buchgesellschaft, 2005, p. 129-161.

2. Voir CRP, B 617 / 618, AK III, 396 ; OP I, 1208. Ci-après, Kant continue en se référant à l'argument téléologique : « Cet argument mérite d'être toujours nommé avec respect » (CRP, B 651, AK III, 415 ; OP I, 1232). « Ce serait donc vouloir non seulement nous retirer une consolation, mais même agir en pure perte que de vouloir enlever quelque chose à l'autorité de cette preuve » (CRP, B 652, AK III, 415 *sq.* ; OP I, 1233).

3. CRP, B 652, AK III, 415 ; OP I, 1233.

rejeter toute tentative pour prouver l'existence de Dieu, accordent une place toujours plus importante aux thématiques de Dieu et de la religion [1].

D'un côté, les divers stades de la connaissance de Dieu dans la pensée de Kant pourraient donc respectivement former la base d'une certaine théologie ; mais, de l'autre côté, correspondant à la métaphore du chemin qui mène à un seul but, ces « théologies » font partie d'un unique projet philosophique qu'on pourrait appeler « l'anthropologie éclairée ». Sur ce chemin vers une conscience morale donnée par la raison, la théologie traditionnelle rejetée se transforme en théologie transcendantale. Au cours de cette transformation, elle perd sa matière, c'est-à-dire le savoir prétendu positif de l'inconditionné. Ce qui vient à bout du caractère vide de la théologie transcendantale, c'est la raison pratique – c'est à elle qu'il revient de redonner la matière soit à la philosophie morale par la loi morale, soit à la théologie par le postulat de Dieu et la doctrine de la religion naturelle.

Ces indications particulières peuvent simplement permettre de soutenir que l'intention philosophique de Kant – l'intention de la philosophie critique kantienne – ne se fait pas comprendre en négligeant l'importance de l'intérêt théologique ; un intérêt qui s'assoit sur le *besoin métaphysique de la raison humaine*, selon les termes de Kant dans les *Prolégomènes*.

La première *Critique* et les *Prolégomènes* montrent les conséquences de la « critique précritique » des preuves de l'existence de Dieu fournies par la théologie traditionnelle pour la théorie de la connaissance en général. La figure du penser problématique, commune à chacune de ces preuves, c'est l'identification de l'existence et du concept. Au contraire, il résulte de l'analyse critique de Kant que le caractère synthétique de l'existence d'un objet n'est pas contenu dans son concept :

> *Être* n'est manifestement pas un prédicat réel, c'est-à-dire un concept de quelque chose qui puisse s'ajouter au concept d'une chose. C'est simplement la position d'une chose ou de certaines déterminations en soi [2].

On connaît bien le fameux passage dans la « Dialectique transcendantale » de la *Critique de la raison pure*. Alors, quelles en sont les conséquences pour la conception de la théologie ?

On le sait, cette réflexion devient le fondement de toute scientificité dont le critère principal est le jugement synthétique *a priori* qui joint l'existence, c'est-à-dire les déterminations réales de l'objet, et le concept de l'objet, c'est-

1. François Marty donne, comme remarque introductrice de son article mentionné ci-dessus, une vue synoptique de la fréquence du terme « Religion » utilisé dans l'œuvre kantienne ; il constate que la fréquence double de la première à la troisième *Critique* (CRP : 11, CRPr : 6 ; CFJ : 21). Concernant le concept de « théologie », on peut relever 31 occurrences dans la première *Critique*, 22 occurrences dans la troisième, tandis qu'il n'est mentionné qu'à 4 reprises dans la *Critique de la raison pratique* !

2. CRP, B 626-627, AK III, 40 : « *Sein* ist [...] kein reales Prädikat, d.i. ein Begriff von irgend etwas, was zu dem Begriffe eines Dinges hinzukommen könne. Es ist bloß die Position eines Dings, oder gewisser Bestimmungen an sich selbst ».

à-dire ses destinations possibles/pensées. En conséquence, une science doit contenir des jugements synthétiques *a priori* sur l'objet traité. Dans la mathématique (pure) et la science (pure) de la nature, cette forme de réflexion – penser les propositions synthétiques *a priori* – peut être trouvée, parce qu'il s'agit dans les deux cas de connaissances fondées sur la faculté de connaissance empirique, soit sur les formes pures et *a priori* de la sensibilité, soit sur les catégories de l'entendement. L'application du même critère de scientificité aux jugements métaphysiques est diverse et plus difficile, en raison des objets de la métaphysique : ils se trouvent tous en dehors de toute expérience possible. Un savoir réel dans le champ de la métaphysique doit donc être synthétique *a priori* sans pouvoir être confirmé par l'expérience, même pas partiellement.

Contrairement à la *metaphysica specialis*, à la théologie traditionnelle dogmatique dans laquelle, selon Kant, n'existe aucune conscience de cette situation particulière des conditions de possibilité du connaître, la théologie philosophique, c'est-à-dire la théologie transcendantale, qui affirme également un savoir certain de Dieu, le fait sous les conditions de la critique de la raison pure – Dieu devient une idée transcendantale, l'idéal de la raison pure. Comme celui-ci est un « *principe régulateur* de la raison », « il n'est point l'affirmation d'une existence nécessaire en soi » [1]. La forme spécifique de la preuve de l'existence de Dieu quant à la théologie transcendantale conduit à distinguer la « *Kosmotheologie* » (partant du tout du monde) et l' « *Ontotheologie* » (partant de l'analyse conceptuelle). Dans tous les cas, les diverses formes de la théologie philosophique ont en commun que la raison théorique n'a aucun accès à une connaissance certaine, scientifique de son objet : « L'être suprême demeure donc pour l'usage purement spéculatif de la raison un simple idéal [...] un concept [...] », dont « la réalité objective [...] ne peut sans doute être prouvée par cette voie, mais elle ne peut pas non plus être réfutée » [2]. Par conséquent, la position de la *Critique de la raison pure* mène à un refus radical de traiter de la question de Dieu de manière spéculative :

> Or, je soutiens que tous les essais d'un usage purement spéculatif de la raison en matière de théologie sont absolument infructueux, et qu'ils sont en vertu de leur nature interne nuls et non avenus ; que, d'un autre côté, les principes de son usage naturel ne conduisent absolument à aucune théologie, et que par conséquent, si l'on ne prend pas pour fondement les lois morales, ou si l'on ne s'en sert pas comme d'un fil conducteur, il ne peut pas du tout y avoir de théologie de la raison [3].

1. CRP, B 647, AK III, 412-413 ; OP I, 1229.

2. CRP, B 669, AK III, 426 ; OP I, 1246.

3. « Ich behaupte nun, daß alle Versuche eines bloß spekulativen Gebrauchs der Vernunft in Ansehung der Theologie gänzlich fruchtlos und ihrer inneren Beschaffenheit nach null und nichtig sind ; daß aber die Prinzipien ihres Naturgebrauchs ganz und gar auf keine Theologie führen » (CRP, B 664, AK III, 423 ; OP I, 1242).

L'existence et les destinations de l'être suprême, la matière spécifique de la théologie, restent dépendantes d'une faculté de la connaissance humaine, qui est différente de la raison théorique, qui est seulement capable de montrer les limites de la connaissance des objets transcendants : en respectant ces limites, Kant parle de théologie transcendantale, mais constate en même temps qu'il y a une autre manière de parler de Dieu philosophiquement : la théologie naturelle. Dans les *Prolégomènes*, Kant souligne :

> La théologie naturelle est un concept [...], à la limite de la raison humaine, puisqu'elle se voit obligée d'élever ses regards jusqu'à l'idée d'un Être suprême (et aussi, sous le rapport pratique, à un monde intelligible) [1].

Différent de la théologie dogmatique, le concept de théologie naturelle *comprend* la *limite* de la raison humaine. Il y a limitation du champ de l'expérience par quelque chose qui est, et qui doit rester, inconnu à la raison ; cette limite même jusqu'à laquelle la raison s'étend est l'unique connaissance positive théoriquement possible quant aux objets transcendants, une connaissance bornée au « rapport de ce qui se trouve en dehors de celle-ci [la limite] avec ce qui est contenu à l'intérieur » [2]. Le concept de théologie naturelle, gagné par l'analyse critique des idées transcendantales et par le savoir de leur caractère régulateur, nous permet donc de comprendre l'importance pratique de la théologie comme théologie morale. Nous savons tous que le refus radical par Kant de la raison spéculative comme faculté de la connaissance métaphysique aboutit au fondement et de la philosophie morale et de la religion par la raison pratique. Le chemin kantien de la « doctrine de Dieu », de la théologie, mène de la théologie naturelle à la philosophie morale, de la philosophie morale à la philosophie de la religion, et arrive finalement à une théologie philosophique morale d'un part, et à une théologie académique biblique d'autre part.

On se retrouve donc d'abord dans le champ de la philosophie pratique. Indépendamment du Dieu logique des preuves – ou même de son contraire –, Kant développe dans la philosophie morale une doctrine de Dieu dans la perspective de la raison pratique, qui s'exprime dans les actions humaines. Par conséquent, l'idée de Dieu n'est plus un concept problématique de la théologie, mais une idée pratique, pour ainsi dire, existentielle, liée à l'existence subjective en tant que jointe à la réalité de la loi morale, et vécue comme « fait de la raison » (*Faktum der Vernunft*). Cette liaison est double : la conscience de la loi morale qui est la *suprême raison* est la présence de l'inconditionné dans l'existence humaine, l'objet de la recherche théologique. Du point de vue de la raison pratique, l'idée de Dieu – *la raison suprême* – est la condition de la possibilité de la pensée du souverain Bien, ce qui signifie qu'elle est l'instance garantissant que le bonheur et la moralité vont ensemble,

1. PMF, AK IV, 361 ; OP II, 146.
2. *Ibid.*

raisonnablement et sans contradiction [1]. On le sait, Kant développe les arguments visant à remplacer les preuves traditionnelles de l'existence de Dieu dans la *Critique de la raison pratique*.

Lorsqu'on considère la façon de penser cette « liaison », on constate qu'il s'agit justement de la même structure que celle que Kant appelle au plan théorique « jugement synthétique *a priori* » : il s'agit de joindre l'existence, la réalité d'un objet, à un concept de la raison. Dans ce cas, la synthèse semble possible grâce à l'idée d'un « fait de la raison » qui est unique, puisqu'il s'agit de la manière par laquelle la raison elle-même se montre comme conscience humaine inconditionnée et autonome, ce qui signifie au sens littéral : originairement législative pour soi-même. Cette façon de joindre la réalité et la possibilité s'exprime dans le concept du « *Sollen* » : celui-ci peut être pensé seulement sous la condition que ce qui s'impose (par la volonté bonne) soit également réalisable, sans quoi la pensée, le concept de l'impératif moral serait en contradiction avec toute raison.

Cette manière de penser montre que Kant accepte, sous certaines conditions extraordinaires, un passage du plan logique au plan ontologique (ou réel) sans qu'il en résulte nécessairement une incohérence de la pensée [2]. La même figure se trouve dans l'idée du souverain Bien, dans laquelle sont comprises, sans contradiction, l'absence de bonheur dans l'existence humaine et la valeur morale d'une personne dans la réalité de la raison. Mais, tandis que la loi morale possède, selon Kant, le caractère d'un savoir certain et immédiat, pour devenir un savoir certain, l'idée de Dieu a besoin d'une autre réflexion : la réflexion sur le fait anthropologique que les humains cherchent leur bonheur dans le monde sensible. Cela peut être l'argument kantien consistant à définir la religion comme connaissance de la loi morale en tant que divine ou, autrement dit, en tant que nous connaissons tous nos devoirs comme des lois divines.

En résumé, il me semble donc que non seulement l'impératif moral, mais également l'idée de Dieu témoignent du fait que Kant suppose une rare, mais, pour ainsi dire, véritable capacité de la raison pratique à impliquer la réalité dans la pensée, une réalité qui consiste dans la possibilité nécessaire : ce qui doit être doit à la fois être pensable *et* être possible. Au plan logique, on pourrait comprendre ce phénomène à l'aide de la catégorie de communauté [3]. Au plan ontologique, le concept théorique de communauté se répète comme l'idée pratique de communauté, c'est-à-dire l'idée de l'humanité ou l'idée du caractère générique de la raison humaine, sans lequel ni la loi morale ni Dieu ne pourraient être pensés, parce que la perspective individuelle s'achève aux limites du champ de l'expérience.

1. L'autre côté de la loi morale est pour ainsi dire la liberté, sans laquelle ni l'exigence de la raison ni le devoir ne peuvent être pensés. François Marty explique cet aspect minutieusement dans l'article susmentionné. Voir chap. 2 : « Die Tragweite des Gesetzes : Herausforderung für die Freiheit », *op. cit.*, p. 55-58.

2. Sur ce point, *cf.* aussi l'article de K. Müller cité *supra* note 1, p. 205.

3. Voir CRP, B 292-293, AK III, 201 ; OP I, 968 *sq*.

Pourtant, il ne semble ni nécessaire ni possible que la conscience humaine réalise parfaitement cette manière de « penser la communauté », en se sachant soi-même comme partie du genre humain au lieu de se penser comme être individuel. Si c'était le cas, l'implication pédagogique et didactique dans la philosophie morale kantienne manquerait manifestement de motif. – On se trouve maintenant dans le contexte de la *Religion dans les limites de la simple raison* et du *Conflit des Facultés*. Le chemin de la « doctrine de Dieu » mène ainsi de la philosophie de la religion, c'est-à-dire du théologien rationnel, à la théologie pratiquée par le théologien biblique, « le docteur de la Loi pour la foi de l'Église » [1], dans les Églises et à l'Université. La vraie religion – celle de la raison – a pour but « un corps éthique », l'idéal de la communauté humaine sous la loi morale. Pour préparer les hommes au corps éthique, l'Église visible, les églises mondiales s'occupent de leur enseignement moral :

> dans l'effort des hommes en vue d'un corps éthique, la foi de l'Église précède naturellement la pure foi religieuse [2].

Selon Kant, dans le *Conflit des Facultés*, la « théologie » « comme substance (*Inbegriff*) de certains enseignements en tant que révélations divines » [3] ne cherche pas le fondement scientifique de l'affirmation « Il y a un Dieu » comme le fait la théologie rationnelle. Le théologien biblique prouve donc le savoir de Dieu « par référence au fait qu'il [Dieu] s'est exprimé par la Bible ». Par contre,

> il le fondera [...] comme une question de foi, sur un certain *sentiment* (à vrai dire, non démontrable ou explicable) de la divinité de celle-ci [4].

Bien que cette théologie soit fondée sur un sentiment et sur la foi, il s'agit d'une science : car il n'y a pas seulement le fondement sentimental de la doctrine de Dieu dans la théologie, mais aussi – plus importante et centrale – la documentation écrite de la révélation divine, c'est-à-dire « l'*Écriture*, qui elle-même à son tour en tant que révélation pour les contemporains et leur postérité doit devenir un objet de grand respect » [5].

Pour Kant, la révélation de l'objet de la foi n'est donc pas un obstacle au traitement scientifique de la doctrine de Dieu, comprenant les enseignements de la manière d'agir en accord avec la volonté divine, en raison de l'identité de

1. CF, AK VII, 36 ; OP III, 837.

2. « Der Kirchenglaube geht also in der Bearbeitung der Menschen zu einem ethischen gemeinen Wesen natürlicherweise vor dem reinen Religionsglauben vorher, und Tempel (dem öffentlichen Gottesdienste geweihte Gebäude) waren eher als Kirchen (Versammlungsörter zur Belehrung und Belebung in moralischen Gesinnungen) Priester (geweihte Verwalter frommer Gebräuche) eher als Geistliche (Lehrer der rein moralischen Religion) und sind es mehrentheils auch noch im Range und Werthe, den ihnen die große Menge zugesteht » (RSR, AK VI, 106 ; OP III, 129).

3. CF, AK VII, 36 ; OP III, 837.

4. CF, AK VII, 23 ; OP III, 820.

5. « Schrift, die selbst wiederum als Offenbarung für Zeitgenossen und Nachkommenschaft ein Gegenstand der Hochachtung sein muß » (RSR, AK VI, 107 ; OP III, 129 *sq.*).

Dieu et de la raison humaine pratique. Mais le vrai savant de la révélation, le théologien biblique, est responsable d'une exégèse raisonnable de la parole de Dieu et de sa communication aux autres – de même que le vrai philosophe est responsable de la connaissance du principe moral et de sa communication aux autres. Aucun des deux n'est le plus sage – l'instance suprême pour les deux est

> Dieu, qui parle par notre propre raison (moralement pratique) [et] qui est un interprète infaillible, universellement compréhensible de sa propre parole, et il ne peut y avoir aucunement encore un autre interprète légitimé de sa parole (par exemple un interprète procédant de façon historique) [1].

Pourtant, Kant représentant de la Faculté inférieure, indique des « Principes philosophiques de l'exégèse des écritures » [2] pour mettre fin au conflit entre théologie philosophique et théologie biblique – dans la mesure où toute méthodologie scientifique aurait besoin de principes rationnels et objectivement nécessaires : soit la méthodologie de l'interprétation, soit celle de l'enseignement – car c'est la raison qui devient ainsi garante de la scientificité de la théologie « pour le monde ».

Kant veut et peut également accepter le savoir révélé dans la théologie pour des raisons anthropologiques ; il parle dans ce contexte d'un « penchant » des hommes pour la religion culturelle (*cultus*) parce qu'ils ont besoin d' « une législation divine nécessitant une révélation » [3]. Ce penchant, « *Hang* » dans le texte de Kant, montre clairement que les hommes ont besoin d'une médiation de la vie sous les lois du monde visible et sensible et de la vie orientée selon la loi de la raison, reconnue comme devoirs divins. Cette médiation est institutionnalisée, d'un côté, par le gouvernement, de l'autre côté, par les Églises visibles. La théologie, comme « substance (*Inbegriff*) de certains enseignements en tant que révélations divines », est tout particulièrement chargée d'éclairer la raison : l'*Aufklärung* commence à l'Université, même si les débats académiques des théologiens n'importent pas aux croyants en raison de la différence entre le « peuple » et « la communauté académique ». En tant que Faculté supérieure, selon Kant, la théologie est mise au service du gouvernement – dont les intérêts normalement ne correspondent pas du tout à l'intérêt de la vraie religion à fonder une communauté humaine moralisée. Pour son propre intérêt, à savoir la vraie religion, la théologie biblique devrait donc avoir comme devoir principal l'exégèse exacte de la sentence biblique d'après la maxime : « *So gebet dem* Kaiser, *was des* Kaisers *ist, und Gott, was Gottes ist* ! ». De plus, elle a besoin d'une conscience critique de soi-même quant à l'enseignement du peuple, une conscience critique de sa propre puissance universelle, mais qui n'est pas essentielle vis-à-vis de la loi divine elle-même et peut être dangereuse si elle s'oppose à l'*Aufklärung*, parce que la Faculté

1. CF, AK VII, 67 ; OP III, 877.
2. CF, AK VII, 38 ; OP III, 840.
3. Voir RSR, AK VI, 106 ; OP III, 128.

théologique est capable d'interdire la pensée libre et de l'enchaîner effectivement. Plus encore, l'autorité spirituelle peut imposer à ses représentants les plus puissants l'ordre de ne pas penser d'une manière différente de celle qu'elle prescrit [1].

Quant à la scientificité de la théologie, ce n'est donc pas l'origine de la matière qui importe, mais plutôt ses devoirs et leur réalisation : dans la mesure où le savoir de Dieu peut être connu par la raison théorique seulement négativement, le devoir de la théologie comme science est également négatif : il faut éviter de compromettre la raison, et, en même temps, éviter la paralysie de la faculté de penser en soi / par soi-même pour renforcer – au moins indirectement – le développement moral de l'humanité.

Après la philosophie morale de Kant et d'après la doctrine de la religion naturelle, la théologie comme science de la révélation est donc particulièrement responsable de la réalisation de la fin morale dans le monde à l'aide de la religion culturelle des Églises visibles se fondant sur la Révélation, en préparant le corps éthique, lequel – théoriquement – n'aurait pas besoin d'une révélation.

Margit RUFFING
(Université de Mainz)

1. RSR, AK VI, 133 ; OP III, 163 note : « Allein was die weltliche oberste Macht nicht kann, das kann doch die geistliche : nämlich selbst das Denken zu verbieten und wirklich auch zu hindern ; sogar daß sie einen solchen Zwang, nämlich das Verbot anders, als was sie vorschreibt, auch nur zu denken, selbst ihren mächtigen Obern aufzuerlegen vermag ».

IV

LA LOGIQUE

OU

LE « VESTIBULE DES SCIENCES »

DE L'*IN ESSE* LEIBNIZIEN À L'*INHALT* KANTIEN

« D'après le principe de contradiction, on ne peut connaître que ce qui se trouve déjà dans le concept de l'objet » [1]. À la fin de l'opuscule *Über eine Entdeckung*, Kant rappelle que la portée du principe de contradiction varie en fonction de la distinction entre les jugements analytiques et les jugements synthétiques. Or, selon la définition classique qu'il en donne dans l' « Introduction » à la première *Critique*, « le prédicat B appartient au sujet A comme quelque chose qui est contenu dans ce concept A (de façon cachée) » [2]. Comme le note Kant, dans le « Principe suprême de tous les jugements analytiques », « si le jugement est analytique [...] sa vérité doit pouvoir être suffisamment connue d'après le principe de contradiction » [3]. Dans ce seul cas, le principe a un usage positif, sinon il n'est « qu'un critère universel, quoique purement négatif, de toute vérité » [4]. Kant peut alors distinguer la validité et la vérité. Toutefois, la définition de l'analyticité proposée repose moins sur l'identité que sur la notion d'implicite, de contenu, d'*Inhalt*. Or, peut-on considérer que Kant s'inscrit dans la tradition leibnizienne en reprenant la thèse d'un prédicat contenu dans le sujet, celle donc d'un *in esse*, d'un *praedicatum inest subjecto* pour décrire l'analyticité ? En d'autres termes, si Kant rejette bien l'hypothèse d'une découverte par Leibniz de la distinction de l'analytique et du synthétique, ne maintient-il pas une description de facture leibnizienne de l'inhérence ?

J. Proust, dans un article déjà ancien mais important, résume bien la difficulté : « de l'implicite à l'explicite, y a-t-il bien chez Kant et chez Leibniz le même cheminement ? ». Et elle indique parfaitement l'enjeu du débat : « dans cette hypothèse, la réinscription de l'analytique au cœur de la philosophie transcendantale attesterait, par cette dépendance à l'égard de la logique traditionnelle, la persistance dans le criticisme de la métaphysique dogmatique » [5]. Certes, la formule est forte et doit certainement être nuancée. La logique

1. RE, AK VIII, 248 ; OP II, 1385.
2. CRP, A 6 / B 10, AK III, 33 ; OP I, 765.
3. CRP, A 151 / B 190, AK III, 142 ; OP I, 894.
4. CRP, A 151 / B 190, AK III, 141 ; OP. I, 893.
5. Joëlle Proust, « Analyse et Définition chez Kant », *Kant-Studien* 66 (1975), p. 4.

générale reconnue par le criticisme comme répondant aux critères de la scientificité ne saurait être qualifiée de dogmatique si, comme le souligne Kant, on appelle dogmatisme « une confiance universelle en ses principes, sans critique préalable du pouvoir même de la raison » [1]. Si, selon la célèbre déclaration de la seconde « Préface » à la *Critique de la Raison pure*, la logique générale a suivi le « chemin sûr d'une science » [2], il devient possible d'en faire usage. Qualifier de dogmatisme la présence dans le criticisme d'éléments issus du rationalisme leibnizo-wolffien suggère ainsi une définition de la critique comme commencement radical dont l'origine est davantage cartésienne que véritablement kantienne. En ce sens, si l'on reprend l'opposition proposée par Y. Belaval entre un Descartes contempteur de l'histoire et un Leibniz promoteur de l'histoire [3], Kant est plus proche de Leibniz. D'ailleurs, le dernier chapitre de la première *Critique* ne porte-t-il pas précisément le titre d'une « Histoire de la raison pure » [4] ?

Malgré ces réserves, le problème persiste : peut-on estimer que Kant reprend à la tradition du rationalisme leibnizien une définition du jugement analytique comme *in esse* selon la formule classique d'un *praedicatum inest subjecto* [5] ? Quelles différences pouvons-nous faire entre l'*Inhalt* kantien et l'*in esse* leibnizien ?

Nous voudrions suggérer dans cette étude, en suivant une indication de J. Proust, que la définition de l'analytique relève moins de la logique générale que de la logique transcendantale, qu'elle repose non pas tant sur une critique de la définition, de la perfection logique propre à la tradition wolffienne que sur une réflexion sur la nature du rapport entre le sujet et le prédicat : c'est-à-dire sur la distinction de deux espèces de nécessité [6]. Or, précisément l'originalité kantienne consiste à montrer que la logique générale, contre toute attente, est impuissante à rendre compte du lien logique qui unit le prédicat à son sujet.

***

Force est de constater que le syntagme *praedicatum inest subjecto,* qui apparaît dans une lettre de Leibniz à Arnauld datée du 4/14 juillet 1686 et qui ne fut publiée avec le *Discours de Métaphysique* qu'en 1846 par Grotefend, ne pouvait être connu de Kant. Il convient de suivre J. Proust lorsqu'elle assigne comme origine à la notion d'analyse la *Dissertatio de Arte combinatoria* éditée

1. RE, AK VIII, 226 ; OP II, 1356.
2. CRP, B VII, AK III, 7 ; OP I, 734.
3. Yvon Belaval, *Leibniz critique de Descartes*, Paris, Gallimard, 1960, p. 126 *sq.*
4. CRP, A 852 / B 880, AK III, 550 ; OP I, 1398,
5. Leibniz, *Discours de Métaphysique et correspondance avec Arnauld*, Paris, Vrin, 1993, p. 121.
6. Leibniz écrit en effet : « puisqu'il est contingent que cette série-là existe et que cela dépend du libre décret de Dieu, les lois mêmes de cette série seront aussi absolument parlant contingentes, et néanmoins hypothétiquement nécessaires et essentielles dès lors seulement que la série est posée » (Leibniz, *Recherches générales sur l'analyse des notions et des vérités*, Paris, Presses Universitaires de France, 1998, p. 343).

à Leipzig en 1666, puis reprise dans le premier tome de l'édition Louis Dutens en six volumes des œuvres de Leibniz publiée à Genèvre en 1768. On peut en effet y lire cette définition de l'analyse :

> L'analyse est ceci : donner tous les termes au moyen d'une résolution en parties formelles, c'est-à-dire poser les définitions de ceux-ci, les parties aussi les diviser en parties, c'est-à-dire définir les termes de la définition jusqu'aux parties simples, ou termes indéfinissables [1].

Certes, dès la scolie de la deuxième proposition de la première section de la *Nova dilucidatio*, Kant rejette l'art caractéristique comme stérile et illusoire. Il rejette l'idée que la logique pourrait être un calcul. Il refuse ainsi la célèbre formule hobbesienne reprise par le jeune Leibniz : *logica sive computatio*. Il s'oppose ainsi à la réversibilité de la *resolutio* et de la *compositio*.

> Si l'on est parvenu à des principes absolument premiers, je ne nie pas qu'il soit permis d'user d'une certaine caractéristique, puisqu'il est loisible de se servir comme de signes (*signis*) des notions et des termes les plus simples ; mais, quand la connaissance composée doit être exprimée au moyen de caractères, toute la perspicacité de l'esprit se trouve alors immobilisée comme par un écueil, et paralysée par des difficultés insurmontables [2].

Rejet donc d'une certaine forme de symbolisme que nous appellerions aujourd'hui formalisme logique, comme J. Proust l'a bien montré. Pourtant, le congé donné à Leibniz et au *De Arte combinatoria* est plus ambigu qu'il n'y paraît. La scolie de la troisième proposition de la première section introduit une description de la *resolutio* comme réduction à l'identité.

> Tout notre raisonnement revient à découvrir l'identité du prédicat considéré, soit en lui-même, soit dans ses rapports avec le sujet, ainsi qu'il apparaît clairement d'après la règle ultime des vérités [3].

Et le jeune Kant de reprendre un argument à la fois typiquement leibnizien et très classique.

> Nous devons donc conclure que Dieu n'a point besoin de raisonnement ; en effet, puisque toutes les choses se dévoilent sous son regard dans leur plus grande transparence, en un seul acte d'intuition intellectuelle (*actus repraesentationis intellectui*), il saisit les rapports de convenance et de disconvenance, et n'a pas besoin de l'analyse qu'exige nécessairement notre intelligence obscurcie par les ténèbres [4].

Ce rejet de la combinatoire s'accompagne cependant d'une reprise : celle de la notion de *nota*, de *Merkmal* propre à la tradition leibnizo-wolffienne. Le

1. Leibniz, *Sämtliche Schriften und Briefe*, Sechste Reihe, Band 1, Berlin, Akademie-Verlag, 1990, § 64, p. 195.
2. NE, AK I, 390 ; OP I, 116.
3. NE, AK I, 391 ; OP I, 118-119.
4. *Ibid*.

texte encore précritique de 1762, *La fausse Subtilité des quatre figures syllogistiques*, l'indique nettement :

> Juger, c'est comparer à une chose quelque chose que l'on prend comme caractère (*Merkmal*). La chose elle-même est sujet, le caractère est le prédicat [1].

Du *De Arte combinatoria* est retenue la distinction entre le signe et la note d'origine hobbesienne, reprise par Leibniz, puis développée par Wolff. Certes, il est nécessaire de souligner, avec J. Proust, la différence entre l'usage combinatoire du signe et l'usage kantien. Dans le premier cas, les *notae* sont équivalentes afin de permettre la variation des combinaisons. Kant, pour sa part, introduit très nettement une rupture dans l'uniformité des caractères. Pourtant, insister ainsi sur la rupture dans le traitement des *notae* entre Leibniz et Kant revient à considérer en quelque sorte que la logique de Leibniz fut pour Kant ce qu'elle est pour nous. C'est admettre que Kant ait perçu dans le *De Arte combinatoria* l'importance d'un essai de calcul. C'est adopter une lecture rétrospective et lire l'histoire de la logique d'après les essais contemporains. Bref, c'est céder à l'illusion d'un mouvement rétrograde du vrai. Or, force est de constater que la logique leibnizienne est fondamentalement perçue par Kant comme représentant un progrès pour la logique générale. Ainsi, il peut encore soutenir en 1800 dans son cours de logique composé par Jäsche : « Parmi les philosophes modernes, il y en a deux qui ont ranimé la logique générale : *Leibniz* et *Wolf* » [2]. Et il ajoute : « la logique générale de Wolff est la meilleure que nous possédions » [3].

Plutôt que d'opposer Kant à la tradition leibnizo-wolffienne, il est, dès lors, plus juste de le replacer dans une histoire : celle d'un perfectionnement. C'est du moins la position suggérée par Kant lui-même : non pas discontinuité, mais progrès. La reconnaissance des insuffisances des uns ne le conduit donc pas à un rejet complet de la tradition logique. Dans cette perspective, il est nécessaire de substituer à cet écrit de jeunesse de Leibniz, le *De Arte combinatoria*, l'opuscule central pour la constitution de la *Schullogik* : les *Meditationes de Cognitione, Veritate et Ideis* de 1684. Leibniz y divise les notions en claires et obscures, distinctes et confuses, adéquates et inadéquates, symboliques et intuitives. Ce court texte ne cesse d'être repris et commenté par les traités de logique allemande, en particulier par Wolff dans son chapitre intitulé « Von den Begriffen der Dinge » de sa *Vernünfftige Gedancken von den Kräfften des menschlichen Verstandes*. Il est habituel dans les commentaires de souligner la différence de topologie du *Begriff* et, en particulier, l'ajout par Wolff d'une division : celle des notions complètes ou incomplètes. Il nous semble préférable d'insister davantage sur la définition de l'analyse qu'une telle *resolutio* implique. Comme l'écrit Kant dans la *Logique Jäsche* : « l'affaire de la

1. FS, § I, AK II, 47 ; OP I, 177.
2. LOG, AK IX, 21 ; *Logique*, trad. L. Guillermit, Paris, Vrin, 1982, p. 20.
3. *Ibid.* ; trad. Guillermit, p. 20-21.

logique est de rendre distincts (*deutlich*) les concepts clairs (*klar*) » [1]. Il ajoute immédiatement une critique de Wolff :

> les logiciens de l'école de Wolff soutiennent que le seul moyen de rendre les connaissances distinctes, c'est simplement de les analyser (*Analysis*) [2].

La suite est bien connue : il y a deux manières de parvenir à la distinction : « rendre un concept distinct, former un concept distinct », « *einen deutlichen Begriff machen und einen Begriff deutlich machen* » [3]. Le progrès accompli par Kant consiste à ne plus identifier *Deutlichkeit* et *Analyse*, mais, au contraire, à faire de l'analyse l'une des deux voies pour parvenir à la *Deutlichkeit*. La distinction analytique, l'explicitation des marques, est donc une partie de la sphère plus large de la *Deutlichkeit*. Il n'en reste pas moins qu'analyser, c'est rendre distinct, c'est-à-dire distinguer les *notae*, les *Merkmale* d'un concept donné comme autant de propriétés d'un objet. Certes, il est légitime de souligner avec A. Pelletier [4] que, chez Wolff, le *terminus ad quem* de l'analyse est la définition. Toutefois, Kant critique, cela est bien connu, cet idéal logique de la définition. La plus grande prudence s'impose donc. En effet, il serait tentant d'interpréter dans une perspective frégéenne cette thèse d'une perfection logique de la définition.

> Si l'on ne rencontre sur ce chemin que des lois logiques générales et des définitions, on a une vérité analytique – étant entendu qu'on inclut dans ce compte les propositions qui assurent le bon usage d'une définition [5].

Pour Frege, est analytique l'énoncé définitionnel. Or, l'opposition de Kant à la pensée leibnizo-wolffienne n'est pas réductible à celle, contemporaine, du formalisme et de l'intuitionnisme. Ni la notion de forme ni celle d'intuition n'ont le même sens. La définition n'est qu'un point d'aboutissement souvent impossible à atteindre. Ainsi Wolff suit-il le jeune Leibniz lorsque ce dernier rappelle très classiquement dans son *De Arte combinatoria* les limites de la définition en citant Aristote : « nous ne devons pas chercher une définition de toute chose » [6]. L'analyse est moins une opération définitionnelle qu'un travail de distinctions. La définition n'en est que la forme la plus aboutie : l'explicitation de toutes les marques essentielles. Analyser, c'est alors rendre explicites les *notae* contenues dans un concept donné, c'est identifier les caractères d'une notion afin de les ranger par ordre.

Puisque expliciter consiste à rendre distinct ce qui était confus, pouvons-nous soutenir dans ces conditions avec J. Proust que, chez Kant, le passage, au

1. LOG, AK IX, 63 ; trad. Guillermit, p. 70.
2. LOG, AK IX, 63 ; trad. Guillermit, p. 71.
3. *Ibid.*
4. Arnaud Pelletier, « La théorie kantienne de la définition dans les *Leçons de logique* », dans *Kant. Les Sources de la Philosophie kantienne aux XVIIe et XVIIIe siècles*, Paris, Vrin, 2005, p. 175 *sq*.
5. Gottlob Frege, *Les Fondements de l'Arithmétique*, Paris, Seuil, 1969, p. 128.
6. G. Frege, *op. cit.*, § 64, p. 195.

moyen de l'analyse, de l'implicite à l'explicite dans l'analyse diffère de la tradition leibnizo-wolffienne ? Car « s'il n'est pas vrai que toute distinction repose sur l'analyse d'un concept donné » [1] comme le pense l'école de Wolff, il n'en reste pas moins que « c'est le rôle de la synthèse de rendre l'objet distinct, c'est celui de l'analyse de rendre le concept distinct » [2].

***

Si l'analyse est bien formelle, elle l'est non pas au sens contemporain, mais au sens d'un degré supérieur d'aperception.

> Lorsque je rends un concept distinct, cette simple analyse n'accroît absolument pas ma connaissance quant au contenu. Ce dernier reste le même ; seule la forme est changée puisque j'apprends seulement à mieux distinguer ou à connaître avec une conscience plus claire ce qui était déjà contenu dans le concept donné. De même que si j'éclaire une carte je n'y ajoute rien, de même la simple élucidation d'un concept par l'analyse de ses caractères ne l'accroît pas le moindrement [3].

Or, ce texte très clair de la *Logique Jäsche* est, semble-t-il, contredit quelques lignes plus haut par une division surprenante entre les caractères analytiques et les caractères synthétiques qui suggère un contenu analytique de nos concepts :

> Parmi les caractères, il y a diverses sortes de différences spécifiques qui fondent la classification suivante :
>
> 1) caractères *analytiques* ou *synthétiques*. – Les *premiers* sont des concepts partiels de mon concept *réel* (je les y pense dès à présent) ; au contraire les seconds sont des concepts partiels du concept total *simplement possible* (qui par conséquent devra *être constitué* par une synthèse d'un plus grand nombre de parties). Les premiers, ce sont tous les *concepts rationnels* (*Vernunftbegriffe*) ; les seconds peuvent être des *concepts d'expérience* (*Erfahrungsbegriffe*) [4].

Comment résoudre cette difficulté textuelle ? Elle est d'autant plus difficile que la logique générale fait, par définition, abstraction du contenu de la connaissance. Elle ne peut que porter sur la forme. La distinction entre l'analyse et la synthèse, si elle relève de la logique transcendantale, ne peut figurer dans un cours sur la logique générale. *Sed contra*, si l'analyse est simplement un travail de distinction, elle est une forme et elle ne peut plus appartenir dans ces conditions à la logique transcendantale. Pourtant, Kant écrit bien dans les *Prolégomènes* :

> La connaissance métaphysique ne doit renfermer que des jugements *a priori*, voilà ce qu'exige le caractère propre de ses sources. Mais, quelle que soit l'origine des jugements, ou leur nature envisagée du point de vue de leur

1. LOG, AK IX, 63 ; trad. Guillermit, p. 70.
2. LOG, AK IX, 64 ; trad. Guillermit, p. 71.
3. *Ibid.*
4. LOG, AK IX, 58-59 ; trad. Guillermit, p. 65.

> forme logique, il y a cependant une différence qui a trait au contenu. [...] Les premiers seront nommés analytiques, les seconds synthétiques [1].

Le texte de la *Logique Jäsche* introduit donc une difficulté majeure : l'analytique relève-t-il de la forme ou du contenu, de la logique générale ou de la logique transcendantale ? Si le poids des *Prolégomènes* rédigés entièrement de la main de Kant l'emporte sur celui des *Vorlesungen* mises en forme par Jäsche, il n'en reste pas moins que la difficulté est bien réelle puisqu'elle surgit à nouveau dans la polémique avec Eberhard. Ce dernier critique dans son *Philosophisches Magazin* l'originalité de la division kantienne en la réduisant à une distinction logique d'inspiration wolffienne. Selon M. Eberhard, sont

> des jugements analytiques ceux dont les prédicats énoncent l'essence ou quelques-unes des parties essentielles du sujet [2].

Plutôt donc que de reconduire la définition de l'analyse à la formule *praedicatum inest subjecto* très certainement inconnue au dix-huitième siècle, il est plus vraisemblable de chercher dans les manuels wolffiens de logique l'origine de cette définition de l'inhérence. L'enquête historique sur la filiation nous conduit naturellement à cette question : Kant reprend-il sans la modifier la définition wolffienne de l'analyse comme *distinction* ?

***

Cette difficulté est traitée dans la deuxième section de l'opuscule *Über eine Entdeckung*. Kant s'en prend aux tentatives d'Eberhard de reconduire la distinction de l'analytique et du synthétique aux divisons de la logique wolffienne, à celle en particulier de l'essence et de l'attribut :

> Or, il est clair que, si l'on n'a pas déjà donné préalablement quelque critère d'une proposition synthétique *a priori*, on ne met aucunement en lumière une différence de celle-ci d'avec des propositions analytiques en disant que son prédicat est un attribut [3].

Kant fait ici certainement référence au § 48 de la logique allemande. Wolff, en effet, tente de montrer que les définitions nous donnent accès à l'essence : c'est-à-dire aux propriétés permanentes des choses que nous concevons dans nos *Begriffe*. L'essence désigne alors le *Grund* et ce *Grund* est pensé à partir de l'opposition entre le permanent et le variable : *das Beständige und das Veränderliche*. Un attribut est ainsi une propriété variable qui peut ne pas toujours se trouver dans la chose correspondant à mon *Begriff*, alors que l'essence est permanente et appartient nécessairement aux propriétés de la chose examinée. Les propriétés essentielles sont nécessairement dans toute définition de cette chose. Elles sont les marques nécessaires du concept en question. Or, l'intérêt de cette distinction wolffienne, c'est qu'elle précise la division entre définition nominale et définition réelle. La définition réelle n'est

1. PMF, AK IV, 266 ; OP II, 30.
2. RE, AK VIII, 230 ; OP II, 1362.
3. RE, AK VIII, 230 ; OP II, 1361.

pas une définition de l'essence ou des propriétés essentielles. Il ne suffit pas de faire la liste des prédicats permanents pour parvenir à définir réellement une chose. La définition réelle doit, au contraire, montrer comment les choses *entstehen*, naissent, se forment. L'argument d'Eberhard s'éclaire donc. La distinction de l'analyse et de la synthèse ne fait que reprendre la division entre l'essence et l'attribut, entre la définition réelle et la définition nominale, divisions nécessaires à toute bonne logique. Ainsi, on comprend qu'Eberhard puisse écrire : « je crois aussi, on l'a approuvé à bon droit, que la description de Monsieur Kant du jugement analytique convenait » [1]. Or, il ajoute :

> un jugement analytique est un jugement dans lequel le prédicat est le même que l'essence du sujet, ou que de l'une de ses parties essentielles [2].

Il est à noter le coup porté par Eberhard qui, tout en reconnaissant le bien fondé de l'analytique kantien, le réduit toutefois au rang d'une simple description. Il fait certainement référence au § 36 de la logique allemande dans lequel Wolff sépare la définition de la description. Pour Wolff, en effet, une description se distingue d'une définition en ce qu'elle ne permet pas de reconnaître en tout temps la chose en question. La description est conditionnelle, elle n'est pas permanente, la bonne définition, elle, résiste au temps.

Mais, Kant s'accorde-t-il avec Eberhard pour reconnaître que sa description de l'analytique est identique à celle de la tradition wolffienne ?

> En disant que ce prédicat se nomme attribut, on ne dit rien de plus, sinon qu'il peut être dérivé de l'essence à titre de conséquence nécessaire : quant à ce qui est de savoir si c'est analytiquement, en vertu du principe de contradiction, ou synthétiquement, d'après un autre principe, cela reste alors entièrement indéterminé [3].

Il y a donc des attributs analytiques et des attributs synthétiques comme il y avait, dans la *Logique Jäsche*, des caractères analytiques et des caractères synthétiques. La question n'est pas de distinguer entre le permanent et le variable puisque, comme le note Kant quelques lignes plus bas, la permanence est un attribut nécessaire mais synthétique de la substance. Inversement, la divisibilité est un prédicat analytique du concept de corps « parce qu'il peut être dérivé, à titre de conséquence nécessaire » [4]. Et Kant de conclure :

> Quand il dit d'une proposition qu'elle a pour prédicat un attribut du sujet, personne ne sait si cette proposition est analytique ou synthétique [5].

La nature de la nécessité, en termes logiques la nature du rapport (*Verhältnis*), qui unit le sujet et le prédicat, ne relève pas de la forme logique,

1. Kant, *Der Streit mit Johann August Eberhard*, Hambourg, Felix Meiner Verlag, 1998, p. 73 (notre traduction).
2. *Der Streit mit Johann August Eberhard*, p. 71.
3. RE, AK VIII, 229 ; OP II, 1361.
4. *Ibid.*
5. RE, AK VIII, 230 ; OP II, 1361.

c'est-à-dire de la logique générale. C'est cette relation, ce lien d'appartenance, cette relation matérielle que Kant isole. Il est donc nécessaire de bien distinguer l'analyse et l'analytique. L'analyse permet en clarifiant un contenu de prendre conscience de la nature de la relation logique. Par contre l'analytique désigne ce rapport lui-même. Kant peut ainsi écrire :

> les jugements analytiques, qui ne font rien d'autre que représenter et énoncer *clairement*, comme appartenant au concept donné, ce qui y était déjà réellement pensé et contenu [1].

Cette réflexion articule deux niveaux : d'une part, une conscience claire et, d'autre part, un lien d'appartenance réel. Ainsi se trouve éclairé, nous semble-t-il, ce passage difficile de la *Logique Jäsche*.

***

En guise de conclusion, nous voudrions préciser l'interprétation que Kant donne lui-même de son rapport à Leibniz dans *Über eine Entdeckung*. Cet opuscule ne résout certes pas toutes les contradictions et ne réconcilie certainement pas tous les textes entre eux. Kant y suggère, cependant, l'idée d'un progrès. L'analyse et la synthèse, l'*a priori* et l'*a posteriori*, le pur et l'empirique ne sont pas présents tels quels chez Leibniz ou bien chez Wolff. La radicale nouveauté de l' « Esthétique transcendantale », son usage de la notion d'*Anschauung* indiquent suffisamment la coupure décisive opérée par le criticisme, rupture qui ouvre la voie à Husserl et aux phénoménologies. Or, Kant indique bien que la « métaphysique de M. de Leibniz comprenait principalement trois traits caractéristiques », dont le premier était « le principe de raison suffisante, en tant qu'il devait simplement marquer l'insuffisance du principe de contradiction pour la connaissance des vérités nécessaires » [2]. Dès lors, la distinction de l'analytique et du synthétique apparaît comme un progrès, comme le pas supplémentaire que Kant fait accomplir à la distinction leibnizienne des deux nécessités : l'hypothétique et l'absolue. Le grand Principe montre « le chemin de manière nouvelle et remarquable », et invite « à des recherches qui étaient encore à entreprendre dans la métaphysique » [3]. Ainsi se trouve éclairée la remarque décisive de Heidegger dans son cours de 1928 sur Leibniz : l'harmonisation des vérités de fait et des vérités de raison « est la relation interne de la doctrine leibnizienne du jugement avec le problème du fondement chez Kant » [4].

Vincent ALAIN
(Université de Paris-Sorbonne)

1. RE, AK VIII, 228 ; OP II, 1360 (trad. modifiée).
2. RE, AK VIII, 247 ; OP II, 1384.
3. RE, AK VIII, 248 ; OP II, 1385.
4. Martin Heidegger, *Metaphysische Anfangsgründe der Logik*, Band 26, Frankfurt am Main, V. Klostermann, 1990, p. 62.

KANT ET LE PROBLÈME DU FONDEMENT DES NORMES LOGIQUES

Une lecture fréquente de la conception kantienne de la logique consiste à dire que Kant a conçu la logique formelle comme une science normative. Et aux commentateurs de citer le passage bien connu de la *Logique* : « En logique il s'agit de lois *nécessaires*, non de lois *contingentes*, non de la façon dont nous pensons, mais de la façon dont nous devons penser » [1]. Les indications que donne cette citation pourraient être aisément complétées par les nombreux développements où Kant explique que la logique est un « Canon » de l'entendement qui détermine « les conditions de son droit usage » [2]. Si le "doit" est la marque formelle de la normativité par excellence, les notions de "règles", de "canon", de "rectitude", sont autant d'expressions qui, dans l'œuvre de Kant, assimilent la logique à une discipline normative. On appellera normativiste toute conception de la logique qui caractérise cette dernière par le fait d'énoncer des règles prescrivant à l'entendement ce qui doit être le cas dans l'ordre de la pensée, et permettant en même temps de juger de la correction de nos inférences.

Pour séduisante qu'elle soit, cette interprétation normativiste est cependant loin d'être éclairante par elle-même. Comme l'a montré Husserl dans le premier volume des *Recherches logiques*, un des défauts majeurs de la conception normativiste de la logique est qu'elle dissimule un problème que le psychologisme a eu justement le mérite de mettre en évidence, quelle que soit par ailleurs la fausseté de la solution qu'il propose : le problème du fondement théorique des normes logiques [3]. Si une règle normative permet à proprement parler d'évaluer, on est en droit de se demander ce qui, à son tour, légitime cette règle. Or, un discours normatif qui n'est pas capable d'exhiber le fondement théorique de ses règles sera inévitablement exposé au reproche d'arbitraire ou de conventionnalisme. Quels sont donc les fondements théoriques de la logique comme science normative chez Kant ? D'où les règles logiques

1. LOG, AK IX, 14 ; trad. fr. L. Guillermit, Paris, Vrin, 2007, p. 12.

2. *Ibid.*

3. Edmund Husserl, *Recherches logiques*, I, *Prolégomènes à la logique pure*, Paris, Presses Universitaires de France, 1969, chap. II.

tirent-elles leur force normative et leur autorité ? Ce sont là, évidemment, des questions importantes, puisqu'elles soulèvent le problème difficile de savoir quel est l'objet de la logique, quels sont la nature et les procédés par lesquels s'effectue la "pensée logique". Ce sont aussi des questions radicales, puisqu'elles reviennent à demander quels sont les critères de la rationalité et de son contraire, l'irrationalité, quels sont les liens entre la raison et la logique.

Il va de soi que je ne pourrai pas, dans le cadre de cette communication, traiter de toutes ces questions, je m'attacherai essentiellement à préciser en quel sens la doctrine kantienne de la logique formelle peut être qualifiée de normative. La thèse que je défendrai est la suivante : le normativisme logique kantien repose sur l'idée que les lois logiques sont une expression de la raison, que la logique entretient un lien fort avec la structure de l'esprit humain, idée que l'évolution axiomatique et formaliste de la logique met certes à mal aujourd'hui [1], mais ne disqualifie pas nécessairement.

LA CONTROVERSE SUR LE PSYCHOLOGISME, UN FIL DIRECTEUR POUR L'INTERPRÉTATION DU NORMATIVISME LOGIQUE DE KANT

Selon une définition désormais classique, le psychologisme est la doctrine d'après laquelle la validité des lois de la logique peut être expliquée par les lois de la psychologie. En toute rigueur, le psychologiste défend une thèse beaucoup plus forte : il soutient que l'explication de la validité des lois logiques non seulement peut, mais doit nécessairement passer par une analyse psychologique dans la mesure où la pensée est un phénomène d'essence psychologique. Dans l'ordre de l'explication, il y aurait donc une préséance de la psychologie sur la logique. Or, pour toute une tradition philosophique (Herbart, Frege, Husserl), la conception normativiste de la logique implique, au contraire, un antipsychologisme. Selon ce courant de pensée, la logique est, dans sa nature profonde, absolument étrangère à la psychologie, cette dernière ne peut donc en aucune façon lui fournir un fondement théorique.

On a, à cet égard, relu Kant à la lumière de la polémique qui s'est élevée pendant la seconde moitié du XIXe siècle au sujet des fondements de la logique, et au cours de laquelle deux grands noms de la pensée se sont illustrés en tentant de réfuter les prétentions naturalistes à fonder les lois de la logique sur les lois empiriques du psychisme humain : Husserl et Frege. Par-delà leurs différences d'orientation philosophique, tous deux se rangeront sous la bannière de l'antipsychologisme, et tous deux invoqueront le nom de Kant comme exemple d'une posture antipsychologiste. Cette interprétation, largement partagée, est accréditée par plusieurs arguments.

1. Le développement formaliste de la logique contemporaine et la multiplication des logiques dites déviantes ont porté un coup fatal à l'idée que la logique vise à décrire les démarches de la pensée ou les opérations logiques de notre entendement, voir Robert Blanché, *Raison et discours*, Paris, Vrin, 1967.

Le premier, qu'on peut appeler l'argument normativiste, consiste à invoquer le caractère normatif de la logique chez Kant pour montrer que celle-ci est irréductible à la psychologie [1]. Tandis que la psychologie se contente de décrire comment nous pensons effectivement (croyances, représentations, préjugés), la logique décrit comment on devrait penser (normes, canons, critères). Or, pas plus qu'on ne peut tirer la morale de la vie, explique Kant, on ne peut tirer les lois logiques de l'observation de la vie mentale [2]. La différence fondamentale qui oppose les deux disciplines est que la psychologie se place sur le terrain de la description positive, pour cerner les processus naturels de la pensée, alors que la logique se situe sur un autre plan, celui de la validité idéale, pour dégager les normes qui assurent à la pensée son caractère valide. Résumé à l'essentiel, l'argument normativiste oppose la norme au fait, et, sous cette forme, l'argument de Kant reste encore d'une facture humienne. On se souviendra, en effet, que, dans le *Traité de la nature humaine*, au sujet du problème de l'origine de nos idées morales, Hume dénonçait l'erreur qui consiste à faire dériver le « doit » (« *ought* ») du « est » (« *is* ») [3]. Si l'on y regarde de plus près, cependant, l'on remarque aussitôt que l'opposition entre le normatif et le descriptif, chez Kant, se superpose à celle, plus criticiste, entre le nécessaire et le contingent. Ce que Kant nous invite à prendre en considération, c'est que les lois de la logique sont nécessaires, alors que les lois de la psychologie sont seulement contingentes. Or aucune généralisation empirique ne peut donner une loi nécessaire. Il est donc clair que, si la logique est une science en raison de la part d'*a priori* qu'elle renferme, la psychologie, en revanche, n'est pas une science et ne pourra jamais le devenir, faute de pouvoir être mathématisée [4]. Comment donc une discipline aux lois contingentes pourrait-elle fonder une science aux propositions nécessaires et universelles ?

Le deuxième argument militant en faveur de l'idée d'un antipsychologisme de Kant met en perspective l'effort de ce dernier pour séparer la logique de la psychologie empirique. Cet argument rejoint, à vrai dire, le premier, mais entend souligner qu'il y avait bien chez le philosophe allemand une inquiétude au sujet, non pas certes de la possible annexion du champ de la logique par la psychologie, mais du manque de clarté relativement à leur objet respectif. Il vaut la peine de remarquer que la confusion des frontières des deux disciplines existait déjà à l'époque de Kant, et c'est précisément parce qu'elle constituait une menace que Kant revient si obstinément sur la question de la détermination conceptuelle adéquate du domaine de la logique. Relisons les textes. D'abord, la « Préface » de la deuxième édition de la *Critique de la raison pure* où Kant dénonce ceux qui, croyant étendre la logique en y ajoutant des

1. LOG, AK IX, 14 ; trad. fr. Guillermit, p. 12 : « Dans la logique, ce que nous voulons savoir, ce n'est pas comment l'entendement est, comment il pense, comment il a procédé jusqu'ici pour penser, mais bien *comment il devrait procéder dans la pensée*. Elle doit nous enseigner *le droit usage de l'entendement* ».

2. *Ibid.*

3. David Hume, *Traité de la nature humaine*, II, Paris, Aubier, 1973, p. 585.

4. *Cf.* PPM, AK IV, 471 ; OP II, 368-369.

chapitres « de *psychologie*, sur les diverses facultés de connaître (l'imagination, l'esprit) », mais aussi de métaphysique et d'anthropologie, ne font que la défigurer [1]. Il est également patent que la subdivision de la logique générale en logique pure et logique appliquée, dans l' « Introduction » de la « Logique transcendantale », est effectuée sous la même menace et sans doute dirigée contre elle. C'est en effet pour prévenir tout malentendu sur la nature de son objet, que Kant précise que la logique n'a point de principes empiriques et qu'en conséquence « elle ne tire rien (comme on s'en est parfois persuadé) de la psychologie » [2]. La même mise en garde est réitérée dans la *Logique* de Jäsche :

> Certains logiciens supposent, à vrai dire, des principes *psychologiques* dans la logique. Mais admettre de tels principes en logique est aussi absurde que de tirer la morale de la vie [3].

Le troisième argument consiste à invoquer le sens même de l'entreprise kantienne comme interrogation sur les conditions de possibilité du savoir humain, et le motif transcendantal qui l'inspire. Il s'agit de montrer en particulier que, dans la *Critique de la raison pure*, la distinction entre question de fait (*quid facti*) et question de droit (*quid juris*) sert de garde-fou contre toute contamination psychologiste des questions épistémologiques. Autrement dit, la démarche transcendale implique en tant que telle une division des tâches qui assigne aux uns d'étudier la question de la genèse de nos connaissances et aux autres la question de la justification de nos connaissances.

À la lumière de ce rapide survol, il semble que l'affaire soit entendue. La profession de foi antipsychologiste de Kant, en matière de logique, comme en matière de théorie de la connaissance en général, n'est pas toutefois une garantie suffisante contre les prétentions psychologistes (surtout au regard de la place centrale qu'occupe le concept de conscience dans l' « Analytique transcendantale » de la première *Critique*). Diverses raisons invitent à penser en ce sens. D'abord, comme l'a remarqué Husserl dans ses *Recherches logiques*, le tenant du psychologisme peut très bien s'accommoder du caractère normatif de la logique en montrant que « l'usage nécessaire de l'entendement est précisément aussi un usage de l'entendement, et, comme l'entendement lui-même, relève de la psychologie » [4]. Faire appel à l'argument normativiste pour prouver l'antipsychologisme de Kant n'est donc pas tout à fait probant. Ensuite, les lecteurs de Kant n'ont pas manqué de noter l'ambiguïté dont souffre sa conception de la logique. En définissant la logique comme science "des lois de la pensée", Kant donnait prise aux reproches de psychologisme larvé, dans la mesure où la pensée est un objet dont la psychologie peut revendiquer l'étude avec autant de légitimité que la logique. Husserl avait déjà

1. CRP, B VIII, AK III, 8 ; OP I, 734.
2. CRP, A 54 / B 78, AK III, 77 ; OP I, 814.
3. LOG, AK IX, 14 ; trad. fr. Guillermit, p. 12.
4. Husserl, *Recherches logiques*, I, « Prolégomènes à la logique pure », p. 59.

dénoncé l'incohérence de Kant récusant la psychologie dans les questions de connaissance, mais faisant sans cesse appel à des notions psychologiques, voire anthropologiques, dans toute sa « théorie des facultés » [1]. Plus récemment, Pascal Engel a souligné combien la conception kantienne de la logique était équivoque :

> C'est chez Kant que l'on trouve les premiers énoncés explicites de l'antipsychologisme, aussi bien en logique qu'en théorie de la connaissance. Kant ne cesse de répéter que la logique est "pure", "formelle", *a priori*, etc., qu'elle n'a rien à voir avec la psychologie empirique, mais en même temps il la caractérise comme fournissant "la forme de la pensée en général", et il ne cesse de se référer à sa doctrine des facultés de l'esprit, à l'entendement et à la raison, ainsi qu'aux formes du jugement [2].

D'une manière générale, il est facile de constater que la rigoureuse séparation que Kant veut établir entre la logique et la psychologie ne peut être maintenue avec netteté et fermeté dans ses analyses des fonctions logiques en raison d'une évidente confusion entre *le* logique et *le* psychologique. Dans la *Critique de la raison pure*, par exemple, alors même que Kant proclame hautement l'indépendance de la logique par rapport à la psychologie, la présentation du principe de l'unité synthétique de l'aperception comme point culminant de l' « Analytique transcendantale » remet sérieusement en question la réalité de cette indépendance [3]. Mais, même dans sa *Logique*, Kant décrit les actes logiques (comparaison, réflexion, abstraction) comme des actes mentaux. On peut le lui reprocher, mais il convient d'avouer que ce n'est guère étonnant, après tout, compte tenu du cadre mentaliste dans lequel se développe le système kantien. C'est à l'évidence contre ce type de conception jugée psychologisante que Frege a soutenu que les pensées logiques sont indépendantes des sujets qui en prennent connaissance, que le pensé existe indépendamment de celui qui le pense.

Deux options semblent pouvoir être envisagées : soit l'on considère que Kant reste prisonnier d'un psychologisme honteux et souterrain en dépit de ses intentions antipsychologistes affichées. Soit l'on considère, en lisant Kant dans le sillage de l'École de Marbourg, que le kantisme est, dans son essence même, un transcendantalisme qui exclut foncièrement toute forme de psychologisme. En conséquence de quoi, il conviendrait d'éliminer toute trace malencontreuse de psychologisme, voire de reprendre toute l' « Analytique » en la transformant, à la manière d'un Strawson, dans le sens d'un transcendantalisme

1. Husserl, *op. cit.*, p. 59.

2. Pascal Engel, *Philosophie et psychologie*, Paris, Gallimard, 1996, p. 128. Cette ambiguïté de la position kantienne avait déjà été notée par P. Engel dans un autre ouvrage, voir *La norme du vrai. Philosophie de la logique*, Paris, Gallimard, 1989, p. 377.

3. Sur les impasses auxquelles toute philosophie de la conscience conduit dès lors qu'elle veut penser la logique formelle, voir Jean Cavaillès, *Sur la logique et la théorie de la science*, Paris, Vrin, 1947, p. 10.

sans subjectivité [1]. Deux options donc, à moins de reconnaître que la psychologie occupe de fait une place dans la philosophie kantienne de la connaissance sans qu'elle implique pour autant un naturalisme ou un psychologisme réductionniste [2]. Cette troisième option n'est pas absurde. Elle ne paraît étrange que parce que nous avons pris l'habitude de penser, sous l'influence du réalisme de Frege, qu'il n'est de manière de liquider le psychologisme qu'en excluant radicalement la notion de conscience, bref qu'en pratiquant un « antipsychologisme sans conscience du tout » selon l'heureuse expression de Léo Freuler [3]. Mais pourquoi ne pas admettre une autre possibilité : un « antipsychologisme mentaliste » [4] – puisque Kant inscrit bien sa réflexion logique dans le cadre du paradigme de la conscience – dans lequel la psychologie serait paradoxalement sans contenu psychologique, ou, si l'on préfère, sans contenu psychologique empirique, de sorte qu'aucune forme logique ne puisse dériver des processus naturels de la pensée ?

Quoi qu'il en soit à cet égard, nous devons admettre que Kant exclut l'idée que les lois logiques puissent trouver leurs fondements dans une psychologie de la connaissance. Mais le fondement des normes logiques ne doit pas être recherché non plus dans un monde logique idéal et transcendant, comme le voulaient Frege, Bolzano ou le premier Husserl. Un tel réalisme logique est incompatible avec la « révolution copernicienne » opérée par la première *Critique*. La réponse de Kant consiste à montrer que l'entendement seul a vocation à fonder la logique, puisque l'entendement est « la source et la faculté de penser des règles en général » [5] et que les lois logiques sont des règles, de surcroît nécessaires. Pour saisir la signification exacte de ce motif aprioriste chez Kant, sans doute convient-il de ne jamais séparer complètement les lois logiques de l'entendement comme pouvoir des règles. On demandera alors : comment l'entendement pourrait-il être la source des lois logiques, s'il est vrai que toute activité discursive présuppose déjà les principes de la logique ? N'y a-t-il pas ici un cercle ? En outre, dire que les lois logiques sont "dérivées" de la faculté de l'entendement, c'est donner une réponse privée de toute portée explicative. C'était déjà en un sens le reproche que Husserl formulait contre Kant :

> Ces concepts mythiques déconcertants que Kant affectionne tant et qu'il utilise même à propos de la distinction en question, je veux dire les concepts

1. Peter Strawson, The *Bounds of Sense. An Essay on Kant's Critique of Pure Reason*, London, Methuen and Co., 1966. Toute une tradition qui remonte au néo-kantisme et qui se poursuit aujourd'hui avec Strawson en particulier, mais de manière bien différente, a cherché à purifier le kantisme de toute trace de psychologie, contre les interprétations "psychologisantes" (F. Beneke, J.F. Fries). Voir sur ce point Jean-Cassien Billier, « Interpréter Kant après Strawson », dans *Kant et les kantismes dans la philosophie contemporaine 1804-2004*, Villeneuve d'Ascq, Presses Universitaires du Septentrion, 2007, p. 149-169.

2. Sur cette troisième voie qui entend concilier démarche transcendantale et psychologie cognitive, voir en particulier Patricia Kitcher, *Kant's Transcendantal Psychology*, Oxford, Oxford University Press, 1990 ; Pascal Engel, *Philosophie et psychologie*, Paris, Gallimard, 1996.

3. Léo Freuler, *La crise de la philosophie au XIXe siècle*, Paris, Vrin, 1997, p. 216.

4. Nous empruntons également cette expression à Léo Freuler, *op. cit.*

5. LOG, AK IX, 12 ; trad. fr. Guillermit, p. 9.

> d'entendement et de raison, nous ne les acceptons naturellement pas, au sens propres de facultés de l'âme. Entendement et raison, en tant que facultés d'un certain état normal de la pensée, présupposent dans leur concept la logique pure – car c'est elle qui définit le normal – et nous ne serions ainsi, si nous avions sérieusement recours à eux, pas plus avancés que si, dans un cas analogue, nous voulions expliquer l'art de la danse par la faculté de danser [1].

On le voit, la caractérisation kantienne des lois logiques comme lois nécessaires de l'entendement donne prise à certaines objections. Mais ces objections s'évanouissent sitôt que l'on montre que le cercle plus haut décrit ne constitue pas un cercle vicieux dont il faudrait absolument chercher à sortir. En effet, l'apriorisme logique de Kant consiste justement à soutenir que les lois de la logique se confondent avec les lois mêmes de l'entendement, non pas en vertu d'un ajustement de l'entendement à des exigences qui s'imposeraient à lui du dehors, pour ainsi dire, mais en vertu d'une position originaire d'identité constitutive de l'idée même de pensée. Telle est l'idée centrale de cet apriorisme qui ne fait en un sens qu'inscrire et prolonger, dans le champ logique, les effets de la "révolution copernicienne" opérée dans le champ général de la connaissance. Etant donné que c'est à l'intérieur de la seule et indépassable subjectivité que s'ouvre la réflexion sur la connaissance dans la philosophie critique, c'est aussi dans l'immanence du sujet que la logique doit être fondée comme système de lois nécessaires de l'entendement. Sous cet angle, la logique n'est rien d'autre que l'autoconnaissance réflexive de l'entendement revenant sur ses propres lois internes [2]. Pour mesurer toute la radicalité de ces déplacements, sans doute faudrait-il rappeler que la logique était encore, dans la métaphysique dogmatique, l'expression de la structure de l'être ou de l'entendement de Dieu. Les distinctions logiques avaient un fondement ontologique ou même théologique. La naïveté des positions traditionnelles résidait justement dans le fait de concevoir la logique comme donnée en soi, indépendamment de l'entendement du sujet humain.

GRAMMAIRE DE LA PENSÉE ET NORMATIVITÉ LOGIQUE

Paradoxalement, c'est parce que les normes logiques ne sont pas des propositions descriptives que se pose à leur égard la question de la nature de leur nécessité. Dans l'exacte mesure où une norme enveloppe une dimension prescriptive, elle n'est ni vraie ni fausse. On l'observe ou non, on s'y conforme ou non. Mais pourquoi devrait-on s'y conformer ? La réponse de Kant consiste à dire qu'une pensée qui ne respecterait pas les lois de la logique générale ne serait tout simplement pas une pensée. En effet, les lois de la logique générale définissent la forme même de l'entendement. Or la condition fondamentale de

1. Husserl, *Recherches logiques*, I, p. 237.

2. Kant est alors pleinement justifié à dire que « la logique est [...] une connaissance de l'entendement et de la raison par eux-mêmes », LOG, AK IX, 14 ; trad. fr. Guillermit, p. 13.

la pensée est que l'entendement soit toujours en accord avec lui-même. En violant les lois de la logique générale, c'est-à-dire « les règles universelles et nécessaires de l'entendement », l'entendement se contredit lui-même [1]. La pensée se dénonce alors comme nécessairement fausse, et s'annule du même coup. Ainsi, les lois de la logique tracent les limites de la pensée valide et même de la pensée tout court. Le sens de la normativité logique revêt une dimension que nous qualifierions volontiers de transcendantale si le mot, déjà surdéterminé, ne prêtait pas ici à confusion : la logique a pour tâche d'expliciter et de fixer les règles « sans lesquelles tout usage de l'entendement serait impossible » [2] et au-delà desquelles la pensée ne peut même pas s'exercer. Jacques Bouveresse écrit justement à ce sujet que

> une conséquence immédiate qui résulte de la doctrine de Kant et qui est formulée à différentes reprises dans la *Logique* et dans la *Critique de la raison pure* est qu'une pensée illogique n'est pas une pensée [3].

Le point de vue de Kant semble donc assimiler la nécessité de suivre les lois logiques ("la façon dont nous devons penser") à l'impossibilité de dépasser les limites du pensable inscrites dans la forme même de l'entendement.

On reconnaîtra ici peut-être l'idée d'une grammaire de la pensée ou, si l'on préfère, d'une structure *a priori* des formes possibles de la pensée. Qu'il existe une espèce de grammaire immanente à notre activité logico-discursive à titre de condition formelle de la pensée, c'est d'ailleurs ce que suggère Kant dans la *Logique*, à travers l'analogie qu'il fait entre le rôle de la logique et celui de la grammaire, dans l'usage respectif que nous faisons de notre entendement et de la langue que nous parlons [4]. Cela ne signifie pas que tout sujet suit effectivement cette grammaire formelle dans ses raisonnements, mais que les principes de cette grammaire sont sans cesse présupposés dans nos pratiques logico-discursives, que nous en ayons conscience ou non, de la même façon que celui qui parle sans connaître la grammaire « a en réalité une grammaire et parle selon des règles, dont, simplement, il n'a pas conscience » [5].

Résumons-nous. C'est donc de la nécessité inscrite dans la forme de l'entendement lui-même que découle la nécessité de suivre les règles de la logique. Dans une telle perspective, on conviendra que Kant défend autant une conception de la logique comme science composée de normes qu'une conception de la logique comme science fondant les normes sur la raison. Est-ce à dire que la caractérisation de la logique comme science normative est d'une pertinence restreinte et d'une portée limitée ? Est-ce à dire que la normativité n'est qu'un caractère dérivé et non intrinsèque de la logique formelle ? Nous ne le croyons pas.

1. CRP, A 59 / B 83-84, AK III, 80 ; OP I, 818.
2. LOG, AK IX, 12 ; trad. fr. Guillermit, p. 10.
3. Jacques Bouveresse, *Dire et ne rien dire. L'illogisme, l'impossibilité et le non-sens*, Nîmes, J. Chambon, 1997, p. 23.
4. LOG, AK IX, 12 ; trad. fr. Guillermit, p. 11.
5. LOG, AK IX, 12 ; trad. fr. Guillermit, p. 9.

LA DUPLICITÉ INTERNE DE LA LOGIQUE

En fait, il faut reconnaître que, tout au long des développements kantiens, la logique générale présente une remarquable ambiguïté interne qui pose, selon nous, un véritable problème d'interprétation. D'un côté, la logique formelle est décrite comme un canon de la pensée qui expose « les principes de toute appréciation logique de notre connaissance » [1], c'est son côté normatif ; de l'autre, elle est décrite comme « une science rationnelle non seulement selon la forme, mais même *selon la matière* » [2], c'est son côté théorique. Or force est de dire que cette dualité d'aspect renvoie à deux plans distincts de la logique, et peut-être même à deux conceptions différentes de la logique, si on les comprend correctement. Le caractère normatif de la logique se rattache, nous l'avons vu, au fait que, dans l'exercice de notre entendement, nous avons besoin d'être guidés par des règles. La logique a, de ce point de vue, pour but d'évaluer l'activité discursive des sujets pensants. La dimension théorique, quant à elle, ne se rapporte pas à une fonction d'évaluation, mais à la vocation scientifique de la logique et à notre désir d'étendre nos connaissances. La différence de ces deux aspects se manifeste avec encore plus d'évidence, si l'on souligne qu'une norme en tant que telle ne décrit rien et qu'elle ne peut, par conséquent, être ni vraie ni fausse, alors qu'une loi, au contraire, n'a rien d'intrinsèquement normatif, elle est un énoncé d'essence descriptive.

Pour lever cette ambiguïté, on pourrait peut-être rappeler que la logique était tenue, à l'époque de Kant, plus pour un art de penser que pour une science théorique. Comme le fait remarquer à juste titre B. Longuenesse, la conception kantienne « de la logique est l'héritière de celle de Port-Royal en ce qu'elle relève de la "réflexion que font les hommes sur les opérations de leur esprit" » [3]. On sait, par ailleurs, que, décrite comme un « organon » par Aristote, la logique a été longtemps considérée comme un instrument de mesure de nos raisonnements et de nos inférences, plutôt que comme un savoir proprement dit. Mais cette explication historique est un peu courte. Dire que Kant ne fait que s'inscrire dans une tradition déjà établie, celle qui fait volontiers de la logique une « science pratique », une simple « *Kunstlehre des Denkens* » au sens de Husserl, et des ouvrages de logique de simples manuels destinés à montrer comment bien user de sa raison, rédigés dans l'esprit de Port-Royal, serait tout à fait erroné. Une telle représentation est en désaccord avec l'idée maintes fois répétée par Kant que la logique a « suivi depuis les temps les plus anciens ce chemin sûr » de la science [4]. Si la tâche de la logique

1. CRP, A 60 / B 84, AK III, 80 ; OP I, 819.

2. LOG, AK IX, 14 ; trad. fr. Guillermit, Paris, Vrin, p. 13. C'est la raison pour laquelle, dans la controverse qui oppose les partisans d'une conception "technologique" aux partisans d'une conception scientifique de la logique, Husserl range Kant parmi ces derniers, voir *Recherches logiques*, I.

3. Béatrice Longuenesse, *Kant et le pouvoir de juger*, Paris, Presses Universitaires de France, 1993, « Introduction » XII.

4. CRP, B VIII, AK III 7 ; OP I, 734.

ne consistait qu'à édicter certaines normes, elle n'aurait jamais pu revendiquer le titre de science. Or, l'un des mérites incontestables de Kant par rapport à ses contemporains est bien d'avoir compté la logique au nombre des sciences. La logique est une science certes « courte et aride », mais c'est une science à part entière, et même entièrement démonstrative [1], qui, à l'image des autres sciences, doit fournir des vérités *a priori.* Arrêtons-nous un instant sur ce dernier point : que signifie que le fait que la logique « repose sur des principes *a priori* qui permettent de déduire et de démontrer toutes ses règles » [2], sinon que des vérités théoriques et abstraites fournissent un fondement idéal aux normes logiques ? C'est là une pensée qui aurait pu conduire Kant à dépasser la conception normativiste de la logique vers une conception descriptiviste de la logique, plus axée sur la notion de *vérité* des lois logiques. Nous avons vu, en fait, pourquoi Kant ne pouvait opter pour une autre voie que celle que lui dictait l'apriorisme criticiste. Il reste que si la logique « en qualité de science rationnelle » est une « théorie démontrée », sa caractérisation normativiste devient tout d'un coup problématique.

Bien entendu, il ne faudrait pas croire trop vite que Kant ait eu conscience de toutes les ambiguïtés et possibilités théoriques que nous venons d'évoquer. Ses analyses montrent bien, au contraire, que malgré ses affirmations sur le caractère théorique et véritatif des élaborations logiques, Kant ne s'est jamais départi de sa conception conservatrice de la logique comme canon de la pensée. Que l'on parle de "déontologie du raisonnement" ou d' "éthique de la pensée", l'idée est la même : les lois logiques ne servent pas simplement de normes au jugement, elles *sont* des normes, et cette composante normative leur est essentielle, parce qu'elles n'ont de sens que rapportées à l'entendement dans son usage. L'ambiguïté que l'on décèle dans l'articulation kantienne des deux dimensions de la logique, normative et théorique, tient sans doute à l'idée même de logique comme "science de la *rectitude*". D'après son concept même, la logique comme canon ne distingue pas l'aspect normatif de la règle du noyau de vérité théorique qu'elle contient. Ce que confirme l'équivalence posée par Kant, lorsqu'il affirme que

> la logique doit être considérée comme une science *a priori* ou comme une doctrine pour un canon de l'usage de l'entendement et de la raison [3].

Dimitri Lang
(Institut Français d'Athènes)

1. LOG, AK IX, 15 ; trad. fr. Guillermit, p. 13. Et, dans l' « Introduction » à la « Logique transcendantale » de la *Critique de la raison pure*, Kant reprend la même idée : la logique générale « est une doctrine démontrée, et tout y doit être pleinement certain *a priori* », CRP, A 54 / B 78, AK III, 77 ; OP I, 814.
2. LOG, AK IX, 15 ; trad. fr. Guillermit, p. 13.
3. *Ibid.*

L'OBJET DE LA LOGIQUE SELON KANT ET ARISTOTE

Kant affirmait dans sa *Logique* :

> La logique actuelle provient de l'*Analytique* d'*Aristote*. Ce philosophe peut être considéré comme le père de la logique. Il la traita comme Organon et la divisa en *Analytique* et *Dialectique* [...]. Au reste depuis l'époque d'*Aristote*, la logique n'a guère gagné en *contenu* [1].

Ainsi que Kant a pris soin de le souligner, Aristote a nettement distingué la *Dialectique* de la Logique proprement dite, qu'il nommait *Analytique* (ἀναλυτική ἐπιστήμη) [2]. Le mot « logique » apparaît avec les stoïciens. Aristote a exposé sa théorie logique dans six livres, que les auteurs scolastiques ont dénommés plus tard l'*Organon* [3]. Les six livres de l'*Organon* sont : les *Catégories*, le *De l'Interprétation* ou *Traité du langage*, les *Premiers Analytiques*, les *Seconds Analytiques*, les *Topiques* et les *Réfutations sophistiques*.

L'étude des textes de l'*Organon* s'avère une condition indispensable pour bien déterminer l'objet de la Logique (I). De l'étude de l'*Organon* ont résulté deux conceptions différentes quant à l'objet et à la nature de la Logique (II). C'est dans le cadre de ces deux conceptions que s'insère la position de Kant relativement à l'objet de la Logique.

I. L'OBJET DE LA LOGIQUE SELON LES TEXTES DE L'*ORGANON*

Dans l'*Organon*, Aristote met l'induction et le langage (1) aux fondements de l'objet de la Logique. En font partie intégrante la formation de la proposition et la construction du syllogisme (2).

1. LOG, AK IX, 20 ; trad. fr. Guillermit, Paris, Vrin, 1982, p. 20.
2. Jules Tricot, *Traité de logique formelle*, Paris, Vrin, 1973, p. 27.
3. Charles Waddington, *Essais de Logique*, Paris, A. Durand, 1857, p. 50-51.

1) L'induction et le langage

Les passages qui déterminent l'objet de l'*Organon* sont dispersés dans les six livres qui le composent. Dans ces passages, Aristote affirme que l'objet de son étude est l'*analyse* [1] et la définition du nom et du verbe, de la proposition (jugement) et de ses espèces, à savoir de la proposition dialectique et de la proposition démonstrative, enfin du syllogisme en général et de ses deux espèces, c'est-à-dire du syllogisme dialectique et du syllogisme démonstratif, voire scientifique ou démonstration tout court [2]. Le syllogisme démonstratif a comme caractéristique essentielle de prendre pour principes des propositions qui sont immédiates, premières, antérieures à la conclusion, indémontrables, universelles, nécessaires et vraies [3]. C'est en vertu de ces propriétés qu'Aristote considère le syllogisme démonstratif comme l'objet propre de ses recherches logiques [4].

Par conséquent, la recherche logique d'Aristote se donne pour but final la construction du syllogisme démonstratif ou démonstration tout court. Mais comment arrive-t-on à obtenir des propositions universelles et vraies qui servent de principes au syllogisme démonstratif ? La réponse à cette question s'avère nécessaire pour l'explication de l'objet de la Logique.

Aristote procède à cette explication dans le dernier chapitre des *Seconds Analytiques* [5]. Il y expose sa théorie de l'induction (ἐπαγωγή) entendue comme la méthode appropriée pour la production de l'universel. La méthode inductive se fonde sur la collaboration nécessaire de la sensibilité (αἴσθησις) et de l'entendement (νοῦς) [6] en tant que facultés de connaissance [7].

1. D'où le mot *analytique*, qui a servi à Aristote pour dénommer les deux ouvrages principaux de l'*Organon* dans lesquels il a exposé sa théorie logique : les *Premiers* et les *Seconds Analytiques*.

2. *De l'interprétation*, 1 16 a 1-2 ; *Premiers Analytiques*, I 1, 24 a 10 - 24 b 23 ; *Seconds Analytiques*, I 2, 71 b 16 - 72 a 15 et *Topiques*, I 1, 100 a 18 - 100 b 21.

3. *Seconds Analytiques*, II 19, 99 b 15-19. Voir aussi *Seconds Analytiques*, I 2, 72 b 17 ; I 2, 71 b 19-23 : εἰ τοίνυν ἐστὶ τὸ ἐπίστασθαι οἷον ἔθεμεν, ἀνάγκη καὶ τὴν ἀποδεικτικὴν ἐπιστήμην *ἐξ ἀληθῶν* τ'εἶναι καὶ *πρώ των* καὶ *ἀμέσων* καὶ *γνωριμωτέρων* καὶ *προτέρων* καὶ *αἰτίων* τοῦ συμπεράσματος οὕτω γὰρ ἔσο νται καὶ αἱ *ἀρχαὶ* οἰκεῖαι τοῦ δεικνυμένου.

4. *Premiers Analytiques*, I 1, 24 a 10-11 : « Il faut d'abord établir quel est le sujet de notre enquête et de quelle discipline elle relève : son sujet, c'est la démonstration, et c'est la science démonstrative dont elle dépend ». Jules Barthélémy Saint-Hilaire, *De la logique d'Aristote*, Paris, Ladrange, 1838, t. II, p. 1-2 : « L'objet qu'elle [la logique] étudie, c'est la démonstration, c'est-à-dire la forme la plus achevée, la forme parfaite du raisonnement ».

5. *Seconds Analytiques*, II 19, 99 b 15-100 b 17.

6. *Seconds Analytiques*, 100 b 3-4 : Δῆλον δὴ ὅτι ἡμῖν τὰ πρῶτα ἐπαγωγῇ γνωρίζειν ἀναγκαῖον. *Seconds Analytiques*, I 18, 81 a 40 - 81 b 9 : Φανερὸν δὲ καὶ ὅτι, εἴ τις αἴσθησις ἐκλέλοιπεν, ἀνάγκη καὶ ἐπιστήμην τινὰ ἐκλελοιπέναι, ἣν ἀδύνατον λαβεῖν, εἴπερ μανθάνομεν ἢ ἐπαγωγῇ ἢ ἀποδείξει, ἔστι δ΄ ἡ μὲν ἀπόδειξις ἐκ τῶν καθόλου, ἡ δ΄ ἐπαγωγὴ ἐκ τῶν κατὰ μέρος, ἀδύνατον δὲ τὰ καθόλου θεωρῆσαι μὴ δι΄ ἐπαγωγῆς [...] ἐπαχθῆναι δὲ μὴ ἔχοντας αἴσθησιν ἀδύνατον. Τῶν γὰρ καθ' ἕκαστον ἡ αἴσθησις οὐ γὰρ ἐνδέχεται λαβεῖν αὐτῶν τὴν ἐπιστήμην οὔτε γὰρ ἐκ τῶν καθόλου ἄνευ ἐπαγωγῆς, οὔτε δι΄ ἐπαγωγῆς ἄνευ τῆς αἰσθήσεως.

7. *Seconds Analytiques*, II 19, 99 b 19 : ἡ γνωρίζουσα ἕξις, l'*habitus* qui les connaît.

La sensibilité est la faculté par laquelle nous percevons les objets singuliers du monde extérieur. La mise en œuvre de la sensibilité a pour effet la naissance des images sensibles dans l'âme (cerveau). L'entendement agit sur les images sensibles et, au moyen d'un acte intuitif (entendement intuitif) [1], réduit le multiple sensible à une image intellectuelle (le concept). C'est ainsi que l'entendement saisit l'universel dans les sensations en tant que principe de la science [2] et, par conséquent, du syllogisme démonstratif.

La description de la production de l'universel fait partie intégrante de l'objet de l'*Organon* et, par extension, de la Logique. Toutefois, Aristote pousse son analyse plus loin, en y insérant l'étape linguistique. Les images sensibles et l'universel produits lors de l'étape inductive ont besoin de leur expression linguistique.

Dans un passage célèbre du *De l'interprétation* [3], Aristote décrit très brièvement le processus de production des mots par le langage (λόγος). Les images sensibles et le concept (universel) sont transformés par le langage en des signes et symboles. Puis, le langage extériorise les signes et les symboles sous forme de discours oral ou écrit. Aristote souligne qu'il a analysé plus amplement ce processus dans son traité *De l'âme*, c'est-à-dire dans son traité de psychologie [4].

2) La formation de la proposition et la construction du syllogisme

L'objet de la Logique s'achève par la formation de la proposition et la construction du syllogisme. Après la création des signes et des symboles à l'intérieur de l'âme (cerveau), le langage (λόγος, raison) emploie des mots pour désigner les objets et leurs propriétés : noms propres, noms communs, verbes, adjectifs, etc. [5] Ensuite, il lie les noms avec le verbe être (ou ne pas être) et forme la proposition [6].

Au moyen de la composition des propositions nous obtenons la construction du syllogisme. Le syllogisme ou raisonnement est une opération mentale au cours de laquelle le langage (λόγος) pose comme principe (point de

1. O. Hamelin, *Le système d'Aristote*, Paris, Vrin, 1985 (4e éd.), p. 234 : « l'induction [...] est [...] une intuition qui saisit l'universel dans la sensation ». *Cf.* J. Tricot, *Traité de logique formelle*, Paris, Vrin, 1973, p. 52 : « [le concept] c'est une intuition (νόησις) infaillible ».

2. *Seconds Analytiques*, II 19, 100 b 4 : ἡ αἴσθησις οὕτω τὸ καθόλου ἐμποιεῖ ; 12-13 : νοῦς ἂν εἴη τῶν ἀρχῶν ; 15 : νοῦς ἂν εἴη ἐπιστήμης ἀρχή ; *De l'âme*, III 7, 431 a 3-4 ; 18-19.

3. *De l'interprétation*, 1 16 a 4-9.

4. J. Barthélémy Saint-Hilaire, *op. cit.*, t. II, p. 6 : « On doit remarquer ici la haute importance que donne Aristote à l'étude régulière et scientifique de l'âme, étude que de nos jours on a cru trop facilement toute nouvelle : c'est le Stagirite qui en a posé les premières bases. La psychologie que le dix-huitième siècle pensait créer sur les pas de Locke et de Condillac, avait été dès longtemps commencée, je ne dis pas seulement dans l'école de Platon, où elle peut paraître obscure et enveloppée, mais dans celle d'Aristote, qui donna lui-même l'exemple des recherches sagaces et profondes ».

5. *Catégories*, 1 a 16-20.

6. *De l'interprétation*, IV 16 b 26-17 a 24.

départ) une proposition déjà formée, et puis en déduit une nouvelle proposition à titre de conclusion [1].

Or la proposition principe, qui déclenche le syllogisme ou raisonnement, est soit singulière, soit universelle (générale) [2]. C'est pourquoi le syllogisme peut être soit inductif, soit démonstratif (déductif) [3]. Le processus mental du *syllogisme inductif* [4] consiste à prendre comme point de départ (principe) une proposition singulière et à en tirer une proposition universelle ou générale à titre de conclusion [5]. En revanche, le *syllogisme démonstratif* (*déductif*) est l'inverse du syllogisme inductif, dans la mesure où, après avoir posé pour principe une proposition universelle ou générale obtenue par induction, on en déduit une proposition singulière comme conclusion [6].

II. Les deux conceptions de la logique

En récapitulant ce que nous avons développé jusqu'ici, nous émettrions l'hypothèse suivante : il résulte de l'étude des textes de l'*Organon* que, dans la pensée d'Aristote, l'objet de la Logique contient deux étapes principales : a) l'étape de l'induction, durant laquelle est produit l'universel par la mise en œuvre de la sensibilité et de l'entendement intuitif et b) l'étape du langage, au cours de laquelle sont formés les mots, est produite la proposition et, enfin, est construit le syllogisme.

Or, à partir du XIe siècle, deux conceptions de l'objet de l'*Organon* se développent. Corrélativement, deux conceptions correspondantes ont vu le jour eu égard à la nature de la Logique : la Logique comme méthodologie (1) et la Logique comme science des lois formelles de la pensée, c'est-à-dire comme Logique formelle. La conception kantienne de la Logique s'insère dans le cadre de la Logique formelle (2).

1. *Premiers Analytiques*, I 1, 24 b 18-20 (trad. de Tricot) : « Le syllogisme est un discours dans lequel, certaines choses étant posées, quelque chose d'autre que ces données en résulte nécessairement par le seul fait de ces données ». Voir aussi *Topiques*, I 1, 100 a 25-26.

2. *Premiers Analytiques*, I 1, 24 a 17-18.

3. J. Tricot, *op. cit.*, p. 151 : « La distinction capitale de l'induction (ἐπαγωγή) et de la déduction (ἀπόδειξις) remonte à Aristote ».

4. *Premiers Analytiques*, 68 b 15-16 : Ἐπαγωγὴ μὲν οὖν ἐστι καὶ ὁ ἐξ ἐπαγωγῆς συλλογισμὸς.

5. *Topiques*, A 12, 105 a 13 : Ἐπαγωγὴ δὲ ἡ ἀπὸ τῶν καθ´ ἕκαστα ἐπὶ τὸ καθόλου ἔφοδος. Voir aussi *Seconds Analytiques*, A 18, 81 b 1-2 : ἀδύνατον δὲ τὰ καθόλου θεωρῆσαι μὴ δι' ἐπαγωγῆς. Voir Kant, LOG, AK IX, 133 ; p. 144 : « L'induction conclut du particulier à l'universel (*a particulari ad universale*) selon le principe de généralisation : *ce qui convient à plusieurs choses convient aussi aux autres choses du même genre* ».

6. *Seconds Analytiques*, A 18, 81 a 40-81 b 2 : μανθάνομεν ἢ ἐπαγωγῇ ἢ ἀποδείξει, ἔστι δ' ἡ μὲν ἀπόδειξις ἐκ τῶν καθόλου, ἡ δ´ ἐπαγωγὴ ἐκ τῶν κατὰ μέρος, ἀδύνατον δὲ τὰ καθόλου θεωρῆσαι μὴ δι' ἐπαγωγῆς. J. Tricot, *op. cit.*, Paris, Vrin, 1973, p. 151 : « L'inférence ou raisonnement est la marche de la pensée du connu à l'inconnu, soit qu'elle s'élève du particulier au général, du fait à la loi (*induction*), soit qu'elle descende du général au particulier, du principe à la conséquence (*déduction*) ».

1) La Logique comme méthodologie

La première conception relativement à l'objet de l'*Organon* a considéré les deux étapes mentionnées comme une méthode générale conduisant à la connaissance scientifique. À ce titre, la Logique a été conçue comme la science qui a pour objet la *description de la méthode* à suivre pour constituer le syllogisme démonstratif et la science démonstrative. Autrement dit, la Logique fut entendue comme *la science de la méthode de la constitution de la connaissance scientifique du point de vue tant matériel que formel.*

Abellard (1079-1142) et Raymond Lulle (1232-1316) ont inauguré cette tendance aux XIe et XIIIe siècles [1]. Les scolastiques distinguaient la *Logica minor* ou *Logica docens* de la *Logica major* ou *Logica ulens*. La première avait pour objet l'étude des lois de la pensée indépendamment de tout contenu (Logique formelle). En revanche, la seconde, qui correspond à la méthodologie, visait l'étude des procédés de la pensée appliquée à telle ou telle science [2]. Dans ce cadre d'idées, Rabier notait plus tard : « La Logique est la science des opérations et des procédés par les moyens desquels est constituée la science » [3].

2) La Logique formelle et Kant

La seconde conception concernant l'objet de l'*Organon* sépare les deux étapes mentionnées, à savoir celle de l'induction et celle du langage, et considère la seconde comme un objet à part et autonome par rapport aux conditions ontologiques (métaphysiques) et psychologiques qui l'ont produit. L'objet de la Logique se réduit aux *règles formelles* selon lesquelles le *logos* (raison) procède à la formation des propositions et à la construction du syllogisme (raisonnement). C'est pourquoi la Logique a été définie comme la science des lois formelles et pures de la pensée. D'où la dénomination de Logique formelle.

Le mouvement de la Logique formelle commence avec la scolastique décadente vers la fin du XIVe siècle et dure tout le XVe siècle. Pour cette école, la Logique est une science autonome, détachée du réel (être) et qui se limite à l'étude de lois formelles du raisonnement. Le nominalisme et le formalisme dominent à ce point qu'en 1473 est rendu un arrêt de Louis XI contre ceux qui oseraient sortir du nominalisme formel [4]. Raymond Lulle, auteur de l'*Ars magna*, est le logicien le plus illustre de cette scolastique décadente. Il conçoit la Logique comme un art susceptible de parvenir à de nouvelles vérités par la combinaison mécanique d'une table de concepts fondamentaux [5].

La conception kantienne de la Logique s'insère dans le cadre de la Logique formelle. Kant étudie la Logique à l'intérieur de la division de la connaissance

1. C. Waddington, *op. cit.*, p. 50-51.
2. J. Tricot, *op. cit.*, p. 17.
3. Rabier et Lachelier, *Logique*, 1886, p. 8.
4. C. Waddington, *op. cit.*, p. 51.
5. Etienne Gilson, *La philosophie au Moyen Âge*, Paris, Payot, 1922, t. II, p. 64.

en *a posteriori* et *a priori* (pure), sur laquelle se fonde la division de la connaissance en empirique et en transcendantale [1]. D'où sa distinction entre la logique générale et la logique transcendantale. Dans la logique transcendantale,

> l'objet lui-même est représenté comme un objet du seul entendement ; la logique générale au contraire s'applique à tous les objets en général [2].

Dans l' « Introduction » à sa « Logique générale », Kant consacre le chapitre V à la connaissance en général. C'est, donc, dans le cadre de la théorie de la connaissance que Kant traite de la Logique formelle.

Kant précise : « toute notre connaissance comporte une double relation ; d'abord une relation à l'*objet*, ensuite une relation au *sujet* » [3]. L'objet et ses propriétés gardent leur autonomie par rapport au sujet, alors que ce dernier est doté des facultés de connaissance pour connaître l'objet. Etant donné la distinction entre l'objet et le sujet, Kant va opposer la matière à la forme de la connaissance. Il indique :

> En toute connaissance, il faut distinguer la *matière*, c'est-à-dire l'objet, et la *forme*, c´est-à-dire la manière dont nous connaissons l'objet [4].

Par conséquent, la *forme* de la connaissance se place du côté du sujet, qui connaît l'objet. Or, le sujet a deux facultés de connaissance, à savoir la sensibilité et l'entendement [5]. La sensibilité est la faculté de production des intuitions, c'est-à-dire des représentations singulières, l'entendement, la faculté de formation des concepts, c'est-à-dire des représentations générales. Selon Kant, telle est la distinction logique entre sensibilité et entendement [6].

Après ces distinctions fondamentales, Kant passe à la détermination de l'objet de la Logique. Il va préciser que

> En logique nous ne voyons pas comment naissent les représentations ; mais simplement comment elles s'accordent avec la forme logique. De façon générale, la logique ne peut pas non plus traiter des simples représentations et de leur possibilité. Elle laisse cela à la métaphysique.

Ceci étant, l'objet de la Logique se réduit à

> la connaissance des règles de la pensée dans les concepts, les jugements, les raisonnements, moyens par lesquels la pensée s'exerce [7].

Ayant acquis ce matériel, Kant va procéder à la définition de la logique générale. Ainsi,

1. LOG, AK IX, 12 ; trad. Guillermit, p. 10.
2. LOG, AK IX, 15 ; trad. Guillermit, p. 14.
3. LOG, AK IX, 33 ; trad. Guillermit, p. 34-35.
4. LOG, AK IX, 33 ; trad. Guillermit, p. 35.
5. LOG, AK IX, 36 ; trad. Guillermit, p. 38.
6. LOG, AK IX, 91 ; trad. Guillermit, p. 99.
7. LOG, AK IX, 33-34 ; trad. Guillermit, p. 35.

> *la logique est une science rationnelle [...] ; une science a priori des lois nécessaires de la pensée, non pas relativement à des objets particuliers, mais bien relativement à tous les objets en général ; c'est donc une science du droit usage de l'entendement et de la raison en général, non pas de façon subjective, c'est-à-dire non pas selon des principes empiriques (psychologiques) : comment l'entendement pense – mais de façon objective, c'est-à-dire selon des principes a priori : comment il doit penser* [1].

CONCLUSION

Nous venons d'analyser les deux conceptions diamétralement opposées de la Logique qui ont émergé de l'étude de l'*Organon* d'Aristote.

Il semble que, pour Aristote, il existe un rapport de consécution causale entre l'Être, la représentation, les mots, le discours, le syllogisme et la vérité matérielle. Chaque terme de la série ne peut exister sans le précédent, qui constitue la cause de son existence. C'est pourquoi Jules Tricot écrivait au sujet de la Logique d'Aristote :

> Aristote n'a jamais eu l'idée d'une Logique purement formelle, indépendante du réel, qui se développe par ses propres lois [...]. En d'autres termes, la Logique d'Aristote garde le contact avec le réel et elle demeure, en grande partie, empirique. Elle reste, d'autre part, attachée à la métaphysique de l'Être dont elle est l'Organon. C'est au fond une méthodologie construite en vue de la science de la nature [2].

Une telle conception implique des rapports étroits de la logique avec la métaphysique, la psychologie, la théorie de la connaissance et, enfin, avec le langage.

Kant à son tour considère la logique formelle sans aucun rapport avec le réel. C'est pourquoi la logique formelle est vue indépendamment des sciences qui contribuent à la connaissance du réel. Il maintient, cependant, le rapport de la logique formelle avec la théorie de la connaissance. Ce qui est très important, dans la mesure où une telle conception conduit à la possibilité d'établir une relation, ne serait-ce qu'indirecte, ente la logique formelle et la réalité.

Telle n'est certainement pas la conception moderne de la Logique. La Logique est considérée comme complètement indépendante de la théorie de la connaissance et sans aucune référence à l'Être. Elle semble être restreinte à la forme pure mathématique et à l'analyse du pur langage.

Nicolas ANGELIS
(Université de Crète)

1. LOG, AK IX, 16 ; trad. Guillermit, p. 14-15.
2. J. Tricot, *op. cit.*, p. 27-28.

KANT ET LE RÊVE DE L'*ORGANON*

L'œuvre kantienne, étalée sur plusieurs décennies, se forge et perdure à l'horizon de deux constellations philosophiques : la constellation baconienne, qui relance à l'époque moderne l'idée d'*organon*, et la constellation cartésienne, qui inaugure la primauté de la méthode. Bien que de vocation différente, ces deux constellations n'en partagent pas moins le but de s'affranchir de la tradition aristotélicienne et de promouvoir le nouvel essor des sciences. Bacon et Descartes tournent leur regard ostensiblement vers l'avenir : la nostalgie n'était pas de mise à l'époque. Les bouleversements de la logique du dernier siècle, de Peano à Quine, nous auront appris (ou réappris) que l'induction présuppose la déduction en son instance concluante, et que la déduction présuppose l'induction en son instance initiatrice. Il y a aussi de bonnes raisons de douter du caractère purement empirique de la première et du caractère purement rationnel de la seconde. Descartes n'a pas rédigé lui-même un traité de logique, mais sa pensée a inspiré et modulé la *Logique de Port-Royal*. Le projet cartésien en son intégralité (« *le monde* ») avoisine – sans la présupposer forcément – la *Grande instauration* par son élan fondateur tout comme par l'intérêt porté aux sciences et aux recherches pratiques. Les avatars de parcours de sa rédaction expliquent la juxtaposition et le dénivellement sémantique entre le *Discours de la méthode* et la *Dioptrique* au sein de l'édition classique des œuvres cartésiennes, encore que l'on puisse établir des correspondances entre les deux genres de « vision ».

Souci de classification de l'héritage aristotélicien et raisons éditoriales conditionnent la signification du terme *organon*. Certes les « traités logiques » diffèrent de la *Physique* et de la *Métaphysique*, mais il n'en reste pas moins que le principe de contradiction trouve son fondement dans le quatrième livre de la *Métaphysique* et que le métaphysicien aura grand intérêt et profit à lire les *Analytiques*. La causalité prend des contours durables dans la *Physique*, pour structurer, dans la *Métaphysique*, l'abrégé d'histoire de la philosophie. La récupération de la causalité par la logique moderne n'a toujours pas donné lieu à une réflexion approfondie. Son implication temporelle met en cause son statut catégoriel, mais renforce sa performance heuristique. Le *Nouvel organon* de Bacon, comme « explication de la nature », y trouve sa première légitimation.

Le projet logique précède-t-il ou suit-il le projet philosophique ? Où commence et où prend fin le « vestibule » ? La phénoménologie, le positivisme et le pragmatisme enseigneront plus tard que la meilleure façon d'élargir l'horizon de ses connaissances, c'est de se mettre en route sans conditions préalables. C'est également, bien que dans une perspective par excellence mathématique, le point de vue de Poincaré [1] et de tant d'autres par la suite. La foi kantienne en un instrument infaillible précédant la recherche prend appui sur le caractère irréductible de l'*ego* cartésien, ce point fixe dans la mouvance universelle. L'éloge de David Hume, « peut-être le plus subtil de tous les sceptiques » [2], butte dans les *Prolégomènes à toute métaphysique future* sur une constatation générale : l'empirisme élude le problème d'un instrument de navigation fiable et abandonne son bateau sur des sables mouvants [3]. Le renvoi à la vision cartésienne de la terre ferme est stylistiquement bien perceptible. La remarque de Kant témoigne moins d'une lecture attentive que d'une reprise de la doxographie de l'époque. La *Critique de la raison pure* se comprenait elle-même comme un « traité de la méthode » [4]. La contestation de l'idéalisme problématique est bien loin d'entamer un rejet total de la théorie cartésienne [5]. Le pont entre *méthode* et *organon* vient, en effet, d'être bâti.

La traduction du titre « *organon* » par *instrument* semble insuffisante. L'ancienne traduction latine *philosophia instrumentalis*, par opposition à la *philosophia rationalis*, n'en est pas plus adéquate. La notion d'instrument a, en outre, beaucoup changé depuis, si jamais elle a pu rendre compte de l'intention aristotélicienne. Dire que ces traductions sont fausses est tout aussi inexact. Ce sont des interprétations vivantes, défiant le rigorisme philologique. À la limite, les philosophes parlent leur propre langue. Elle n'est pas privée, mais hautement personnalisée ou spécialisée. Aristote n'a pas compris exactement le *platonien*, la langue de Platon. Mais s'il l'avait fait, aurait-on eu une oeuvre aristotélicienne ? Il y a donc en philosophie des malentendus productifs ou heureux. Entre fausser le sens initial et l'enrichir ou le placer dans une autre dimension, la différence est de taille.

La réception kantienne de l'*organon* connaît des hauts et des bas. Elle oscille entre un sens fort, l'*organon* comme configuration idéelle de l'entreprise scientifique et philosophique, régissant les découvertes, y compris celles de la raison pure, et un sens faible, l'*organon* comme dialectique chancelante,

1. Henri Poincaré, *La science et l'hypothèse*, Paris, Flammarion, 1902 ; *Science et méthode*, Paris, Flammarion, 1908.

2. CRP, A 764 / B 792, AK III, 499 ; OP I, 1335.

3. PMF, AK IV, 262 ; OP II, 25.

4. CRP, « Préface », B XXII, AK III, 15 ; OP I, 743.

5. Voir sur ce thème Jean Ferrari, *Les sources françaises de la philosophie de Kant*, Paris, Klincksieck, 1979 ; Michel Fichant et Jean-Luc Marion, *Descartes en Kant*, Paris, Presses Universitaires de France, 2006.

brouillée par ses incidences sensibles [1]. La permanence de ce thème, mainte fois retouché, dans la pensée kantienne est confirmée par la publication, à ce jour presque intégrale, des *Leçons de logique* – ce chantier jamais clos du criticisme ! – et des nouvelles *Leçons d'anthropologie*. La seconde édition de la *Critique de la raison pure*, en position de défense et en devoir d'explication, débute par une citation latine de Bacon. Il s'agit de l' « Avant-propos » à la *Grande instauration*, le projet global jamais réalisé, et dont le *Nouvel organon des sciences* n'est que la première partie. Kant s'érige presque comme son continuateur et considère sans tarder le statut universel souhaitable d'un *organon* de la raison pure.

> Un *organon* de la raison pure serait un ensemble de ces principes, d'après lesquels toutes les connaissances pures *a priori* peuvent être acquises et réellement établies. L'application détaillée d'un tel *organon* produirait un système de la raison pure [2].

Par l'entraînement du temps et de l'espace dans le projet transcendantal, le criticisme s'ouvre aux conditions quasiment matérielles de la connaissance. Il inclut l'objectivité, mais non pas les objets individuels eux-mêmes. C'est pourquoi la *Critique de la raison pure* pourrait, selon Kant, atteindre seulement l'objectif moins ambitieux d'un « canon des connaissances ». En prenant ses distances vis-à-vis du canon purement logique, la déduction transcendantale correspond à ce programme. Franchir le pas vers son utilisation efficace et positive incombe à un « *organon* des sciences ». Les mathématiques fournissent le modèle d'un *organon* viable et pleinement épanoui [3]. En disposant entièrement de leurs ressources et projections, les mathématiques scrutent virtuellement et objectivement le processus d'extension des connaissances. Le savoir mathématique reste, en dépit de ses hauteurs abstraites, un savoir profondément pratique. « Les logiciens connaissent les règles, mais les mathématiciens les appliquent » [4].

Il y a d'autres candidats notables à la fonction d'*organon*. La logique comme art entend, selon Kant, développer les connaissances, mais s'en trouve soumise aux risques de l'erreur. Elle reste à la frontière ou en dehors du savoir scientifique. Derrière ces considérations se profile un thème repris sans relâche par les *Leçons de logique*. Kant entretient une relation ambiguë et contradictoire avec la logique pratique de son temps. Tantôt il conteste la possibilité de constituer une pareille logique, tantôt il suit avec intérêt les essais de ses

1. Voir le *Kant-Index* publié sous la direction de Norbert Hinske, Stuttgart, Bad Cannstatt, Frommann-Holzboog, 1986 ; Georgio Tonelli, « Organo, canone, disciplina, dottrina in Kant (1765-1780) », *Studi Kantiani*, 8, 1995, p. 11-30.

2. CRP, B 24-25, AK III, 43 ; OP I, 776.

3. Cf. *Logik Dohna-Wundlacken*, AK XXIV, 4, 19 ; *Warschauer Logik*, 509, 114, *Logik-Vorlesung, Unveröffentlichte Nachschriften*, édition T. Pinder, Hamburg, Felix Meiner, 1998. Les citations des *Leçons de logique* sont traduites par R. Regvald.

4. « Die *Logici* wissen die Regeln, aber die *Matematici* üben sie aus » (Réfl. 1572, AK XVI, 29, trad. R. Regvald).

contemporains. Il va jusqu'à esquisser lui-même les ébauches d'une logique des jugements juridiques et une logique des jugements esthétiques qui préfigure la *Critique de la faculté de juger*. Le criticisme classique demeure, par contre, fortement attaché à l'idéal d'une logique canonique et apodictique. Relier le savoir apodictique restreint au large déploiement dialectique ou octroyer un statut nomothétique à ce dernier, suivant le modèle de la logique transcendantale, voilà la tâche fondamentale de l'*organon* dans la vision kantienne.

Le *Nouvel Organon* [1] de Lambert (1764) devance de plus de dix ans la *Critique de la raison pure*. Un échange épistolaire s'ensuivit. Kant annonce brièvement son intention d'écrire une *Phénoménologie générale*, se rapportant de toute évidence à la future « Analytique » de son ouvrage capital. La phénoménologie de Lambert, supplément ingénieux de sa logique, n'est pas, à ses yeux, assez radicale. Elle se meut parmi les phénomènes sans rendre compte de leur phénoménalité et sans pouvoir se saisir de l'apparence transcendantale. C'est vraisemblablement en ce moment que naît le projet kantien d'un *organon* global, tel qu'il est évoqué dans les deux éditions de la *Critique de la raison pure*. « Lambert analysa la raison, mais la critique fait encore défaut » [2].

Le *Nouvel organon* réitère finalement la rupture entre phénoménologie et logique. Le problème essentiel de la traductibilité des phénomènes ne prélude pas à la dissolution mathématique de l'univers. Le symbolisme logique facilite alors seulement une construction extérieure. Peut-on mettre d'accord panlogisme et phénomènes ? Kant émet des réserves et défend le point de vue critique dans une lettre à Schultz [3], mais n'exclut pas totalement la possibilité d'une approche entre son formalisme catégoriel et la *combinatorique*. Les *Leçons de logique* et les *Réflexions* illustrent les efforts tardifs de Kant pour s'initier à la nouvelle écriture logique, comme s'il nourrissait quelque secret espoir.

Il renoue parallèlement avec la pensée de la méthode.

> L'*organon* est la théorie de la méthode pour mieux progresser dans une science ; ou il est l'accomplissement des règles pour progresser dans une science, et cet *organon* doit suivre la science [4].

Chaque science doit en principe avoir son *organon*, mais il existe aussi un *organon* philosophique général, qui se devait de constituer vraisemblablement le noyau de la métaphysique comme science. Kant quitte à nouveau la constellation baconienne, avec son approche immédiate, pour la constellation carté-

1. J. H. Lambert, *Neues Organon oder Gedanken über die Erforschung und Bezeichnung des Wahren und dessen Unterscheidung vom Irrtum und Schein*, Leipzig, 1764.

2. *Manuscrit de Duisburg. Choix de réflexions*, trad. fr. de F.-X. Chenet, Paris, Vrin, 1988, Réfl. 4866, AK XVIII, 14.

3. *Lettre de Kant à Johann Schultz* du 26 août 1783, AK, X, 350, dans *Correspondance*, trad. M.-C. Chaliol *et alia*, Paris, Gallimard, 1991, p. 220-222.

4. « Organon ist die Methodenlehre in einer Wissenschaft beßer fort zu kommen : oder sie ist die Vollendung der Regeln um in einer Wissenschaft fort zu kommen und dies Organon muß der Wissenschaft folgen », *Warschauer Logik*, 514, 240-243, édition T. Pinder.

sienne, douée d'un fondement plus élaboré, car il lui faut précisément des règles pour expliquer et assurer le progrès durable des sciences. Les règles ne sauront être préétablies, mais puisent d'abord dans le déploiement des sciences. La théorie kantienne de la méthode trouve finalement une place provisoire à la fin de la *Critique de la raison pure*. Elle réajuste la démarche apodictique, réhabilite les modalités et les degrés du savoir, tâche dévolue auparavant aux *Leçons de logique*.

Le dilemme kantien des *règles* et des *cas* appartient au registre de l'*organon*. Des *règles* sans *cas* ont du mal à exister, à moins que l'on ne leur assigne une fonction de réserve, mais existe-t-il des *cas*, même à titre d'exception, sans règles ? Le *cas*, un des termes kantiens les plus difficiles à définir, se soustrait à une simple identification empirique et présuppose l'enveloppement intellectuel. L'étymologie suggère le fléchissement ou la chute. Fonder la normativité *a priori* passe par la pleine réhabilitation des *cas*. Les *règles*, qui sont autant des formes, représentent une survivance nouménale platonicienne en plein criticisme, car elles assurent – justement par leur généralité – la visibilité des *cas*. La faculté de juger, appelée comme médiatrice, n'a pas de règle à apporter. Pour éviter une procédure aveugle, elle se fait seconder dans son entreprise par la faculté d'imaginer, qui lui présente sans discontinuer des règles et des cas selon un scénario digne de la simulation virtuelle. Le dilemme kantien se retrouve sous une forme radicale chez Wittgenstein et met à l'épreuve sa propension à formuler des solutions. Dans sa dernière interprétation de Wittgenstein, Kripke replace ce dilemme dans sa vision modale de l'univers.

La déduction transcendantale, le cœur de la *Critique de la raison pure*, reconduit la cohabitation de la logique et de la réflexion. Est-ce la mise en place provisoire d'une partie de l'*organon* ? Parvient-elle à fonder définitivement le statut scientifique de la philosophie ou d'une science des sciences ? La démarcation ferme des phénomènes et la monstration de leur rationalité offrent un fondement commun à la pensée philosophique et scientifique. Cette disposition essentiellement horizontale sera constamment remise en question par la faculté de juger. Depuis son apparition, la déduction transcendantale a suscité de mémorables polémiques. La dernière en date est l'œuvre des logiciens de la seconde moitié du siècle précédent (notamment de Jules Vuillemin [1]), qui ont prouvé le caractère traditionnel des structures logiques kantiennes et ont fait découvrir mainte faille dans la constitution de l'ensemble. Ces contestations ont rétroactivement quelque chose de révolutionnaire. Après la tête d'Aristote (par les bons soins de Bertrand Russel), il fallait bien que la tête de Kant tombât un jour. La logique mathématique munie d'instruments combien redoutables et efficaces ne se complaît plus dans l'approche naïve des prédécesseurs. Si instructives et légitimes soient-elles, ces critiques donnent l'impression

1. Jules Vuillemin, « Reflexionen über Kants Logik », *Kant-Studien* 52, 1961, p. 310-335 ; *L'intuitionnisme kantien*, Paris, Vrin, 1994.

après coup d'avoir manqué leur cible, car la déduction transcendantale n'est sûrement pas un traité de logique et ne peut être réfuté comme tel.

Elle est principalement une théorie du discernement ou des critères. La franchise canonique de la logique se trouve limitée dès le départ par la fonction à remplir. Comme genre littéraire, la théorie du discernement naît dans les écoles sceptiques et sert à remédier au manque global d'orientation. Offrir des critères sûrs (le sens primaire de toute *Critique*) traduit une réaction rationnelle à l'intérieur même de ce mouvement et atteste sa capacité de se ressourcer. En ressurgissant tel un Phoenix philosophique, le scepticisme allège la balance lourde de la tradition et modère le penchant à la démesure. Ce bref détour conduit vers la porte, depuis longtemps emmurée, de la déduction transcendantale. Son organisation et sa terminologie puisent bel et bien dans la *Topique* de Cicéron, à commencer par la différence statutaire entre question de droit et question de fait [1]. Les étalons juridiques supplantent les étalons simplement logiques. Conscient de l'héritage empirique, Kant ne ressent pas le besoin de *sauver les phénomènes*, comme le veut une injonction antique, mais de démontrer ou d'illustrer leur rationalité. Il lève du même coup l'hypothèque pesant sur l'empirisme d'être source majeure des irrationalismes. Que la raison s'occupe à autre chose qu'à elle-même, voilà une décision rationnelle. Les interprétations du temps et de l'espace fonctionnent comme pièces à conviction. Les conclusions formelles partent des prémisses et vont vers les conséquences, le chemin contraire trahit la finalité juridique, c'est-à-dire la mise en place de la reconstruction la plus plausible. La logique moderne a repensé ce type de raisonnements et leur a octroyé une plus large autonomie et légitimité (Lukasiewicz, *déduction / réduction*).

Kant renverse profondément les perspectives de la connaissance. Celle-ci n'est plus connaissance intellectuelle de l'intelligible, mais connaissance catégorielle du sensible. Dorénavant la science se voue exclusivement aux phénomènes. Kant déclenche ainsi une crise de la métaphysique dont les effets se font ressentir jusqu'à nos jours. La déduction transcendantale interroge les catégories uniquement en aval, dans la direction des phénomènes, et non pas en amont, comme ressources. Il faudra attendre Husserl pour découvrir le substrat nouménal des catégories. Dans cette perspective, les insuffisances de la logique kantienne auraient dû littéralement *dérouter* les logiciens et les orienter vers la fin de la déduction transcendantale. Le perfectionnement ou le remplacement de ses structures logiques aurait-il eu un impact sur la distinction entre phénomènes et noumènes ? Aurait-il redéployé ou simplement supprimé cette frontière, constituée dès le départ dans l'incertitude, car la totalité du sensible n'est pas sensible ?

Les premières réponses pertinentes évoquent des pistes kantiennes ou néokantiennes, mais qui naissent cependant en dehors de la recherche kantienne proprement dite. Quine met en évidence la difficulté, voire l'impossibilité, de

1. Marcus Tullius Cicéron, *Topica*, XXIV, 92.

discerner clairement jugements analytiques et jugements synthétiques. Son argumentation puise – fait bien mémorable – dans ses réflexions sur le langage, mais conforte largement ses recherches logiques et mathématiques. Les sciences sont-elles pour autant toutes anti-réalistes ? La voix de Kant n'est pas complètement réduite au silence. Le sensible reste une donnée essentielle et irremplaçable de l'univers. Les astronautes identifient et documentent jusqu'aux moindres détails un échec dans leurs ordinateurs, mais ils ont toujours besoin d'un supplément empirique (les débris de la fusée) pour tirer des conclusions qualifiées. En termes kantiens, l'entendement est restreint et, du même coup, réalisé. Les mathématiques sont certes à même d'englober ou d'envelopper le sensible, mais non pas de le dissoudre ou de l'ingurgiter. Kant a rétabli la dignité scientifique du sensible et lui a enlevé du même coup la capacité de constituer des objets sans aide « intellectuelle ». Le bon externaliste doit, dans cette perspective, être d'abord un bon internaliste.

Pour se faire voir, le sensible a besoin d'une rationalisation minimale par le biais des catégories. On ne comprend ou on ne voit que ce dont on a les moyens (notamment catégoriels) de comprendre ou de voir. Les instruments amplifient-ils ou restructurent-ils en profondeur le regard ? De nos jours, la réalisation d'instruments virtuels (*tools*) change les données du problème. La notion d'*instrument* garde cependant sa force magique, acquise au temps de la première révolution industrielle. Même si les mathématiques suspendaient la ligne de démarcation entre phénomènes et noumènes, la correspondance entre moyens de voir et choses vues n'en perdrait pas de son actualité. Paradoxalement et en vertu de cette même correspondance, la table des catégories est, à chaque fois, complète. Pour voir davantage, il faut se donner des moyens appropriés.

Toute œuvre philosophique comporte des dénivellements sémantiques ou des décalages horaires. Peut-on lire de la même manière ou tenir ensemble *l'Histoire générale de la nature* (1755), l'hypothèse Kant-Laplace et la *Critique de la raison pure* (1787) ? L'intérêt philosophique exclusif pour la seconde a fait oublier partiellement la première et a promu une lecture préférentielle du criticisme. Ce qui n'est pas transcendantal n'est pas critique. D'un point de vue scientiste, le décalage horaire semble jouer actuellement en faveur de l'hypothèse cosmologique [1]. On aura, de toute façon, intérêt, aujourd'hui comme hier, à redécouvrir les ressorts hypothétiques profonds de la *Critique de la raison pure* et à se rappeler que, selon Kant, les hypothèses, même vérifiées, « restent toujours des hypothèses » [2]. On effacera avec difficulté la démarche initiale de l'esprit. Sur les traces de F. G. Meyer, auteur du *compendium* choisi pour ses leçons, Kant distingue entre hypothèses éclaircissantes (*a posteriori*) et hypothèses prévisionnelles (opinions de raison, *vernünftige Meinungen*), qui font avancer la science, mais sont soumises à la falsification (*Leçons de logique Blomberg*). La « Dialectique transcendantale » entame par

1. Pour l'ouverture de Kant aux interprétations modernes, voir J. Seidengart, HGN, « Introduction », Paris, Vrin, 1984, p. 9-59.

2. *Warschauer Logik*, édition Pinder, p. 596, 227.

contre une transfiguration des hypothèses en soutiens fermes de la pensée. Cette conversion a pour but la sauvegarde de la raison et observe le cadre de la métaphysique spéciale traditionnelle. La raison n'a d'autre choix pour survivre que de postuler *a priori*, ceci veut dire indépendamment des évidences, le caractère raisonnable de l'univers. Ce n'est pourtant pas la raison, mais l'instinct, notamment l'instinct de conservation, comme l'entend audacieusement une *Réflexion* [1], qui décide de cette conversion logique. John Searle n'y découvrira rien à redire. Le panlogisme initial s'en trouve par contre un peu heurté.

Une faille sémantique perdurant dans la philosophie a été mise au jour par Aristote dans le livre inaugural de la *Métaphysique* : le dédoublement des recherches éthiques et logiques chez Socrate [2]. L'intérêt spécifique pour les définitions ouvre un domaine nouveau que l'on appellerait maintenant scientifique. À une date encore récente, Hilary Putnam a fait valoir, contre le scientisme radical de Quine et en se référant à Kant, que tout jugement scientifique inclut en fait un jugement de valeur, de souche esthétique ou éthique. Selon la *Critique de la faculté de juger*, il incombe à la philosophie de faire correspondre la science et les buts de l'humanité. Le monisme programmatique de Quine résiste difficilement à l'analyse, car ses réflexions sur le langage inaugurent bel et bien un dénivellement sémantique. Il existe chez Kant une notable et profonde tendance moniste. Kant ne sépare les éléments de la synthèse que pour mieux les ressouder ensemble. Quand il envisage la correspondance de la marche des étoiles et des décisions humaines, la vision esthétique de l'harmonie prévaut sur l'exactitude des lois mécaniques. Il pense que la sagesse en dehors de la science n'en est pas une, encore que ses derniers ressorts restent affectifs. Il croit à une racine commune et cachée de la sensibilité et de l'entendement [3]. La tendance moniste explique le rêve kantien d'un *organon* réunissant les moyens et les fins de la recherche. Mais c'est toujours elle qui retarde sa réalisation, car l'*organon* requiert un dualisme de base et un parcours en étapes. Kant veut suspendre les décalages horaires et mettre à la même et unique heure toutes les horloges de l'entreprise philosophique et scientifique. Sa foi en un canon logique et sa tentative transcendantale pour *logiciser* le monde trahissent, en dépit d'une opposition systématique, quelques traces leibniziennes. Le criticisme classique veut soumettre les monades aux conditions impitoyables de l'espace et du temps. D'autres textes défendent, au moins sur le plan spirituel, le bien-fondé du perspectivisme et l'indépendance des *points de vue*. La vision moniste kantienne des sources de la connaissance et de l'acquisition des connaissances saura-t-elle alors échapper à tout dénivellement sémantique ou volera-t-elle en éclat comme tout rêve ? Le décalage horaire des recherches (recherches de pointe et autres) suggère plutôt la subsistance d'une faille constitutive. Il est à même de justifier par contre coup la réflexion philosophique. Les éclats de ce rêve sont bien nombreux dans les

1. Réfl. 2446, AK XVI, 371 *sq*.
2. *Métaphysique*, 987 b 1-5.
3. CRP, A 15 / B 29, AK III, 48 ; OP I, 780.

Leçons de logique et méritent une étude détaillée, car ils sont porteurs d'une riche et éloquente tradition.

Kant dégage l'horizon philosophique par une mise entre parenthèses radicale de la tradition. La première impulsion vient de David Hume, le soutien logistique de Descartes. Aussi convient-il de se rappeler que la suspension ou l'*epoché* fait partie de l'héritage sceptique. Les paradoxes et contradictions du projet kantien refont, avec obstination, surface en cours de route, même au moment où celle-ci touche à sa fin. Les manuscrits tardifs de l'*Opus postumum* envisagent notamment la transition de la métaphysique de la nature à la physique proprement dite. La matière, résultat d'une *déduction* parallèle, baigne dans une généralité omniprésente, tandis que les objets, garants de la vérité, demeurent irrévocablement individuels. Pour concilier des éléments tellement disparates, Kant fait jouer sa *logique des jugements provisoires*, qui s'esquisse dans les *Leçons de logique*, et accomplit une transformation de la pratique courante des jugements préliminaires. Si peu kantienne (transcendantale) soit-elle au premier abord, elle est profondément ancrée dans les structures intimes de cette œuvre, et ses retombées sur les acquis du criticisme sont considérables. L'ensemble (au sens mathématique) des jugements problématiques – tissu épais de jugements provisoires à signification variable et complexe – dépasse largement en envergure l'ensemble des jugements apodictiques. Cette nouvelle logique annonce la réalisation hypothétique et l'éclat inaugural de la logique transcendantale. « Ceci pourrait devenir plutôt un *organon* de la philosophie, que l'on n'a pas encore à présent » [1].

Les jugements provisoires, qui peuvent être aussi bien provisionnels que prévisionnels, remédient partiellement à la suspicion kantienne vis-à-vis de la prévision des événements. Ils repensent dans un espace logique la relation à la temporalité, s'ouvrent aux découvertes et aux innovations, intègrent donc la composante créative de la pensée, méconnue par l'approche apodictique. La difficulté de faire découvrir, à travers leur constitution épistémique fragile, les structures d'un canon remet en question constamment ce projet.

Les jugements synthétiques *a priori* sont eux aussi des jugements par provision (pour utiliser, cette fois-ci, un terme cartésien). Ils sont, en effet, des « demi-jugements » [2]. Le caractère incomplet des jugements synthétiques *a priori* ne découle pas de leur statut de propositions générales. Remplacer des noms par des unités logiques indépendantes, des propositions qui recoupent des actes de penser, constitue l'originalité de la déduction kantienne. Mais la table des catégories est, premièrement, une table des jugements, et non pas des propositions, et de jugements qui ont besoin d'un supplément d'information, de quelque nature qu'elle soit, pour remplir leur fonction en tant que jugements. En d'autres termes, la *règle* doit rejoindre le *cas* de la règle. La dimension empirique pèse, à nouveau, assez lourd dans la balance kantienne. La

1. « Das würde vielmehr ein organon der Philosophie werden, welches man gegenwärtig wohl noch nicht hat », *Wiener Logik*, AK XXIV, 198, p. 18-19.

2. Définition kantienne des jugements provisoires. Voir *Wiener Logik*, AK XXIV, 202, 23.

notion de jugement hypothétique contient apparemment une contradiction. Le privilège canonique de la logique se transforme en son propre obstacle. « La logique pourrait fort bien s'enrichir par l'enseignement du jugement provisoire, si ceci n'était pas trop près de la terre pour elle » [1]. *Près de la terre*, profond (*tief*) traduit en effet le terme grec *bathos* utilisé par la célèbre profession de foi kantienne des *Prolégomènes* : « Ma place est le fertile *bathos* de l'expérience » [2].

Les sciences modernes se sont affranchies, depuis longtemps, de la caution empirique. L'esprit de découverte, au moyen des instruments virtuels, ignore les frontières et ressent, de moins en moins, le besoin d'une légitimation principielle. Les connaissances n'en fusent pas moins sans répit et à un rythme ahurissant de partout. Sont-elles toutes scientifiques ? La mémoire en pleine expansion dans l'espace virtuel équivaut à l'enregistrement pur. Il est fort probable que la virtualisation croissante des instruments donne naissance à l'avenir à un *Nouvel organon*. Notre finitude veut que nous restions sans relâche sous l'emprise de l'expérience. Peut-on choisir librement son environnement gravitationnel ? L'essor des sciences est dû à une imagerie digitalisée parfois questionnable ; en revanche, les retombées de cet essor sur le quotidien sont directement perceptibles. Une nouvelle notion d'expérience est appelée à prendre la relève. Notre enracinement culturel double notre attachement à l'expérience d'un penchant métaphysique, imaginé ou non, et difficilement repérable dans les traces bien subtiles du cerveau. Et si, toutefois, celles-ci prenaient un jour une forme lisible, leur interprétation serait-elle moins métaphysique ? Les sciences de la nature ne nous ont jamais fait changer de nature. Comment dès lors résoudre ce clivage ?

La *Critique de la faculté de juger*, reposant sur le principe de l'*héautonomie*, ouvre une voie moyenne et un espace de convergence. La faculté de juger ne peut fonder une ontologie. Elle suit, d'abord, le *comment* des événements et, secondairement, leur substantialité et leur inventaire. Le privilège de l'individuel sur le général, institué sous son égide, se départit de la vision nomothétique et monolithique des sciences. Et pourtant, la faculté de juger se porte garante de la finalité de l'*organon*, puisqu'elle assure le passage des propositions aux jugements et, de cette manière, l'accomplissement de la démarche scientifique. Mais, avant tout, elle préside souverainement aux sources mêmes de la constitution des sciences. Concevoir une non-science comme science des sciences pour suspendre la lourde monotonie principielle ? On est habitué depuis Aristote à un dénivellement sémantique des principes [3]. Pour prévenir le risque de la régression infinie, le fondement du mouvement doit être autre que le mouvement. Ceci place les prémisses fondatrices dans une po-

1. « Die Logic könnte sich durch die Lehre von dem vorläufigen Urteil sehr bereichern, wenn das nicht zu tief für sie wäre », *Logik Hechsel*, II, 359, p. 182-183, édition T. Pinder.

2. PMF, AK IV, 373 ; OP II, 161.

3. R. Regvald, « La noétique kantienne et ses sources aristotéliciennes », *Les études philosophiques*, 2, 1990, p. 205-215.

sition ambiguë, proche des propositions empiriques. Les sciences semblent intégrer de nos jours des éléments qui leur paraissaient autrefois aléatoires. Il n'y a pourtant toujours pas de science sans causalité. Seulement les sciences se doivent de revisiter constamment la riche palette – pratiquement inépuisable – des causalités. Raviver ou dépoussiérer la cause formelle et finale ? On dirait que la cause efficiente est dépassée par les événements. Sans sa prise en compte, on ne saura, cependant, bâtir même une simple maison, mais ce n'est peut-être pas à elle seule de décider de son emplacement, de l'opportunité de sa construction ou des matériaux à utiliser. La théorie kantienne de la faculté de juger est incomplète. Conçue, après coup, pour assurer le passage de la *Critique de la raison pure* à la *Critique de la raison pratique*, anticipée par maintes *Réflexions* et *Leçons de logique*, élargie par des considérations anthropologiques tardives, elle déborde largement le cadre systématique initial et, qui plus est, menace parfois de déstabiliser les assises du criticisme. Il y a une autre raison pour laquelle la faculté de juger ne peut, en dépit de toutes ses performances, fonder une science. Légiférer sur l'application des lois, ce serait simplement multiplier constamment les lois, sans pour autant satisfaire à la primauté générique des cas.

Qu'en est-il à présent ? Le poids croissant des sciences du vivant et de l'homme, l'émergence des nouveaux thèmes de la biologie ou de l'environnement et le dynamisme particulier des recherches favorisent une nouvelle considération de la faculté de juger. Il y a de bonnes raisons d'espérer que cette nouvelle considération entérine un changement durable du regard philosophique et scientifique. Le rêve de l'*organon* hante toujours le sommeil des philosophes. Ce n'est peut-être pas par hasard si l'auteur du *Nouvel organon*, Francis Bacon, présumé autrefois être le vrai Shakespeare, fut aussi l'auteur de la *Nouvelle Atlantis*, la célèbre utopie. De nombreuses *distopies* kantiennes ont vu le jour depuis [1].

Richard REGVALD
(Berlin)

1. La dernière en date, *Good bye Kant* par Maurizio Ferraris, préface de Pascal Engel, Paris, L'éclat, 2009.

V

LA THÉORIE CRITICO-TRANSCENDANTALE DE LA SCIENCE

LA *CRITIQUE DE LA RAISON PURE*, THÉORIE DE LA SCIENCE ?

Un des enjeux les plus massifs des études kantiennes consiste à interroger le statut de la *Critique de la raison pure* vis-à-vis des sciences dont elle entend examiner la possibilité. On le sait, Heidegger, contre l'interprétation de Cohen ou de Natorp, refusait de considérer la *Critique* comme une « théorie de la connaissance scientifique », dans la mesure où cela induisait l'idée d'une dépendance de la métaphysique vis-à-vis d'un modèle de scientificité, celui de la physique mathématique [1]. Un des enjeux majeurs du commentaire heideggerien est de libérer la philosophie transcendantale de cette polarisation sur l'objet au sens physique, c'est-à-dire la nature corporelle. Tout le problème évidemment est que Heidegger prétendait aussi bien opérer cette libération contre Kant lui-même, dans la mesure où ce dernier se serait indûment laissé séduire par ce modèle d'objectivation que fournit la physique mathématique.

C'est ce problème que nous voudrions réexaminer dans la présente contribution, en réfléchissant sur les raisons de cette "séduction" supposée que les sciences déjà constituées, et en particulier la physique, auraient exercée sur la pensée kantienne. On pourrait juger, en effet, qu'une telle "séduction" est inévitable, dans la mesure où, de l'aveu même de Kant, la métaphysique n'a pas d'*objet propre*, puisque les choses telles qu'en elles-mêmes sont inconnaissables, et que nous n'avons et ne pouvons avoir aucune connaissance au-delà de l'expérience ; inversement, la science de la nature corporelle, même si elle n'atteint que des phénomènes, a pourtant de ce fait même un objet au sens fort, et qui d'une certaine manière englobe toute réalité par nous connaissable. Dès lors, il est légitime de se demander dans quelle mesure la philosophie transcendantale peut être autre chose qu'une réflexion sur les conditions de possibilité de cette science. Et ce, d'autant plus que cette dépendance thématique vis-à-vis de l'objectivation dont est capable la science de la nature corporelle se double aussi clairement d'une dépendance *opératoire* : tout au long de la *Critique*, la démarche transcendantale elle-même est soutenue par des analogies

1. Martin Heidegger, *Interprétation phénoménologique de la Critique de la raison pure*, trad. fr. E. Martineau, Paris, Gallimard, 1982, p. 59.

scientifiques, empruntées notamment à la physique. Comment évaluer dès lors cette polarisation, aussi bien thématique qu'opératoire, sur le modèle d'objectivation que fournissent les sciences déjà établies, et la physique en particulier ?

***

La « Remarque générale sur le système des principes » contient une affirmation significative vis-à-vis de ce problème, mais dont il est difficile de mesurer l'importance, dans la mesure où elle n'intervient directement qu'à cet endroit, et précisément dans le cadre d'une simple remarque. Il s'agit de l'affirmation selon laquelle les catégories ne peuvent acquérir une véritable réalité objective qu'en étant rapportées à l'intuition des corps dans l'espace :

> Il est tout à fait remarquable que nous ne puissions comprendre la possibilité d'aucune chose d'après la simple catégorie, mais que nous devions bien plutôt toujours avoir une intuition à portée de la main pour présenter en celle-ci la réalité objective du concept pur de l'entendement. [...] Mais il est encore plus remarquable que nous ayons besoin, pour comprendre la possibilité des choses, par suite, celle des catégories, et par conséquent pour présenter la réalité objective de ces dernières, *non pas simplement d'intuitions, mais même toujours d'intuitions extérieures*. Si nous prenons par exemple les concepts purs de relation, nous trouvons que pour donner au concept de substance quelque chose de permanent dans l'intuition qui lui corresponde, [...] nous avons besoin d'une intuition dans l'espace (une intuition de la matière), parce que seul l'espace est déterminé comme permanent, alors que le temps, et donc tout ce qui est dans le sens interne, s'écoule continuellement [1].

Il s'agit bien ici de dire que les catégories, qui sont des concepts purement intellectuels, ne peuvent pourtant acquérir une réalité objective que dans l'intuition des corps. Kant parcourt ainsi les trois titres de la relation, et notamment celui de la substantialité, pour prendre acte du fait que seule l'intuition des corps peut fournir un support objectif et permanent à nos jugements. Et dans les « Paralogismes », il développera ce qu'il annonce ici à propos du sens interne, à savoir, qu'il ne nous donne par lui-même aucune intuition permanente, c'est-à-dire qui puisse correspondre au schème de la substantialité. La différenciation du sens externe et du sens interne intervient donc pour orienter radicalement l'usage réel et objectif des catégories sur l'expérience des corps.

La véritable portée de cette affirmation – si « remarquable » de l'aveu même de Kant – est pourtant difficile à mesurer. D'abord, nous l'avons dit, parce qu'elle intervient simplement comme une remarque. Ensuite, et surtout, il faut l'inscrire dans le mouvement général de la dernière partie de l' « Analytique transcendantale », consacrée à l'usage des concepts de l'entendement.

1. CRP, B 288-292, AK III, 198-201 ; OP I, 964-968 (dans la suite, les traductions citées peuvent différer de la traduction de la Pléiade). Heidegger insiste sur ce passage dans l'*Interprétation phénoménologique de la Critique de la raison pure*, trad. cit., p. 78-79.

Or, Kant répète constamment que cet usage *restreint* nécessairement la portée de ces concepts, en même temps qu'il leur confère une réalité objective. Les catégories ne peuvent trouver de contenu objectif que dans l'expérience, en relation avec les formes de l'espace et du temps. Les intuitions sensibles leur fournissent donc un contenu, mais, en contrepartie, limitent leur portée aux simples phénomènes – et ainsi peut-on dire que « la sensibilité réalise l'entendement en le restreignant » [1]. La « Remarque au système des principes » s'inscrit clairement dans cette perspective, et la radicalise, en affirmant que ce n'est que dans l'intuition extérieure des corps que cette réalisation s'opère vraiment ; mais il faut, précisément, garder à l'esprit que cela représente une *restriction* de la visée propre de l'entendement, qui ne peut donc apparaître que comme un préjudice du point de vue de la métaphysique elle-même.

***

Pour préciser ce point qui, en somme, n'est pas directement thématisé par la *Critique*, on peut se référer aux *Premiers principes métaphysiques de la science de la nature*, qui mettent effectivement et positivement en œuvre cette restriction de la métaphysique en général, dans l'application de ses concepts, à la « métaphysique de la nature corporelle ».

Kant commence par définir la « métaphysique de la nature en général » comme la doctrine systématique qui traite des principes *a priori* qui rendent possible « le concept d'une nature en général, sans aucune relation avec un objet d'expérience déterminé, et donc sans rien déterminer concernant la nature de tel ou tel objet du monde sensible » [2]. Tout le problème est qu'elle n'a, en elle-même, aucun objet déterminé, et qu'elle doit donc, pour en obtenir un, se spécifier immédiatement, selon une division propre à notre sensibilité humaine, soit en « métaphysique de la nature corporelle », soit en « métaphysique de la nature pensante » [3]. Or cela implique que cette métaphysique spécifique accepte un *minimum d'empiricité* qui impose de quitter le registre transcendantal proprement dit :

> elle s'occupe de la nature particulière de telle ou telle sorte de choses dont est donné un concept empirique, mais elle en traite de telle manière que, hormis ce qui est contenu dans ce concept, aucun autre principe empirique n'est utilisé pour la connaissance de cette sorte de choses (par exemple, elle pose comme point de départ le concept empirique de matière ou celui d'être pensant, et cherche jusqu'où s'étend la connaissance dont la raison est capable *a priori* à propos de ces objets) [4].

Cette métaphysique spécifique met donc déjà un pied dans l'expérience, parce que ce n'est qu'ainsi qu'elle peut acquérir le concept – nécessairement

1. CRP, A 147 / B 187, AK III, 139 ; OP I, 891.
2. PPM, AK IV, 470 ; OP II, 366.
3. PPM, AK IV, 470 ; OP II, 367.
4. PPM, AK IV, 470 ; OP, II, 366-367.

empirique – d'un objet déterminé, qu'il s'agisse des corps ou de la nature pensante, même si elle ne tire de là que des conséquences *a priori*.

Mais cette conciliation paradoxale du transcendantal et de l'empirique présuppose une condition complémentaire : il faut que le concept de l'objet puisse être « construit » sans recourir plus avant à l'expérience, et donc que l'intuition qui corresponde au concept soit malgré tout donnée *a priori*. Il n'y aura donc de métaphysique de la nature particulière que dans la mesure où il peut s'y trouver de la mathématique. Or, précise alors Kant, seuls les objets des sens externes se prêtent à une telle construction mathématique ; l'observation de l'âme par le sens interne ne s'y prête que de manière très limitée, à cause de l'unidimensionalité du temps. Même la chimie n'est pas assez mathématisable, elle comprend trop de principes empiriques pour remplir cette condition. Seule la physique donc, dans la mesure où elle peut être mathématique, c'est-à-dire, dans la mesure où elle fournit une analyse complète du concept empirique de matière, qui pourra en outre être construit *a priori*, peut donner lieu à une véritable métaphysique de la nature corporelle.

C'est ainsi que semble effectivement s'opérer une captation de la métaphysique de la nature en général par cette métaphysique plus spécifique de la nature corporelle. Cette captation correspond assez exactement au passage de la « Remarque au système des principes », que nous avons cité, et au constat de la *Critique* selon lequel c'est en *restreignant* l'entendement et l'usage des catégories – à des concepts déjà empiriques donc, et plus précisément aux corps – que la sensibilité lui confère une réalité objective.

On sait le profit que Jules Vuillemin, dans *Physique et métaphysique kantiennes*, a tiré de cet élément décisif de l'élaboration kantienne de la métaphysique. Son interprétation repose entièrement sur cette idée d'un *minimum d'empiricité*, tiré des corps et de leur mouvement, sans lequel la métaphysique de la nature ne peut se réaliser, « cette donnée primitive du *choc*, dont la pensée ne retient que ce qui est juste nécessaire pour élaborer la possibilité de l'expérience » [1]. Or, selon lui, le système des principes qui se constitue dans la *Critique*, par la réflexion sur la possibilité de l'expérience, est secrètement animé par cette référence au mouvement, qui est effectivement mise en œuvre dans les *Premiers principes*, même si, en même temps, la *Critique* ne peut qu'écarter dans sa démarche transcendantale ce point d'appui empirique, en remontant de l'expérience effective à ses conditions de possibilité *a priori*, qui concernent les objets en général. Mais il reste malgré tout que ce serait cette *donnée empirique minimale*, fournissant un concept objectif et constructible de la nature, celui de la matière corporelle, qui mettrait véritablement en mouvement les catégories et le système des principes, et fournirait la clef d'intelligibilité de l' « Analytique transcendantale ». Ainsi Jules Vuillemin peut-il

1. Jules Vuillemin, *Physique et métaphysique kantiennes*, Paris, Presses Universitaires de France, 1955, p. 27.

affirmer que « dans le système critique, la pensée du mouvement commande le mouvement de la pensée » [1].

***

Cette interprétation permet de faire apparaître une dimension paradoxale mais caractéristique de la philosophie transcendantale, qui devrait, malgré sa pureté de principe, prendre cet appui minimal sur l'usage empirique des catégories, appliquées à la nature corporelle, pour remonter réflexivement à ses principe transcendantaux, autrement dit pour établir et articuler le système des principes. Apparaîtrait ainsi une étroite solidarité entre la philosophie transcendantale et la doctrine de la nature corporelle.

Il est peut-être possible, cependant, de mettre en valeur, plus encore que ne le fait Jules Vuillemin, la nette différence de ton et d'enjeu qui subsiste, malgré cette proximité, entre la *Critique* et les *Premiers principes*. Plus précisément, on peut sans doute mieux souligner la retenue qui s'atteste dans la *Critique* vis-à-vis de la captation de la métaphysique par la doctrine de la nature corporelle, et qui correspond manifestement à la *restriction* que les conditions sensibles de donation des objets – et en particulier de la matière – imposent comme une contrepartie aux catégories dans leur application. La manière dont cette restriction est marquée, ou même mise en scène, dans une perspective réflexive, précisément, peut constituer en soi un élément tout à fait significatif du discours proprement transcendantal.

De ce point de vue, le traitement réservé dans la *Critique* au concept de *matière* peut sembler particulièrement révélateur. À aucun moment, la matière – au sens corporel – ne fait l'objet d'une thématisation et d'une analyse directe, comme c'est le cas dans les *Premiers Principes*, qui associent chaque titre de la table des catégories à une définition de la matière corporelle qui gagne ainsi des déterminations dans un mouvement cumulatif d'objectivation. Dans la *Critique*, au contraire, la « matière » est thématisée comme *concept de la réflexion*, dans l' « Appendice » qui clôture l' « Analytique transcendantale ». Or, selon ce texte, les concepts de la réflexion ne portent pas directement sur les objets, mais plutôt sur les conditions subjectives à partir desquelles nous pouvons parvenir à une connaissance des objets. Comme tels, ils témoignent d'une irréductible *équivocité*, qui tient précisément à la dualité irréductible des sources de la connaissance que sont l'entendement et la sensibilité. Kant souligne ainsi, par exemple, l'équivocité du concept d'intérieur, qui a, d'un côté, une signification spatiale, et, d'un autre côté, une signification logique (ce qui est pensé « dans un concept », sans qu'aucune de ces significations puisse être dite plus fondamentale que l'autre).

S'agissant de la matière, qui est, avec le concept associé de « forme », au « fondement de toute autre réflexion » [2], cette équivocité est maximale. Certes,

1. Vuillemin, *op. cit.*, p. 41.
2. CRP, A 266 / B 322, AK III, 218 ; OP I, 992.

la matière est alors définie comme « déterminable », et la forme comme « détermination » [1]. Mais il s'agit pour le moins d'une définition *a minima*, qui souligne la diversité des usages de ces concepts plutôt qu'elle ne la résorbe. Et, de fait,

> les logiciens nommaient autrefois le général matière, et c'est la différence spécifique qu'ils nommaient forme. Dans tout jugement, on peut appeler matière logique (pour le jugement) les concepts donnés, et forme du jugement leur rapport (au moyen de la copule). Dans tout être, les éléments qui le constituent (*essentiala*) sont la matière ; la manière dont ils sont liés en une chose est la forme essentielle. Relativement aux choses en général, la réalité illimitée était aussi considérée comme la matière de toute possibilité, tandis que sa limitation (la négation) était considérée comme la forme, par laquelle une chose se distingue d'une autre selon des concepts transcendantaux. En effet, l'entendement exige d'abord que quelque chose soit donné (au moins dans le concept), pour pouvoir le déterminer d'une certaine manière [2].

On voit donc que la « matière » s'entend ici selon une diversité de significations qui peut s'avérer plutôt déroutante. L'énumération ici donnée oscille entre des significations objectives, voire ontologiques (les *essentiala*, la « matière de toute possibilité »), et des significations plus subjectives, c'est-à-dire strictement réflexives, où la « matière » désigne une composante *de nos représentations* (les concepts donnés comme « matière » du jugement, ou, ailleurs, la sensation comme « matière » du phénomène). C'est dans cet ensemble de significations produites par la réflexion que vient s'insérer, quelques pages plus loin, la matière au sens physique, celle des corps. Et Kant insiste alors surtout sur ce qu'elle a de restrictif par rapport aux visées nouménales de l'entendement :

> La matière est *substantia phaenomenon*. Ce qui peut lui appartenir intérieurement, je le cherche dans toutes les parties de l'espace qu'elle occupe, dans toutes les actions qu'elle exerce et qui bien sûr ne peuvent jamais être que des phénomènes des sens externes. Dès lors, je n'ai certes rien qui soit absolument intérieur, mais plutôt une intériorité simplement relative, qui est elle-même constituée à son tour de rapports extérieurs. Cela étant, l'intériorité absolue de la matière – telle que la recherche l'entendement – est une simple chimère ; car il n'y a là, de toute façon, aucun objet pour l'entendement pur [3].

L'élément le plus frappant de ces textes est que les différentes significations du concept de matière, et en particulier sa signification corporelle, *communiquent* malgré tout dans la réflexion, dans la mesure où ils renvoient tous à l'exigence fondamentale de l'entendement, qui est la donation d'un *contenu*, ou d'un *déterminable*. C'est dans l'horizon de cette exigence que Kant peut affirmer, par exemple, que « la matière du concept est l'objet » [4], ce

1. CRP, A 266 / B 322, AK III, 218 ; OP I, 992.
2. CRP, A 266-267 / B 322-323, AK III, 218 ; OP I, 992-993.
3. CRP, A 277 / B 333, AK III, 224 ; OP I, 1000.
4. LOG, AK IX, 91.

qui suggère que signification subjective (la « matière » comme contenu logique) et signification objective peuvent et même doivent se rejoindre. Mais cette jonction ne peut jamais être complète : l'entendement, du point de vue de ses catégories pures, recherche au fond une « intériorité absolue », une matière nouménale ; or l'intuition sensible ne peut jamais le conduire qu'à une *substantia phaenomenon*, qui restreint inévitablement cette attente. L'exigence de donation d'un déterminable que réfléchit le concept de « matière » débouche donc, dans la *Critique*, sur une indépassable équivocité.

Dans les *Premiers principes*, Kant s'engage au contraire dans la restriction de la métaphysique de la nature, en ne retenant comme corrélat des catégories que la matière *au sens corporel*, susceptible comme telle d'une analyse complète et d'une constructibilité mathématique, qui permet de la déterminer entièrement *a priori*. La métaphysique de la nature considère donc la « matière » en ce qu'elle a de plus objectivable, en ce qu'elle se prête à des jugements synthétiques *a priori*, mais malgré tout sur la base d'une donnée empirique (certes minimale) et surtout, en acceptant en amont la spécification de cette matière comme phénomène extérieur, selon les formes de la sensibilité. Du point de vue de la *Critique*, un tel pas dans l'expérience est impossible : la philosophie proprement transcendantale doit examiner la possibilité de l'expérience et de la donation des objets, du point des catégories pures, de la manière la plus ouverte possible, sans l'engager trop vite dans une détermination qui en restreindrait la portée.

La « matière » corporelle des *Premiers principes* s'insère donc dans ce réseau complexe de significations qui caractérise la matière, au niveau transcendantal, comme concept de la réflexion. Ce réseau trouve son unité dans l'exigence de donation d'un déterminable que l'entendement place au fondement de l'expérience en général. Mais cette exigence se trouve nécessairement contrariée, dans sa réalisation même, par la *spécification* originaire de notre intuition sensible selon les formes de l'espace et du temps. Et c'est pourquoi la *Critique* maintient avec une grande permanence l'équivocité réflexive du concept de matière : celle-ci, dans son indétermination même, est constitutive du discours transcendantal en tant que tel, en tant précisément qu'il est irréductible à une métaphysique de la nature plus spécifique, sans pour autant avoir un objet propre.

***

Dans la *Critique*, Kant ne cesse donc de rapprocher plus ou moins explicitement les différentes significations du concept de matière. Notamment, il ne cesse d'identifier le « contenu » des catégories (dans une signification qui est donc subjective, tournée vers la teneur de nos représentations), et leur « objet ». Ainsi parle-t-il de la « matière des phénomènes, par laquelle des *choses* nous sont données dans l'espace et le temps »[1]. C'est la même

1. CRP, A 720 / B 748 ; AK III, 473 ; OP I, 1303.

équivalence qui est à l'œuvre dans l'affirmation maintes fois répétée, selon laquelle la logique formelle « fait abstraction de tout contenu de la connaissance, c'est-à-dire de toute relation de celle-ci à l'objet » [1]. *Contenu* des catégories, *objet*, *matière* : tout cela doit désigner au fond la même chose, mais cette identité n'est que tendancielle, pour les raisons que nous avons indiquées, et est donc *structurellement équivoque.*

C'est pourquoi, selon la *Critique*, la « matière » des concepts est forcément *indéterminée* (ce qui correspond au fond à son statut de *déterminable*). C'est notamment le cas des concepts empiriques, dont la définition n'est jamais achevée – ce qui signifie tout à la fois que leur *contenu logique* peut constamment évoluer, mais tout aussi bien que leur *objet* n'est pas fixé. Il en va ainsi du concept de l'or, auquel des caractéristiques peuvent être ajoutées ou retirées, au gré des différentes observations, qui peuvent toujours être précisées – si bien que ce concept, comme tout concept empirique, « ne s'inscrit jamais dans des limites déterminées » [2]. Mais le même problème vaut aussi pour les catégories :

> À proprement parler, on ne peut pas non plus définir un concept donné *a priori*, par exemple la substance, la cause, le droit, l'équité, etc. En effet, je ne peux jamais être certain que la représentation distincte d'un concept donné (encore confus) a été suffisamment développée, ce qui arrive lorsque je sais qu'elle est adéquate à l'objet. Mais comme le concept de cet objet, tel qu'il est donné, peut contenir beaucoup de représentations obscures que nous négligeons dans l'analyse, alors même que nous en avons constamment besoin dans l'application, l'exhaustivité de l'analyse de mon concept est toujours douteuse [3].

Il y a bien ici une équivalence de principe entre la *matière* (logique) du concept *et l'objet lui-même* que ce concept prétend représenter. Mais précisément, comme cette équivalence ne peut jamais être complètement réalisée dans l'expérience, cette matière reste toujours déterminable et donc indéterminée. C'est sans doute ici que la démarche propre de la *Critique* tranche le plus nettement avec celle des *Premiers principes*, où, au contraire, la matière étant d'emblée *spécifiée* comme phénomène du sens externe se prête alors à une construction mathématique et à une analyse complète, qui suit la table des catégories, qui y trouvent alors un *contenu* et donc un *objet* bien délimité.

En entretenant au contraire l'indétermination réflexive de la matière des représentations, et donc l'équivocité du concept de matière, la *Critique* semble donc devoir résister en quelque sorte à cette attraction exercée par la métaphysique de la nature corporelle. Kant suggère d'ailleurs quelque chose de très proche à la fin de la « Préface » des *Premiers principes*, où il insiste sur la nécessité de présenter cette métaphysique spécifique comme un système nettement séparé de la métaphysique générale. En effet, celle-ci ne se définit

1. CRP, A 55 / B 79, AK III, 77 ; OP I, 815.
2. CRP, A 728 / B 756, AK III, 477 ; OP I, 1309.
3. CRP, A 728 / B 756-757, AK III, 478 ; OP I, 1309.

pas simplement par la « constitution de son objet », mais aussi bien vis-à-vis de sa finalité, qui concerne « ce qui se situe au-delà de toutes les limites de l'expérience » [1]. Or de ce point de vue, la métaphysique de la nature corporelle doit être considérée comme un « rejeton », qui certes trouve sa « racine » dans la métaphysique générale, mais qui « gêne » aussi son « développement » vers cette fin. Dès lors, elle doit être présentée comme un « système séparé » [2].

Ce mouvement de rejet est d'autant plus significatif que Kant, toujours dans le même passage, rappelle immédiatement que la métaphysique générale aura cependant toujours besoin de cette doctrine spécifique de la nature corporelle pour lui fournir des *exemples* :

> Il est également très remarquable [...] qu'en fait, chaque fois que la métaphysique générale a besoin d'exemples (d'intuitions) pour donner une signification à ses concepts purs de l'entendement, elle doit les emprunter à la doctrine générale des corps, donc à la forme et aux principes de l'intuition extérieure. [C'est] l'unique condition pour que ces concepts puissent avoir une réalité objective, c'est-à-dire une signification et une vérité. Ainsi une métaphysique distincte traitant de la nature corporelle rendra des services éminents et indispensables à la métaphysique *générale*, en lui fournissant des exemples (des cas concrets) afin de donner une réalité aux concepts et aux théorèmes de cette métaphysique générale (ou plus exactement à ceux de la philosophie transcendantale), c'est-à-dire afin de donner un sens et un contenu à une pure forme de pensée [3].

Cela revient bien à dire que sans ces exemples corporels, l'ultime signification des catégories n'est que *réflexive*. En même temps, ces emprunts à la doctrine séparée de la nature corporelle, qui est ici mise *au service* de la métaphysique générale, ne sont jamais *que des exemples*, il s'inscrivent donc dans cette indétermination qui caractérise le contenu véritable (quoique simplement réflexif) des catégories. Or, c'est sans doute à ce niveau que l'équivocité du concept de matière joue un rôle véritablement structurant, aussi bien sur un plan thématique qu'opératoire. Car c'est elle précisément qui rend possible ces *analogies corporelles* qui jalonnent de manière récurrente le discours transcendantal, comme, par exemple, lorsque la section V des *Prolégomènes*, représente analogiquement les limites de la connaissance, en distinguant l' « espace vide » des noumènes, et l' « espace plein » de l'expérience [4].

***

Ainsi, il y a indéniablement une certaine polarisation de la philosophie transcendantale sur le modèle d'objectivation que fournit la doctrine de la nature corporelle, et cette polarisation s'atteste aussi bien sur le plan thématique que dans le *style* même du discours critique. Mais, précisément,

1. PPM, AK IV, 477 ; OP II, 376.
2. *Ibid.*
3. PPM, AK IV, 478 ; OP II, 376-377.
4. PMF, AK IV, 354 ; OP II, 325.

l'influence de ce type d'objet bien spécifique s'exerce avant tout au niveau de la *réflexion*. Le concept de « matière », tel que l'analysent et le construisent les *Premiers principes* dans la perspective de la physique mathématique, fournit certes le corrélat objectif le plus accompli pour l'usage des catégories ; mais, dans la philosophie transcendantale, il s'inscrit dans un ensemble de significations plus large et structurellement équivoque, qui ne trouve d'autre unité que celle d'un concept de la réflexion. Il faut donc sans doute prendre en compte le double régime de discours qui s'articule autour de ce concept pour saisir le rapport problématique de la *Critique de la raison pure* aux sciences de la nature.

Matthieu HAUMESSER
(Lycée J.-J. Rousseau, Sarcelles)

SCIENCE ET NON-SCIENCE. ESSAI D'ANALOGIE CONCERNANT LE RAPPORT ENTRE L'EMPIRIQUE ET LE TRANSCENDANTAL

Cette contribution se divise en quatre parties. Dans la première, on présente le caractère général de la proposition avancée, dont la base est le concept kantien d'analogie comme proportion, qu'on présupposera ici [1]. Ensuite, au moyen d'un fil conducteur emprunté à l'histoire de la musique, à savoir l'opposition mélodie-harmonie dans la querelle qui oppose Rousseau et Rameau, on considérera quelques-unes des analogies musicales chez Kant, lesquelles gravitent, peut-être en raison de cette querelle, autour de l'harmonie et de la mélodie. Puis, on examinera le problème qui fait ici l'objet de ce rapport analogique, présenté par Kant sous le concept d'« acquisition originaire » des représentations élémentaires. Enfin, on étudiera l'analogie elle-même, fondée dans la particularité mélodico-harmonique du contrepoint rétrograde ou à l'écrevisse.

Notons encore que l'analogie proposée ne concerne pas l'acquisition originaire elle-même, mais ce qui a déjà été analogiquement nommé par elle. En d'autres termes, il ne s'agit pas de donner l'analogie à l'analogie ou d'assembler deux analogies dans une sorte de contrepoint analogique, mais seulement de reconsidérer, dans une nouvelle procédure analogique, quelques-unes des difficultés qui ont conduit Kant à proposer une « acquisition originaire » de l'espace, du temps et des catégories.

1. Dans un passage du § 58 des *Prolégomènes*, Kant affirme que le terme "analogie" « signifie non pas, comme on l'entend communément, une ressemblance imparfaite entre deux choses, mais une ressemblance complète de deux rapports entre deux choses tout à fait dissemblables » (PMF, AK IV, 357 ; OP II, 142). On trouve le même sens de l'analogie dans les *Vorlesungen* et dans les *Reflexionen*, antérieures ou postérieures au texte de 1783. Dans un passage des *Leçons de métaphysique* (Pölitz), par exemple, on lit : « Analogie signifie la même chose que *proportio* en mathématiques, à savoir une comparaison de deux rapports. L'analogie est une ressemblance parfaite des rapports des choses, même si les choses en elles-mêmes sont complètement dissemblables » (*Leçons de métaphysique* Pölitz, AK XXVIII, 605). Dans les *Leçons de métaphysique* (Dohna) : « Analogie – proportion – comparaison de deux rapports : 1 est à 2 comme 6 est à 12 » (*Metaphysik Dohna*, AK XXVIII, 695-696). Dans la suite, les traductions des *Leçons* et des *Réflexions* sont de Ubirajara Rancan de Azevedo Marques.

1. Au-delà du glossaire philosophique, Kant emploie d'autres répertoires linguistiques, parmi lesquels le répertoire musical. En le faisant, il se réfère soit au sens propre des concepts, soit à leur sens dérivé et analogique. La présente contribution, néanmoins, en abordant le lexique musical kantien, n'a pas pour objectif la promotion esthétique de la musique dans le scénario de la philosophie critique, mais l'avancement d'un recours argumentatif utilisé maintes fois par le philosophe, maintenant utilisé en sa faveur, à savoir l'analogie musicale.

La lecture ici avancée projette une musicalité qui doit être inhérente à l'œuvre en son interprétation. En fait, il ne s'agit pas de trouver une musicalité première dans la *raison pure*. On voudrait interpréter les difficultés concernant l'acquisition originaire à l'aide de l'analogie musicale. Bien qu'une telle expression (« acquisition originaire ») ne se trouve pas dans l'œuvre, cette notion est néanmoins présente dans la *Critique* sous la forme d'un présupposé tacite. En ce sens, la musicalité en question sera herméneutiquement structurale, en se liant aux rapports internes de ce qui est traité par l'acquisition originaire en correspondance avec les rapports qui caractérisent le contrepoint rétrograde. Cela signifie pourtant avoir recours à une procédure herméneutique aujourd'hui *sui generis*, bien plus insolite, en tout cas, que les analogies musicales elles-mêmes employées en son temps par Kant.

2. D'après Piero Giordanetti dans son *Kant e la Musica*, le philosophe « aurait pu prendre connaissance, au moyen de sources indirectes, de la dispute entre Rameau et Rousseau » [1].

Ce n'est donc pas par hasard que Kant fait référence, et de manière abondante, à l'harmonie et à la mélodie, concepts qui forment le centre de la « querelle des Bouffons ». Je propose ces deux concepts comme clés de lecture des analogies musicales chez Kant.

En prenant en considération harmonie et mélodie dans ses *Leçons de logique* (Philippi), Kant affirme :

> Dans la musique, l'harmonie est la beauté elle-même et [est] pour l'entendement. La mélodie, toutefois, [est] l'attrait ou la sensation. Celle-là est universellement valable et inaltérable ; celui-ci, l'attrait, est divers selon la diversité des sujets. La mélodie n'est que sensations exprimées par des sons. Alors, suivant qu'un sujet est plus ou moins incliné à telles sensations, lesquelles expriment le mélodique d'une musique, [la musique] est plus ou moins attrayante pour [lui]. Aveuglés par un attrait, certains peuvent considérer une musique médiocre et même mauvaise comme très belle ; alors que d'autres pensent autrement [2].

Ce jugement, même s'il est proféré en 1772, concentre une fois pour toutes, pour ainsi dire, le point de vue de Kant sur l'harmonie et la mélodie, qu'elles soient prises dans leur sens propre ou en un sens analogique.

1. P. Giordanetti, *Kant e la musica*, Milano, CUEM, 2001, p. 73.
2. *Leçons de logique* (Philippi), AK XXIV, 352.

Dès la *Réflexion* 1676, commentaire des § 10 et 11 du manuel de logique de Meier [1], Kant se sert déjà de la musique, afin de « mieux expliquer » [2] le concept de représentation :

> Dans la représentation, qu'est-ce qui s'accorde avec la chose représentée ? La représentation, une fois qu'elle prend son fondement dans la chose représentée, s'accorde avec elle, parce qu'ainsi elle est composée à partir des concepts partiels de celle-ci, comme la chose entière représentée à partir de ses parties. On peut dire par exemple : les notes d'une pièce musicale sont une représentation de la liaison harmonique des sons, non comme si une note était pareille à un son, mais parce que, dans une telle liaison, les notes, les unes sous les autres, sont comme les sons eux-mêmes [3].

On voit ici un clair exemple du sens de l'analogie, telle qu'elle est exposée et employée par Kant. Il ne s'agit pas d'affirmer que « note » et « son » sont identiques, mais que les rapports entre les notes et les rapports entre les sons sont directement proportionnels. En ce sens, quand je lis un accord sur la partition – la triade la-do-mi, par exemple –, le rapport entre ses parties constituantes représente le rapport entre les parties qui forment trois sons résonnant simultanément.

Dans un fragment de la *Réflexion* 5750, d'autre part, Kant affirme : « tout ordre est dans le temps et en vérité en séquence. Réciproquement, ce qui peut être intuitionné successivement est simultané. Harmonie et mélodie » [4]. Dans ce passage, le philosophe considère le § 78 de la *Métaphysique* de Baumgarten, le premier § de la section V, consacré à l'examen du concept d' « ordre ». Cependant, ce paragraphe de Baumgarten, lorsqu'il nomme la musique, ne fait pas allusion à une analogie musicale :

> Si plusieurs choses sont posées l'une à côté de l'autre ou l'une après l'autre, alors elles sont *conjuguées*. La conjugaison de plusieurs choses est soit uniforme, soit multiforme. Si [elle est] uniforme, alors elle est une *coordination* des choses, et son identité est l'*ordre*. Auparavant, la science de l'ordre était la musique comprise dans son sens le plus large [5].

Au sujet de ce même paragraphe de Baumgarten, et plus précisément de l'expression « la musique comprise dans son sens le plus large », Kant écrit dans la *Réflexion* 3545 : « *Non-sens* où il y a méthode » [6]. En référence à la musique et si l'on a à l'esprit le concept d'ordre de Baumgarten, la réflexion de Kant semble pointer le paradoxe suivant : la musique est limitée aux sensations et constitue en même temps un exemple d'ordre. Mais, s'il en est ainsi, le paradoxe pointé par le philosophe sera déjà musicalement résolu par la

1. Voir G. F. Meier, *Auszug aus der Vernunftlehre*, dans Réfl. 1676, AK XVI, 4.
2. P. Giordanetti, *op. cit.*, p. 52.
3. Réfl. 1676, AK XVI, 78.
4. Réfl. 5750, AK XVIII, 343.
5. A. G. Baumgarten, *Metaphysica*, § 78, dans *Kant's Gesammelte Schriften*, Réfl. 5750, AK XVII, 44.
6. Réfl. 3545, AK XVII, 44.

réciprocité entre l'harmonie et la mélodie, réciprocité indiquée par lui-même dans la *Réflexion* 5750, citée plus haut.

Relativement au texte de Baumgarten (restitué tel quel dans son commentaire du manuel de Meier), Kant précise la référence de l'auteur à la musique, interprétant, à la lumière de cette référence, la partie initiale du paragraphe en question, respectivement comme harmonie et comme mélodie : « si plusieurs choses sont posées l'une à côté de l'autre ou l'une après l'autre ».

Un autre passage des *Leçons de logique* (Philippi) semble aussi se mouvoir dans le même cadre de référence ; ici c'est l'harmonie qui prime :

> Dans la musique, le mélodique ou la résonance des sons est la matière ; mais leur forme consiste dans la variation harmonique de ces sons. En ce qui concerne la matière ou la résonance, à l'un peut être plus agréable celle-ci, mais à l'autre l'instrument, parce que dans ce cas cela dépend de la sensation, [laquelle est] différente dans des sujets différents. Mais, en ce qui concerne la forme de la musique, un concert qui est harmonique doit alors sonner bien à tous [1].

Ayant présent à l'esprit ce qu'affirmait le philosophe en 1772, juger la musique ou la soumettre à la raison pose le primat de la mathématicité de l'harmonie sur la sensorialité de la mélodie.

En 1790, dans la troisième *Critique*, le jugement de Kant semble être le même. Les formes de composition des sensations, à savoir l'harmonie et la mélodie, sont mathématiquement réglées, exprimant ainsi un tout cohérent. Dans ce sens,

> bien que cette forme mathématique ne soit pas représentée par des concepts déterminés, c'est d'elle seule que dépend la satisfaction que la simple réflexion sur une telle masse de sensations simultanées ou successives associe à leur jeu comme une condition universellement valable de la beauté de ce dernier ; et c'est elle seule qui permet au goût de prétendre légitimement se prononcer par avance sur le jugement de chacun [2].

Mais ce qu'on lit dans la séquence présente ne contredit pas la mathématicité du jugement de goût musical et permet au moins de rapprocher Rameau et Rousseau, donnant à chacun ce qui lui revient : au mathématicien la forme, au sensoriel la matière ; à celui-là l'harmonie, à celui-ci la mélodie.

> Les mathématiques n'ont assurément aucune part dans l'attrait et le mouvement de l'âme provoqués par la musique, mais elles sont la condition indispensable (*conditio sine qua non*) de la proportion des impressions, tant dans leur association que dans leur alternance [3].

La fin de ce passage – « tant dans leur association que dans leur alternance » – contient une référence respectivement à l'harmonie et à la mélodie, au lien qui n'anéantit pas les parties constitutives de l'accord et à la variation des sons qui caractérise la séquence mélodique, les deux en leur réciprocité originaire.

1. Voir *Leçons de logique* (Philippi), AK XXIV, 348-349.
2. CFJ § 53, AK V, 329 ; OP II, 1116.
3. *Ibid.*

Enfin, en 1792, considérant le beau dans les *Leçons d'anthropologie* (Dohna), Kant affirme :

> Tout ce qui est beau plaît en pensée, dans le jeu ; par exemple, la musique. L'homme qui ne peut pas réfléchir ne trouve pas satisfaction dans une musique consonante [...]. Les Chinois n'aiment que la musique pour un seul instrument. Dès qu'a lieu un *accompagnement*, elle ne leur plaît plus [...]. Cela arrive parce qu'ils ne réfléchissent pas, parce qu'ils n'observent pas comment les différents sons se suivent les uns les autres et consonnent finalement en une harmonie [1].

En dépit du fait que beaucoup d'instruments peuvent émettre au moins deux notes en même temps, en formant ainsi certains intervalles musicaux, la musique pour un seul instrument semble correspondre, dans ce passage de Kant, à la musique où l'instrument produit une note à la fois. C'est le cas, comme on le sait, dans le chant monophonique ou dans un chant qui, n'ayant pas d'accompagnement, est seulement mélodique. Kant semble alors, une nouvelle fois, renforcer l'harmonique devant le mélodique (« les différents sons [qui] se suivent les uns les autres et consonnent finalement en une harmonie »). On lit encore dans un passage des *Leçons de logique* (Philippi) : « Un concert est d'autant plus agréable que plus d'instruments [y] consonnent » [2].

3. Dans une sorte de présupposé général de la philosophie critique, emblématique de la révolution copernicienne, on lit : « nous ne connaissons *a priori* des choses que ce que nous y mettons nous-mêmes » [3]. Ou, selon le début de la deuxième version de la déduction transcendantale : « nous ne pouvons rien nous représenter comme lié dans l'objet sans l'avoir auparavant lié nous-mêmes » [4].

Avant que les choses nous soient données (*a posteriori*), il n'y a que ce que nous mettons en elles, justement pour les connaître. Le résultat de cette apposition révèle, par contraste, une sorte de connaissance seconde, dérivative, qui a été produite dans un temps et dans un espace déterminés. Nous pourrons donc parler, d'une part, d'une connaissance *a priori* des choses, relative à ce que nous y mettons, et, d'autre part, d'une connaissance seconde, dérivative. Mais on ne peut rien dire directement de la connaissance première, puisqu'il n'y a aucun registre qui permette de l'épeler. S'il était possible d'obtenir un tel registre, cela signifierait qu'on pourrait appréhender l'acquisition originaire des formes d'intuition et des formes de pensée, dont l'exposition théorique achevée (mais encore insuffisante) se trouve, comme on le sait, dans le

1. *Vorlesungen über Anthropologie*, dans *Die philosophischen Hauptvorlesungen Immanuel Kants. Nach den neu aufgefundenen Kollegheften des Grafen Heinrich zu Dohna-Wundlacken*, Professor Dr. Arnold Kowalewski éd., München et Leipzig, Rösl, 1924, p. 202, dans *Kant im Kontext III* – Komplettausgabe. Werke, Briefwechsel, Nachlaß und Vorlesungen auf CD-ROM, Karsten Worm et Susanne Boeck éd., 1ère édition, Berlin, 2007.

2. *Leçons de logique* (Philippi), AK XXIV, 366.

3. CRP, B XVIII, AK III, 13 ; OP I, 741.

4. CRP, B 130, AK III, 107 ; OP I, 852.

Streitschrift contre Eberhard, dans un passage où le philosophe fait allusion à la théorie du droit naturel, source de l'analogie juridique dans le domaine de la raison spéculative.

Mais qu'est-ce que signifie « acquérir originairement » ? D'après le texte de la *Réponse à Eberhard* (comme d'après la « Doctrine du droit »), cela veut dire prendre possession de ce qui n'a jamais été pris comme tel.

Quand nous nous rapportons à l'acquisition originaire pourtant, nous mettons l'accent sur le fait que la chose *dorénavant* acquise n'a pas été *jusqu'alors* l'objet d'une acquisition, sans peut-être avoir présent à l'esprit le fait qu'elle existe *déjà* et d'une manière déterminée. En ce sens, l'acquisition originaire ne change rien à l'*objectivité* de ce qui est acquis, bien qu'elle entraîne une altération dans celui qui l'acquiert et dans la chose acquise. Par conséquent, si la chose qui est objet d'acquisition originaire existe *déjà* et d'une manière déterminée, on peut y trouver, me semble-t-il, une raison herméneutiquement consistante qui justifie la recherche d'une autre analogie pour traiter de l'origine des représentations élémentaires.

Quoi qu'il en soit, si acquérir originairement veut dire actualiser ou développer ce qui existe virtuellement, dans le moment de cette acquisition, il faudrait déjà avoir le temps, *dans le cours duquel* seulement on peut actualiser ou développer. Mais si le temps n'est pas encore – et c'est bien le cas, puisqu'il s'agit justement de l'acquérir *originairement* –, l'acquisition originaire n'est pas accompagnée de la conscience de ce qui est *en train* d'être originairement acquis, parce que je deviens conscient seulement de ce qui m'est donné dans le temps, et donc de ce qui au moyen du temps se montre à ma conscience. Il faut conclure que l'originairement acquis n'est pas accompagné de la conscience de ce qui est ainsi acquis. On peut donc affirmer que, dans un *premier* moment (mais un tel ordre est ici auto-contradictoire), il n'y a pas d'espace, de temps, de catégories pré-donnés. Dans un *second* moment, déjà alors originairement acquis, la conscience ou l'actualisation de ces représentations (espace, temps, catégories) se donne à l'occasion de l'expérience.

Mais, si on fait la distinction entre une connaissance première et une connaissance seconde, on doit distinguer aussi entre une expérience première et une expérience seconde, une fois que c'est par l'expérience (seconde ou dérivative) que nous est donné ce quelque chose dû uniquement à elle, qui semble non simplement être, mais être d'une manière précise, à savoir le multiple, le divers.

Dans la *Critique*, on considère la réception du donné, l'unité des catégories, la détermination synthétique, la liaison intellectuelle, et non la justification de l'ordre opératoire par lequel ces actions ont lieu et doivent être effectuées de cette manière. Semblable à une sorte de concept-serviteur opérant la synthèse des formes d'intuition, le multiple agit comme s'il servait seulement à chacune de ces opérations de matériau de référence indispensable pour l'élaboration de la connaissance objective. En effet, s'il n'y avait pas le multiple, le divers, la connaissance, alors sans contenu, n'existerait pas. De même, si le divers n'était pas *tel* qu'il est, c'est-à-dire si la *multiplicité* n'était pas constitutive du divers, on ne comprendrait pas la raison d'être de l'*unité* des catégories et du processus de determination *synthétique*.

En ce sens, de la même manière qu'on ne doit pas présupposer la réalité complète, autarcique et originaire de l'espace et du temps (avec leur multiple) et des catégories, on ne doit pas non plus la présupposer par rapport au multiple empirique. En effet, pour éviter une représentation innéiste de l'espace, du temps et des catégories (et aussi bien du multiple spatio-temporel), de même qu'une représentation réaliste naïve de la multiplicité du multiple empirique – toujours au niveau d'une connaissance première –, la forme doit faire appel au plan d'une originalité première, à vrai dire à une originalité double et en rapport réciproque, à savoir celle de l'interaction entre « donné empirique » et « donné *a priori* » (ou mieux encore entre un « brut empirique » et un « brut *a priori* »). Dès qu'une telle interaction produit la présence en nous du temps, de l'espace (avec leur multiple) et des catégories, ainsi que de la future réception de la matière brute sous la forme de la multiplicité, il n'est jamais possible d'avoir la conscience de cette interaction première. Par conséquent, l'acquisition originaire ne peut jamais se donner dans le temps ; elle n'est pas une opération psychologique. Dans le plan spéculatif et dans le sous-plan de l'origine des représentations, l'acquisition originaire est en somme le présupposé culminant de toute la critique de la connaissance. Seul un accès indirect, analogique, à cette acquisition originaire est permis.

Dans la suite, je propose d'examiner, grâce à l'analogie musicale, la réciprocité originaire entre le brut empirique et le brut *a priori*, originairement *engendrés* (non simplement acquis) au plan d'une connaissance première.

4. L'exemple, par excellence, du canon en écrevisse ou en crabe est représenté par le rondeau de Guillaume de Machaut *Ma fin est mon commencement et mon commencement ma fin*, dont le titre fait référence au mouvement caractéristique du crabe, au va-et-vient qui lui permet de changer le sens de sa marche.

Le contrepoint rétrograde, surnommé palindrome musical, correspondrait à une sorte de palindrome parfait, comme l'est par exemple *Roma summus amor*, dans lequel aucun signe orthographique n'est à considérer dans une rétrolecture et où la symétrie est totale, y compris celle des espaces entre les mots. Toutefois, dans le palindrome proprement dit, la simultanéité des mouvements contraires produit l'unisson, alors que dans le contrepoint rétrograde la même procédure conduit toujours au contrepoint.

S'agissant d'un exemple de contre-chant imitatif, il convient de noter que l'imitation dans le mouvement rétrograde est *sui generis*. Puisqu'elle n'est rien d'autre qu'une reproduction la plus exacte possible, l'imitation, dans ce genre de contrepoint, au-delà du fait qu'elle est totale, se restreint au *sens* de la mélodie, laquelle – répétons-le encore une fois – est exactement la même dans l'une et l'autre des voix qui sont mutuellement en contrepoint. Ainsi, les voix exécutent ensemble une séquence toujours identique, bien qu'en mouvement contraire. On dira peut-être qu'il s'agit d'une sorte d'unisson doublé et inverse. Le commencement et la fin partent ensemble l'un et l'autre, et l'un *contre* l'autre, d'où le contrepoint.

Ayant supposé une interaction mutuelle entre l'empirique et le transcendantal au niveau d'une connaissance première dans la première *Critique*, on peut prêter à cette interaction mutuelle, plus que de la fluidité mélodique, de l'interaction contrapuntique. Mais dans la mesure où il n'y a pas de contrepoint sans harmonie, et pas d'harmonie sans contrepoint (bien qu'on puisse avoir une mélodie sans harmonie, comme précisément dans le chant monophonique), l'exemple choisi devrait constituer un modèle musical tout particulier, ce qui, semble-t-il, est bien le cas de la pièce de Machaut. S'il en est ainsi, quoique Kant exalte l'harmonie plus que la mélodie, la comparaison ici proposée permettrait de dégager l'élément éminemment horizontal de la structure de sa pensée théorique, en la présentant non pas comme monodie, mais comme la consonance qui résulte d'une horizontalité double, dont les deux parties, exécutées simultanément, suivent entre elles un mouvement contraire.

La concordance entre les parties constituantes de la connaissance sera désormais celle qui résulte d'une complémentarité réciproque. Pourtant, par là, il ne s'agit pas d'une coïncidence originaire entre l'objectif et le subjectif, laquelle, en les transformant dans l'unisson d'un palindrome parfait, se contenterait d'éliminer leur différence inéluctable. En vérité, il s'agit de faire consoner l'empirique et le transcendantal en dépassant la fausse consonance – au niveau d'une connaissance première – entre *deux* parties déjà préalablement données, dont les réalités indépendantes seraient préalablement complètes.

Dans les termes de l'analogie ici proposée, la solution du problème de la consonance entre les lignes mélodiques en question est une sorte de *mélodisation harmonique*, ou, sur le mode du contrepoint en crabe, une harmonisation mélodique, dans les deux cas à partir de la même mélodie.

Mais que deviennent, dans la philosophie transcendentale, le chant et le contre-chant en relation inverse à partir de la même mélodie ? De quelle mélodie s'agit-il ? Les représentations élémentaires et le multiple spatio-temporel tirent leur origine de l'interaction entre le brut empirique et le brut *a priori*. La mélodie-chant sera alors la multiplicité *a priori* ; la mélodie-contre-chant sera cette même multiplicité, mais maintenant appliquée à l'objet de la sensation, devenu le multiple empirique, le divers.

Le contrepoint en crabe, où se montre l'imbrication entre l'empirique et le transcendantal chez Kant, est donc autant le signe d'un unisson au niveau de la mélodie que d'une consonance au niveau de l'harmonie résultant de cette imbrication.

Au niveau d'une connaissance première, il n'y a pas ce qui est déjà prêt dans le commencement ou dans la fin. Par conséquent, l'harmonique ou le connaissable y *devient*, y advient, par l'interaction des mélodies (le chant et le contre-chant en relation inverse). Bien que pensées et dites comme si elles constituaient depuis toujours des singularités horizontales autonomes, ces mélodies deviennent elles-mêmes par une succession conjointe. Apparement irréductibles dans leur identité propre, ces mélodies sont toujours soumises aux rencontres que la simultaneité de ces fluences respectives verticalise nécessairement.

Ubirajara RANCAN DE AZEVEDO MARQUES
(UNESP, Marília)

TRANSCENDANT ONTOLOGIQUE ET TRANSCENDANT LOGIQUE DANS LA THÉORIE DE LA CONNAISSANCE DE KANT

Notre questionnement porte sur la possibilité d'une nouvelle interprétation du transcendant dans la théorie kantienne de la connaissance, à l'écart de toutes considérations métaphysiques et même à l'encontre de celles-ci. Le chemin de recherche proposé passe d'abord par la mise au point des concepts tels que noumène, chose en soi, objet transcendantal, clefs de voûte du système kantien, confrontés au transcendant au sens traditionnel du terme. Par la suite, nous pensons pouvoir dégager un nouvel aspect du concept de transcendant d'un caractère essentiellement logique, à l'opposé de celui de transcendant au sens ontologique.

La distinction des objets en général en phénomènes et noumènes est l'un des thèmes les mieux connus de la *Critique de la raison pure*. C'est aussi le thème le plus discuté, associé qu'il est aux apories de la chose en soi.

En effet, la distinction se fonde sur un présupposé qui offre un intérêt particulier à nos yeux, celui de l'équivalence du noumène et du transcendant. D'un côté, il y a le concept problématique de noumène au sens spécifique où Kant l'entend [1] et, de l'autre, un terme que Kant utilise à plusieurs reprises, surtout lorsqu'il s'agit de rendre manifeste la différence entre le transcendantal et le transcendant [2]. Sont appelés transcendants les principes au-delà du domaine de l'expérience possible. Sont appelés immanents ceux qui se rapportent à toute expérience possible [3]. Dans les *Prolégomènes à toute métaphysique future*, « transcendant » se dit « *überschwenglich* » et dans sa critique de toute théologie spéculative, Kant parle d'« êtres transcendants » (*überschwengliche*

1. CRP, A 286-287 / B 343, AK III, 230 ; OP I, 1008.

2. La définition qui établit la distinction nette entre le transcendantal et le transcendant est reprise dans les *Prolégomènes*, AK IV, 374 ; OP II, 161 et AK IV, 293 ; OP II, 64. Voir également la « Préface » de la seconde édition de la *Critique de la raison pure*, B 25-26, AK III, 43 ; OP I, 777. Nous renonçons à entrer ici dans le débat sur l'équivalence du transcendantal et du transcendant ouvert par des interprètes du kantisme par rapport, par exemple, aux expressions « usage transcendant ou transcendantal » ou encore « idées transcendantales ou transcendantes ». Notre hypothèse de travail maintient la distinction nette des deux concepts.

3. CRP, A 296 / B 352-353, AK III, 236 ; OP I, 1014 : « Aussi, le transcendantal et le transcendant ne sont pas la même chose ».

Wesen)[1]. De même, dans l'« Introduction » de la « Dialectique transcendantale », il explique qu'« *un principe qui repousse ces limites [de l'expérience] et nous enjoint même de les franchir s'appelle transcendant* »[2]. Quant au verbe « transcender », les expressions *überschreiten*, *überfliegen*, *hinausgehen* abondent. On pourrait ainsi multiplier à volonté les exemples. Concluons donc que le terme « transcendant », pris chez Kant au sens de l'ontologie traditionnelle, désigne ce qui est effectivement au-delà de l'expérience, le suprasensible. De son côté, le noumène reste « un quelque chose d'inconnu » (*ein unbekanntes Etwas*). Dans les *Progrès de la métaphysique en Allemagne*, Kant érige sa conviction en principe : *noumenorum non datur scientia*[3]. La connaissance du noumène est impossible, à cause de la limitation de l'entendement humain qui ne possède qu'un seul mode d'intuition, l'intuition sensible, laquelle porte sur les phénomènes. En dehors du monde sensible, on ne peut rien connaître, puisque la condition de toute connaissance reste l'intuition sensible. Mais ce domaine qui s'étend au-delà de l'expérience possible est bien transcendant. Les noumènes sont les purs produits de l'entendement (*intelligibilia*)[4].

Face à l'unité transcendantale de l'aperception, Kant pose le concept de l'unité de tous les phénomènes. C'est le besoin de cette unité que vient satisfaire le concept d'objet transcendantal. On ne peut, en effet, comprendre l'objet transcendantal que dans la mesure où on voit en lui le corrélatif (*correlatum*) de l'unité de l'aperception[5]. Le poser donc comme un objet de connaissance conduit à une impasse. Car on aurait alors ou bien un objet donné par l'intuition sensible, donc un objet particulier, ou bien un pur objet de pensée, autrement dit un noumène. L'objet transcendantal répond justement à la représentation des phénomènes sous le concept d'un objet général[6].

La différence entre objet transcendantal et noumène devient du coup manifeste. L'objet transcendantal est une nécessité logique. Kant qui s'exprime sans équivoque prend toutefois soin de nuancer sa pensée : il le pose comme un principe de tous les phénomènes inconnus à nous. Du côté du noumène, la situation est bien différente. Le noumène est quelque chose qui, par sa nature même, est suprasensible. Il a son propre mode d'existence en tant que problème[7]. Ainsi se dégage sa nature en tant que chose en soi, dont l'existence est annoncée sans réserve dans la « Préface » de la seconde édition de la *Critique*[1].

1. CRP, A 639 / B 667, AK III, 425 ; OP I, 1244.
2. CRP, A 296 / B 353, AK III, 236 ; OP I, 1014.
3. PMA, AK XX, 7, 293 ; OP III, 1246.
4. CRP, A 249, AK IV, 163 ; OP I, 979.
5. *Ibid.*
6. « C'est la pensée tout à fait indéterminée de quelque chose en général. Cet objet ne peut s'appeler noumène ; car je ne sais pas de lui ce qu'il est en soi et je n'en ai absolument aucun concept, sinon celui de l'objet d'une intuition sensible en général, qui est par conséquent identique pour tous les phénomènes » (CRP, A 253, AK IV, 163 ; OP I, 980).
7. Le noumène a à la fois un sens positif, en tant qu'objet d'une intuition autre que l'intuition sensible, et un sens négatif, en tant que non-objet d'une intuition sensible. Voir CRP, B 307,

C'est encore dans les *Prolégomènes* que Kant précise le caractère problématique de la chose en soi :

> Car nous n'avons pas affaire à la nature des *choses en* soi, indépendante aussi bien des conditions de notre sensibilité que de celles de l'entendement, mais à la nature comme objet d'expérience possible [2].

Kant écrit encore :

> Ce serait une absurdité que d'espérer connaître d'un objet quelconque plus que ne renferme l'expérience possible de cet objet [...]. Mais ce serait d'autre part une absurdité encore plus grande que de ne pas admettre du tout de chose en soi, ou de vouloir donner notre expérience pour l'unique mode de connaissance possible des choses [...] et notre entendement discursif pour l'archétype (*Urbild*) de tout entendement possible, et par conséquent de vouloir tenir les principes de la possibilité de l'expérience pour les conditions universelles des choses en soi [3].

L'intensité du langage a de quoi étonner. En face du monde sensible (*Sinnenwelt*), Kant place donc le monde transcendant des purs êtres intelligibles. Le lien de nécessité qui attache l'un à l'autre ces deux mondes est un lien de nécessité logique et ontologique à la fois. Le monde sensible contient simplement des phénomènes qui ne sont pas des choses en soi. Les noumènes sont présupposés par l'entendement justement parce que celui-ci ne connaît les objets de l'expérience qu'à titre de simples phénomènes. L'obligation qui pèse sur l'entendement se fait bien sentir. L'entendement est, en effet, contraint de présumer l'existence des choses en soi à partir des phénomènes. Kant admet ainsi l'existence d'un monde transcendant situé à la limite du monde sensible et servant à délimiter le domaine de l'expérience. Mais ce monde transcendant demeurera à jamais un espace vide (*ein leerer Raum*). S'il n'y avait derrière la raison pure la raison pratique, on serait tenté d'attribuer à la chose en soi une existence purement logique. Mais l'ombre de la raison pratique plane déjà sur la raison pure et les « apories de la chose en soi » persisteront toujours au niveau de la raison pure (théorique). La chose en soi, par son existence en dehors du domaine de l'expérience possible, délimite le transcendant et lui enlève toute prétention à une connaissance complète, puisqu'elle demeure, au fond, elle-même un concept indéterminé et n'a le statut que d'un simple être de pensée, logiquement possible. Mais cette chose en soi est elle-même transcendante. Ainsi se dégage, à notre sens, la nécessité essentielle du transcendant kantien, la nécessité de la chose en soi : Kant pose sa possibilité pour pouvoir, par la suite, librement lui refuser toute détermination ontologique. Et, du coup, le criticisme est sauvé. Si le noumène appartient de par sa nature

AK III, 209-210 ; OP I, 982. En général Kant l'entend dans une signification négative. Voir CRP, B 307, AK III, 210 ; OP I, 983.

1. CRP, B XX, AK III, 13 ; OP I, 742.
2. PMF, § 38, AK IV, 322 ; OP II, 99.
3. PMF, § 57, AK IV, 350-351 ; OP II, 133-134.

même à l'inconnaissable, c'est qu'il appartient bien au domaine du transcendant, et l'équivalence de la chose en soi (noumène) et du transcendant reste toujours intacte au fond de la philosophie kantienne.

Tel est donc le transcendant chez Kant restitué en sa propre figure : à la fois déterminant et indéterminable. Déterminant en ce qu'il marque la frontière jusqu'à laquelle peut s'étendre, de façon valable, l'entendement humain ; indéterminable quant à sa vraie nature, sa *Beschaffenheit*. Est-ce là, cependant, le seul mode d'existence possible du transcendant dans le système kantien ? Le transcendant manifeste-t-il sa présence dans la pensée kantienne uniquement en tant que chose en soi, inconnue et inconnaissable ? Nous sommes personnellement convaincue qu'il serait possible de montrer que dans le criticisme kantien le transcendant se présente sous une autre forme que celle consacrée par le sens traditionnel du terme. Pour ce faire, il faudrait non seulement changer de perspective, mais abandonner le terrain des apories de la chose en soi, aux résonances ontologiques. Il faudrait, en d'autres termes, opérer le passage de l'ontologique au logique. Du transcendant ontologique essentiellement métaphysique, il faudrait passer au transcendant logique, essentiellement formel. Parler ici de transcendant formel et logique signifie le saisir en tant que concept opératoire. Or cela demande un effort sur soi-même pour se débarrasser des préjugés métaphysiques, afin que l'on puisse désormais saisir le transcendant dans sa fonction logique.

La notion qui permet le passage au transcendant logique est celle de liaison (*Verbindung*) ou de synthèse (*Synthesis*). On ne saurait trop insister sur l'importance de l'idée de liaison dans la pensée kantienne. C'est justement la question de Kant sur la possibilité des jugements synthétiques *a priori* qui permet de dégager ce nouvel aspect du transcendant que nous appelons le transcendant logique. Citons deux passages particulièrement éclairants :

> Si je dois aller au-delà du concept A pour en connaître un autre B comme lié avec lui, sur quoi m'appuyer et par quoi rendre possible la synthèse [1] ?

Et

> Nous avons maintenant un des éléments requis pour la solution du problème général de la philosophie transcendantale : *comment des propositions synthétiques* a priori *sont-elles possibles ?* à savoir des intuitions pures *a priori*, l'espace et le temps ; dans ces intuitions, lorsque dans un jugement *a priori*, nous voulons sortir du concept donné, nous trouvons ce qui ne peut pas être découvert *a priori* dans le concept, mais bien dans l'intuition qui lui correspond et peut être lié synthétiquement avec ce concept [2].

Retenons les formules « *sortir du concept donné* » et « *lié synthétiquement avec ce concept* ». Quel est alors le rapport entre le concept et l'intuition ? Si nous nous situons dans le domaine du non-empirique et de la pure abstraction,

1. CRP, A 9 / B 12-13, AK III, 54 ; OP I, 767.
2. CRP, B 75, AK III, 73 ; OP I, 811.

nous pourrions dire que ce rapport est un rapport de transcendance, la transcendance du concept à l'égard de l'intuition. Les formes *a priori* de la sensibilité paraissent ainsi transcender les représentations des objets contenus dans l'espace et le temps. Nous pensons qu'il serait possible de poser les formes *a priori* de la sensibilité comme transcendantes par rapport aux représentations des phénomènes. Bien évidemment, on pourrait nous objecter ici que ce que nous appelons « transcendance des formes *a priori* de la sensibilité par rapport aux phénomènes » ne désignerait, au fond, pas autre chose que leur idéalité transcendantale. Il nous semble pourtant avoir suffisamment dégagé le vrai sens du transcendantal kantien pour comprendre que le transcendant logique ne peut pas se confondre avec le transcendantal. Nous parlons de rapport de transcendance dans le sens d'une extériorité entre la forme de l'intuition et le phénomène. Ce rapport serait un rapport de transcendance formelle dans lequel les deux termes se posent en tant qu'extérieurs l'un à l'autre. Pour qu'il y ait liaison, on doit sortir de l'un pour rejoindre l'autre. Il y a bien mouvement de l'un vers l'autre.

Le transcendant logique joue également au niveau des concepts purs de l'entendement. En effet, dans la définition même du transcendantal on découvre les traces de l'opération synthétique de l'entendement, puisque c'est au moyen des catégories que s'effectue la liaison des concepts *a priori* et des données sensibles. Néanmoins, au sein même de cette liaison, il y aurait quelque chose de paradoxal : le transcendantal, qui est à l'opposé du transcendant ontologique, nous conduit à l'acte de synthèse, acte qui révèle à son tour le transcendant logique. Et pour schématiser : ce qui est exclu d'une définition, la définition de la synthèse, y est réintroduit, sous une autre forme en tant que condition de cette définition. Cette situation fort singulière, au premier abord, cesse de l'être si nous admettons l'existence de deux aspects du transcendant chez Kant. Il y aurait, d'une part, le transcendant ontologique banni du criticisme et, d'autre part, le transcendant logique, qui conditionne le transcendantal lui-même au niveau de la synthèse. C'est la synthèse donc qui servira de guide dans la recherche du transcendant au niveau de l'entendement.

La synthèse est « l'acte d'ajouter les unes aux autres des représentations [...] et de saisir leur diversité en une connaissance » [1]. Le concept kantien de synthèse a, toutefois, ses côtés obscurs. Car, à y regarder de près, nous constatons que Kant en donne une définition générale sans pour autant pousser l'analyse de l'acte plus loin. C'est là une situation que l'on s'explique difficilement. Nous sommes, en effet, bien obligés de reconnaître que tout l'édifice kantien est construit sur un fait que Kant admet comme tel, obligé qu'il est d'en reconnaître la nécessité – toute liaison étant un acte de spontanéité –, mais qu'il n'essaie point d'expliquer, puisque, n'étant l'effet d'aucune cause intelligible, il demeure au fond inexplicable pour l'esprit humain. En parlant de synthèse, Kant nous met en face d'une « fonction de l'âme, aveugle mais

1. CRP, A 77 / B 103, AK III, 91 ; OP I, 832. Voir aussi B 130, AK III, 107 ; OP I, 851-852.

indispensable »[1]. Sur ce mécanisme de l'âme il semble bâtir son système. Car ce mécanisme n'est autre que le mécanisme de la synthèse.

Voyons cela de plus près. La synthèse intervient an niveau de toutes les étapes qui marquent l'acheminement vers la connaissance. Au niveau des sensations sous forme de synopsis du divers, au niveau de l'imagination sous forme de synthèse pure des représentations et, enfin, au niveau de l'aperception en tant que recognition des représentations dans les catégories. C'est, en définitive, sur l'*ego* transcendantal, qui exprime bien l'unité synthétique de la conscience, que Kant fonde la possibilité *a priori* de la connaissance. Cette dernière forme de synthèse garantit la validité objective de notre connaissance des objets. Or, dans la notion même de synthèse, il faut bien voir la relation qui unit les termes. Ce qui frappe dans l'image de cette relation que nous évoquons, c'est l'extériorité que présentent les termes entre lesquels s'opère la synthèse. Les formes *a priori* de la sensibilité sont en dehors du divers des impressions fournies par les sens. Les catégories, de leur côté, sont en dehors des données de l'intuition sensible, qui se trouvent liées entre elles par l'intermédiaire des concepts. Si l'extériorité est la caractéristique essentielle de la transcendance en général, il serait possible d'affirmer que l'*ego* transcendantal qui accompagne toutes nos représentations est transcendant au sens spécifique, c'est-à-dire au sens logique où nous entendons ici le terme. La transcendance liée à l'extériorité caractérise tout « dépassement vers ». Il s'agit donc d'une transcendance logique, qui désigne en son essence une possibilité, la possibilité du dépassement. Nous touchons ici à l'essentiel du transcendant logique : le transcendant cesse d'être un concept métaphysique pour retrouver sa vraie nature de concept logique.

On se tromperait si on ne voyait là qu'une nouvelle formule du transcendantal kantien. Nous ne saurions trop insister sur la distinction que nous avons entrepris de maintenir tout au long de cet article entre le transcendant ontologique, le transcendantal et le transcendant logique. Le premier est un concept métaphysique qui pose l'existence objective et réelle d'un monde intelligible au-delà du monde sensible. Le transcendant logique plonge ses racines dans l'opération même de l'entendement humain. La différence avec le transcendantal tiendrait à une nuance assez subtile. Le transcendantal se rapporte à la faculté de connaître et désigne la possibilité *a priori* de la connaissance. Est transcendantale toute connaissance qui se rapporte à l'origine non empirique des représentations, lesquelles, liées synthétiquement, donnent la connaissance. Le transcendant formel serait un concept purement logique qui se rapporterait à la condition même de possibilité *a priori* de la connaissance, c'est-à-dire à la condition même du transcendantal.

L'*a priori* du transcendant logique ne se rapporte point à l'origine de la connaissance, ni à la possibilité *a priori* des représentations de se rapporter aux objets. Une telle apriorité désignerait le transcendantal. Le transcendant logique,

1. CRP, A 78 / B 103, AK III, 91 ; OP I, 833.

lui, se situe en avant – si la formule nous est permise – de cette apriorité. Il importe de bien saisir que, si le transcendantal se rapporte aux actes de l'entendement, qui fournit les cadres *a priori* et la possibilité d'y ranger les données du divers sensible, c'est grâce à la possibilité formelle de dépassement impliquée dans le transcendant logique, qui rendrait justement possibles ces actes *a priori* de la pensée. Le dépassement serait donc la condition même de la possibilité de toute connaissance synthétique. Bref, le transcendant logique serait la condition du transcendantal.

Nous cherchons à dégager ici un nouvel aspect du transcendant dans la philosophie critique en montrant que cette notion est susceptible de recevoir une signification autre que la signification traditionnelle. En nous plaçant donc dans la double perspective du transcendant ontologique et du transcendant logique, nous visons à un élargissement possible de l'horizon du transcendant, dans le cadre d'une philosophie critique.

Le pouvoir de lier *a priori* est une faculté de l'entendement [1]. Ce que nous soutenons, c'est que là où il y a liaison, il y a transcendance, qui en serait comme la condition formelle. Il ne fait point de doute que cette transcendance serait essentiellement logique, étant la condition de toute liaison, donc de l'opération fondamentale de l'entendement humain. C'est notamment le pouvoir de passer d'un concept à l'autre. Néanmoins, pour pouvoir lier, il faut d'abord pouvoir transcender. Voilà, réduit à son expression la plus simple, le fond de notre pensée.

Certes, on pourrait nous objecter que ce que nous appelons « transcendance formelle » ne désignerait, au fond, pas autre chose que le mécanisme même de la synthèse. L'objection est sérieuse et mérite de retenir notre attention. Pour ce faire, regardons de près, une fois de plus, le mécanisme de la synthèse. C'est dans le chapitre « Du principe suprême de tous les jugements synthétiques » [2] que Kant en offre l'image la plus claire. Il écrit notamment :

> Dès qu'on admet qu'il faut sortir d'un concept donné pour le comparer synthétiquement avec un autre, un troisième terme est nécessaire, dans lequel seulement peut se produire la synthèse des deux concepts [3].

Kant ne semble point questionner la possibilité de « sortir » du concept. Le pouvoir de sortir du concept n'est point contesté. L'apriorité donc, que nous reconnaissons à la transcendance logique à l'intérieur du mécanisme de synthèse, n'est point atteinte ici. Le problème qui préoccupe Kant n'est pas de savoir si l'on peut sortir du concept pour aller à un autre concept entièrement différent du premier. Son attention est portée sur la troisième chose qui rend possible la synthèse. Ce n'est pas tant le processus lui-même que la présence

1. CRP, B 135, AK III, 10 ; OP I, 855.

2. CRP, A 154 / B 193, AK III, 143 ; OP I, 896 : « dans les jugements synthétiques, je dois sortir du concept donné (*soll ich aus dem gegebenen Begriff hinausgehen*), pour considérer [...] quelque chose de tout autre que ce qui était pensé en lui ».

3. CRP, A 155 / B 194, AK III, 144 ; OP I, 896.

de ce « *Drittes* », de ce « *Medium* » qui permet la connaissance synthétique. Et ce « *Drittes* » est l'unité de l'aperception transcendantale. Il va sans dire que l'on ne doit point se méprendre sur le sens du « *hinausgehen* », car Kant utilise le même mot « *hinausgehen* » quand il nous met en garde de ne pas dépasser le domaine de l'expérience possible. Il faut donc marquer la nuance. Ne pas s'aventurer dans le domaine inconnu du transcendant, c'est viser l'existence réelle d'un monde intelligible, c'est désigner le transcendant ontologique. Dans le passage évoqué par nous, « *hinausgehen* » a le sens d'une simple possibilité logique. Il s'agit donc du transcendant formel.

C'est dans un même état d'esprit que Kant formule ses arguments contre les objections soulevées par Eberhard [1] au sujet des jugements synthétiques *a priori*. Nous lisons :

> Car le terme de synthèse indique clairement qu'en dehors du concept donné quelque chose doit encore venir en plus, comme substrat, qui me permette d'aller avec mes prédicats au-delà de ce concept (*mit meinen Prädikaten über ihn hinaus zu gehen*) [2].

Nous constatons, une fois de plus, qu'il ne peut y avoir de confusion entre l'idée de transcendance logique et celle de synthèse transcendantale. La synthèse est le pouvoir d'ajouter un concept à un autre. Or, pour ce faire, deux conditions sont, à notre sens, requises : il faut d'abord qu'il y ait deux choses « en dehors » l'une de l'autre, il faut ensuite le pouvoir de sortir de l'une pour s'orienter vers l'autre, ce qui ne peut se faire qu'en dépassant la première. Ce pouvoir est antérieur à celui de synthèse. C'est en ce sens que nous parlons d'une apriorité du pouvoir de transcender, par rapport au processus de synthèse. Le pouvoir de synthèse consiste dans le fait de « mettre ensemble », ce qui est pleinement indiqué par les termes *Verknüpfung* (*nexus*), *Zusammensetzung* (composition) et en général *Verbindung* (conjonction).

Revenons, une fois de plus, sur la différence des termes « transcendantal » et « transcendant logique » en nous plaçant, pour ce faire, au niveau du schématisme. Comment la subsomption de ces intuitions sous ces concepts et par conséquent l'application de la catégorie aux phénomènes est-elle possible ? Pour aller de l'un à l'autre il faut une véritable μετάβασις εἰς ἄλλο γένος. Entre la catégorie et le phénomène Kant intercale donc le schème, homogène, grâce à la détermination du temps, aussi bien à la catégorie qu'au phénomène. Produit de l'imagination *a priori*, le schème vient donc remplir de signification les concepts, lesquels resteraient autrement vides de sens. Participant à la fois à la catégorie et au phénomène, le schème permet désormais cette μετάβασις εἰς ἄλλο γένος. En tant que transcendantal, il se rapporte à la possibilité *a priori* de l'application de la catégorie au phénomène, en d'autres termes, à la possibilité *a priori* de la connaissance.

1. RE, AK VIII, 187-251 ; OP II, 1309-1389.
2. RE, AK VIII, 245 ; OP II, 1381.

La possibilité de cette application est bien réalisée dans le schème, mais celui-ci ne se laisse inférer ni de la catégorie seule, ni du phénomène seul. Il transcende ainsi les éléments hétérogènes qu'il est appelé à unir. C'est là, pensons-nous, un exemple de plus du transcendant logique qui perce en filigrane dans l'acte de synthèse.

Bien évidemment, le recours au schème kantien n'est qu'un simple essai d'illustration du concept de transcendant logique. Vouloir y voir une explication quelconque du mécanisme même du schématisme transcendantal serait, pour le moins, nous attribuer des intentions qui ne sont point les nôtres. Nous souscrivons bien à ce que Kant, de son aveu même, reconnaît être un mystère de l'âme humaine, un art caché. N'écrit-il pas en effet :

> Ce schématisme de l'entendement pur, en vue des phénomènes et de leur simple forme, est un art caché dans les profondeurs de l'âme humaine, et dont nous aurions de la peine à arracher à la nature les secrets du fonctionnement pour les mettre à découvert sous les yeux [1] ?

Ce mystère de l'âme humaine, nous le respectons dans toute son étendue. Seulement, ayant voulu voir plus clair dans le mécanisme de la synthèse, il nous a été possible de porter l'attention sur un présupposé fondamental qui éclaire, à sa manière, la portée de la pensée kantienne. Admettre le pouvoir de synthèse au départ de la possibilité de la connaissance, c'est admettre implicitement le pouvoir formel de transcender, c'est admettre le pouvoir de dépasser un concept pour aller vers un autre concept. Le concept de transcendant logique désignerait donc le pouvoir de sortir d'un point A pour se diriger vers tous les points extérieurs à A. Ce pouvoir de l'entendement est purement formel. Toutefois, l'explication du mécanisme de ce pouvoir de dépassement reste hors de notre atteinte. Reconnaître le transcendant logique comme condition de la synthèse transcendantale, c'est faire reculer le mystère du côté de la logique. Aller au-delà relève de l'aventure.

Au terme de cette recherche, nous ne pouvons que poser la question qui accompagne inéluctablement toute hypothèse : nos remarques sont-elles concluantes ? En guise de réponse, et reprenant le raisonnement de Kant, nous dirions que si nous n'avons pas pu démontrer le bien fondé de notre hypothèse d'un transcendant logique, nous avons toutefois ouvert la voie à un nouvel ordre de considérations sur le transcendant, autres que celles de la métaphysique, en portant l'attention sur sa signification logique. Car, que l'on maintienne ou non le transcendant comme concept métaphysique dans le cadre de l'ontologie traditionnelle, il ne cesse d'être avant tout un concept. C'est vers ce caractère conceptuel que nous avons orienté notre interprétation du transcendant dans le cadre de la théorie kantienne de la connaissance.

Thérèse PENTZOPOULOU-VALALAS
(Université de Thessalonique)

1. CRP, A 141 / B 180-181, AK III, 136 ; OP I, 887.

LA CONNAISSANCE DE L'IGNORANCE ET LE COMBAT KANTIEN CONTRE LE NOMADISME SCEPTIQUE

Kant a remplacé l'image rurale de la connaissance comme d'un champ à cultiver, qu'il avait adoptée dans la « Préface » à la première édition de la *Critique de la raison pure*, par la métaphore plus connue et plus efficace de la « révolution copernicienne » dans la seconde « Préface ». Dans cette seconde « Préface », il pose, eu égard à la saisie des objets, « la question de la position de l'homme dans le monde », question qui a fait de la découverte de l'astronomie une « *métaphore absolue* », selon l'analyse de Hans Blumenberg [1]. En mettant plus tard de côté l'image plus traditionnelle de la terre, à laquelle est lié le problème de la propriété foncière, Kant a attiré l'attention sur la nouveauté et la radicalité du « changement de méthode dans la façon de penser » [2] qui a été introduit par les sciences rationnelles mathématiques et physiques et dans lesquelles il soutient l'hypothèse « que les objets doivent se régler sur notre connaissance » [3].

Néanmoins, ce changement d'image, de métaphore, n'a pas entamé la conviction de Kant selon laquelle la réalisation de la « connaissance de soi-même » par la raison est la condition nécessaire du bon usage de cette dernière, attendu que cette prise de conscience constitue l'effort de la philosophie critique elle-même. La philosophie critique se présente comme un tournant dans l'histoire de la pensée, dans la mesure où elle a pour objet « la décision sur la possibilité ou l'impossibilité d'une métaphysique en général » [4]. La philosophie critique cherche à établir le titre de propriété de la raison dans le champ des connaissances. C'est une philosophie qui a d'abord pour but de rejeter la présomption des « possessions » imaginaires, dont la perte ne nuit pas à la raison spéculative, parce qu'elle « ne touche que le *monopole des écoles*, mais en aucune façon l'*intérêt de l'homme* » [5].

1. Voir Hans Blumenberg, « Paradigmen zu einer Metaphorologie », *Archiv für Begriffsgeschichte*, vol. VI, Bonn, 1960.
2. CRP, B XVIII, AK III, 13 ; OP I, 740-741.
3. CRP, B XVI, AK III, 12 ; OP I, 739.
4. CRP, A XII, AK IV, 9 ; OP I, 728.
5. CRP, B XXXII, AK III, 19 ; OP I, 749.

Or il n'y a aucun doute qu'une telle prise de conscience du point de vue spéculatif a demandé le soutien d'une représentation schématique de l'histoire de la métaphysique, caractérisée par l'hégémonie des positions opposées du dogmatisme et du scepticisme. Quelques années plus tard, dans la *Preisschrift*, lorsque Kant a tenté d'illustrer en détail le procédé de cette histoire pour y saisir des preuves des progrès récents de la métaphysique, en comparaison avec son immobilité antérieure, il en a donné une reconstruction clairement partisane, influencée par la perspective critique. En effet, dans son mouvement oscillatoire, la première impulsion à la philosophie – alors que les dogmatiques ne se soucient guère de « procéder auparavant à des enquêtes soigneuses sur la possibilité des connaissances *a priori* » [1] – a été compensée par un net et radical « retour en arrière » dû aux sceptiques, retour en arrière que la philosophie critique doit interpréter et corriger. Ce n'est donc pas un hasard si Kant a considéré le « criticisme de la raison pure » comme la dernière des étapes « que la philosophie a dû traverser pour atteindre la métaphysique » [2].

La séquence des étapes prévues par Kant dans la *Preisschrift* suit un ordre logique plus que temporel, comme il l'affirme lui-même, car la prétention dogmatique d'étendre la connaissance par simples concepts au-delà des limites de l'expérience non seulement précède, mais constitue la prémisse de son refus par le sceptique. La position sceptique ne doit pas être conçue comme un correctif de la position dogmatique qui la précède, car ces deux thèses se posent de façon unilatérale en tant qu'égales et opposées. Le sceptique commet l'erreur de celui qui, en raison des erreurs précédentes, exclut que nous puissions commencer une nouvelle route. Le sceptique croit préférable de s'arrêter, sans « tenter aucune progression ultérieure » [3]. Plus encore, il étend à tort « la doctrine du doute jusqu'aux principes de la connaissance du sensible » [4] à cause des manquements répétés de la raison imputables aux dogmatiques.

Par conséquent, si la position sceptique est dite venir après la position dogmatique, c'est parce qu'elle représente une réaction aux « projets et présomptions de conquêtes dans le champ du suprasensible », où il n'y a pas de possibilité de vérification et où l'on ne peut obtenir de « connaissance plus profonde » [5]. Mais le scepticisme est une réaction qui, méprisant toute prétention à la connaissance, tombe surtout dans un vice, à savoir le doute à outrance. Il en résulte que le sceptique va au-delà d'une simple suspension de la croyance au sujet de la correspondance épistémique entre la réalité et la façon dont les choses se présentent à nous, en faisant du doute le but et par conséquent la condition insurmontable de la pensée.

1. PMA, AK XX, 7, 262 ; OP III, 1218.
2. *Ibid.*
3. PMA, AK XX, 7, 263 ; OP III, 1219.
4. *Ibid.*
5. *Ibid.*

Kant propose, quant à lui, une démarche plus fine que l'attitude sceptique de méfiance excessive. Sa démarche transcende toutes les objections imaginables sur la possibilité d'atteindre la connaissance. Kant distingue néanmoins les formes modérées et les formes radicales du scepticisme, selon que le sceptique admet, ou non, que « certaines connaissances sont plus fiables que d'autres » [1]. Le sceptique entend non seulement attaquer la prétention dogmatique « de progresser seulement avec une connaissance pure par concept (la connaissance philosophique) », mais encore suspendre temporairement le travail de la tradition (non le consensus autour de certaines assertions). En effet, le sceptique conçoit cette suspension temporaire de la croyance comme une approche tactique destinée à dissiper toute position qui puisse interférer dans les travaux de l'enquête critique, laquelle consiste pour la raison à opérer une « critique préalable de son pouvoir propre » [2] et à fournir ainsi « la préparation nécessaire pour promouvoir une métaphysique ayant valeur de science » [3]. Par conséquent, la distinction entre la philosophie critique, d'une part, le dogmatisme et le scepticisme, d'autre part, n'empêche pas Kant de reconnaître l'utilité d'un scepticisme modéré, parce qu'un tel scepticisme doute de la prétention dogmatique à maintenir un écart entre les connaissances et l'expérience et parce qu'un tel scepticisme modéré conçoit le doute comme provisoire par rapport au « *procédé dogmatique* de la raison dans sa connaissance pure comme science » [4], qui reste, selon Kant, un modèle idéal.

Comme on le sait, Kant avait déjà motivé la nécessité d'une critique de la raison pure dans le cadre d'une histoire de la métaphysique dominée par les dogmatiques et les sceptiques. Dans la « Préface » à la première édition de la *Critique de la raison pure*, dogmatiques et sceptiques apparaissent comme les représentants de ceux qui semblent s'opposer à l'existence d'une « constitution civile » : les dogmatiques y apparaissent comme l'incarnation d'un pouvoir « despotique », les sceptiques, comme l'expression d'une résistance pure et simple à l'établissement de tout « lien social » [5]. Ici, les sceptiques, que Kant compare à des nomades détestant tout établissement stable sur le sol, n'incarnent pas ceux qui décideraient de ne faire aucun pas dans le champ de la connaissance, accablés par un dilemme reflétant une situation objective d'incertitude. Ils ressemblent plutôt à ces bergers sans abri et errant sans cesse, dont Kant a parlé dans son essai de 1786, les *Conjectures sur les débuts de l'histoire humaine*. En termes explicites, ils sont des nomades de la pensée : les sceptiques se déplacent sur les positions des dogmatiques de façon parasitaire, parce qu'ils font du doute une limite théoriquement infranchissable. C'est la raison pour laquelle ils ne construisent rien et ne laissent rien derrière eux, à

1. R. H. Popkin et A. Stroll, *Skeptikal Philosophy for Everyone*, New York, Prometheus Books, 2002.
2. CRP, B XXXV, AK III, 21 ; OP I, 751.
3. CRP, B XXXVI, AK III, 21 ; OP I, 751.
4. CRP, B XXXV, AK III, 21 ; OP I, 751.
5. CRP, A IX, AK IV, 8 ; OP I, 726.

l'exception de la confusion causée dans les rangs des dogmatiques, dont ils contestent la prétention à la connaissance.

Ce qui nourrit l'incertitude kantienne à l'endroit de la connaissance ainsi que la quête kantienne d'une « législation » de la raison, ce sont non seulement les conflits entre dogmatiques – conflits incurables par l'utilisation de principes qui « ne connaissent plus désormais de pierre de touche prise à l'expérience » [1] –, mais encore les incursions périodiques des sceptiques. La culture du sol nécessite « des habitations fixes », tandis que la « défense contre les agressions suppose une quantité d'hommes se prêtant mutuellement appui », ce qui exige « les premiers rudiments de la constitution civile et de la justice publique » [2]. Ces rudiments de constitution civile sont nécessaires pour assurer un bien qui ne peut devenir « péremptoire » que dans « un état de droit vraiment existant », et non dans un état « *provisoirement juridique* » [3].

En effet, s'il est vrai, comme le soutient Locke, que le travail établit la propriété des hommes sur les biens enlevés à l' « état commun (*common state*) » et que « cette appropriation d'une partie du sol » [4] ne cause pas de dommage à autrui, il est aussi vrai que le travail ne peut établir aucune possession réelle. Car seule une « volonté obligeant tout un chacun, donc collectivement universelle (commune) et toute-puissante », peut assurer « le mien et le tien extérieur », selon l'expression kantienne, et en même temps « procurer à chacun cette sécurité » [5]. Par conséquent, de même que la protection de la propriété exige la reconnaissance de l'obligation mutuelle, et que celle-ci demande à son tour l'existence d'une « loi générale externe (publique) ayant autorité » [6], de même, la poursuite de la connaissance nécessite la reconnaissance d'un pouvoir judiciaire, capable de garantir à la raison une « possession durable » [7].

Peut-être cette interprétation accorde-t-elle un poids excessif au sens des métaphores. Mais c'est bien l'usage des métaphores – y compris celle du « tribunal de la raison » – qui nous impose ici un effort supplémentaire dans la compréhension de la pensée kantienne et exige donc l'approfondissement de ce que ces métaphores suggèrent de façon intuitive. Il est vrai qu'on mentionne souvent la métaphore de la « révolution copernicienne » en lien avec la question fondamentale qu'exprime le *quid juris* ?, sans déterminer le contexte que suppose l'institution d'un tribunal de la raison.

Avec cette révolution copernicienne, il s'agit évidemment d'une révolution sans effusion de sang, qui implique un simple renversement de perspective, et non l'usage de la force par le peuple souverain (comme lors de la Révolution

1. CRP, A VIII, AK IV, 7 ; OP I, 725.
2. CDH, AK VIII, 119 ; OP II, 519.
3. MM, DD, AK VI, 257 ; OP III, 509.
4. Voir John Locke, *An Essay Concerning the True Original, Extent, and End of Civil Governement*, London, 1690, V, 28-33.
5. MM, DD, AK VI, 256 ; OP III, 508.
6. *Ibid.*
7. CRP, B XV, AK III, 11 ; OP I, 738-739.

française) [1], mais qui marque pourtant un changement radical, ou plutôt un commencement traumatique, en vue du progrès dans le champ du savoir philosophique. Des deux phénomènes désignés par le terme de « révolution » – le renversement violent de la Constitution et le changement structurel à long terme [2] – Kant a préféré le second, bien qu'on puisse affirmer, compte tenu de la valeur qu'il a attribuée au consensus universel et durable lié au processus cumulatif de l'apprentissage en général, qu'un progrès constant de la connaissance ne peut résulter d'une telle révolution que si l'on interprète celle-ci comme la première et la dernière révolution dans l'histoire. Kant pensait à cela lorsqu'il suggérait l'examen des principes de la connaissance comme la seule façon de réaliser une révolution dans les domaines de la connaissance et comme la seule manière d'atteindre une façon de penser qui soit fondée. Seul un tel examen critique de la raison instaure une façon de penser à laquelle s'attache enfin le « respect sincère que la raison accorde seulement à ce qui a pu soutenir son libre et public examen » [3]. Seul ce qui supporte la critique se révèle justifié dans ces domaines.

À cet égard, nous pouvons faire encore une comparaison entre le tribunal de la raison critique en matière de connaissance et la partie de la théorie du droit à partir de laquelle Kant a façonné sa pensée politique, y compris l'idée de parvenir à un succès des Lumières en respectant l' « obéissance » à l'ordre et en professant « l'esprit de liberté ». Selon cette théorie, toute résistance du peuple au « pouvoir suprême législatif » est interdite, mais le « citoyen de l'État » est autorisé à « faire connaître publiquement son avis sur ce qui, parmi les dispositions prises par le souverain, lui semble constituer une injustice envers la communauté » [4]. Il appartient à cette communauté, dont l'existence suppose un « état juridique » ou « civil », de concevoir un « état de rapport mutuel où se trouvent les individus dans un peuple ». Une telle communauté civile suppose donc la sortie hors de l'état de nature « où chacun n'en fait qu'à sa tête » [5]. Or cet état de nature est celui dans lequel semble demeurer la métaphysique en l'absence de la critique. Avant la critique, le procédé des dogmatiques s'oppose à celui des sceptiques, qui ont raison de nier le pouvoir « despotique » des dogmatiques, pouvoir fragmenté en nombreux potentats locaux qui se combattent et créent une situation d'anarchie. Mais selon Kant, les sceptiques n'ont aucun intérêt à ce que s'instaure un pouvoir qui rejette le principe même de la terre et des biens (de la propriété ou possession stable). Voici donc justifiée la critique de la raison pure, qui doit à la fois contester les revendications illégitimes des dogmatiques et rendre inoffensives les incursions des sceptiques, en visant à déterminer les conditions nécessaires à la création d'un

1. R. Koselleck, « Revolution, Rebellion, Ausfruhr, Bürgerskrieg », dans *Geschichtliche Grudbegriffe, Historisches Lexikon zur politisch-sozialen Sprache in Deutschland*, O. Brunner, W. Conze, R. Koselleck éd., Bd. 5, Stuttgart, Klett-Cotta Verlag, 1994, p. 726.

2. R. Koselleck, art. cit., p. 653.

3. CRP, A XI, note, AK IV, 9 ; OP I, 727.

4. TP, AK VIII, 304 ; OP III, 288.

5. MM, DD, AK VI, 311-312 ; OP III, 575-576.

ordre (civil) dans le domaine de la métaphysique. De telle sorte que la révolution proclamée doit être accompagnée par l'action d'un tribunal, dont l'autorité se situe au plus haut niveau, puisque la critique « n'est pas impliquée dans les controverses en tant qu'elles portent immédiatement sur les objets, mais elle est établie pour déterminer et juger les droits de la raison en général, suivant les principes de son institution primitive » [1]. Tout comme le *contrat originaire* par lequel une « communauté » est établie en vertu de la loi, cette institution de la raison doit être conçue comme « une *simple idée* de la raison », et non pas prise « comme *fait* » [2]. Sa fonction est en effet de réglementer l'activité de la pensée selon des principes incontestables, et non pas de montrer aux législateurs « la pierre de touche de la légitimité de tout le droit public » [3]. L'idée que l'autorité de la raison garantit une concurrence pacifique s'harmonise avec l'idée que la « tranquillité d'un état légal » [4] est précisément ce qui distingue l'état juridique de l'état de nature. Car « pour être à l'abri de tout acte d'hostilité, il ne suffit pas qu'il ne s'en commette point ; il faut qu'un voisin garantisse à l'autre sa sûreté personnelle, ce qui ne saurait avoir lieu que dans un état de législation » [5].

« Il faut donc que l'état de paix soit établi » [6]. Cet idéal, qu'on trouve aussi dans le *Projet de paix perpétuelle*, apparaît pour la première fois dans un passage important de la première *Critique*, dans la « Doctrine transcendantale de la méthode ». Ici, la comparaison de la guerre avec un procès pousse Kant à remarquer que « ce qui met fin aux querelles dans le premier état, c'est une *victoire* dont se vantent les deux partis et qui n'est ordinairement suivie que d'une paix mal assurée, établie par l'intervention de l'autorité publique, mais dans le second, c'est une *sentence* qui, atteignant à la source même des disputes, doit amener une paix éternelle » [7]. La guerre et le procès représentent deux façons, l'une rude et l'autre civile, de procéder à la résolution des conflits. Ils ont une efficacité différente, car l'utilisation de la violence ne garantit pas la fin des intimidations réciproques, ne supprimant pas leur cause, tandis que la soumission à l'autorité de la loi, appliquée d'une manière appropriée, est le préalable à une solution pacifique et durable de tous les différends.

Des années plus tard, dans sa « Doctrine du droit », Kant souligne le fait que l'état de nature ne doit pas être compris comme « un état d'*injustice* (*iniustus*) où les hommes ne se rencontrent que pour mesurer leur force » uniquement sur la base de la violence, mais plutôt comme « un état où les lois sont absentes (*status iustitia vacuus*) », et caractérisé par l'absence d'un « juge

1. CRP, B 779, AK III, 491 ; OP I, 1326.
2. TP, AK VIII, 297 ; OP III, 279.
3. *Ibid.*
4. CRP, B 779, AK III, 491 ; OP I, 1326.
5. PPP, AK VIII, 349 ; OP III, 340.
6. *Ibid.*
7. CRP, B 779-780, AK III, 491-492 ; OP I, 1326.

qui a la compétence de rendre exécutoire la sentence » avec force de loi [1]. Mais, dans la *Critique de la raison pure*, où le but était d'expliquer la fonction du tribunal de la raison, Kant utilise, en l'instrumentalisant, la théorie de Hobbes, pour faire comprendre qu'il faut rechercher la condition de la paix philosophique « dans quelque critique de cette raison même et dans une législation qui s'y fonde » [2], étant entendu que « l'état d'illégalité et de violence » existant dans l'état de nature est assimilable à l'état où se débat encore la métaphysique, exposée aux « diatribes sans fin d'une raison purement dogmatique ».

Néanmoins, cette référence à l'instauration d'un état juridique ne limite pas la fonction de la critique à un certain stade. Si en un sens, comme critique de la raison pure, elle répond à l'exigence de fonder une connaissance universelle et nécessaire, en trouvant les principes sur lesquels repose un « état des connaissances », en un autre sens, comme activité d'examen, elle fait partie des droits qui peuvent s'exercer dans un État auquel ne peut s'appliquer qu'une constitution républicaine.

Or il serait naïf de la part de Kant de penser qu'après l'institution de « la tranquillité d'un état légal », les membres de cette « république de savants » n'ont plus qu'à vivre et à travailler avec diligence (même s'ils sont en compétition les uns avec les autres), sans rencontrer de résistance de l'extérieur. Kant n'a pas commis cette erreur d'appréciation. En effet, la revendication « d'exposer publiquement au jugement les réflexions et les doutes qu'on ne peut résoudre soi-même, sans être décrié, pour cela, comme un citoyen turbulent et dangereux » [3] joue, dans le texte de la première *Critique*, comme un appel à la liberté politique au nom d'une idée de constitution républicaine appliquée à la pensée. Il s'agit de la constitution dans laquelle est établi le « droit primitif de la raison humaine, laquelle ne connaît d'autre juge que l'universelle raison humaine, où chacun a sa voix » [4].

Par conséquent, si le philosophe des Lumières a défini ce droit sacré et inviolable, le philosophe critique a considéré « très peu sensé de proclamer dangereuses certaines assertions hasardées ou certaines attaques inconsidérées contre les choses qui ont déjà pour elles l'assentiment de la plus grande et de la meilleure partie du public » [5]. Dans ce cas, Kant est convaincu que la « critique transcendantale » suffit à montrer l'incohérence des déclarations qui tombent « hors du champ de l'expérience possible et, par conséquent aussi, hors des limites de toute pénétration humaine » [6]. La défense du droit de soumettre au « libre et public contrôle » toute croyance rationnelle ne l'a donc pas empêché de

1. MM, DD, AK VI, 312 ; OP III, 577.
2. CRP, B 780, AK III, 492 ; OP I, 1326.
3. *Ibid.*
4. CRP, B 780, AK III, 492 ; OP I, 1327.
5. *Ibid.*
6. CRP, B 781, AK III, 492 ; OP I, 1327.

prendre une position intransigeante contre les « assertions sans fondement », lesquelles doivent être combattues comme toutes les « illusions nuisibles » [1].

De ce point de vue, nous pouvons considérer Kant comme un héritier de ce courant « justificationiste », qui affirme – selon Imre Lakatos – que « la connaissance est connaissance démontrée, et que l'accroissement des connaissances est accroissement de la connaissance démontrée, qui, bien sûr, est *eo ipso* cumulative » [2], bien que les choses soient plus complexes dans son cas. Car l'adoption du critère de l' « accroissement de l'*épistémè* rationnelle », en tant que « signe distinctif du progrès » dans les divers domaines de connaissances, y compris en métaphysique, imposait à Kant la tâche de trancher les controverses entre les différents partisans de l'*épistémè* à propos des assertions prouvables, aussi bien qu'à propos de ce qui appartient vraiment à la connaissance : la découverte des « vérités ultimes et définitives » ou, plus concrètement, la « description des apparences » [3].

Toutefois, il serait préférable de voir en Kant un héritier critique du traditionnel justificationisme, compte tenu de son effort pour séparer la « connaissance scientifique » de la « connaissance théologique », connaissances qui étaient encore réunies dans la philosophie moderne [4]. Son idée de la connaissance, dans la mesure où elle repose sur les concepts et les principes *a priori* et se traduit en assertions fondées ne s'écartant pas de l'expérience possible, le conduit à se méfier de toute prétention justificationiste (dogmatique) : « découvrir la Vérité (essentielle) » et « prouver que c'est la Vérité » sur la base d'un procédé hypothétique [5]. Et, en effet, Kant était si convaincu qu'il n'y a rien de plus interdit en philosophie que le simple opiner et que l'utilisation d'hypothèses, qu'il a adressé également à sa propre réflexion critique l'interdiction d'utiliser une telle « marchandise prohibée ». « Car toute connaissance qui doit être fermement établie *a priori* donne d'elle-même à entendre qu'elle veut être tenue pour absolument nécessaire ; plus encore en ira-t-il d'une détermination de toutes les connaissances pures *a priori*, qui doit être la mesure et par là même l'exemple de toute certitude apodictique (philosophique) » [6].

Mais Kant n'avait pas uniquement le projet d'introduire une mesure pour évaluer le procédé de la philosophie guidée par des critères scientifiques. Son effort pour « trouver un terrain plus solide pour y élever son système rationnel et salutaire » [7] révèle un but plus large que la fondation d'une connaissance universelle et nécessaire, puisque, outre la « restriction de toute la connaissance spéculative seule possible de la raison aux simples objets de

1. CRP, B 783, AK III, 494 ; OP I, 1329.
2. I. Lakatos, *The Methodology of Scientific Research Programmes. Philosophical Papers Volume I*, édité par J. Worrall et G. Currie, Cambridge, Cambridge University Press, 1978.
3. Voir *ibid.*
4. Voir *ibid.*
5. Voir *ibid.*
6. CRP, A XV, AK IV, 11 ; OP I, 729-730.
7. CRP, B 784, AK III, 494 ; OP I, 1329.

l'*expérience* » [1], la critique de la raison pure doit viser à sauver la possibilité de penser ce qui vient d'un usage de la raison libéré de l'expérience et qui doit être attribué au programme d'une métaphysique élevée au rang de science.

À partir de là, nous comprenons le double sens dans lequel Kant a proposé à la réflexion le mot « ignorance » (*Unwissenheit*). Ici, la prise de conscience de l'ignorance est à la fois une prémisse de la volonté de savoir et un signe de maturité atteint par la réflexion critique, par rapport à la prétention de connaître des objets dépassant les frontières de l'expérience possible. Car « toute ignorance est ou bien l'ignorance des choses, ou bien l'ignorance de la détermination et des limites de ma connaissance » [2]. Il y a, en effet, pour Kant deux types d'ignorance : l'une doit être liée à l'enquête « dogmatique » des choses, et l'autre doit être vérifiée par l'enquête critique sur les limites de la connaissance. Par différence avec une ignorance accidentelle, l'ignorance « absolument nécessaire », en tant que limite de l'enquête, est une arme à soustraire aux sceptiques, du moins lorsqu'ils ont l'intention de soulever des doutes simplement pour « recommander la conviction et l'aveu de leur ignorance, non seulement comme un remède contre la présomption dogmatique, mais en même temps comme la manière de terminer le conflit de la raison avec elle-même » [3].

Il s'agit d'un but que Kant a cherché à atteindre par une voie différente de celle indiquée par les sceptiques et trop semblable, selon lui, à un « raccourci » écourtant le chemin et aboutissant à l'immobilité. Pour Kant, l'illusion des sceptiques est de croire atteindre le but souhaité en traitant les positions opposées comme équivalentes, dans une voie sans succès qui reflète « un dessein tout à fait vain et qui n'est nullement propre à procurer le repos à la raison » [4]. Au fond de l'illusion sceptique, il y a le malentendu d' « une paix philosophique durable (*einer beharrlichen philosophischen Ruhe*) » [5], que les sceptiques conçoivent comme une stabilité artificielle, qui, sans éliminer les motifs de conflit entre les différentes théories, repose sur le mutuel désistement suggéré par le fait qu'aucun d'entre eux n'a la capacité de l'emporter sur les autres. Bien sûr, c'est là une mauvaise façon de trancher les différends, mais qui n'est pas dangereuse comme l'est celle des dogmatiques, lesquels agissent comme ces États qui visent à l'union des nations, mais au moyen d'une politique de conquête visant à incorporer les autres États en vue d'une « monarchie universelle » [6].

Par conséquent, si, du point de vue politique, le problème le plus pressant est l'institution d'un ordre juridique capable d'assurer – grâce à l'accord le plus large sur les principes – une paix que le despotisme n'est capable ni de

1. CRP, B XXVI, AK III, 16 ; OP I, 745.
2. CRP, B 786, AK III, 495 ; OP I, 1331.
3. CRP, B 785, AK III, 495 ; OP I, 1330.
4. *Ibid.*
5. *Ibid.*
6. PPP, AK VIII, 367 ; OP III, 361.

promouvoir ni de garantir, une paix qui ne saurait s'élaborer « sur la mort de la liberté et l'extinction de toutes les forces, mais sur l'équilibre qu'elles gardent entre elles malgré la lutte qui résulte de leur diversité » [1], en revanche, du point de vue épistémologique, la question clé était pour Kant de construire un système de la connaissance défini en termes de principes et ouvert aux objets s'offrant à la connaissance. Il est vrai que seule une communauté scientifique aurait contribué, selon Kant, à cette acquisition des connaissances, et une communauté qui, bien qu'animée par un esprit de rivalité, ne soit pas déchirée par les conflits, grâce à des principes posés au départ par ses membres et grâce à des critères qui – selon l'expression de Stanley Cavell – « ne déterminent pas la certitude des assertions, mais l'application des concepts dans les assertions », puisque « nos jugements *sont* publics, et donc partagés » [2]. Or, comme l'histoire de la pensée l'enseigne, les critères retenus par la communauté scientifique ne peuvent être soustraits aux objections des sceptiques, sauf à s'appuyer sur la caution que représente une nécessité pratique qui soutiendrait, au fond, aussi les connaissances.

C'est la raison pour laquelle le procédé des sceptiques semble stérile. Incapable de contenter la raison [3], le procédé sceptique pousse inutilement le doute au-delà de toute justification, jusqu'à tout écarter « sans rien utiliser », comme Kant le note avec sarcasme dans l'*Annonce de la prochaine conclusion d'un traité de paix perpétuelle en philosophie* [4]. Toutefois, le procédé sceptique peut être utile, si nous identifions le problème de l'ignorance en son vrai sens. Il faut en effet comprendre l'ignorance comme quelque chose « qu'on ne supprimera jamais entièrement », avec la conscience de n'en savoir jamais assez, et l'aborder à partir de l'enquête critique, et non à partir de la simple observation. Autrement dit, il faut comprendre que « la connaissance de l'ignorance de la raison, qui n'est possible que par la critique de la raison même, est donc une *science* » [5]. Ou plutôt, il faut concevoir cette connaissance comme une prémisse de la science, que nous pouvons bien considérer comme « objective » si elle cesse de faire des mélanges incorrects et si l'on refuse les vérités qui s'étendent hors de sa portée. Mais ceci exige à son tour que cette science de l'ignorance parvienne à comprendre le « périmètre » de la connaissance, c'est-à-dire à déterminer « la grandeur » et « les bornes » de ce dernier [6], pour reconnaître et corriger ses erreurs.

Antonio CARRANO
(Université de Naples)

1. PPP, AK VIII, 367 ; OP III, 362.
2. S. Cavell, *The Claim of Reason. Wittgenstein, Skepticism, Morality, and Tragedy*, Oxford University Press, 1979.
3. Voir C. Ferrini, « Modernità di una storia antica : Kant, Hegel e lo scetticismo », dans *Scetticismo. Una vicenda filosofica*, édité par M. De Caro et E. Spinelli, Roma, Carocci, 2007.
4. APC, AK VIII, 415 ; OP III, 422.
5. CRP, B 786, AK III, 495 ; OP I,1331.
6. Voir CRP, B 787, AK III, 496 ; OP I, 1332.

À LA RECHERCHE DU TEMPS PROFOND. LA CONTRIBUTION DE KANT À L'HISTOIRE DE L'UNIVERS

Dans son livre *Temps et récit*, Paul Ricœur s'interroge sur l'impact qu'a eu chez les philosophes « l'extension de l'échelle du temps de six mille ans à six milliards d'années » [1]. Pendant des siècles, l'idée chrétienne de Création divine s'était imposée, contre l'univers aristotélicien sans commencement ni fin, et les évaluations de l'âge de la Terre étaient faites pour l'essentiel dans un cadre théologique : elles étaient calculées sur la base de l'Ancien Testament, par le comptage des générations à partir de la Création. Cette méthode n'était pas très précise. Donnons deux points de repère. Au IIe siècle après J.-C., Théophile, évêque d'Antioche, calcule qu'en 169, la Création du monde remontait à 5 695 ans [2]. En 1738, Alphonse de Vignoles, dans la préface de sa *Chronologie de l'histoire sainte*, ne dénombre pas moins de 200 estimations différentes, qui vont de 3 483 à 6 984 ans. Dans cette perspective théologique, l'âge de la Terre coïncidait avec celui de l'Univers, créé par Dieu au même moment (« Au commencement, Dieu créa le ciel et la terre »), et les échelles de temps cosmologique, géologique et humaine étaient homogènes, car elles découlaient d'une même origine commune. Du dernier tiers du XVIIIe siècle à nos jours, cette homogénéité a volé en éclats. L'évaluation de l'âge de la Terre d'abord par la géologie naissante, à laquelle s'est ajoutée la thermodynamique dans le courant du XIXe siècle, est passée progressivement de 75 000 ans, selon les travaux pionniers de Buffon publiés en 1778, à 4,55 milliards d'années, établi en 1955 par Patterson à l'aide de l'étude de la radioactivité [3]. L'âge de la Terre a été différencié de celui de l'Univers, considéré comme près de trois fois plus ancien.

Le décalage temporel énorme entre la formation de la Terre (– 4,55 milliards d'années) et l'apparition de l'espèce humaine (– 2 millions d'années pour l'*homo habilis*, – 100 000 ans pour l'*homo sapiens sapiens*) est une découverte progressive étalée de la fin du XVIIIe au XXe siècles, dont on a coutume d'attribuer le coup d'envoi aux expériences de Buffon sur le

1. Paul Ricœur, *Temps et récit*, t. III, Paris, Seuil, 1985, p. 134.

2. *Cf.* Pascal Richet, *L'âge du monde. À la découverte de l'immensité du temps*. Paris, Seuil, 1999, p. 57.

3. P. Richet, *op. cit.*, p. 327.

refroidissement des corps réalisés dans sa célèbre forge. Considérant que la Terre a été à l'origine une masse de matière arrachée au Soleil par une comète, puis un globe en fusion qui s'est peu à peu refroidi pour prendre sa figure actuelle, avec les continents et les océans, il fit calculer le temps que des boules de diverses tailles et densités chauffées à blanc mettent à retrouver leur température initiale. À l'aide de ses observations, il proposa des évaluations pour l'âge de la Terre, ainsi que pour celui des autres planètes du système solaire et de leurs satellites. Buffon publia les résultats de ses calculs en 1778, dans *Les époques de la nature*. Mais dès 1775, il avait rendu publiques ses découvertes : on a retenu les 75 000 ans révolutionnaires de la Terre – elle aurait mis plus exactement 74 832 années à trouver sa température actuelle –, mais on peut mentionner également les 240 451 ans de Jupiter [1] ! Dans ses carnets non publiés, Buffon évoque 10 millions d'années pour la Terre [2]. Cette extension de l'échelle du temps cosmologique, loin au-delà des 5 000 à 6 000 ans de la Création admis par l'Église, ne peut pas ne pas avoir des conséquences sur la conception du temps. Quelle était la représentation que Kant pouvait avoir à son époque de l'âge de l'Univers, de l'âge de la Terre et de l'apparition de l'espèce humaine ? Kant a-t-il eu connaissance des travaux de Buffon ? En a-t-il tenu compte d'une manière ou d'une autre [3] ? Si tel est le cas, comment a-t-il pu intégrer l'idée d'immensité du temps dans la première *Critique*, qui soutient la thèse de la « réalité subjective » du temps [4] ?

Comme l'a montré Jean Ferrari, Kant a lu Buffon, surtout l'*Histoire naturelle, générale et particulière* de 1749, traduite en allemand dès 1750 [5]. On trouve également chez lui des références implicites aux *Époques de la nature* de 1778 [6]. Mais il n'a pas attendu cet ouvrage pour proposer, dans son écrit précritique de 1755, l'*Histoire générale de la nature et la théorie du ciel*,

1. « Recherches sur le refroidissement de la terre & des planètes ; fondements des recherches précédentes sur la température des planètes », *Histoire naturelle*, supplément 2, cité par Martin J. S. Rudwick, *Bursting the Limites of Time. The Reconstruction of Geohistory in the Age of Revolution*, Chicago & London, The University of Chicago Press, 2005, p. 128.

2. Pascal Richet, *op. cit.*, p. 133.

3. Ces questions de datation ne sont pas soulevées dans les travaux récents sur Kant et les sciences (*cf.* Michael Friedman, *Kant and the Exact Sciences*, Harvard University Press, 1992, et Eric Watkins (éd.), *Kant and the Sciences*, Oxford/New York, Oxford University Press, 2001, qui n'abordent pas le rapport de Kant à la géologie naissante). Erich Adickes a consacré une longue étude à la théorie kantienne du ciel et à son histoire de la nature (*Kant als Naturforscher*, Bd. II, Berlin, Walter de Gruyter, 1925, p. 221 *sq.*), sans toutefois s'intéresser au problème du temps profond. Il se contente de remarquer dans une note (p. 361, note 2) que Kant pense que l'histoire de la Terre comporte une durée bien plus grande que celle tirée de l'Ancien Testament.

4. CRP, A 37 / B 53, AK III, 62 ; OP I, 797.

5. *Cf.* Jean Ferrari, « Kant lecteur de Buffon », dans *Buffon 88*, actes du colloque international pour le bicentenaire de la mort de Buffon, Paris, Montbard, Dijon (14-22 juin 1988) sous la direction de Jean Gayon, Paris / Lyon, Vrin / Institut interdisciplinaire d'études épistémologiques, 1992, p. 155-163.

6. Dans l'écrit *Sur les volcans lunaires* de 1785, trad. J. Seidengart, dans *Nature, Croyance, Raison. Mélanges offerts à Sylvain Zac*, Cahiers de Fontenay, ENS Fontenay/St-Cloud, 1992, p. 181, AK VIII, 76, et dans la CRP, A 469 / B 497, AK III, 326 ; OP I, 1122, textes dans lesquels Kant conteste l'idée d'une première époque de la nature.

des évaluations pour l'âge de la Création très supérieures au dogme des 6 000 ans. Dans le texte de 1755, le jeune Kant expose, sous couvert d'anonymat, sa propre théorie de la formation de l'Univers selon les principes de la mécanique newtonienne. Il s'appuie sur Buffon pour étayer l'idée que les corps célestes ont été constitués mécaniquement par le jeu des forces fondamentales de la matière, en l'occurrence l'attraction et la répulsion [1]. Mais il s'en sépare sur au moins deux points. Il substitue à l'hypothèse de la formation de la Terre à partir d'un morceau du Soleil arraché par une comète, celle d'une nébuleuse dont la condensation par la force d'attraction aurait constitué le système solaire, idée qui sera développée par Laplace en 1796. Son projet est également plus ambitieux. Il ne s'agit pas seulement d'expliquer la formation de la Terre et du système solaire, mais celle de l'Univers tout entier. La « théorie du Ciel » kantienne entend englober et dépasser la « théorie de la Terre » de Buffon. Dans la cosmogonie kantienne, Dieu n'intervient qu'au commencement pour créer la matière avec ses lois mécaniques immanentes, qui suffisent ensuite pour expliquer la formation des planètes. Avec une certaine prudence, Kant prend ses distances vis-à-vis de la preuve qu'il appellera plus tard « physico-théologique » de l'existence de Dieu. L'ordre et la beauté de l'Univers ne proviennent pas de la main immédiate de Dieu, mais des lois du mouvement. En congédiant discrètement Dieu de l'histoire de l'Univers dans son développement, Kant débarrasse le monde de toute cause finale. Par exemple, l'existence d'un vent quotidien sur l'île de la Jamaïque, sans lequel elle serait rendue inhabitable par la chaleur, n'est pas due à la providence divine au service de sa créature, l'homme, mais simplement à des causes naturelles liées aux propriétés générales de l'air [2]. La mécanique chasse la téléologie, et l'homme n'est plus ni le centre, ni le but de la création.

On peut distinguer six étapes dans l'histoire de la nature dont Kant fait le récit [3]. Après une période de chaos, qui correspond à la dispersion égale des particules de matière dans l'espace (1), la force de gravitation entre en jeu et fait chuter les particules vers un centre (2). Puis, la force de répulsion modifie la direction de la chute et transforme la chute en mouvement circulaire (3). Les particules s'agrègent en corps solides, organisés en système selon l'équilibre des deux forces (4). Mais cet équilibre ne dure pas indéfiniment, car à la tendance formatrice de la matière s'oppose une tendance à la destruction. Ainsi, la force de gravitation finit par rompre l'équilibre et attire toute la matière vers le centre (5), de sorte que le corps central chauffe et explose sous la pression, dispersant ses particules dans l'espace (6). Ce cycle peut ensuite recommencer.

1. *Cf.* HGN, AK I, 277 ; traduction, introduction et notes de Pierre Kerszberg, Anne-Marie Roviello et Jean Seidengart, Paris, Vrin, 1984, p. 115.

2. HGN, AK I, 223-224 ; trad. fr., p. 67.

3. *Cf.* W. Moser, « Énergie et différence. Visions savantes de la fin du monde au XVIIIe siècle », *Revue de synthèse*, IIIe S., N° 116, octobre-décembre 1984, p. 409. Cette étude contient une comparaison des cosmogonies de Kant et de Buffon, qui laisse toutefois dans l'ombre la question de l'échelle de temps.

La caducité (*Vergänglichkeit*) des mondes (*Welt, Weltbau*) ne menace pas l'infinité de l'Univers (*Weltall*), puisque la création engendre constamment de nouvelles formations qui compensent la destruction des anciennes :

> de la même manière s'écoulent des mondes et ordres de mondes et ils sont engloutis par le gouffre des éternités ; par contre la création est toujours occupée à ériger dans d'autres régions du ciel de nouvelles formations et à compenser la perte par des profits [1].

L'Univers est compris par Kant comme une « infinité de mondes finis » [2], organisés en planètes, étoiles, systèmes solaires, galaxies, amas de galaxies, obéissant aux mêmes lois, et composant un même système. Cette conception implique l'infinité de l'espace et du temps, qui sont le reflet de l'infinité de Dieu, comme l'indique clairement le titre du chapitre 7 de la deuxième partie : « De la Création dans toute l'étendue de son infinité tant selon l'espace que selon le temps ». Ainsi,

> l'espace cosmique infini (*der unendliche Weltraum*) fourmille d'univers (*Weltgebäuden*) dont le nombre et l'excellence sont en rapport avec l'immensité de leur *Créateur* [3].

Il en va de même du temps :

> parce que la sphère de la nature formée n'est à jamais qu'une partie infiniment petite de cet ensemble qui a en soi la semence de mondes futurs et qui tend à se dégager de l'état brut du chaos en des périodes plus ou moins longues, la création n'est jamais accomplie. Elle a bien commencé une fois, mais elle ne finira jamais [4].

Le temps cosmologique est infini *a parte post* au sens où il a un commencement mais pas de fin.

Si les commentateurs ont noté que le texte de 1755 développe une conception infinitiste de l'Univers, que la *Critique de la raison pure* reformulera dans la première antinomie [5], ils ne se sont pas demandé quelle était l'échelle de temps utilisée par Kant pour penser l'histoire de la nature. Or, cette question réserve quelques surprises. À la différence de ses prédécesseurs, Kant propose des estimations chiffrées extrêmement longues, qui oscillent entre une échelle de temps en milliers d'années pour les planètes, et une autre en centaines de millions d'années pour l'Univers. Ainsi,

> il s'est écoulé peut-être une série de millions d'années et de siècles (*eine Reihe von Millionen Jahren und Jahrhunderten*) avant que la sphère de la na-

1. HGN, AK I, 317 ; trad. fr., p. 155.
2. Nous suivons la précieuse introduction de Jean Seidengart, HGN, p. 42 *sq*.
3. HGN, AK I, 246 ; trad. fr., 89.
4. HGN, AK I, 314 ; trad. fr., p. 152-153.
5. *Cf.* Jean Seidengart, HGN, p. 9.

> ture formée dans laquelle nous nous trouvons en soit arrivée à la perfection qui l'habite à présent [1].

On observe un crescendo lorsque l'on passe à l'avenir. La Création n'est pas « l'œuvre d'un instant », et « il s'écoulera des millions et des montagnes entières de millions de siècles (*Millionen und ganze Gebürge von Millionen Jahrhunderten*) durant lesquels des mondes et ordres de mondes toujours nouveaux se formeront les uns après les autres » [2]. Kant adopte ici une échelle du temps pour l'univers tout entier (*Weltall*), dont l'infinité ne peut être évoquée qu'en milliards d'années. Au regard du temps cosmologique infini *a parte post*, le temps humain fait figure d'une durée des plus réduites. Kant exprime cette disproportion à l'aide d'un poème de Haller :

> Infinité ! Qui peut te mesurer ?
> Devant toi les mondes sont un jour et les hommes des instants [3].

Dans d'autres passages, concernant des univers délimités, il évoque des millions de siècles. Comme toute chose, un univers (*Weltbau*) – il faut sans doute entendre une galaxie telle que la Voie lactée – est fini et voué à la destruction, mais selon une période extrêmement longue :

> Tout ce qui est fini, qui a un commencement et une origine porte en soi la marque de sa nature limitée ; il doit passer et avoir une fin. La durée d'un univers (*Weltbaues*) a en soi, par l'excellence de sa fondation, une stabilité qui, pour notre conception, est proche d'une durée infinie. Peut-être des milliers, peut-être des millions de siècles (*tausend, vielleicht Millionen Jahrhunderte*) ne l'anéantiront-ils pas [4].

Enfin, dans la dernière partie de l'ouvrage, on trouve des estimations beaucoup plus réduites portant sur le devenir des planètes :

> il faut des siècles et peut-être des milliers d'années (*tausende von Jahren*) avant qu'un grand corps céleste n'ait atteint un état solide de ses matières [...] ;
>
> peut-être notre Terre a-t-elle existé mille années ou plus (*tausend oder mehr Jahre*) avant de se trouver dans une constitution telle qu'elle puisse entretenir des hommes, des animaux et des végétaux [5].

Milliards, millions ou milliers d'années ? Cette diversité des échelles de temps conjecturées n'est pas contradictoire, elle peut s'expliquer par le type de réalité prise en compte : l'univers ou la nature dans sa totalité (milliards d'années), un monde particulier (millions d'années), une planète ou un corps céleste (milliers d'années).

1. HGN, AK I, 313 ; trad. fr., p. 152.
2. HGN, AK I, 314 ; trad. fr., p. 152.
3. HGN, AK I, 315 ; trad. fr., p. 153.
4. HGN, AK I, 317 ; trad. fr., p. 155-156.
5. HGN, AK I, 352 ; trad. fr., p. 188.

Tout le traité de 1755 est imprégné de l'idée d'immensité du temps de la nature. Cette idée avait été suggérée d'un côté par la mécanique newtonienne, qui permet de concevoir un temps de l'Univers infini *a parte ante* [1], de l'autre par les découvertes géologiques sur les volcans, les vallées, les fossiles et les sédiments, qui manifestent des cycles et des rythmes de formation extrêmement lents. Au XVIIIe siècle, les résistances à l'égard de l'idée d'un temps passé infini – qu'on rencontre chez de nombreux auteurs comme Leibniz, Wolff, Baumgarten, Martin Knutzen [2] – ne viennent pas seulement du dogme des 6 000 ans. Bien des savants considèrent qu'il ne faut pas, en la matière, prendre la Bible à la lettre, comme si par exemple la création des astres s'était faite réellement en un jour. Le problème est surtout que cette idée risque de renouer avec l'aristotélisme et sa conception d'un monde éternel, qui nie purement et simplement la Création. Il s'agit dès lors de penser un passé extrêmement long, mais néanmoins fini [3]. Telle est la position de Kant. Ce par quoi il se singularise est qu'il fait des conjectures explicites sur l'âge de l'Univers et des planètes, basées sur des hypothèses cosmologiques élaborées en système. À cette époque, rares sont les scientifiques ou philosophes qui se risquent à des datations dans le domaine de la géologie ou de la cosmologie, et ce pas uniquement, là encore, en raison de l'influence de l'Église, mais également par manque de preuve. S'agissant de l'âge de la Terre, Newton est resté proche de la tradition, il a consacré des recherches à l'établissement d'une chronologie des anciens royaumes, basée sur la Bible [4]. Leibniz admet quant à lui l'infinité de l'étendue, mais limite celle de la durée, infinie seulement en aval, et non en amont :

> Le commencement du monde ne déroge point à l'infinité de sa durée A PARTE POST, ou dans la suite. Ainsi il est plus raisonnable d'en poser un commencement, que d'en admettre des bornes ; à fin de conserver dans l'un et dans l'autre le caractère d'un auteur infini [5].

Dans sa *Protogée*, écrite dans les années 1690, publiée en 1749, il ne remet pas en cause la chronologie mosaïque. Pour la création du globe terrestre, il dit rester fidèle aux témoignages des Saintes Écritures, et se contente d'évoquer

1. *Cf.* J. Seidengart, HGN, p. 50, et Alexandre Koyré, *Du Monde clos à l'univers infini*, Paris, Gallimard, « TEL », rééd. 1988, p. 271. Newton est resté très discret sur ce point. Ce n'est que dans la scolie générale de la troisième partie des *Principia*, ajoutée dans la deuxième édition de 1714, qu'il évoque l'infinité de l'espace et de la durée en tant qu'ils sont référés à Dieu.

2. *Cf.* Jean Seidengart, « Les réticences de la *Frühaufklärung* en Allemagne à l'égard de la conception newtonienne de l'éternité du monde de Wolff à Weiterkampf », *Archives internationales d'histoire des sciences*, n° 150-151, 2003, p. 288-302.

3. *Cf.* Martin J. S. Rudwick, *op. cit.*, p. 118-119.

4. *Cf.* P. Richet, *op. cit.*, p. 83-89.

5. *Correspondance Leibniz-Clarke*, éd. d'André Robinet, Paris, Presses Universitaires de France, ²1991, mi-août 1716, § 74, p. 160.

une histoire « très ancienne », des « temps très reculés », sans donner de chiffres ni même d'ordre de grandeur pour dater les nombreux fossiles qu'il analyse [1].

Peu avant l'essai de Kant, la principale tentative de datation de la Terre se trouve dans l'ouvrage anonyme et posthume intitulé *Telliamed*, paru en 1748. En se fondant sur l'hypothèse d'une diminution continue du niveau des mers par évaporation, Benoît de Maillet propose des estimations pour l'âge de la Terre calculées en milliards d'années. Mais bien que ces chiffres furent considérablement réduits par l'éditeur lui-même dès la première édition, puis de nouveau dans la seconde de 1755, qui substitue des millions aux milliards d'années [2], ils furent considérés comme des rêveries.

On sait que Kant s'est inspiré d'un résumé paru en 1751 de l'ouvrage plus sérieux de Thomas Wright of Durham, *Nouvelle théorie ou Hypothèse originale de l'Univers* (1750). Si ce livre évoque des durées de millions d'années pour le mouvement des étoiles, Wright « ne tira toutefois de ce constat nulle implication sur l'âge de l'Univers » [3]. Prudentes en ce qui concerne l'âge de la Terre, limité à quelques milliers d'années, les hypothèses de Kant, avancées dans l'édition de 1755, sont audacieuses pour celui de l'Univers, car elles reviennent à repousser les débuts de la Création de quelques centaines de millions d'années, bien loin des 6000 ans de l'histoire mosaïque. Il s'agit d'un saut qualitatif et pas seulement quantitatif.

Martin J. S. Rudwick prétend que la conjecture de Kant sur l'âge de l'Univers était à cette époque « presqu'un lieu commun chez les théoriciens de la cosmologie » [4]. Mais il mentionne à l'appui de cette affirmation des travaux bien postérieurs à l'essai de 1755, de A. G. Werner [5] et Lavoisier [6], qui raisonnent l'un et l'autre avec des échelles de temps en millions d'années. Il nous semble qu'il minore l'apport de Kant. Dans l'histoire de la découverte du temps profond, notre philosophe occupe une place importante, il est l'un des premiers penseurs à s'être explicitement affranchi, 30 ans avant la publication de Buffon sur ce sujet, du dogme des 6000 ans, au regard desquels son temps de l'Univers fait figure de quasi éternité. Pascal Richet note toutefois que « cette éternité gardait un sens plus philosophique que physique », dans la mesure où, à la différence de Buffon, elle n'était pas étayée par des expériences et restait donc une pure hypothèse [7].

1. Cf. *Protogaea*, édition, introduction et notes de Jean-Marie Barande, Toulouse, Presses Universitaires du Mirail, 1993.

2. Martin J. S. Rudwick, *op. cit.*, p. 118, 129.

3. P. Richet, *op. cit.*, p. 136. Sur Kant et Wright, *cf.* F. A. Paneth, « Die Erkenntnis des Weltbaus durch Thomas Wright und Immanuel Kant », *Kant-Studien* 47, 1955-1956, p. 337-349.

4. Martin J. S. Rudwick, *op. cit.*, p 125.

5. *Kurze Klassifikation und Beschreibung der verschiedenen Gebirgsarten*, Dresden, 1787.

6. *Observations générales sur les couches modernes horizontales, qui ont été déposées par la mer, et sur les conséquences qu'on peut tirer de leurs dispositions, relativement à l'ancienneté du globe terrestre*, Paris, 1793.

7. P. Richet, *op. cit.*, p. 139.

Cette hypothèse n'eut guère le temps d'être diffusée, car l'éditeur fit faillite avant de commercialiser les ouvrages, qui furent saisis. Kant autorisa la republication d'une partie de cet ouvrage en 1791, en annexe d'un livre de son ami J. F. Gensichen. Mais il arrêta l'extrait à la fin du cinquième chapitre, éliminant notamment le septième qui contient les évaluations des durées cosmologiques, ainsi que la troisième partie consacrée aux habitants des autres planètes. Par la suite, le texte fut réédité cinq fois du vivant de Kant dans son intégralité [1].

On peut essayer de chercher des précisions dans le cours de géographie physique, professé de 1756 à 1796. Mais c'est peine perdue. Kant définit la géographie comme une description de la nature et non une histoire de la nature [2]. On trouve toutefois quelques remarques sur « l'histoire des grandes formations que la Terre a autrefois subies et qu'elle éprouve encore » [3]. On apprend que la Terre a été recouverte par les eaux, ce qui explique qu'on trouve des fossiles de coquillages et d'animaux marins dans les montagnes. Kant reste très flou sur la durée des cycles de déluge et de retrait des eaux qu'a connus selon lui la planète. Chaque état a duré « de nombreuses années », de « longues périodes », « cette révolution dura parfois plusieurs siècles dans certaines régions » [4]. Il compte en milliers d'années, dans des paragraphes du cours qui selon l'éditeur ont été rédigés avant 1759.

En résumé, le temps cosmologique de l'Univers est donc considéré comme fini mais extrêmement long en amont (on raisonne en millions d'années) et infini en aval (on raisonne en milliards d'années). Il est distingué nettement du temps géologique (l'histoire de la Terre, des autres corps célestes), qui est d'une durée bien plus limitée, évaluée en milliers d'années pour ce qui est de la période de formation. Kant ne donne pas d'indication sur la durée de vie d'un corps céleste une fois formé. La seule chose qui est sûre, c'est qu'il est voué à une destruction future. Mais « malgré toutes les dévastations que la caducité provoque sans cesse, l'étendue de l'Univers croîtra cependant d'une manière générale » [5]. L'extension infinie de l'Univers, qui reflète aux yeux de Kant la puissance infinie [6] de son Créateur, l'emporte sur les destructions locales des planètes et des mondes. Qu'en est-il de l'homme dans cette histoire ? Il faut au moins mille ans, selon le Kant de 1755, pour que la Terre

1. *Cf.* Jean Seidengart, HGN, p. 11 qui recense ces diverses éditions, et *Allgemeine Naturgeschichte und Theorie des Himmels*, A. J. v. Oettingen éd., Thun et Frankfurt am Main, Verlag Harri Deutsch, 1999, qui donne le texte de l'édition de 1755, en précisant dans les notes (p. 149) la partie reprise en 1791, qui s'arrêtait en HGN, AK I, 302 ; trad. fr., p. 140.

2. GP, AK IX, 161 ; trad. de Michèle Cohen-Halimi, Max Marcuzzi et Valérie Serroussi, Paris, Aubier, 1999, p. 70.

3. GP, AK IX, 296 ; trad. fr., p. 206.

4. GP, AK IX, 301, 304 ; trad. fr., p. 211, 214. Ces passages se retrouvent dans la nouvelle édition parue en 2009 des *Vorlesungen über physische Geographie* due à W. Stark et R. Brandt (AK XXVI, Handschrift « Holstein », 77-78) sans plus de précisions sur les datations.

5. HGN, AK I, 319-320 ; trad. fr., p. 158.

6. *Cf.* HGN, AK I, 309 ; trad. fr., p. 148 : « le champ de la manifestation des propriétés divines est aussi infini que ces propriétés elles-mêmes ».

puisse accueillir la vie végétale, animale et humaine. Cela implique que le passé de la Terre s'est en partie déroulé sans l'homme, ce qui vaut *a fortiori* pour la totalité du passé de l'Univers précédant la formation de la Terre.

Dans la période précritique, du moins jusqu'à la *Dissertation de 1770*, la position de Kant ne pose aucune difficulté interne à son système, puisque, à la suite de Newton, il attribue à l'espace et au temps une réalité absolue, indépendante de l'homme. Mais la révolution critique bouleverse cette cohérence. Si « le temps n'est donc autre chose qu'une condition subjective de notre (humaine) intuition » [1], comment peut-on penser le temps de l'Univers et de la Terre – comme succession et durée – avant l'apparition de l'espèce humaine [2] ? Les mouvements des particules élémentaires, des corps, des nébuleuses, ne sont-ils pas temporels, soumis à la succession ? Cette difficulté est renforcée par les progrès de la géologie, qui révèlent une disproportion entre le temps cosmologique, le temps géologique et le temps anthropologique. Quand, pour penser l'histoire de l'Univers, on raisonne en milliers d'années, on peut avoir l'impression d'une homogénéité entre temps cosmologique et temps humain. C'est plus problématique lorsqu'on parle de millions ou de milliards d'années. La thèse critique de l'idéalité transcendantale du temps de 1781 semble entrer en conflit avec l'idée de temps profond, soutenue en 1755, étayée entretemps par les premières confirmations expérimentales de Buffon en 1775 et 1778. N'y a-t-il pas un hiatus entre le discours cosmologique et le discours critique ? Mais, dira-t-on, le discours critique a justement pour conséquence de nous libérer des spéculations cosmogoniques. Les deux discours sur l'immensité du temps et sur son caractère strictement subjectif sont donc successifs et de ce fait non contradictoires. En réalité, Kant a réédité en 1791 une bonne partie de son *Histoire générale de la nature*, avec un « Postscriptum », « dans lequel il précise et revendique les idées cosmologiques qu'il avait défendues depuis plus de trente-cinq années » [3], et il a laissé intégrer la totalité de l'ouvrage dans l'édition de ses œuvres. La question de savoir comment il entendait, dans la *Critique de la raison pure*, concilier l'idée d'infinité du temps cosmologique avec sa réalité subjective n'est donc pas dépourvue de pertinence.

Esquissons, en guise de conclusion, trois réponses :

1) On peut utiliser la distinction entre le transcendantal et l'empirique. La question de l'apparition de l'espèce humaine dans l'histoire de la Terre relève de la connaissance empirique, elle ne se situe pas sur le même plan que la thèse de l'idéalité transcendantale du temps. Du point de vue empirique, l'homme est dans le temps. Du point de vue transcendantal, c'est le temps qui est en l'homme. La subjectivité transcendantale n'a ni commencement ni fin,

1. CRP, A 35 / B 51, AK III, 60-61 ; OP I, 796.

2. *Cf.* sur cette question Quentin Meillassoux, *Après la finitude. Essai sur la nécessité de la contingence*, Paris, Seuil, 2006, p. 13-38, et Etienne Klein, *Le Facteur temps ne sonne jamais deux fois*, Paris, Flammarion, 2007, p. 78-81.

3. *Cf.* Jean Seidengart, HGN, p. 12.

elle est comme telle la source omniprésente du temps, dont la forme *a priori* est logée dans sa sensibilité. La difficulté d'une telle solution est qu'elle opère une séparation abstraite entre la subjectivité transcendantale et l'être humain, alors que Kant souligne à plusieurs reprises, dans l' « Esthétique transcendantale », qu'il analyse la subjectivité *humaine* [1].

2) On peut également faire appel au principe de causalité. Dans la *Critique de la raison pure*, Kant rejette l'idée d'une première époque de la nature, avancée par Buffon dans son ouvrage de 1778 : « l'empiriste ne permettra donc jamais de recevoir aucune époque de la nature comme la première absolument » [2]. La solution de la première antinomie enseigne que le monde n'a pas de commencement absolu, pas plus qu'il n'a un passé infini. La remontée vers un passé lointain ne peut se faire que selon une régression indéfinie :

> tous les événements écoulés depuis un temps immémorial (*von undenklicher Zeit her*) avant mon existence ne signifient pourtant pas autre chose que la possibilité de prolonger la chaîne de l'expérience, en remontant à partir de la perception présente jusqu'aux conditions qui la déterminent quant au temps [3].

La chaîne de l'expérience est constituée par les relations nomologiques entre les causes et les effets. Grâce à la causalité, l'entendement a donc un fil d'Ariane fiable pour s'orienter dans le labyrinthe du passé, situer, dater les événements dans l'ordre objectif du temps [4], se représenter le passé de l'Univers dans une recherche qui, précisément dans la mesure où elle est indéfinie, peut aller en-deçà de l'histoire humaine. Toutefois, on passe de Charybde en Scylla, puisque la causalité est pour Kant une catégorie de l'entendement *humain*. Il est tout aussi difficile de concevoir l'existence de la causalité que celle du temps dans l'histoire de l'Univers et de la Terre précédant l'apparition de l'homme. L'aporie initiale reste entière.

3) Une troisième solution, qui conduit au-delà de la pensée critique, consiste à soutenir une conception réaliste du temps, qui ne lui attribue pas seulement une réalité empirique, subjective, au sens kantien : le temps serait, avec l'espace, un cadre, un horizon *a priori* de la matière et non une forme de la subjectivité humaine. Cette hypothèse a le mérite, à nos yeux, de répondre plus aisément à la question de savoir : comment des sciences comme la géologie et l'astrophysique, qui décrivent une histoire de la Terre et de l'Univers antérieure à l'apparition de l'homme, sont-elles possibles ?

Christophe BOUTON
(Université Michel de Montaigne – Bordeaux 3/IUF)

1. *Cf.* par exemple CRP, A 42 / B 59, AK III, 65 ; OP I, 801.
2. CRP, A 469 / B 498, AK III, 326 ; OP I, 1122.
3. CRP, A 495 / B 523, AK III, 341 ; OP I, 1141.
4. Je remercie Philippe Huneman d'avoir attiré mon attention sur ce point.

APERCEPTION SUBJECTIVE ET APERCEPTION OBJECTIVE DANS LA « DÉDUCTION » B DE LA *CRITIQUE DE LA RAISON PURE*

Dans ce qui suit, je me propose de réfléchir sur un point considéré comme décisif dans la déduction transcendantale de l'édition B de la *Critique de la raison pure*. Il s'agit de l'occurrence, dans le § 18, de la distinction entre l'unité objective et l'unité subjective de l'aperception. J'admets, comme c'est l'habitude dans la littérature critique sur le thème, que le § 18 de la *Critique* peut être interprété dans une certaine mesure à partir de la distinction, présente dans les § 18 et 19 des *Prolégomènes*, entre les jugements d'expérience et les jugements de perception. Sur cette base, j'entends présenter des arguments en vue de soutenir trois points qui me semblent essentiels pour interpréter la « Déduction ».

Premièrement, l'unité subjective de l'aperception du § 18 joue un rôle stratégique dans la déduction transcendantale, partant, dans la *démonstration* de la possibilité de la connaissance objective. Cela signifie qu'elle ne doit pas être considérée simplement comme un genre d'unité représentative qui ne se confond pas avec l'unité catégoriale de l'expérience exprimée par le principe de l'aperception objective.

Deuxièmement, dans les § 18 et 19 de la « Déduction », Kant introduit le problème de l'unité subjective de l'aperception dans le contexte d'un argument *ad hominem* qui exige que cette unité ne soit pas comprise simplement à partir de la notion de sens interne et, de plus, qu'on accepte la définition du jugement fournie dans le § 19.

Troisièmement, la preuve de la possibilité de la connaissance objective ainsi construite est insuffisante, dans la mesure où elle finit par ne prouver que la nécessité d'une supposition, et non pas la possibilité réelle de la connaissance objective. Avant de développer cette proposition, j'essaierai de récapituler sommairement le sens général de la « Déduction » ainsi que les étapes principales de sa démarche qui précèdent les points en question.

Il est bien connu que le projet de la « Déduction » est de fournir une preuve que les catégories sont des conditions de la possibilité de la connaissance d'objets, entendus comme ce dont la représentation immédiate et singulière, c'est-à-dire l'intuition empirique, s'offre dans une instance hétérogène à celle à laquelle appartiennent ces catégories. Et il est tout aussi connu que cette instance intuitive est, spécifiquement en des sujets rationnels et finis comme nous, la faculté de la sensibilité spatio-temporelle.

Ainsi définie, la « Déduction » se trouve entièrement du côté de la thèse de la possibilité d'une connaissance à la fois universellement valable, c'est-à-dire fondée sur des règles nécessaires, et objective au sens fort du terme, c'est-à-dire fondée sur des règles de synthèse d'intuitions, et non pas sur des règles de simple analyse de concepts. Plus encore, étant donné le dialogue de Kant avec l'ensemble de la gnoséologie moderne, il est raisonnable de supposer que la « Déduction » se propose de réfuter non seulement l'empirisme gnoséologique, mais aussi le scepticisme en matière de connaissance.

La preuve de la « Déduction » doit ainsi consister à démontrer 1) que les catégories, en tant que concepts purs, sont des conditions de la possibilité de la connaissance des données intuitionnées ; 2) la valeur objective des catégories pour quelqu'un qui met en doute la possibilité de toute connaissance objective, et non pas seulement la connaissance objective nécessaire (selon des règles *a priori*). En d'autres termes, la preuve doit être valable pour quelqu'un qui admettrait avoir des intuitions.

Cela étant dit, on se pose les questions suivantes : quelle est la place du § 18 dans la stratégie de cette preuve ? Et quel est le gain que la distinction entre l'unité objective et l'unité subjective de l'aperception semble vouloir y trouver ?

Le pas effectué dans le § 18 est précédé d'un chemin où sont établis deux points argumentatifs que j'indique ici de manière succincte. Premièrement, Kant entend avoir démontré que le concept d'un divers de représentations considérées comme miennes contient analytiquement la possibilité de l'acte conscient de représentation d'un Je, c'est-à-dire la possibilité de l'aperception ou de l'auto-conscience. L'explication en est que je peux être conscient de plusieurs représentations comme m'appartenant seulement si je peux aussi être conscient de l'unité et de l'identité d'un Je en tant qu'instance unitaire et identique en laquelle ou pour laquelle ces représentations sont des représentations.

Deuxièmement, Kant affirme que l'unité de l'aperception est une unité objective. Ici commencent les difficultés qui sont à l'origine de l'opposition déployée dans le § 18.

D'une part, si Kant entend ici par « objet » un quelque chose en général dans la mesure où il peut être représenté par la pensée (ce que Henry Allison appelle une conception logico-judicative d'objet, et Strawson, une conception générique d'objet [1]), nous n'avons ici qu'une conclusion triviale par rapport au paragraphe antérieur, et qui d'ailleurs n'apporte aucune contribution à la preuve transcendentale que promet la « Déduction ». L'unité de l'aperception est objective tout simplement parce que, en tant que conscience de l'unité de

1. Voir H. E. Allison, *Kant's Transcendental Idealism : an interpretation and defense*, New Haven and London, Yale University Press, 1983, p. 135-136.

mes diverses représentations, elle est une condition pour que quelque chose en général soit représenté par ma pensée.

D'autre part, si Kant a ici en vue l'acception pleinement critique de l' « objet » comme le résultat de la reconnaissance conceptuelle de ce dont nos intuitions spatio-temporelles sont des représentations immédiates, il n'y a jusqu'ici aucun argument capable de convaincre le lecteur que l'unité de l'aperception, telle qu'elle est inférée dans le § 16, est une unité objective.

Or, concernant l'aperception, être objectif ne signifie pas tout simplement être *une condition* de la représentation d'objets. Cela signifie plutôt être l'unité de la synthèse des représentations d'objets. Et il est clair que du fait que l'objectivité de l'objet dépend de l'unité de l'aperception comme d'une condition générale, il ne s'ensuit pas que l'unité de l'aperception, pour se produire, dépende de la représentation de quelque chose comme un objet au sens fort du terme, ou même qu'elle consiste dans l'unité de la synthèse de représentations objectives.

En ce sens, la première édition de la « Déduction » indique clairement l'exigence supplémentaire imposée à l'unité de l'aperception pour qu'elle devienne objective : outre l'unité de l'aperception, l'objectivité au sens fort du terme suppose la présence de quelque chose qui, selon l'expression laconique de Kant, *dawider ist*, c'est-à-dire de quelque chose qui se trouve devant [1].

Or, à ce stade de l'argumentation, il est encore possible qu'il soit justement impossible de réunir dans l'unité de la conscience inférée au-dessus ce qui *dawider ist*, c'est-à-dire nos intuitions spatio-temporelles. Ainsi, ce qu'on espère de la « Déduction » à ce moment, c'est une preuve de ce que le § 17 se contente d'affirmer, à savoir *que* l'unité de l'aperception s'applique au *dawider*, réalise la synthèse des données de l'intuition spatio-temporelle et justifie, par conséquent, notre prétention à produire de la pensée *nécessaire d'objets*, c'est-à-dire de la connaissance.

Dans le § 18, une concession semble renforcer cette lecture. Elle consiste dans la première des deux informations fondamentales de cette section. Kant y confirme la thèse de l'indépendance conceptuelle entre les notions d'aperception et d'objectivité, en affirmant justement que toute aperception n'est pas objective. Il y a des aperceptions qui sont subjectives.

L'introduction du problème de l'aperception subjective, en tant qu'elle constitue l'autre de l'aperception objective, marque la présentation de la stratégie déductive et du genre de preuve esquissé à ce moment pour l'argument déductif.

Or, l'aperception du § 16 ne désignant qu'une auto-conscience en général, son concept ne fournit rien qui puisse impliquer la possibilité de son application à des objets intuitionnés. Mais le concept d'une conscience d'un divers constitué d'états subjectifs temporellement déterminés est certainement moins anodin, du point de vue d'une dérivation transcendantale de l'objectivité, que celui d'une aperception logique. Or, il est question ici justement de l'unité subjective du § 18.

1. CRP, A 104, AK IV, 80 ; OP I, 1410.

Il est probable que Kant pense à ce genre de dérivation lorsqu'il présente le second moment fondamental du paragraphe, à savoir la thèse décisive de la dérivation qui, bien fondée, règlerait d'un coup la controverse avec le sceptique en matière de connaissance : une certaine unité subjective (peut-être empirique), y affirme Kant, est dérivée de l'unité objective sous des conditions données *in contreto*. Cela revient à dire que si l'on admet une unité subjective, il nous faudra *ipso facto* admettre l'unité objective en tant que condition de sa possibilité.

On peut alors se demander si le § 18 présente une sorte de prémisse à partir de laquelle se déploierait l'argument déductif aboutissant à la conclusion qu'il est possible de connaître un monde objectif. Ensuite, en quoi peut consister un tel argument ? Enfin, quelle est la place, dans cet argument, de la théorie du jugement introduite dans le paragraphe suivant et présente seulement dans la seconde version de la « Déduction » de 1787 ?

D'emblée, on est tenté de dire que l'hypothèse selon laquelle l'unité subjective de l'aperception tiendrait le rôle de prémisse d'un argument *ad hominem* est à peine plausible. La raison en est que Kant assimile, dans les premières lignes du § 18, l'unité subjective à la détermination du sens interne. Or, en principe, ce qu'il appelle « sens interne » ne contient aucun acte représentatif de la pensée, et encore moins l'exercice explicite du jugement. Il ne désigne que l'ordre pré-catégorial ou pré-réflexif selon lequel des représentations, à savoir des volitions, des désirs, des sentiments et des intuitions s'offrent et s'associent dans l'instance du *Gemüt*. Cela explique pourquoi l'*Anthropologie d'un point de vue pragmatique* le définit dans une opposition à l'aperception – qu'elle soit empirique ou transcendantale –, qui, elle, justement, consiste dans un acte réflexif et judicatif. Le sens interne, y affirme Kant, est « une conscience de ce que l'homme [...] subit (*was der Mensch erleidet*) dans la mesure où il est affecté (*afficirt*) par le jeu de sa propre pensée » ; tandis que l'aperception y est définie comme « une conscience de ce que l'homme accomplit » et est considérée comme « relevant du pouvoir de penser (*Denkungsvermögen*) » [1].

Or, si le sens interne n'est pas, à proprement parler, aperceptif, il n'est pas non plus subjectivement aperceptif, si bien qu'il est assez surprenant qu'il soit assimilé à l'unité subjective de l'aperception. Mais, ce qui est le plus important, c'est que le fait de l'admettre comme une sorte de conscience non catégoriale à côté de l'aperception objective semble ne jouer aucun rôle dans une preuve de la possibilité de cette dernière. Il n'en serait pas de même si, à la place du sens interne, il y avait une sorte de conscience à la fois catégoriale et subjective dans le rôle de l'unité subjective de l'aperception. Dans ce cas, il s'agirait plutôt du passage, moins difficile à expliquer, d'une forme de conscience judicative à une autre forme de conscience judicative.

En effet, il y a des raisons de croire que l'expression d'« unité subjective de l'aperception » désigne chez Kant aussi une forme catégoriale et judicative

1. APP, AK VII, 161 ; OP III, 979.

de conscience, c'est-à-dire une conscience autre que le sens interne – bien qu'elle soit aussi autre que la connaissance d'objets *stricto sensu*. Je me rapporte à la fin du § 18, lorsque ce que Kant avait désigné auparavant comme unité subjective devient l'unité empirique de l'aperception, qui a une valeur subjective.

Dans l'*Anthropologie*, la caractérisation kantienne de la notion d'aperception empirique n'est pas exempte de difficultés, ce qui explique pourquoi on a si souvent fait appel à d'autres textes du philosophe pour comprendre son emploi dans le § 18 de la *Critique*. Toute aperception, y affirme Kant, qu'elle soit transcendantale ou empirique, consiste dans une action par laquelle nous nous reconnaissons judicativement comme l'unité de l'acte de penser.

Dans ce sens, Allison suggère que l'aperception empirique devrait être définie comme « la conscience de l'activité de la pensée telle qu'elle se réalise de manière déterminée et relativement à un contenu donné », tandis que son contrepoids, l'aperception transcendantale, serait la « conscience de cette même activité de penser, abstraction faite de tout contenu » [1].

Et pourtant, ce n'est pas du tout en ces termes que Kant la définit, ce que le commentateur admet en suivant une indication de Paton. Je cite Allison :

> Kant considère l'aperception empirique comme l'équivalent de l'auto-connaissance empirique, c'est-à-dire comme une forme de conscience par laquelle nous nous représentons nous-mêmes à partir de la représentation des objets du sens interne [2].

Supposons donc que l'unité subjective du § 18, en tant qu'unité empirique de l'aperception, désigne non pas le sens interne, ni la conscience de l'acte de penser relativement à un contenu déterminé, ni évidemment la conscience du Je en tant que sujet logique de l'acte de penser, mais plutôt la reconnaissance réflexive et catégoriale des états intérieurs entendus comme des états subjectifs. Afin de désigner spécifiquement ces états, Gerold Prauss suggère l'expression « objets subjectifs » [3]. En effet, il semble que Kant se rapporte à la même chose dans la section des « Paralogismes », lorsqu'il s'agit d'expliciter la possibilité d'une connaissance phénoménale de soi [4], et surtout dans la *Réflexion* 5655 [5], si souvent citée, où il est question de la manière selon laquelle ces états subjectifs sont introduits dans le temps objectif, donc dans le monde phénoménal, par le moyen d'un acte d'attention relativement au sens interne.

Or, considérer l'aperception empirique du § 18 en ces termes conduit inévitablement à une réflexion comparative sur les fameux, et pas moins équivoques, jugements de perception des *Prolégomènes*. On se demande si le

1. Allison, *op. cit.*, p. 274.
2. Allison, *op. cit.*, p. 156.
3. *Cf.* l'analyse de la distinction proposée par Gerold Prauss entre « der tranzendental-objektive Gegenstand » et « der tranzendental-subjektive Gegenstand », dans *Erscheinung bei Kant*, Berlin, De Gruyter, 1971, p. 292-321, et son interprétation par Allison, *op. cit.*, p. 136.
4. *Cf.* CRP, B 406-407, AK III, 266-267 ; OP I, 1050-1051.
5. Réfl. 5655, AK XVIII, 313-316.

contrepoids de l'unité objective de l'aperception dans la « Déduction » est l'équivalent du jugement de perception dans l'œuvre de 1783.

Dans cette œuvre, les jugements de perception sont prioritairement caractérisés comme pourvus de valeur individuelle (*Privatgültigkeit*), à savoir comme « un simple enchaînement de perceptions dans mon état d'esprit » [1], ou encore comme « un enchaînement logique des perceptions dans un sujet pensant » [2]. En principe, rien ne semble plus proche de cela que le sens interne.

Cependant, l'idée d'une connexion logique et judicative douée d'une valeur simplement individuelle ne s'harmonise pas avec la thèse du § 19 de la « Déduction », selon laquelle toute connexion logico-judicative, c'est-à-dire tout jugement possède, par définition, une valeur objective. Cette difficulté a poussé plusieurs interprètes à lire plus attentivement les exemples de jugements de perception donnés dans les *Prolégomènes*, ainsi que les exemples de jugements individuellement valables donnés dans la *Critique*. Et, en effet, ce qui s'y révèle, ce n'est pas une simple connexion associative de perceptions, comme c'est le cas du sens interne, mais plutôt la reconnaissance judicative de ces connexions, mentionnée plus haut, ce qui est tout autre chose. Il s'agit ici des jugements de la forme « *es scheint* ».

Si nous lisons les exemples des *Prolégomènes* – « la chambre est chaude », « le sucre est doux » [3] – d'après la définition du jugement de perception de cette œuvre même comme exprimant « simplement un rapport de la perception à un sujet » [4], nous sommes tentés de les traduire en des jugements du genre « je sens le sucre comme doux », « je perçois la chambre comme chaude ». Cela semble se confirmer, d'ailleurs, pour l'exemple de valeur individuelle fourni par la « Déduction » : « quand je porte un corps, je sens une pression de la pesanteur » [5].

Or, sentir ou percevoir n'est pas du tout la même chose qu'affirmer que je sens ou que je perçois. Dans la première version de l'étude qu'il a consacrée à la *Critique de la raison pure*, Allison se propose d'expliquer cette ambiguïté dans les termes suivants : dans la première acception, « subjectivement valable » est dit d'un jugement qui n'est valable que pour le sujet (« *holds only for the subject* ») ; dans la seconde, il est dit d'un jugement supposé vrai « *merely of the subject* », à propos du sujet et notamment de ses états perceptifs [6]. Ce dernier cas, lorsque « subjectivement valable » signifie « sur le sujet », permet d'éviter le conflit entre les jugements de perception et la définition du jugement du § 19 de la « Déduction ». La raison en est que, d'un certain point de vue, des jugements subjectivement valables de cette sorte le sont aussi objectivement, c'est-à-dire possèdent une valeur objective.

1. PMF, AK IV, 300 ; OP II, 72.
2. PMF, AK IV, 298 ; OP II, 70.
3. PMF, AK IV, 299 ; OP II, 71.
4. PMF, AK IV, 298 ; OP II, 70.
5. CRP, B 142, AK III, 114 ; OP I, 860.
6. Allison, *op. cit.*, p. 151.

Comme le constate encore une fois Gerold Prauss [1], des jugements sur ou à propos d'états perceptifs du sujet sont, certes, des jugements invérifiables et *ipso facto* incorrigibles par d'autres sujets. Pourtant, il ne s'ensuit pas qu'ils soient privés de toute valeur objective. En tant qu'actes de reconnaissance catégoriale et judicative d'états perceptifs, ils expriment la constatation d'occurrences temporelles dans le monde phénoménal. En ce sens, on devrait dire que l'objectivité, ou la prétention à l'objectivité, n'est pas la même chose que de la vérifiabilité intersubjective.

Or, l'idée de l'unité subjective de l'aperception se présentant comme une conscience judicative subjective rend certainement plus plausible la fameuse thèse de la dérivation du § 18. Maintenant, ce n'est plus le sens interne, mais plutôt l'auto-connaissance, c'est-à-dire une conscience subjective judicative, qui implique la possibilité de la connaissance entendue comme une conscience judicative objective. Ce dont Kant a besoin pour achever l'argument, c'est d'une théorie qui explique le passage des jugements de perception *ainsi compris* aux jugements d'expérience, c'est-à-dire à la connaisssance objective *stricto sensu*. Il lui faudrait donc fonder l'argument de la déduction transcendantale sur une théorie de la forme logique du jugement telle qu'elle est présentée dans le § 19.

Kant semble avoir adopté cette thèse un an avant la publication de la « Déduction » B, à savoir dans la note déjà mentionnée des *Premiers principes métaphysiques de la science de la nature*. Il y affirme que la tâche de la déduction transcendentale peut être accomplie

> presque par une unique conséquence tirée de la définition exactement précisée d'un *jugement* en général (une opération par laquelle des représentations données arrivent à devenir connaissances d'un objet) [2].

On se pose alors la question : qu'est-ce que la définition précisément déterminée du jugement en général a à voir avec ce que nous avons nommé ici la valeur stratégique de l'unité subjective de l'aperception, entendue comme un jugement sur des états subjectifs, et non pas comme sens interne ?

Le § 19 de la « Déduction » définit le jugement comme une connexion de représentations pourvue de valeur objective. Dans la tradition interprétative, la notion kantienne de valeur objective admet plusieurs traductions : 1) vérité, 2) valeur de vérité, 3) valeur de vérité déterminable par les facultés cognitives humaines et, enfin, 4) – ce qui nous semble le plus pertinent – prétention de vérité, c'est-à-dire prétention de correspondre à des objets entendus comme quelque chose de non-conceptuel [3].

1. G. Prauss, *op. cit.*, p. 234.
2. PPM, AK IV, 475 ; OP II, 374.
3. Je considère ici la notion de validité objective comme une note du concept de jugement de la logique générale, et non seulement de celui de la logique transcendantale. La première interprétation est nettement inconsistante. La seconde interprétation empêche que soient considérés comme des jugements aussi bien les propositions synthétiques *a posteriori* ayant pour sujet un concept universellement quantifié que les jugements appelés métaphysiques. La troisième

Dans cette acception, l'argument *ad hominem* dont il s'agit prendrait la tournure suivante. Premièrement, tout jugement présente, d'après la définition susmentionnée, une valeur objective, c'est-à-dire contient une prétention de vérité, une prétention à caractériser de manière universellement valable des états de chose objectifs. Partant, la définition ne concerne pas moins les jugements qui visent des objets subjectifs, c'est-à-dire des jugements de perception. Deuxièmement, l'unité subjective de l'aperception, en tant qu'aperception empirique, est un jugement, et non pas une conscience pré-catégoriale et simplement associative. Par conséquent, le seul exercice d'actualisation de la conscience empirique d'états subjectifs démontre que je suppose la possibilité de la connaissance objective. L'explication en est que je ne peux pas, au moins du point de vue de la raison, en même temps juger, c'est-à-dire soutenir une prétention de vérité, et ne pas supposer la possibilité de ce que je prétends, à savoir connaître objectivement. Pour utiliser la distinction d'Allison, l'adversaire de la « Déduction » n'accepte que l'existence de connexions représentatives subjectives au sens de *valables seulement pour le sujet*. Pourtant, lorsqu'il admet la possibilité de les désigner par des propositions, il suppose que ces connexions sont maintenant subjectivement valables au sens de *valables à propos du sujet*. Or, en vertu de la définition même, des jugements valables à propos du sujet sont des jugements sur des objets subjectifs certes, mais qui n'en sont pas moins des objets. Et, en tant que tels, ces jugements soutiennent une prétention de vérité. Or, la prétention de vérité est précisément ce que l'adversaire de la « Déduction » considère comme une simple illusion. Par conséquent, cet interlocuteur finit par affirmer justement ce qu'il entendait nier, à savoir qu'il y a du sens à vouloir connaître objectivement.

Je crois que Kant, dans les § 18 et 19 de la *Critique*, s'est laissé emporter par cette stratégie séduisante, afin de réfuter la thèse sceptique sur l'impossibilité de la connaissance objective. Pourtant, si cette ébauche d'argument lui avait paru pleinement convaincante, il constituerait la conclusion de la « Déduction » et se substituerait à sa seconde partie, ainsi qu'à la section de la « Réfutation de l'idéalisme », qui, d'après plusieurs interprètes, appartient à la preuve déductive. Pour conclure, je voudrais indiquer brièvement ce que je considère comme étant la difficulté fondamentale de cette preuve, dont le philosophe fut probablement conscient.

L'admission des jugements de perception, tels qu'ils sont compris par Prauss, associée à une théorie de la validité objective, en tant que forme logique du jugement, n'aboutit pas à une preuve de la possibilité de la connaissance objective. Je ne me rapporte pas ici, en principe, à la nature de l'argument concernant la notion de jugement. Car, finalement, l'interlocuteur de la

interprétation, candidate plus sérieuse, autorise le premier cas, mais non pas le second, contrairement à la quatrième interprétation, où la prétention incluse dans la copule est indépendante de la décision sur la valeur de vérité dans le résultat de la connexion entre les représentations conceptuelles.

« Déduction » peut ne pas accepter que, lorsqu'il exprime ses pensées par le moyen d'une connexion de représentations, il se sert du discours comme d'un instrument capable de saisir l'existence objective d'états mentaux.

Mais je laisse de côté cette difficulté et me rapporte plutôt au fait que dans l'argument, bien qu'on accepte la nature judicative de la conscience de nos états internes, ce n'est pas la possibilité même de connaître des objets qui est démontrée comme une condition de la description conceptuelle des états mentaux. Ce que l'argument prouve, c'est tout simplement qu'il faut croire à cette possibilité pour prononcer, sans contradiction, des jugements de perception : c'est la nécessité d'une supposition de nature modale, ou peut-être même psychologique, qui est démontrée, et non pas la connaissance objective elle-même. L'argument soutient que pour juger mes perceptions, je ne peux pas ne pas croire qu'il est possible de connaître des objets. Mais cela n'exclut pas qu'il soit impossible de connaître des objets, et que ma supposition de cette possibilité soit simplement fausse. Or, la preuve que prétend fournir Kant dans le projet général de la « Déduction » n'est pas celle de la nécessité d'une croyance, mais celle de la nécessité d'une possibilité, laquelle est indépendante de toute croyance en elle et précède toute croyance en elle.

Finalement, il serait exagéré d'accuser de fausseté cette stratégie *ad hominem* fondée sur l'association entre l'unité subjective de l'aperception entendue comme un jugement et la caractérisation du jugement comme prétention d'objectivité. Mais je crois que nous devons constater que cette stratégie ne mène pas à ce qui est désigné tant de fois comme le but de la déduction transcendantale.

Pedro COSTA REGO
(Université Fédérale de Rio de Janeiro)

CAUSE ET CONSÉQUENCE :
LA REPRISE DU PRINCIPE DE RAISON SUFFISANTE
CHEZ KANT

Lorsque Leibniz formule le principe de raison suffisante dans les *Principes de la nature et de la grâce*, il soutient que

> rien ne se fait sans raison suffisante, c'est-à-dire que rien n'arrive sans qu'il soit possible à celui qui connaîtrait assez les choses de rendre une Raison qui suffise pour déterminer pourquoi il en est ainsi et non pas autrement [1].

De cet énoncé découlent, parmi d'autres, deux caractéristiques fondamentales du principe. Ressort, d'abord, son universalité, puisque *rien* n'arrive sans raison (*nihil est sine ratio*), c'est-à-dire que tout, sans aucune exception, s'y soumet, si bien que rien n'échappe à sa juridiction. En deuxième lieu, selon la formule citée plus haut du principe, la raison des choses est de droit toujours susceptible d'être connue, car pour celui qui a la capacité de la saisir, la raison d'un fait ou proposition quelconque est toujours assignable. Ainsi, ce principe constitue une expression assez claire du célèbre rationalisme intégral de la philosophie leibnizienne, puisque l'intelligibilité complète du réel y est affirmée. Dans le principe s'entrelacent cognoscibilité et ontologie, car à la raison qui est affirmée par le sujet connaissant correspond la raison qui détermine le fait ou la proposition.

En effet, Leibniz donne plusieurs sens au terme « raison ». Dans les *Nouveaux essais* par exemple, il la définit comme cause non seulement de notre jugement, mais aussi de la vérité même. De cette façon, le fondement de notre jugement, à savoir sa démonstration, aussi bien que le fondement d'une vérité, peuvent être regardés comme des raisons. À son tour, la raison en tant que fondement de la vérité même consiste dans l'inclusion du prédicat dans la notion du sujet ou dans sa cause, qui peut être efficiente aussi bien que finale, ce que Leibniz appelle la « raison » des choses par excellence. En outre, le terme « raison » contient le sens mathématique de proportion, c'est-à-dire de

1. G. W. Leibniz, *Principes de la nature et de la grâce*, § 7 ; Gerhardt éd., *Die Philosophischen Schriften von Gottfried Wilhelm Leibniz*, Hildesheim, Georg Olms, 1960, volume VI, p. 602.

relation entre deux quantités. Enfin, on ne peut pas omettre le sens le plus commun de raison, à savoir celui de faculté capable d'apercevoir les raisons de choses, c'est-à-dire de faculté de raisonner.

En vertu de ces divers sens de « raison », le principe de raison, soutenant que pour tout ce qui est, il faut qu'il y ait une raison, implique non seulement cognoscibilité et ontologie, comme on l'a déjà dit, mais aussi causalité efficiente et causalité finale ; ou encore, raison proche et raison dernière. Cette pluralité de sens que le principe doit mettre en jeu est particulièrement bien exposée dans l'exemple de son application qu'en donne Leibniz dans la *Monadologie* [1]. Dans cette œuvre, l'auteur affirme que, pour donner la raison qui détermine un fait (son écriture présente), il faut considérer une infinité de figures et mouvements qui entrent dans sa cause efficiente et une infinité d'inclinations et dispositions de son âme qui entrent dans sa cause finale. Mais, puisque dans la série des contingents un événement revient à un autre indéfiniment et rétroactivement, sans que la question puisse se résoudre définitivement, la détermination de son acte d'écrire – afin d'être complètement suffisante et de n'avoir besoin d'aucun d'autre – mène à la contemplation de la raison dernière des choses : Dieu et les déterminations ou raisons d'agir qui constituent la raison complète et la cause pleine du monde. C'est parce que ces raisons envisagées en tant que motifs visent le bien, qu'il faut prendre en vue les considérations métaphysiques de la finalité par rapport au fondement des faits mondains, considérations sans lesquelles les phénomènes ne seraient pas entièrement justifiés. De plus, il faut remarquer que ces considérations concernant la finalité reviennent, à leur tour, à la contemplation des raisons, en tant que relations entre quantités déterminant l'optimum du monde réel, c'est-à-dire la mathématique divine de la création : la plus grande variété avec l'ordre le plus grand possible ou le maximum d'effets par les voies les plus simples. En un mot, le maximum de réalité avec le minimum de décrets.

Or, c'est justement ce libre passage d'un sens à l'autre dans l'application du principe de raison suffisante qui rend ce principe si important pour Leibniz. Car, quand dans l'explication des faits on passe de la causalité efficiente à la causalité finale, aussi bien que de la cause proche à la cause dernière, c'est ce principe qui permet le passage de la physique à la métaphysique par excellence. Principe de l'intelligibilité universelle, la raison suffisante assure que toute vérité possède un fondement rationnel. Dans les vérités de fait, ces fondements sont multiples, si bien qu'ils peuvent être expliqués de plusieurs façons conformément à l'intérêt et à la capacité de celui qui sait appréhender les raisons. Enfin, il s'agit d'un principe qui se lie, d'une part, au rationalisme intégral leibnizien et, d'autre part, à la conception ample que le philosophe avait des formes valides de la connaissance.

Dans sa dispute avec Eberhard, Kant veut montrer combien ce professeur se trompe lorsqu'il s'appuie sur les principes de contradiction et de raison pour

1. *Monadologie*, § 36 et 37, dans *op. cit.*, volume VI, p. 612-613.

résoudre la question portant sur la possibilité des jugements synthétiques *a priori*. Selon Kant, cela se produit parce qu'Eberhard considère ces deux principes comme analytiques, étant donné qu'il prouve le principe de raison à partir de celui de contradiction, qui est simplement formel. Une erreur semblable a été commise par Wolff et Baumgarten, comme Kant le souligne dans le § 3 des *Prolégomènes* [1]. Si Eberhard affirme s'appuyer sur la philosophie leibnizienne, Kant argumente que, déjà chez Leibniz, le principe de raison avait un statut essentiellement autre que celui du principe de contradiction. Ainsi, évoquant Eberhard, dans *Sur une découverte selon laquelle toute nouvelle critique de la raison pure serait rendue superflue par une plus ancienne*, Kant se demande quel sens le principe de raison avait dans le système leibnizien :

> En effet, que veut dire cette proposition : Il doit y avoir encore d'autres principes au-delà du principe de contradiction ? La même chose que celle-ci : d'après le principe de contradiction, on ne peut connaître que ce qui se trouve déjà dans les concepts de l'objet ; or, si l'on veut encore en dire quelque chose de plus, il faut que quelque chose vienne s'adjoindre à ce concept, et, pour savoir comment cette addition est possible, il faut encore chercher un principe particulier, distinct du principe de contradiction : ces propositions doivent avoir leur fondement particulier. Or, du fait que les propositions de cette dernière espèce se nomment (maintenant du moins) synthétiques, Leibniz ne voulait rien dire de plus que ceci : il faut adjoindre au principe de contradiction (comme principe de jugements analytiques) encore un autre principe, à savoir celui des jugements synthétiques. Assurément, c'était là montrer le chemin de manière nouvelle et remarquable, et inviter à des recherches qui étaient encore à entreprendre dans la métaphysique (et qui n'ont même été entreprises effectivement que depuis peu de temps) [2].

Dans cet éloge de Leibniz, Kant impute à l'auteur de la *Monadologie* d'avoir indiqué la spécificité de ce qu'il appelle lui-même « jugements synthétiques », que le principe de raison suffisante devait réguler. Ainsi, selon Kant, chez Leibniz, ce principe avait la fonction de suppléer le principe de contradiction, lequel régule seulement des « jugements analytiques ». En refusant de déduire le principe de raison à partir de celui de contradiction, Kant présente une démonstration transcendantale de ce principe, qui montre comment il est condition de possibilité de toute expérience, étant donné que sans lui on ne peut pas constituer de jugements ayant une validité objective. Telle est la présentation du principe dans la deuxième analogie de l'expérience dans l'« Analytique des principes » :

> Il faut trouver dans ce qui précède la condition sous laquelle l'événement suit toujours (c'est-à-dire de manière nécessaire). Le *principe de raison suffisante* est donc le fondement de toute expérience possible, c'est-à-dire de la

1. PMF, § 3, AK IV, 270 ; OP II, 35.
2. RE, AK VIII, 248 ; OP II, 1385.

> connaissance objective des phénomènes au point de vue de leur rapport dans la succession du temps [1].

En faisant du principe une règle sans laquelle il n'y a pas de connaissance objective des phénomènes, Kant fait, dans sa philosophie critique, du principe de raison suffisante un élément indispensable à la constitution de l'expérience. Au moyen du principe, le philosophe répond à la question posée par Hume concernant la causalité, lorsqu'il affirme qu'on perçoit objectivement la succession des phénomènes parce qu'on possède une règle *a priori* selon laquelle tout ce qui arrive est précédé par quelque chose qui le conditionne. Autrement dit, ce n'est pas parce que je perçois une conjonction constante entre les phénomènes que je formule cette règle, car la simple succession subjective de mon appréhension ne peut pas – sans la référence à cette règle – se transformer en un ordre temporel objectif de soi-même, par le moyen duquel un événement peut être rapporté à un autre comme cause selon l'ordre de succession.

Ainsi, le principe de raison détient encore un rang d'importance fondamental chez Kant, dans la mesure où ce principe, puisqu'il assure le lien causal entre les phénomènes selon l'ordre de la succession temporelle, est un élément central dans la réfutation de l'empirisme. Cependant, par contraste avec le lieu et la signification que Leibniz lui imputait, le principe de raison suffisante s'identifie, dans la philosophie critique kantienne, au principe de causalité, envisagé ici comme loi causale strictement efficiente. En effet, dans la deuxième analogie de l'expérience, condition et conditionné sont les termes d'un ordre de succession, et il n'y a entre eux aucune différence de nature. Réduit à un principe de détermination de l'ordre temporel dans les représentations, le principe de raison suffisante a une juridiction strictement *transcendantale* et vaut exclusivement dans le territoire des phénomènes, si bien que chaque nouvelle condition constitue un conditionné qui, à son tour, exige une autre condition, et cela se poursuit indéfiniment. De cette façon, quoique Kant le conserve, il destitue le principe de son sens téléologique et transcendant, de façon à restreindre son application aux représentations spatio-temporelles et à modifier profondément le lieu et l'importance que Leibniz lui accordait. Car, pour Leibniz, la cause efficiente est un sens parmi d'autres que le principe peut acquérir, le mot « suffisante » [2] signalant justement que la considération des causes mécaniques n'épuise pas le fondement des faits du monde, étant donné que, pour être fondé, chaque terme de la chaîne renvoie à un autre, et ce, *ad infinitum*.

Ainsi, lorsque Kant reprend ce qu'il considère lui-même comme l'un des trois principaux traits caractéristiques de la philosophie leibnizienne, à savoir

1. CRP, B 146, AK III, 174 ; OP I, 934.

2. On doit remarquer que Kant reprend l'expression « principe de raison suffisante », qui, chez Leibniz, met en évidence justement la raison en tant que raison dernière des choses et en tant que cause finale des déterminations du monde, par contraste avec d'autres formules du principe chez Leibniz, qui imputent au principe l'exigence de démonstration et d'analycité des propositions.

le principe de raison suffisante, lequel doit suppléer le principe de contradiction dans la connaissance [1], il aboutit à des conséquences anti-leibniziennes. Car il s'agit non seulement d'une réduction, mais aussi d'une subversion de la fonction même que le principe avait chez Leibniz. En effet, si Leibniz remarque les conséquences du principe de raison suffisante pour argumenter contre l'exclusion de la considération de la finalité dans la physique, Kant, en revanche, avec sa formulation critique du principe de raison suffisante, vise justement à défendre ce modèle de science ; modèle qui serait menacé si la relation de causalité n'était pas nécessaire, comme Hume l'affirme. Enfin, l'emploi du principe de raison suffisante dans la philosophie critique kantienne est anti-leibnizien, car pour Leibniz ce principe effectue l'articulation entre physique, métaphysique, morale et épistémologie, si bien qu'il devient l'instrument principal dans la lutte contre le matérialisme, c'est-à-dire contre la science de la nature qui utilise seulement de façon abstraite la mécanique et la mathématique pour élucider la nature et ses lois. Chez Kant, en revanche, le principe de raison suffisante délimite et sépare les domaines de la morale, de l'épistémologie et de l'ontologie.

Or, cette restriction du principe de raison suffisante au domaine des phénomènes semble avoir une signification spéciale pour le concept kantien de liberté : si, comme Leibniz, Kant, dans la période pré-critique, argumente contre la liberté d'indifférence, en soutenant la compatibilité entre la liberté humaine et le principe de raison – et en soutenant même la détermination de toute volonté libre par une raison antérieurement déterminante [2] –, dans sa philosophie critique, en revanche, il rejette cette détermination. Désormais, la volonté libre se caractérise par l'obéissance exclusive à la loi morale qu'elle-même se donne. Or, l'obéissance à cette loi, qui pourrait paraître une espèce de raison antérieurement déterminante de la volition, signifie précisément que la volonté libre se détache des inclinations ou motifs, c'est-à-dire de toute détermination qui ne serait pas la loi. En tant que mobile, il en résulte un effet simplement négatif :

> Le caractère essentiel de toute détermination de la volonté par la loi morale, c'est que la volonté soit déterminée uniquement par la loi morale, comme volonté libre, par conséquent, non seulement sans le concours, mais même à l'exclusion des attraits sensibles et au préjudice de toutes les inclinations qui pourraient être contraires à cette loi. Jusqu'ici, par conséquent, l'effet de la loi morale, comme mobile, est purement négatif [3].

1. RE, AK VIII, 247 ; OP II, 1384. Les deux autres : la monadologie et la théorie de l'harmonie préétablie.

2. « La spontanéité est une action qui procède d'un principe interne. Quand celle-ci est déterminée conformément à la représentation la meilleure, on l'appelle liberté. Plus sûrement quelqu'un obéit à cette loi, et donc plus il est déterminé, une fois posés tous les motifs, plus il est libre » (NE, AK I, 402 ; OP I, 138).

3. CRPr, AK V, 72 ; OP II, 696.

Ainsi, dans le contexte de la *Critique de la raison pratique*, la liberté de la volonté consiste non seulement dans l'indépendance, mais aussi dans le rejet même de toute détermination ou cause qui ne soit pas la loi morale. Seule cette dernière peut constituer la condition, ou réquisit, pour l'action morale. L'être libre, en effet, ne peut être assujetti au principe de raison suffisante, en tant que loi de causalité qui détermine que ce qui précède est condition de ce qui succède, car cela serait l'hétéronomie, puisqu'en ce cas la volonté ne se déterminerait pas en vertu de sa propre essence, mais suivrait ce qui lui est extérieur. Au contraire, « une telle volonté doit nécessairement être pensée comme entièrement indépendante de la loi naturelle des phénomènes dans leurs rapports réciproques, à savoir la loi de causalité » [1]. Le domaine de la morale se constitue donc à partir de son indépendance par rapport au domaine de la loi de causalité, domaine dans lequel les phénomènes sont déterminés par ceux qui y sont antérieurs selon la règle du principe de raison suffisante.

Or, Leibniz attribue au principe une grande importance et soutient qu'on doit étendre son application en philosophie pour que celle-ci ne retombe pas dans le matérialisme, parce que ce principe réalise par excellence le passage de la physique à la métaphysique. Dans la mesure où les divers sens de « raison » s'entrelacent, on voit au moyen du principe de raison suffisante que chaque fait enveloppe non seulement des déterminations mécaniques, mais aussi des déterminations téléologiques morales. Chez Kant à l'inverse, il s'agit d'un principe exclusivement épistémologique valide dans la sphère spéculative, dont la fonction est d'assurer l'apriorisme de la relation entre cause et effet, de sorte que ce principe perd le sens moral, ontologique et métaphysique qu'il avait dans la philosophie leibnizienne.

Enfin, on voit le lien étroit entre le trajet du principe de raison suffisante et celui de la philosophie moderne, lorsque Schopenhauer, par exemple, remet ce principe au cœur de sa philosophie. En effet, au moyen de ce principe, Schopenhauer délimite les domaines de la volonté et de l'art, d'un côté, et le domaine de la science, de l'autre, lequel est le domaine propre du principe de raison suffisante, principe qui régit les représentations spatio-temporelles. Selon Schopenhauer,

> les sciences cherchent à rendre toute chose concevable comme la conséquence d'une raison (*Grund*), elles cherchent à fournir pour chaque chose un pourquoi, une réponse, mais leur thème reste toujours le phénomène, ses lois, ses liens et les relations qui en résultent [2].

Or, ce « pourquoi » recherché par les sciences, dont Schopenhauer parle, se trouve bien lointain du « pourquoi » qui constitue la quête de Leibniz dans les *Principes de la nature et de la grâce*. Pour Leibniz, la première interrogation qui découle du principe est « pourquoi y a-t-il quelque chose plutôt que

1. CRPr, AK V, 29 ; OP II, 641.

2. Schopenhauer, *Metaphysik des Schönen*, Deussen éd., *Arthur Schopenhauers Sämtliche Werke*, München, Piper Verlag, 1913, volume X, p. 202 ; traduction de Celi Hirata.

rien ? », de façon à élever le lecteur des considérations des phénomènes à celle de Dieu et de ses motifs pour créer le monde, alors que pour Schopenhauer ce « pourquoi » recherché par les sciences est celui qui reste toujours au niveau des phénomènes, où chaque condition constitue un conditionné qui, à son tour, exige une autre condition. C'est pourquoi Schopenhauer affirme que le principe de raison suffisante est contraire à la pensée contemplative, car ce principe soumet les représentations à une recherche incessante de réponses qui exigent à leur tour d'autres réponses, si bien que l'esprit n'arrive pas à se reposer sur un unique fondement.

Heidegger, le penseur qui s'est occupé le plus de la question du principe de raison chez Leibniz et Kant, oppose aussi à la pensée représentative des Modernes la façon dont, pour les Grecs, les choses se dévoilent à celui qui écoute et contemple [1]. Les caractéristiques les plus *générales* de la pensée moderne, d'après Heidegger, ont été déterminées par le principe de raison. Assujettie par l'appel de ce principe, l'époque moderne et sa pensée représentative enveloppent, selon lui, « le moment d'une exigence absolue et générale, celle de l'indication des raisons déterminables par le calcul mathématique et technique, l'exigence d'une totale rationalisation » [2]. Ce lien entre le principe de raison et la rationalisation par la technique et le calcul est si essentiel que, d'après Heidegger, sans ce principe, il n'y aurait ni la science moderne de la nature, ni la technique contemporaine, qui sont les éléments centraux de la culture actuelle.

Céli HIRATA
(Université de São Paulo)

1. Martin Heidegger, *Der Satz vom Grund*, Stuttgart, Klett-Cotta, 2006, p. 139-140.
2. Heidegger, *op. cit.*, p. 173 ; trad. fr. par André Préau, Paris, Gallimard, 1962, p. 224.

TABLE DES MATIÈRES

KANT ET LA SCIENCE : LOGIQUE, MÉTAPHYSIQUE, THÉORIE CRITIQUE ET TRANSCENDANTALE DE LA CONNAISSANCE

Sous la direction de Sophie GRAPOTTE, Mai LEQUAN et Margit RUFFING

IV. LA LOGIQUE OU LE « VESTIBULE DES SCIENCES »

V. LA THÉORIE CRITICO-TRANSCENDANTALE DE LA SCIENCE

Achevé d'imprimer en France par Dupli-Print à Domont (95) en septembre 2011
N° d'impression : 183545